Strafregistrierung und Grundgesetz

Bielefelder Rechtsstudien

Schriftenreihe für Gesetzgebungswissenschaft, Rechtstatsachenforschung und Rechtspolitik

Herausgegeben von
Otto Backes, Stephan Barton,
Gerhard Otte, Martin Stock

Band 13

PETER LANG
Frankfurt am Main · Berlin · Bern · Bruxelles · New York · Oxford · Wien

Pamela Siebrasse

Strafregistrierung und Grundgesetz

Zur Verfassungsmäßigkeit der Straf(verfahrens)registrierung in BZRG, StPO, BKAG und BGSG

PETER LANG
Europäischer Verlag der Wissenschaften

Die Deutsche Bibliothek - CIP-Einheitsaufnahme

Siebrasse, Pamela:

Strafregistrierung und Grundgesetz : zur Verfassungsmäßigkeit der Straf(verfahrens)registrierung in BZRG, StPO, BKAG und BGSG / Pamela Siebrasse. - Frankfurt am Main ; Berlin ; Bern ; Bruxelles ; New York ; Oxford ; Wien : Lang, 2002
(Bielefelder Rechtsstudien ; Bd. 13)
Zugl.: Bielefeld, Univ., Diss., 2002
ISBN 3-631-39754-2

D 361
ISSN 0937-0641
ISBN 3-631-39754-2

www.peterlang.de

Meinen Eltern

Liselotte und Werner Siebrasse

Inhaltsverzeichnis

Literaturverzeichnis

Ahlf, Erst-Heinrich/ *Daub*, Ingo E./ *Lersch*, Roland/ *Störzer*, Hans Udo: Bundeskriminalamtgesetz (BKAG), Stuttgart u.a. 2000

Ambs, Friedrich: Bundesdatenschutzgesetz, in: Erbs, Georg/ Kohlhaas, Max, Strafrechtliche Nebengesetze, Band 1, 139. Ergänzungslieferung, München 2000

Arnauld, Andreas von: Die normtheoretische Begründung des Verhältnismäßigkeitsgrundsatzes, JZ 2000, S. 276

Backes, Otto: Kriminalpolitik ohne Legitimität, KritV 1986, S. 315

Baumann, Heinz: Inhaltliche Aspekte der Resozialisierung, Jugendwohl 1981, S. 380

Baumann, Jürgen/ *Brauneck*, Anne-Eva u.a.: Alternativentwurf eines Strafgesetzbuches (AE-StGB), Allgemeiner Teil, 2. Auflage Tübingen 1969

Baumbach, Adolf/ *Lauterbach*, Wolfgang/ *Albers*, Jan/ *Hartmann*, Peter: Zivilprozessordnung, 59. Auflage, München 2001

Bemmann, Günter: „Im Vollzug der Freiheitsstrafe soll der Gefangene fähig werden, künftig in sozialer Verantwortung ein Leben ohne Straftaten zu führen", StV 1988, S. 549

Benda, Ernst: Resozialisierung als Verfassungsauftrag, in: Festschrift für Hans Joachim Faller, München 1984, S. 307

Benfer, Jost: Die molekulargenetische Untersuchung (§§ 81 e, 81 g StPO), StV 1999, S. 402

Bergmann, Lutz/ *Möhrle*, Roland/ *Herb*, Armin: Bundesdatenschutzgesetz (BDSG), Stuttgart u.a. 2000

Besold, Otto: Das Strafregister, Diss. jur. Erlangen 1931

Beulke, Werner: Strafprozessrecht, 4. Auflage, Heidelberg 2000

Böckenförde, Ernst-Wolfgang: Grundrechtstheorie und Grundrechtsinterpretation, NJW 1974, S. 1529

Bottke, Wilfried: Polizeiliche Ermittlungsarbeit und Legalitätsprinzip, in: Gedächtnisschrift für Karlheinz Meyer, Berlin New York 1990, S. 37

Brandner, Hans-Erich: Das allgemeine Persönlichkeitsrecht in der Entwicklung durch die Rechtsprechung, JZ 1983, S. 689

Brauser, Reinhold: Anmerkung zu BGH, Urteil vom 18.10.1972, 2 StR 348/ 72, NJW 1973, S. 1007

Brauser, Reinhold: Anmerkung zu BGH, Urteil vom 10.01.1973, 2 StR 451/ 72, NJW 1973, S. 1008

Brodersen, Kilian: Das Strafverfahrensänderungsgesetz 1999, NJW 2000, S. 2536

Bull, Hans Peter: Neue Konzepte, neue Instrumente?, ZRP 1998, S. 310

Bull, Hans Peter: Verfassungsrechtliche Vorgaben zum Datenschutz, CR 1998, S. 385

Burchardi, Karl/ *Klempahn*, Gerhard: Strafregister, Führungszeugnis und Karteien, 3. Auflage, München 1960

Calliess, Rolf-Peter/ *Müller-Dietz*, Heinz: Strafvollzugsgesetz, 7. Auflage, München 1998

Cording, Clemens: Freispruch gemäß § 20 StGB – „lebenslänglich" im Bundeszentralregister, StV 1995, S. 48

Cornel, Heinz: Resozialisierung – Klärung des Begriffs, seines Inhalts und seiner Verwendung, in: Cornel, Heinz/ Maelicke, Bernd/ Sonnen, Bernd Rüdiger, Handbuch der Resozialisierung, Baden-Baden 1995, S. 13

Creifelds, Carl: Anmerkung zu VG Berlin, Urteil vom 03.10.1952, VG I A 263/ 52, NJW 1953, S. 718

Deimling, Gerhard: Resozialisierung im Spannungsfeld von Strafanstalt und Gesellschaft, in: Zeitschrift für Strafvollzug und Straffälligenhilfe 1968, S. 251

Delaquis, Ernst: Die Rehabilitation Verurteilter, Berlin 1906

Delaquis, Ernst: Die Rehabilitation im Strafrecht, Berlin 1907

Delaquis, Ernst: Rehabilitation und Strafregister, Schweizerische Zeitschrift für Strafrecht 1912, S. 99 ff.

Denninger, Erhard: Sozialstaat, in: Axel Görlitz (Hrsg.), Handlexikon zur Rechtswissenschaft, München 1972, S. 424

Dölling, Dieter: Die Aussetzung des Restes der Ersatzfreiheitsstrafe zur Bewährung, NStZ 1981, S. 81

Dreher, Eduard: Zur Sperrwirkung des § 49 BZRG für ein späteres Strafverfahren, JZ 1972, S. 618

Drews, Bill/ *Wacke*, Gerhard/ *Vogel*, Klaus/ *Martens*, Wolfgang: Gefahrenabwehr, 9. Auflage, Köln u.a. 1986

Dronsch, Gerhard: Nochmals: Datenschutz in der Informationsgesellschaft, ZRP 1996, S. 206

Dünnebier, Hanns: Möglichkeiten der Rehabilitation durch strafregisterrechtliche Maßnahmen, JZ 1958, S. 713

Dürig, Günter: Verfassung und Verwaltung im Wohlfahrtsstaat, JZ 1953, S. 193

Dürig, Günter: Der Grundrechtssatz von der Menschenwürde, AöR 81 (1956), S. 117

Duttge, Gunnar: Recht auf Datenschutz?, Der Staat 1997, S. 281

Ehmann, Horst: Zur Zweckbindung privater Datennutzung, RDV 1988, S. 221

Ellger, Hans: Der Erziehungszweck im Strafvollzug, Halle 1922

Eser, Albin: Resozialisierung in der Krise?, in: Klaus Lüdersen/ Fritz Sack (Hrsg.), Seminar Abweichendes Verhalten III, Band 2, Frankfurt am Main 1977, S. 276

Faber, Heiko: Verwaltungsrecht, 3. Auflage, Tübingen 1992

Fabricius, Dirk: Mindestanforderungen an eine resozialisierende Sozialtherapie, MSchKrim 1991, S. 197

Fischer, Gerhard/ *Hitz*, Fredi/ *Laskowski*, Rainer/ *Walter*, Bernd: Bundesgrenzschutzgesetz (BGSG), 2. Auflage, Stuttgart u.a. 1996

Freisler, Roland: Das kommende deutsche Strafrecht, Besonderer Teil, in: Franz Gürtner (Hrsg.): Das kommende deutsche Strafrecht, Bericht über die Arbeit der amtlichen Strafrechtskommission, Berlin 1935, S. 47

Gamm, Otto-Friedrich von: Persönlichkeitsschutz und Massenmedien, NJW 1979, S. 513

Gladitz, Albertine: Die Tilgung der Vorstrafe und ihre rechtliche Wirkung, Diss. jur. Jena 1935

Goerlich, Helmut: Eigentum als Verfassungsgarantie, DVBl 1978, S. 362

Gössel, Karl-Heinz: Verfassungsrechtliche Verwertungsverbote, JZ 1984, S. 361

Götz, Albrecht: Zur Zulässigkeit der Befragung von Stellenbewerbern nach Vorstrafen, BB 1971, S. 1325

Götz, Albrecht: Das Verwertungsverbot des Bundeszentralregistergesetzes, JZ 1973, S. 496

Götz, Albrecht/ *Tolzmann*, Gudrun: Bundeszentralregistergesetz, Kommentar, Stuttgart u.a. 2000

Gola, Peter: Das Recht auf informationelle Selbstbestimmung in der aktuellen Rechtsprechung, RDV 1988, S. 109

Gola, Peter/ *Schomerus*, Rudolf: Bundesdatenschutzgesetz (BDSG), 6. Auflage, München 1997

Gottwald, Wolfgang: Darf der Strafrichter getilgte Vorstrafen in einem späteren Strafverfahren noch berücksichtigen?, JR 1950, S. 109

Granderath, Reinhard: Getilgt – aber nicht vergessen, ZRP 1985, S. 319

Gröpl, Christoph: Das neue Recht des Bundesgrenzschutzes, DVBl 1995, S. 329

Groß, Karl-Heinz: Resozialisierungsstrafrecht, Kritik für Fortgeschrittene, Frankfurter Hefte 1972, S. 569

Gusy, Christoph: Grundrechtsschutz vor staatlichen Informationseingriffen, VerwArch 1983, S. 91

Gusy, Christoph: Die Zentralstellenkompetenz des Bundes, DVBl 1993, S. 1117

Gusy, Christoph: Aufbewahrung erkennungsdienstlicher Unterlagen, VerwArch 1993, S. 441

Gusy, Christoph: Anmerkung zu BVerfG, Beschluss vom 10. Januar 1995, 1 BvR 718, 719, 722, 723/ 89, JZ 1995, S. 782

Gusy, Christoph: Polizeirecht, 4. Auflage, Tübingen 2000

Gusy, Christoph: Informationelle Selbstbestimmung und Datenschutz: Fortführung oder Neuanfang?, KritV 2000, S. 52

Haberstroth, Peter: Unschuldsvermutung und Rechtsfolgenausspruch, NStZ 1984, S. 291

Häberle, Peter: Die Wesensgehaltsgarantie des Art. 19 Abs. 2 Grundgesetz, 3. Auflage, Heidelberg 1983

Haffke, Bernhard: Hat das Bundeszentralregistergesetz eine Konzeption?, Öffentliche Strafmoral und Gesetzesplanung, GA 1975, S. 65

Haft, Fritjof: Zur Situation des Datenschutzstrafrechts, NJW 1979, S. 1194

Hartung, Fritz: Anmerkung zu BGH, Urteil vom 22.06.1954, 1 StR 451/ 53, NJW 1955, S. 393

Hartung, Fritz: Das Strafregister, 2. Auflage, München, Berlin 1963

Hauf, Claus-Jürgen: Strafvollzug, Neuwied u.a. 1994

Hennecke, Hans: Beiträge zur Reform des Straftilgungsrechtes, Diss. jur. Hamburg 1960

Hettinger, Michael: Entwicklungen im Strafrecht und Strafprozessrecht der Gegenwart, Heidelberg 1997

Heußner, Hermann: Das informationelle Selbstbestimmungsrecht des Grundgesetzes als Schutz des Menschen vor totaler Erfassung, BB 1990, S. 1281

Hilger, Hans: Zum Strafverfahrensänderungsgesetz 1999 (StVÄG 1999), 2. Teil, NStZ 2001, S. 15

Hoffmann, Friedrich: Staatsanwaltschaftliches Informationssystem, ZRP 1990, S. 55

Isensee, Josef/ *Kirchhof*, Paul: Handbuch des Staatsrechts der Bundesrepublik Deutschland, Band V, Allgemeine Grundrechtslehren, Heidelberg 1992

Janssen, Helmut: Resozialisierung, in: Hans-Jürger Kerner (Hrsg.), Kriminologisches Lexikon, Heidelberg 1991, S. 278

Jescheck, Hans-Heinrich/ *Weigend*, Thomas: Lehrbuch des Strafrechts, Allgemeiner Teil, 5. Auflage, Berlin 1996

Kaiser, Günther: Kriminologie, 3. Auflage, Heidelberg 1996

Kaiser, Günther/ *Kerner*, Hans-Jürgen/ *Schöch*, Heinz: Strafvollzug, Heidelberg 1992

Kalf, Wolfgang: Die Fristen des Bundeszentralregisters in der strafrechtlichen Praxis, StV 1991, S. 132

Kalf, Wolfgang: Die Behandlung von Schuldunfähigkeitsvermerken nach dem Bundeszentralregistergesetz, StV 1991, S. 580

Kalf, Wolfgang: Zur Berechnung der Tilgungsfristen im Bundeszentralregister und zu den Folgen einer insoweit falschen Revisionsentscheidung zugunsten des Angeklagten, Anm. zu dem Urteil des BGH vom 02.07.1991, NStZ 1991, S. 591

Kalf, Wolfgang: Das Strafverfahrensregister im System der StPO, StV 1997, S. 610

Kamann, Ulrich: Anmerkung zu OLG Zweibrücken, Beschluss vom 06.11.1998, Az.: 1 Ws 556/ 98, StV 1999, S. 10

Karlsruher Kommentar zum Ordnungswidrigkeitengesetz: Karlheinz Boujong (Hrsg.), 2. Auflage, München 2000

Karlsruher Kommentar zur Strafprozessordnung: Gerd Pfeiffer (Hrsg.), 4. Auflage, München 1999

Katholnigg, Oskar: Strafgerichtsverfassungsrecht, Kommentar, 3. Auflage, Köln u.a. 1999

Kestel, Oliver: §§ 474 ff. StPO – eine unbekannte Größe, StV 1997, S. 266

Kissel, Otto Rudolf: Gerichtsverfassung unter dem Gesetz zur Entlastung der Rechtspflege, NJW 1993, S. 491

Klein, Hans H.: Die grundrechtliche Schutzpflicht, DVBl 1994, S. 489

Kleinknecht, Theodor: Strafprozessordnung, 35. Auflage, München 1981

Kleinknecht, Theodor/ *Meyer-Goßner*, Lutz: Strafprozessordnung, 44. Auflage, München 1999

Klopefer, Michael: Der Vorbehalt des Gesetzes im Wandel, JZ 1984, S. 685

König, Peter/ *Seitz*, Helmut: Die straf- und strafverfahrensrechtlichen Regelungen des Verbrechensbekämpfungsgesetzes, NStZ 1995, S. 1

Kohlhaas, Max: Die getilgte Vorstrafe und die Pflicht zu ihrer Offenbarung in der Hauptverhandlung, NJW 1953, S. 851

Krause, Peter: Das Recht auf informationelle Selbstbestimmung – BVerfGE 65, 1, JuS 1984, S. 268

Krebs, Albert: Die Aufgabe des Freiheitsstrafvollzuges, MSchrKrim 1970, S. 154

Krehl, Christoph: Die Umsetzung des Volkszählungsurteils 1983: Ist die Übergangsfrist für den Gesetzgeber abgelaufen?, NJW 1995, S. 1072

Krohne, Karl: Lehrbuch der Gefängniskunde, Stuttgart 1889

Kube, Edwin/ *Schmitter*, Hermann: DNA-Analyse-Datei, Bemerkungen zu Grundlagen und Möglichkeiten, Kriminalistik 1998, S. 415

Kunz, Karl-Ludwig: Das strafrechtliche Bagatellprinzip. Eine strafrechtsdogmatische und kriminalpolitische Untersuchung, Berlin 1984

Kutscha, Martin: Verfassungsprobleme des Polizeirechts in den neuen Bundesländern und Berlin, NJ 1994, S. 545

Kutscha, Martin: Innere Sicherheit und informationelle Selbstbestimmung, in: Lange, Hans-Jürgen (Hrsg.), Staat, Demokratie und Innere Sicherheit in Deutschland, Opladen 2000, S. 355

Lamott, Franziska: Die erzwungene Beichte, München 1984

Lassen, Peter: Die rechtliche Stellung des Vorbestraften nach dem Bundeszentralregistergesetz, Diss. Jur. Hamburg 1973

Leipziger Kommentar zum Strafgesetzbuch: Burkhard Jähnke/ Heinrich Wilhelm Laufhütte/ Walter Odersky (Hrsg.): §§ 11 bsi 21, 10. Lieferung zur 11. Auflage, Berlin, New York 1993; §§ 44 bis 51, 18. Lieferung zur 11. Auflage, Berlin, New York 1995

Lemke, Michael: Länderübergreifendes staatsanwaltschaftliches Verfahrensregister, NStZ 1995, S. 484

Liebknocht, Karl: Gegen die Freiheitsstrafe, in: ders., Gesammelte Reden und Schriften, Band IX, Berlin 1971, S. 391

Liebscher, Brigitta: Datenschutz bei der Datenübermittlung im Zivilverfahren, Berlin 1994

Limmer, Guido: Anmerkung zu BayVGH, Urteil vom 04.06.1996, Az.: 24 B 94.3094, BayVBl 1998, S. 663

Lindemann, Michael: Die Straftat von erheblicher Bedeutung, Von der Karriere eines unbestimmten Rechtsbegriffes, KJ 2000, S. 86

Lindemeyer, Georg: Die Wiedereinsetzung, Diss. jur. Erlangen 1913

Linnenkohl, Karl: Arbeitsverhältnis und Vorstrafen-Fragen, ArbuR 1983, S. 129

Lisken, Hans/ *Denninger*, Erhard (Hrsg.) : Handbuch des Polizeirechts, 2. Auflage, München 1996

Lisken, Hans/ *Lange*, Hans-Jürgen: Die Polizeien des Bundes, in: Lange, Hans-Jürgen (Hrsg.), Staat, Demokratie und Innere Sicherheit in Deutschland, Opladen 2000, S. 151

Liszt, Franz von: Lehrbuch des Strafrechts, Berlin 1899

Liszt, Franz von: Der Zweckgedanke im Strafrecht, in: ders., Strafrechtliche Aufsätze und Vorträge, Band 1, Berlin 1905, S. 126

Löwe/ Rosenberg: Peter Rieß (Hrsg.), Die Strafprozessordnung und das Gerichtsverfassungsgesetz, Großkommentar, Band 1, 25. Auflage, Berlin, New York 1999; §§407 bis 448, 15. Lieferung zur 25. Auflage, Berlin, New York 2000

Lübbe-Wolff, Gertrude: Die Grundrechte als Eingriffsanwehrrechte, Baden-Baden 1988

Maelicke, Bernd: Resozialisierung, in: Deutscher Verein für öffentliche und private Fürsorge (Hrsg.), Fachlexikon der sozialen Arbeit, Frankfurt am Main 1993, S. 782

Maihofer, Werner: Rechtsstaat und Sozialstaat, in: Willi Weyer (Hrsg.), Rechtsstaat und Sozialstaat, Stuttgart u.a. 1972, S. 3

Mangoldt, Hermann von/ *Klein*, Friedrich/ *Starck*, Christian: Das Bonner Grundgesetz, Band 1: Präambel, Artikel 1 bis 19, 4. Auflage, München 1999

Markwardt, Manfred/ *Brodersen*, Kilian: Zur Prognoseklausel in § 81 g StPO, NJW 2000, S. 692

Maunz, Theodor/ *Zippelius*, Reinhold: Deutsches Staatsrecht, 30. Auflage, München 1998

Meinberg, Volker: Geringfügigkeitseinstellungen von Wirtschaftsstrafsachen: Eine empirische Untersuchung zur staatsanwaltschaftlichen Verfahrenserledigung nach § 153 a Abs. 1 StPO, Freiburg 1985

Meister, Herbert: Schutz vor Datenschutz?, DuD 1986, S. 173

Meyer, Karlheinz: Anmerkung zu BGH, Urteil vom 06.12.1972, 2 StR 499/ 72, JR 1973, S. 292

Meyer, Karlheinz: Anmerkung zu BGH, Urteil vom 06.07.1983, 2 StR 222/ 83, JR 1984, S. 173

Mitsch, Wolfgang: Recht der Ordnungswidrigkeiten, Berlin 1995

Müller, Josef: Vorstrafen und Strafregister, Breslau 1908

Müller-Dietz, Heinz: Strafvollzugsrecht, Berlin, New York 1978

Ohler, Wolfgang: Überlegungen zur Evolution des DNA-Gesetzes, StV 2000, S. 326

Palandt, Otto: Bürgerliches Gesetzbuch, 60. Auflage, München 2001

Paeffgen, Hans-Ulrich: Strafprozess im Umbruch, oder: Vom unmöglichen Zustand des Strafprozessrechts, StV 1999, S. 625

Peters, Hans: Grundprobleme der Kriminalpädagogik, Berlin 1960

Peters, Hans: Sozialstaat, in: Görres-Gesellschaft (Hrsg.): Staatslexikon, Recht, Wirtschaft, Gesellschaft, Band 7, 6. Auflage, Freiburg 1962, S. 394

Pfeiffer, Joachim: Die unbeschränkte Auskunft aus dem Bundeszentralregister und das Führungszeugnis, NStZ 2000, S. 402

Poittevin: Le casier judiciaire, Paris 1907

Pryzwanski, Eugen: Auswirkungen des Vorhalte und Verwertungsverbotes des Bundeszentralregistergesetzes im Strafrecht, Diss. jur. Göttingen 1977

Quensel, Stephan: Sozialpsychologische Aspekte der Kriminologie, Stuttgart 1964

Radbruch, Gustav: Zur Psychologie der Gefängnisstrafe, in: ZStW 1911, S. 339

Radbruch, Gustav: Der Erziehungsgedanke im Strafwesen, in: Zeitschrift für Strafvollzug und Straffälligenhilfe 1952/ 1953, S. 154

Ransiek, Andreas: Gesetz und Lebenswirklichkeit, Heidelberg 1989

Rebmann, Kurt: Einhundert Jahre Strafregisterwesen in Deutschland, NJW 1983, S. 1513

Rebmann, Kurt/ *Roth*, Werner/ *Herrmann*, Siegfried: Gesetz über Ordnungswidrigkeiten, Kommentar, 3. Auflage, 4. Lieferung, Stuttgart u.a. 2000

Rebmann, Kurt/ Schoreit, Armin: Elektronische Datenverarbeitung (EDV) in Strafverfolgungsangelegenheiten und Datenschutz, NStZ 1984, S. 7

Rebmann, Kurt/ *Uhlig*, Sigmar: Bundeszentralregistergesetz und Nebenbestimmungen, München 1985

Rebmann, Kurt/ *Uhlig*, Sigmar: Die Eintragung ausländischer Urteile in das Bundeszentralregister, NStZ 1985, S. 529

Riegel, Reinhard: Verwertbarkeit von Auskünften aus Kriminalakten über getilgte Verurteilungen durch die Polizeibehörden als offene Flanke des Datenschutzes?, JR 1979, S. 48

Riegel, Reinhard: Grundfragen zu den Zentralstellenaufgaben des Bundeskriminalamts, NJW 1983, S. 656

Riegel, Reinhard: Datenschutz bei den Sicherheitsbehörden, 2. Auflage, Köln u.a. 1992

Riegel, Reinhard: Zustand und Entwicklungstendenzen des informationellen Befugnisrechts zur polizeilichen Aufgabenerfüllung: Licht, Schatten und Hoffnung, DÖV 1994, S. 814

Riegel, Reinhard: Nochmals: Das Bundeskriminalamtgesetz, NJW 1997, S. 3408

Riegel, Reinhard, Bundeskriminalamtgesetz, in: Erbs, Georg/ Kohlhaas, Max, Strafrechtliche Nebengesetze, Band 1, 139 Ergänzungslieferung, München 2000

Römer, Josef: Die Stellung des Vorbestraften nach der Reform des Strafregisterrechts, JVBl 1972, S. 169, 193

Roewer, Helmut: Datenverarbeitung und Informationsübermittlung durch die Verfassungsschutzbehörden, NJW 1985, S. 773

Rohlf, Dietwald: Der grundrechtliche Schutz der Privatsphäre, Berlin 1980

Rosenkötter, Günter: Das Recht der Ordnungswidrigkeiten, Stuttgart u.a. 2000

Roxin, Claus: Strafrecht, Allgemeiner Teil, Band 1, 3. Auflage, München 1997

Roxin, Claus: Strafprozessrecht, 14. Auflage, München 1994

Sachs, Michael: Grundgesetz, 2. Auflage, München 1999

Sachs, Michael: Verfassungsrecht II, Grundrechte, Berlin u.a. 2000

Sawade, Ulrich/ *Schomburg*, Wolfgang: Ausgewählte Probleme des Bundeszentralregistergesetzes, NJW 1982, S. 551

Sax, Walter: Kriminalpolitik und Strafrechtsreform, JZ 1957, S. 1

Schäfer-Hellwig: Straftilgungsgesetz und Strafregisterverordnung, Berlin, München 1926

Schaffland, Hans-J./ *Wiltfang*, Noeme: Bundesdatenschutzgesetz, Kommentar, Köln 2000

Schaffstein, Friedrich: Gedanken über Strafvollzug an jungen Gefangenen, ZStW 1936, S. 642

Scheffler, Uwe: Strafprozessrecht, quo vadis?, GA 1995, S. 449

Schlette, Volker: Die Verfassungswidrigkeit des „Ozon-Gesetzes“, JZ 1996, S. 327

Schmidt, Eberhard: Das neue westdeutsche Wirtschaftsstrafrecht, Tübingen 1950

Schmidt, Eberhard: Strafrechtspflege in Gefahr, Freiheitsrechte und staatliche Ordnung, Betrachtungen zur Lage, ZStW 80 (1968), S. 567

Schmitt, Carl: Verfassungslehre, 8. Auflage, Berlin 1993

Schneider, Stefan: Länderübergreifendes staatsanwaltschaftliches Verfahrensregister – zugleich ein Instrument zur Bekämpfung der Massenkriminalität?, NJW 1996, S. 304

Schönke, Adolf/ *Schröder* Horst: Strafgesetzbuch, Kommentar, 26. Auflage, München 2001

Scholderer, Frank: Anmerkung zu OLG Frankfurt, Beschluss vom 14.07.1988, VAs 4/ 88, NStZ 1989, S. 585

Schoreit, Armin: Die gesetzgeberische Konzeption des Bundeszentralregistergesetzes, GA 1975, S. 362

Schoreit, Armin: Weiterer Ausbau der zentralistischen polizeilichen EDV-Systeme zum Nachteil der Justiz, DRiZ 1986, S. 54

Schoreit, Armin: Datenverarbeitung, Datenschutz und Strafrecht, DRiZ 1987, S. 82

Schüler-Springorum, Horst: Strafvollzug im Übergang, Göttingen 1969

Schüler-Springorum, Horst: Tatschuld im Strafvollzug, StV 1989, S. 262

Schweckendieck, Helmut: Analoge Anwendung von § 51 I BZRG auf Freisprüche?, NStZ 1994, S. 418

Schwind, Hans-Dieter/ Böhm, Alexander: Strafvollzugsgesetz, 2. Auflage, Berlin New York 1991

Segger, Hans-Horst: Generalrevision im Zentralregisterrecht, NJW 1976, S. 1189

Senge, Lothar: Strafverfahrensänderungsgesetz – DNA-Analyse, NJW 1997, S. 2409

Senge, Lothar: Gesetz zur Änderung der Strafprozessordnung (DNA-Identitätsfeststellungsgesetz), NJW 1999, S. 253

Senge, Lothar, Anmerkung zu BVerfG, Beschluss vom 14.12.2000, 2 BvR 1741/99, NStZ 2001, S. 331

Siebrecht, Michael: Rechtsprobleme der Rasterfahndung, CR 1996, S. 545

Simitis, Spiros: Konsequenzen des Volkszählungsurteils: Ende der Übergangsfrist, NJW 1989, S. 21

Simitis, Spiros: Die Entscheidung des Bundesverfassungsgerichts zur Volkszählung – 10 Jahre danach, KritV 1994, S. 121

Simitis, Spiros/ *Dammann*, Ulrich/ *Geiger*, Hansjörg/ Mallmann, Otto/ *Walz*, Stefan: Kommentar zum Bundesdatenschutzgesetz, 4. Auflage, 29. Lieferung, Baden-Baden1998

Smend, Rudolf: Verfassung und Verfassungsrecht, in: ders., Staatsrechtliche Abhandlungen und andere Aufsätze, 3. Auflage, Berlin 1994, S. 119

Spona, Dagmar: Laienbeteiligung im Strafverfahren, Eine rechtssoziologische Untersuchung zur Funktion der Laienbeteiligung im Strafprozess, Frankfurt am Main 2000

Staechelin, Gregor: Anmerkung zu OLG Frankfurt am Main, Beschluss vom 19.05.1994, 3 VAs 31/ 93, StV 1995, S. 351

Stähler, Gerd: Datenschutzgesetz Nordrhein-Westfalen, Kommentar, 2. Auflage, Köln 1988

Steinbeisser, Frank: Der Resozialisierungsgedanke, Diss. jur. Zürich 1973

Stern, Klaus: Das Staatsrecht der Bundesrepublik Deutschland, Band 1, 2. Auflage, München 1984

Streng, Franz: Strafrechtliche Sanktionen, Stuttgart u.a. 1991

Systematischer Kommentar zur Strafprozessordnung und zum Gerichtsverfassungsgesetz: Hans-Joachim Rudolphi (Gesamtredaktion), 22. Lieferung, Neuwied u.a. 2000

Tiedemann, Klaus: Datenübermittlung als Straftatbestand, NJW 1981, S. 945

Tremml, Bernd: Die Rechtswirkungen der Straftilgung: Das Verwertungsverbot des Paragraphen 49 BZRG, Diss. jur. Mannheim 1975

Tröndle, Herbert/ *Fischer*, Thomas: Strafgesetzbuch, 50. Auflage, München 2001

Vogelgesang, Klaus; Grundrecht auf informationelle Selbstbestimmung?, Baden-Baden 1987

Volk, Elisabeth: Gesetz zur Änderung der Strafprozessordnung (DNA-Identitätsfeststellungsgesetz) – Anspruch und Wirklichkeit, NStZ 1999, S. 165

Waechter, Kay: Polizei- und Ordnungsrecht, Landesrecht Niedersachsen, Baden-Baden 2000

Wagner, Hans: Magna Carta libertatum von 1215 mit ergänzenden Aktenstücken, 2. Auflage, Bern 1973

Wassermann, Rudolf (Hrsg.): Alternativkommentar zum Grundgesetz für die Bundesrepublik Deutschland, Band 1, Art. 1 bis 37, 2. Auflage, Neuwied u.a. 1989

Weichert, Thilo: Verhängnisvolle Datenschutzselbstauskünfte, CR 1995, S. 361

Weigend, Thomas: Strafzumessung durch den Staatsanwalt?, Lösbare und unlösbare Probleme bei der Verfahrenseinstellung unter Auflagen (§ 153 a StPO), KrimJ 1984, S. 8

Weiß, Max: Die Rehabilitation und das Straftilgungsgesetz, Diss. jur. Tübingen 1931

Wellbrock, Rita: Genomanalysen und das informationelle Selbstbestimmungsrecht, in: Taschke, Jürgen/ Breidenstein, Felix (Hrsg.), Die Genomanalyse im Strafverfahren, Baden-Baden 1995, S. 217

Weßlau, Edda: Vorfeldermittlungen: Probleme der Legalisierung „vorbeugender Verbrechensbekämpfung" aus strafprozessrechtlicher Sicht, Berlin 1989

Weyer, Heinrich: Gesetz zum Schutz personenbezogener Daten (Datenschutzgesetz Nordrhein-Westfalen – DSG NW -), Essen 1988

Wiertz, Annelie: Strafen – Bessern – Heilen, München 1982

Wiese, Walter: Anmerkung zu BVerwG, Urteil vom 30.06.1978, 6 C 43.76, DVBl 1978, S. 1003

Wohlgemuth, Hans H.: Darf der Arbeitgeber ein Führungszeugnis anfordern?, DB 1985, Beilage 21, S. 3

Wollweber, Harald: Iustitias langer Arm, Analyse und Kritik des Justizmitteilungsgesetzes, NJW 1997, S. 2488

Wollweber, Harald: Nochmals: Das Strafverfahrensänderungsgesetz 1999, NJW 2000, S. 3623

Wollweber, Harald: Der genetische Fingerabdruck auf dem Prüfstand, NJW 2001, S. 2304

Wolter, Jürgen: Freiheitlicher Strafprozess, vorbeugende Verbrechensbekämpfung und Verfassungsschutz – zugleich Besprechung des Entwurfs eines StVÄG 1988, StV 1989, S. 358

Wolter, Jürgen: Datenschutz und Strafprozess, Zum Verhältnis von Polizeirecht und Strafprozessrecht, ZStW 107 (1995), S. 793

Würtenberger, Thomas: Reform des Strafvollzuges im sozialen Rechtsstaat, JZ 1967, S. 233

Würtenberger, Thomas: Erziehung, Kommunikation, Begegnung im Strafvollzug, in: Festschrift für Heinz Leferenz zum 70. Geburtstag, Heidelberg 1983, S. 193

A. Einleitung

„Es ist unmöglich, die Fackel der Wahrheit durch das Gedränge zu tragen, ohne jemandem den Bart zu versengen."
(Georg Christoph Lichtenberg)

Mit dieser Feststellung brachte der Physiker und Schriftsteller Lichtenberg vor über 200 Jahren die Kernproblematik jeder Straf- (verfahrens-) registrierung auf den Punkt: Das Streben nach Wahrheit und ihre Verbreitung können dem einen wünschenswert oder sogar unentbehrlich erscheinen, bringen für den anderen aber erhebliche Unannehmlichkeiten mit sich.

Für den Bereich der Strafregistrierung wurde dies bereits seit ihren frühesten Formen erkannt: Während der Staat und die Gesellschaft ein durchaus legitimes Interesse daran haben konnten, sich über das kriminelle Vorleben der Bürger zu unterrichten, stellten diese Informationen für den Betroffenen ein oft lebenslang währendes Hindernis bei seinem Bemühen um die Wiedereingliederung in ein straffreies Leben dar – obwohl letzteres gewiss auch im Interesse der Allgemeinheit lag. Daher fanden solche Überlegungen Anfang des 20. Jahrhunderts Eingang in die Diskussion um das Straftilgungsgesetz. So heißt es in dessen amtlicher Begründung:
„Wer nach erstandener Strafe eben um der Bestrafung willen überall verschlossene Türen findet, wer sich trotz redlichen Bemühens durch die Tatsache, dass er einmal gefehlt und Strafe erlitten hat, immer wieder der allgemeinen Missachtung preisgegeben und im Daseinskampf behindert sieht, der muss letzten Endes die Hoffnung und damit den Antrieb verlieren, sich eine geachtete Stellung im Leben wieder zu erobern, und wird auf die Bahn des Verbrechens zurückgestoßen."[1]

Ihren entscheidenden Durchbruch hatten diese Überlegungen jedoch erst nach dem Zweiten Weltkrieg. Das In-Kraft-Treten des GG kennzeichnete insofern den eigentlich bedeutenden Einschnitt. Dabei stand die gegenläufige Funktion des Strafrechts im Mittelpunkt der Diskussionen. Einerseits führt es zu Freiheitsbeschränkungen des Einzelnen. Andererseits soll es die Bürger bzw. die Gesellschaft und den Staat als solchen schützen.
Ausgangspunkt der verfassungsrechtlichen Würdigung des Strafrechts war insofern zunächst das materielle Strafrecht. Hier, wo der Bürger in unmittelbaren Kontakt mit staatlicher Repression kommt, aber auch auf den Schutz vor dem (Fehl-) Verhalten anderer Bürger durch staatliche Sanktionen angewiesen ist, werden die Probleme des verfassungsrechtlich bedingten Schutzes sowohl durch als auch vor dem Staat intensiv diskutiert. Als Beispiele seien insofern die Debatten um die Strafbarkeit des Schwangerschaftsabbruchs und die Bedeutung der Grundrechte aus Art. 5, 8 GG für die Interpretation der §§ 185, 240 StGB genannt.
Ähnlich verlief die Entwicklung auch im Strafverfahrensrecht. Vor allem bei der Frage, in welchem Maß die Bürger Einschränkungen ihrer Freiheiten durch Ermittlungseingriffe zu dulden haben, z.B. ob und in welchem Umfang das Abhören von Telefonge-

---

[1] Amtliche Begründung zum Straftilgungsgesetz, 1920 - zitiert nach Hartung, Das Strafregister, S. 16 f.

sprächen und Wohnungen mit den grundrechtlichen Gewährleistungen in Art. 10, 13 GG vereinbar ist.
Versteht man das Strafregisterrecht insofern als „nachbereitende Strafrechtspflege", ist es wenig erstaunlich, dass vergleichbare Konflikte auch hier bald zu lösen waren. So spielte der Gedanke der Resozialisierung des ehemals Straffälligen bei der Erarbeitung des als Nachfolgegesetz zum StTilgG konzipierten BZRG eine zentrale Rolle. Nur zwei Jahre nach dem In-Kraft-Treten des BZRG verhalf das BVerfG dem Resozialisierungsgedanken in dem sog. Lebach-Urteil[2] zu verfassungsrechtlicher Anerkennung. Diese Entscheidung wirkte nur kurze Zeit später auch auf das Strafregisterrecht zurück. Denn als Stimmen laut wurden, die den Resozialisierungsgedanken im BZRG gegenüber dem ebenfalls verfassungsrechtlich fundierten Anspruch des Staates auf eine wirksame Strafverfolgung überbewertet sahen, stellte sich das BVerfG auf den Standpunkt, der Gesetzgeber habe in zulässiger Weise der Wiedereingliederung des Straftäters in die Gesellschaft partiell den Vorrang eingeräumt.[3]
Im Ergebnis befindet sich demnach auch das Strafregisterrecht mitten im Spannungsfeld verfassungsrechtlicher Sicherheitsgarantien und Freiheitsrechte.
Doch während die verfassungsrechtlichen Impulse für das Strafrecht bei nahezu jeder neuen höchstrichterlichen Entscheidung bzw. gesetzlichen Neuregelung auf dem Gebiet des materiellen Strafrechts bzw. des Strafverfahrensrechts den Mittelpunkt der Diskussionen bilden, fristet das Strafregisterrecht seit Anfang der 1980er Jahre eher ein Schattendasein.
Dies erstaunt umso mehr, als – parallel zu der Herausarbeitung des „Grundrechts auf Resozialisierung" – eine weitere grundrechtliche Gewährleistung durch das Volkszählungsurteil[4] verfassungsgerichtlich anerkannt wurde: Das Recht auf informationelle Selbstbestimmung, das bei genauerer Betrachtung keinen geringeren Einfluss auf das Strafregisterrecht haben dürfte als der Resozialisierungsgedanke.
Diese These erscheint umso verständlicher, wenn man sich bewusst macht, dass erste Überlegungen zum Schutz der Daten des Bürgers bereits im Lebach-Urteil angestellt wurden, das eigentlich die Leitentscheidung zum Grundrecht auf Resozialisierung darstellt: Auch wenn dort die „informationelle Selbstbestimmung" als solche noch nicht ausdrücklich genannt wurde, gab das BVerfG darin jedoch zu verstehen, ein ehemals Straffälliger habe das Recht, ab einem bestimmten Zeitpunkt nach Verbüßung der Strafe damit „in Ruhe gelassen zu werden" und selbst zu entscheiden, wer in welcher Weise über die insofern zu seiner Person existierenden Daten verfüge. Um nichts anderes geht es, wenn das BVerfG ca. zehn Jahre später die bereits seit Beginn der 1970er Jahre in der Wissenschaft geführte Diskussion um die informationelle Selbstbestimmung aufgreift und den Bürger vor einer vollständigen Erfassung durch den Staat, aber auch die Öffentlichkeit schützen will.
Insofern erschließt sich die Bedeutung auch dieses Grundrechts für die Strafregistrierung, wenn man sich vor Augen hält, dass ein wichtiges Ziel der Neufassung des BZRG im Jahre 1971 u.a. darin bestand, die Voraussetzungen für eine EDV-mäßige Verwaltung der Datenbestände des Zentralregisters zu schaffen – ein Vorhaben, das Anfang der 1980er Jahre im Wesentlichen abgeschlossen war. Angesichts der damit

---

[2] BVerfGE 35, S. 202 ff.
[3] BVerfGE 36, S. 174 ff.
[4] BVerfGE 65, S. 1 ff.

verbundenen möglichen Gefährdungen erscheint es unumgänglich, die Bestimmungen des BZRG auch als besondere Normen des Datenschutzes[5] zu verstehen, wenn man eine verfassungsrechtlich tragfähige Lösung der Gesamtproblematik finden will. Die vom BVerfG aus dem GG hergeleiteten und in ständiger Rechtsprechung angewandten Grundrechte auf Resozialisierung und informationelle Selbstbestimmung können somit als mittlerweile allgemein anerkannte und feststehende Grenzen jeder Form staatlicher Datenspeicherung angesehen werden.

Seit den späten 1980er Jahren änderten sich die Rahmenbedingungen der Strafregistrierung erneut. Eine veränderte Sicherheitslage einerseits und neue kriminalistische Methoden andererseits erzeugten das Bedürfnis nach neuen Formen der Straf(verfahrens-) registrierung, bei deren Erörterung die Belange des Betroffenen nicht mehr so sehr im Vordergrund standen, wie es noch bei der Beratung des BZRG der Fall gewesen war. Während man aufgrund der Volkszählungsentscheidung dabei versuchte, im Hinblick auf das informationelle Selbstbestimmungsrecht möglichst detaillierte Regelungen zu finden, stand der Resozialisierungsgedanke weniger im Mittelpunkt der Überlegungen zu erforderlichen Neuregelungen.

Angesichts dessen wird sich die Arbeit schwerpunktmäßig der Frage widmen, inwieweit strafregisterrechtliche Regelungen den verfassungsrechtlichen Anforderungen an den Datenschutz (informationelle Selbstbestimmung) und die Resozialisierung in angemessener Weise Rechnung tragen. Diese Frage erscheint besonders aufschlussreich, da der innere Zusammenhang zwischen diesen beiden grundrechtlichen Gewährleistungen erheblich größer und deren Zusammenwirken für die Belange des Einzelnen bedeutsamer ist, als dies bisher hervorgehoben wurde.
In einem ersten Teil wird daher zunächst der „status quo" der Straf(verfahrens-) registrierung in Deutschland dargestellt. Im Anschluss daran wird kurz die historische Entwicklung der Strafregistrierung in Frankreich und Deutschland skizziert.
Nach der sich zunächst noch jeder Kritik enthaltenden Darstellung der bestehenden Registrierungsformen wird sodann – entsprechend dem *Schwerpunkt der Arbeit* – zu untersuchen sein, inwiefern die unterschiedlichen Formen der Straf(verfahrens-) registrierung eine Begrenzung durch die Verfassung finden bzw. ob und in welchem Umfang diese in die o.g. Grundrechte der Betroffenen eingreifen.
Insofern befasst die Arbeit sich zunächst mit der „klassischen" Strafregistrierung nach dem *BZRG*. Sodann ist zu überprüfen, inwieweit diese Maßstäbe auch in den – von der Praxis lange angemahnten und nunmehr in den §§ 474 ff. StPO verwirklichten – *staatsanwaltschaftlichen und länderübergreifenden Strafverfahrensregistern* berücksichtigt worden sind. Schließlich geht die Arbeit diesen Aspekten mit Blick auf die ebenfalls noch jungen Regelungen zur Strafregistrierung nach *BKAG*, *BGSG* und in der *Gen-Datei* gem. § 81 g StPO nach.
Auf der Grundlage der in diesem Kapitel gefundenen Ergebnisse werden abschließend Vorschläge für eine verfassungskonforme Straf(verfahrens-) registrierung gemacht.

---

[5] Rebmann, NJW 1983, S. 1513 (1519); Rebmann/ Uhlig, BZRG, Einleitung, Rn. 72, s. auch Götz/ Tolzmann, BZRG, § 1, Rn. 23.

B. Rechtstatsächlicher und rechtshistorischer Teil

I. Der status quo: Strafregistrierung in der Bundesrepublik Deutschland

Ist von Strafregistrierung die Rede, denkt die Mehrheit der Bürger zunächst an ihr „Führungszeugnis". Die praktisch bedeutsamste und auch im Bewusstsein der Bevölkerung verankerte Form der Speicherung strafrechtlich relevanter Daten ist das Bundeszentralregister in Bonn. Diese Form der Strafregistrierung ist seit Anfang der 1970er detailliert im BZRG geregelt und auch im Hinblick auf ihre Auswirkung auf Rehabilitierung und Resozialisierung eingehend untersucht worden[6]. Darüber hinaus gibt es aber auch Formen der Registrierung, die weitgehend unbekannt sind, deren praktische Bedeutung und mögliche Gefahren aber nicht gering einzuschätzen sind, gerade deshalb, weil sie eher am Rande des Interesses stehen: das Strafverfahrensregister (§§ 474 ff. StPO a.F. bzw. §§ 492 ff. StPO n.F.), die staatsanwaltlichen Namenskarteien, die DNA-Datei nach § 81 g StPO sowie Dateien beim Bundeskriminalamt und beim Bundesgrenzschutz.
Über diese unterschiedlich geregelten Registrierungsformen soll im Folgenden zunächst ein Überblick gegeben werden.

1. Das Bundeszentralregister

Das Bundeszentralregister (BZR) ist – wie bereits angedeutet – die am detailliertesten geregelte und auch wissenschaftlich am meisten erforschte Form der Strafregistrierung. Es steht daher am Anfang der Darstellung und fällt – trotz einer Beschränkung auf die wesentlichen Grundlinien – am breitesten aus.

a. Führung und Inhalt des Registers

aa. Aufbau und Arbeitsweise des Registers

Nach der im September 1979 endgültig abgeschlossenen Übernahme der Länderregister bezeichnete Rebmann 1983 den Generalbundesanwalt beim BGH (GBA) als „die einzige für die Strafregistrierung zuständige Behörde der Bundesrepublik Deutschland"[7]. Bei dieser sogenannten „Dienststelle Bundeszentralregister", deren Sitz gem. § 2 Abs. BZRG seit August 1999 Bonn ist, sind heute etwa 400 Beschäftigte tätig[8].
Mit Einrichtung des BZR wurde die Registerführung auf elektronische Datenverarbeitung umgestellt, die die ursprünglichen Handkarteien ersetzten. Davon versprach man sich insbesondere eine effizientere Arbeit und ein leichteres Auffinden angeforderter Daten; vor allem fehlende oder unrichtige Angaben hinsichtlich des Geburtsortes hatten zuvor die Erledigung eingehender Aufträge erschwert und regelmäßig verzögert[9]. Nur so ist es wohl möglich, der ungeheuren Datenmenge Herr zu werden: In dem BZR und dem ebenfalls bei der Dienststelle Bundeszentralregister geführten Erziehungsregister sind heute Angaben von über 5,9 Millionen

---

[6] Vgl. Literaturverzeichnis in : Cornel u.a., Handbuch der Resozialisierung, S. 47 ff.
[7] Rebmann, NJW 1983, S. 1515 (1516).
[8] www.bonn.de/zukunft/bundesstadt/Bundeszentralregister/html.
[9] Rebmann, a.a.O.

Bürgern, darunter 1,9 Millionen Ausländer, gespeichert[10]. Damit stellt das BZR die zurzeit größte Personendatenbank Europas dar[11].
Pro Arbeitstag gehen durchschnittlich 38.000 Auskunftsersuchen von Staatsanwaltschaften, Polizeibehörden und anderen Stellen sowie Führungszeugnisanträge von Privatpersonen ein, die grundsätzlich noch an demselben Tag erledigt werden[12]. Insgesamt erteilte die Registerbehörde 1997 ca. 8,6 Millionen Auskünfte[13].
Umgekehrt gehen monatlich etwa 90.000 eintragungspflichtige Entscheidungen von Gerichten und Staatsanwaltschaften und 2.150 Mitteilungen von Verwaltungsbehörden ein[14]. Diese werden zunächst einer Identitätsprüfung unterzogen, und ein Computerprogramm berechnet sogleich sämtliche Fristen für ihre Aufnahme in Führungszeugnisse und unbeschränkte Auskünfte.
Stellt dieses Programm bei der täglichen Überprüfung der Tilgungsfristen schließlich fest, dass bestimmte Eintragungen zu löschen sind, trägt es die Nummer des entsprechenden Datensatzes in eine sog. „Löschtabelle" ein. Daraufhin wird dieser Satz nochmals von einem besonderen Löschprogramm untersucht, das dann die Tilgung der Daten vornimmt. So wurden parallel zum Eingang und den Auskunftsersuchen 1997 täglich 3.700 Datensätze gelöscht, das waren 1,35 Millionen im ganzen Jahr.

bb. Inhalt des Registers
Durch das BZRG vom 18. März 1971[15] wurden die Registerinhalte wesentlich erweitert. Neben rechtskräftigen strafgerichtlichen Verurteilungen (§§ 4 bis 8) und Vermerken über die Schuldfähigkeit (§ 11) sind nunmehr auch bestimmte sonstige Entscheidungen von Gerichten und Verwaltungsbehörden (§ 10) einzutragen. Gesonderte Eintragungen sind überdies vorgesehen für gerichtliche Entscheidungen, die im Zusammenhang mit Betäubungsmittelabhängigkeit stehen (§17 Abs. 2) und solche, die eine im Zusammenhang mit der Ausübung eines Gewerbes begangene Tat betreffen (§§ 18, 32 Abs. 4). Gem. § 27 können auch Suchvermerke und Steckbriefnachrichten in dem Register niedergelegt werden. Schließlich müssen gem. § 54 auch strafgerichtliche Verurteilungen ausländischer Gerichte in das BZR aufgenommen werden, wenn sie sich auf Deutsche oder im Geltungsbereich des BZR geborene oder wohnhafte Ausländer beziehen und eine Straftat betreffen, die nach deutschem Recht ein Vergehen oder Verbrechen darstellt.
Im Hinblick auf diese erhebliche Erweiterung der Registeraufgaben wurde der bisher verwandte Name „Strafregister" durch „Bundeszentralregister" ersetzt, weil man ersteren als diskriminierend und nicht mehr sachangemessen empfand[16].
Räumlich und organisatorisch in das BZR integriert, werden allerdings solche das Erziehungsregister betreffende Eintragungen in einer gesonderten „Erziehungskartei" registriert (§§ 59 ff.). Damit soll den Besonderheiten des Jugendstrafrechts, das vorwiegend auf den Erziehungsgedanken abzielt, Rechnung getragen werden.

---
[10] www.generalbundesanwalt.de/Frame/Deutsch/BEH98VI.html
[11] Rebmann, a.a.O.
[12] www.generalbundesanwalt.de, a.a.O.
[13] www.generalbundesanwalt.de, a.a.O.
[14] www.generalbundesanwalt.de, a.a.O.
[15] BGBl. I, S. 243.
[16] Vgl. Götz/Tolzmann, BZRG, S. 12; Rebmann, a.a.O.

Dabei werden alle registerrechtlich relevanten Entscheidungen, Feststellungen und Tatsachen von der Registerbehörde nicht selbst erhoben. Sie sind vielmehr in eigener Verantwortung von den Behörden und Gerichten gem. § 20 BZRG mitzuteilen. Nach der die Rahmenvorschrift des § 20 BZRG ausfüllenden „Ersten allgemeinen Verwaltungsvorschrift zur Durchführung des Bundeszentralregistergesetzes"[17] sind für den hier interessierenden Bereich im wesentlichen die Vollstreckungsbehörden mitteilungspflichtige Stellen.[18]

b. Auskunft aus dem Bundeszentralregister

Wichtigste Aufgabe der „Dienststelle Bundeszentralregister" ist die Beantwortung von Auskunftsersuchen, also die Erteilung von Führungszeugnissen und unbeschränkten Auskünften, wobei die Feststellung der Auskunftsberechtigten und die Organisation von Form und Umfang der Auskunft im Mittelpunkt der Arbeit steht. Dass diese Tätigkeit mit Blick auf die Resozialisierung des Eingetragenen besondere Sorgfalt erfordert, liegt auf der Hand: Denn bei der Auskunftserteilung besteht stets die Gefahr, dass eine Verurteilung oder eine sonst eintragungspflichtige Tatsache in dem Umfeld des Bestraften bekannt wird und diesem dadurch Nachteile entstehen. Das gilt insbesondere bei dem Bemühen um eine Wiedereingliederung in das Berufsleben, denn für die allermeisten Arbeitgeber ist die Vorlage eines „sauberen" Führungszeugnisses Einstellungsvoraussetzung.

aa. Überblick

Die Auskunftserteilung aus dem BZR erfolgt grundsätzlich über die Erteilung von Führungszeugnissen. In dem Führungszeugnis werden die eine bestimmte Person betreffenden Inhalte des BZR auf Antrag des Betroffenen (§ 30 BZRG) oder auf Anforderung von Behörden (§ 31 BZRG) niedergelegt. Nach Ablauf bestimmter Fristen wird ein sog. „bereinigtes" Führungszeugnis erteilt, d.h., gewisse Verurteilungen werden dann nicht mehr darin aufgenommen. Für den Verurteilten erwächst daraus gem.

§ 53 BZRG das Recht, sich insofern als unbestraft bezeichnen zu dürfen. Neben den Führungszeugnissen gibt es noch die sogenannten unbeschränkten Auskünfte. Diese enthalten auch solche Eintragungen, die in das Führungszeugnis nicht oder jedenfalls nicht mehr einzutragen sind und werden nur ganz bestimmten Behörden und Gerichten (vgl. § 41 BZRG) auf ausdrückliches Ersuchen erteilt. In diesem Ersuchen muss angegeben werden, aus welchem Grund eine derartige Auskunft erforderlich ist, die dann auch ausschließlich zu dem genannten Zweck verwendet werden darf.

bb. Das Führungszeugnis (§§ 30 ff. BZRG)

(1) Voraussetzungen der Erteilung

Gemäß § 30 Abs. 1 BZRG wird jeder Person, die ihr 14. Lebensjahr vollendet hat, auf Antrag ein Zeugnis über den sie betreffenden Inhalt des BZR erteilt (sog. Privat-

---

[17] BAnz. Nr. 99 v. 31.05.1985.
[18] Pfeiffer, NStZ 2000, S. 402 (402).

führungszeugnis). Bei Geschäftsunfähigen oder Personen mit einem gesetzlichen Vertreter ist auch dieser antragsberechtigt.
Dieser Antrag ist bei der zuständigen Meldebehörde (vgl. § 13 Abs. 1 Erste BZRVwV) zu stellen (§ 30 Abs. 2 BZRG), die jedoch nur die Personalien prüft und ihn dann an die Dienststelle Bundeszentralregister
übermittelt. Von Bonn aus werden die Führungszeugnisse dann versandt, wobei zwei Fälle zu unterscheiden sind: Privatführungszeugnisse übersendet die Behörde unmittelbar an den Antragsteller; die Übersendung an einen Bevollmächtigten ist ausgeschlossen (§ 30 Abs. 4 BZRG).
Behördenführungszeugnisse werden dagegen grundsätzlich nur unmittelbar an die Behörde geschickt; enthält das Zeugnis Eintragungen, hat der Antragsteller allerdings das Recht, zunächst die Übermittlung an ein von ihm benanntes Amtsgericht zu verlangen, um dort persönlich Einsicht zu nehmen (§ 30 Abs. 5 BZRG). Von dort aus wird es dann an die Behörde weitergeleitet oder – auf den Widerspruch des Antragstellers hin – vernichtet. Diese verhältnismäßig umständliche Regelung soll dem Schutz des Antragstellers dienen: Das Behördenführungszeugnis wird ihm in keinem Fall zur freien Verfügung ausgehändigt, um zu verhindern, dass etwa ein Arbeitgeber den Betroffenen dazu veranlasst, unter einem beliebigen Vorwand ein Behördenführungszeugnis zu beantragen und es dann ihm vorzulegen, um sich auf diese Weise Informationen zu verschaffen, die er dem Privatführungszeugnis nicht entnehmen kann und im Interesse der Resozialisierung des Betroffenen auch nicht entnehmen soll[19]. Der Geheimhaltungsschutz wird bei Behördenführungszeugnissen durch § 44 BZRG noch weiter flankiert: Die darin enthaltenen Eintragungen dürfen nur von den mit der Entgegennahme oder Bearbeitung betrauten Bediensteten zur Kenntnis gebracht werden; noch über die allgemeine Pflicht zur Amtsverschwiegenheit nach außen (vgl. §§ 61 ff. BBG; § 39 BRRG) hinaus soll damit gewährleistet werden, dass auch behördenintern nur diejenigen Personen den Inhalt erfahren, für deren Aufgabenerfüllung dies unabdingbar erforderlich erscheint[20].

(2) Inhalt des Führungszeugnisses
Der Inhalt des Führungszeugnisses richtet sich nach Anzahl und Art der in dem Register enthaltenen Eintragungen.

(a) Keine Aufnahme in das Führungszeugnis
Bestimmte Registereintragungen werden von vornherein nicht in das Führungszeugnis aufgenommen: So sind gem. § 32 Abs. 2 BZRG u.a. folgende Eintragungen von der Aufnahme in ein Privatführungszeugnis ausgenommen: Die Verwarnung mit Strafvorbehalt nach § 59 StGB, gem. §§ 35, 36 BtMG zurückgestellte oder zur Bewährung ausgesetzte Freiheitsstrafen bis zu zwei Jahren, wenn die Strafe aufgrund einer Betäubungsmittelabhängigkeit begangen wurde und im Register keine weitere Strafe eingetragen ist, Einstellungen des Verfahrens oder Freisprüche wegen Schuldunfähigkeit (§ 20 StGB) und insbesondere Geldstrafen von nicht mehr als 90 Tagessätzen und Freiheitsstrafen oder Strafarrest von nicht mehr als drei Monaten, wenn keine weitere Strafe eingetragen ist. Von dieser Regelung ausgeschlossen

---
[19] Vgl. dazu Lassen, Rechtsstellung, S. 80.
[20] Vgl. Ausschussbericht, S. 20.

sind allerdings gem. § 32 Abs. 1 S. 2 BZRG Sexualstraftaten gem. §§ 174 – 180, 182 StGB.
Dagegen werden in ein Behördenführungszeugnis gem. § 32 Abs. 3 BZRG umfassendere Eintragungen vorgenommen, insbesondere finden dort auch Schuldunfähigkeitsvermerke Aufnahme. Überdies erscheinen darin auch bestimmte Verurteilungen, die im Zusammenhang mit der Ausübung eines Gewerbes oder von einem Verantwortlichen nach § 14 StGB bzw. einer anderen Rechtsvorschrift begangen worden sind, sofern das Zeugnis für die in § 149 Abs. 2 Nr. 1 GewO bezeichneten Entscheidungen bestimmt ist.

(b) Nichtaufnahmefristen
Im Übrigen werden Verurteilungen grundsätzlich sowohl in Privat- als auch in Behördenführungszeugnisse aufgenommen. Allerdings bestimmt § 33 Abs. 1 BZRG, dass es bestimmte Fristen gibt, nach deren Ablauf sie darin nicht mehr vermerkt werden. Die Länge dieser Fristen bestimmt sich gem. § 34 BZRG in Abhängigkeit davon, welche Strafe verhängt bzw. welche Straftat begangen wurde. Im Wesentlichen gilt danach, dass Verurteilungen bis zu einer Freiheitsstrafe von einem Jahr auf Bewährung nach drei Jahren nicht mehr aufgenommen werden (Nr. 1). Bestimmte Straftaten gegen die sexuelle Selbstbestimmung (§§ 174 bis 180, 182 StGB) werden erst nach zehn Jahren nicht mehr in das Führungszeugnis aufgenommen (Nr. 2), wenn die Freiheits- oder Jugendstrafe die Dauer eines Jahres übersteigt. Im Übrigen läuft eine Nichtaufnahmefrist von fünf Jahren (Nr. 3).
Die Frist beginnt gem. § 36 S. 1 BZRG mit dem Tag des ersten Urteils in der Sache und verlängert sich gem. § 34 Abs. 2 BZRG in den Fällen des § 34 Abs. 1 Nr. 2 und 3 BZRG um die Dauer der Freiheitsstrafe. Zudem wird gem. § 37 Abs. 1 BZRG der Fristablauf gehemmt, solange ein Verurteilter infolge der Verurteilung die Fähigkeit verloren hat, öffentliche Ämter zu bekleiden und Rechte aus öffentlichen Wahlen zu erlangen oder das Recht, in öffentlichen Angelegenheiten zu wählen oder zu stimmen. Das sind im Wesentlichen die Fälle des § 45 Abs. 1 StGB, d.h. Verurteilungen wegen eines Verbrechens zu einer Freiheitsstrafe von mindestens einem Jahr.

Bsp.: Für denjenigen, der am 02. Mai 2000 wegen schweren Raubes zu einer Freiheitsstrafe von vier Jahren und sechs Monaten verurteilt wurde, gilt Folgendes: Die Nichtaufnahmefrist beginnt am 02. Mai 2000, selbst wenn gegen das Urteil erfolglos Revision eingelegt wurde (§ 36 S. 1 BZRG). Die Frist beträgt gem. § 34 Abs. 1 Nr. 3 BZRG fünf Jahre, die sich gem. § 34 Abs. 2 BZRG um die Dauer der Freiheitsstrafe (vier Jahre und sechs Monate) verlängert, sodass die Verurteilung grundsätzlich nach neun Jahren und sechs Monaten nicht mehr aufgenommen würde, also mit Ablauf des 01. Novembers 2009.
Da der Fristenlauf gem. § 37 Abs. 1 BZRG i.V.m. § 45 StGB für fünf Jahre gehemmt wird, wird die Verurteilung erst mit Ablauf des 01.Novembers 2014 nicht mehr in das Führungszeugnis aufgenommen.
Wäre dieselbe Strafe für eine Straftat nach § 177 Abs. 1, Abs. 2 Nr. 3 StGB verhängt worden, würde die Eintragung gem. § 34 Abs. 1 Nr. 2 BZRG, §§ 37 Abs. 1 BZRG i.V.m. § 45 StGB erst am 01. November 2019 nicht mehr im Führungszeugnis erscheinen.

(c) Mehrere Eintragungen
(aa) Grundsatz
Besondere Regelungen gelten, wenn mehrere Verurteilungen in das BZR eingetragen sind: Wurden eine Gesamtstrafe oder eine einheitliche Jugendstrafe gebildet, oder ist gem. § 30 Abs. 1 JGG auf eine Jugendstrafe erkannt worden, ist gem. § 35 Abs. 1 BZRG allein die neue Entscheidung für die Fristbestimmung maßgebend. Schwieriger sind demgegenüber die Regelungen über den sog. „Mitzieheffekt" (§ 38 Abs. 1 BZRG). Danach wird eine alte Verurteilung hinsichtlich der Tilgungsfrist solange mitgezogen, wie eine neue Verurteilung in das Führungszeugnis aufgenommen wird.

Bsp.: Für denjenigen, der am 03. März 1996 wegen Diebstahls, am 07. März 1998 wegen Scheckkartenmissbrauchs und am 05. März 2000 wegen Unterschlagung zu einer Freiheitsstrafe von jeweils sechs Monaten auf Bewährung verurteilt worden ist, gilt danach, dass *alle* diese Verurteilungen solange in seinem Führungszeugnis erscheinen, bis er einmal drei Jahre nach Ablauf der Frist, die mit dem ersten Urteil des letzten Strafverfahrens begann, ohne Eintragung geblieben ist. D.h., wenn die Verurteilung wegen Unterschlagung die letzte geblieben ist, würden *alle* Eintragungen mit Ablauf des 04. März 2003 getilgt.

(bb) Ausnahmen
Von dem Mitzieheffekt kennt das Gesetz gem. § 38 Abs. 2 BZRG jedoch Ausnahmen, von denen die bedeutendste in Nr. 3 geregelt ist: Er gilt danach nicht bei Geldstrafen von nicht mehr als 90 Tagessätzen bzw. einer Freiheitsstrafe oder einem Strafarrest von nicht mehr als drei Monaten. Diese Bestimmung bringt in der Praxis die meiste Verwirrung und führt nicht selten auch zu falschen Auskünften vonseiten der Anwaltschaft: Denn es wird übersehen, dass § 38 Abs. 2 Nr. 3 BZRG eine Ausnahme zu § 38 Abs. 1 BZRG darstellt, seinerseits aber wieder an § 32 Abs. 1 Nr. 5 BZRG anknüpft. Danach werden die in § 32 Abs. 1 Nr. 5 lit. a) und b) genannten Straftaten nämlich *nur dann nicht* in das Führungszeugnis aufgenommen, wenn *keine weitere Strafe* [im BZR] *eingetragen* ist. Der durch § 38 Abs. 2 Nr. 3 BZRG ausgeschlossene Mitzieheffekt kann insofern zu Eintragungen führen, die damit auf den ersten Blick unvereinbar sind.

Bsp.: Für denjenigen, der am 01. Februar 1997 wegen Diebstahls zu einer Geldstrafe von 20 Tagessätzen verurteilt wurde, greift – solange er keine weiteren Straftaten begeht - § 32 Abs. 2 Nr. 5 Lit. a) BZRG, weil sie die einzige im BZR eingetragene Strafe ist. Wird er aber am 01. August 1999 wegen Nötigung, diesmal zu einer Geldstrafe von 30 Tagessätzen verurteilt, greift der Vorbehalt aus § 32 Abs. 2 Nr. 5 BZRG a.E. Dieser führt dazu, dass mit einer dreijährigen Tilgungsfrist (§ 34 Abs. 1 Nr. 1 BZRG) nunmehr beide Verurteilungen in das Führungszeugnis aufgenommen werden. § 38 Abs. 2 Nr. 5 BZRG führt aber insofern ausschließlich dazu, dass die Verurteilung wegen Nötigung die Eintragung wegen Diebstahls nicht für die gesamte Dauer der Eintragungszeit „mitzieht": D.h.: Die Verurteilung wegen Diebstahls erscheint seit der zweiten Verurteilung im Führungszeugnis (01. August 1999), für sie läuft aber gem. § 38 Abs. 2 Nr. 3 BZRG eine *selbstständige* Frist von drei Jahren (§

34 Abs. 1 Nr. 1 BZRG), sodass sie mit Ablauf des 31. Januar 2000 getilgt wurde. Davon unabhängig erscheint aber die Verurteilung wegen Nötigung bis zum 01. August 2002. Die einzige Wirkung des § 38 Abs.2 Nr. 3 BZRG besteht mithin darin, dass die parallele Eintragung beider Taten nur für die Zeit vom 01. August 1999 bis zum 31. Januar 2000 erfolgte, dass die Verurteilung wegen Diebstahls also nicht bis zum Ende der Eintragungsfrist der Nötigung mitgezogen wird. Daraus wiederum folgt aber, dass vom 01. Februar 2000 bis 01. August 2002 allein die Verurteilung wegen Nötigung zu einer Geldstrafe von 30 Tagessätzen in dem Führungszeugnis erscheint. Da dies aber zunächst nicht mit § 32 Abs. 2 Nr. 5 lit a) BZRG vereinbar erscheint (weil eben §§ 32 Abs. 2 Nr. 5 a.E., 38 Abs. 2 Nr. 3 BZRG übersehen wurden), werden bei der Registerbehörde immer wieder aussichtslose Anträge auf Registerberichtigung gestellt[21].

(d) Anordnung der Nichtaufnahme von Verurteilungen

Schließlich besteht gem. § 39 BZRG noch die Möglichkeit, bei dem GBA die Nicht-Aufnahme einer Verurteilung zu beantragen, soweit das öffentliche Interesse dem nicht entgegensteht. Auf diese Weise kann besonderen Umständen, die in Tat oder Täterpersönlichkeit begründet sein mögen, durch eine Einzelfallentscheidung Rechnung getragen werden. Dabei handelt es sich allerdings um eine eng begrenzte Ausnahmeregelung.

Sofern der Antrag nicht bereits gem. § 39 II BZRG unzulässig ist, prüft die Registerbehörde, ob ein besonderer Härtefall vorgetragen ist oder sich jedenfalls aus der Registerlage entnehmen lässt. Ist dies nicht der Fall, wird der Antrag ohne weiteres zurückgewiesen[22]. Diese verhältnismäßig hohen Anforderungen an eine Nicht-Aufnahme der Verurteilung finden ihren Grund darin, dass das Gesetz dem Interessenwiderstreit zwischen dem öffentlichen Interesse an der Vollständigkeit des Registers einerseits und dem Resozialisierungsinteresse des Betroffenen andererseits grundsätzlich bereits durch die nach der Höhe der Verurteilung gestaffelten Fristen Rechnung getragen hat[23]. Somit ist der Betroffene zwar nicht ausdrücklich von Gesetzes wegen[24], aber doch im Interesse einer erfolgreichen Bescheidung seines Antrages gehalten, diesen ausführlich zu begründen, da die Behörde ansonsten eine seinen Interessen entsprechende und angemessene Abwägung mit den Belangen der Öffentlichkeit nicht vornehmen kann und er daher Gefahr läuft, dass sein Antrag zurückgewiesen wird. Nur soweit sich ein besonderer Härtefall erkennen lässt, kommt es überhaupt zu einer Entscheidung im Einzelfall. Die Registerbehörde prüft, ob in der Persönlichkeit von Tat oder Täter Gesichtspunkte erkennbar sind, die abweichend von der allgemeinen Regel eine vorzeitige Tilgung angezeigt erscheinen lassen, wobei berufliche, persönliche oder wirtschaftliche Nachteile nur insofern berücksichtigt werden, als diese nicht die regelmäßige und tendenziell vom Gesetzgeber auch gewollte Folge einer Verurteilung sind. Daher leitet die Registerbehörde gem. § 39 Abs. 1 S. 3 BZRG die Angelegenheit zunächst zur Stellungnahme an das

---

[21] Vgl. zum Ganzen auch Kalf, StV 1991, S. 132 (143).
[22] Kalf, a.a.O., S. 137.
[23] Vgl. OLG Hamm, NStZ 1985, S. 558; Götz/ Tolzmann, BZRG, § 39, Rnrn. 4, 17; Rebmann/ Uhlig, BZRG, § 39, Rn. 31 ff.
[24] Sawade/ Schomburg, NJW 1982, S. 551 (553); bei fehlender Begründung ist gem. § 31 der Ersten BZRVwV zu prüfen, ob die beantragte Anordnung von Amts wegen zu treffen ist.

mit der in Rede stehenden Sache befasste Gericht und die beteiligte Staatsanwaltschaft zur Stellungnahme weiter, um sich Klarheit darüber zu verschaffen, ob und inwiefern
außergewöhnliche Umstände des Einzelfalles bereits im Strafmaß berücksichtigt worden sind. Zudem erfolgt eine Abklärung mit der Kriminalpolizei, ob gegen den Betroffenen noch weitere Ermittlungsverfahren anhängig sind. Nur wenn insofern keine Einwände erhoben werden, prüft die Behörde, ausgehend von der Annahme, dass die Vollständigkeit von BZR und Führungszeugnis grundsätzlich Vorrang haben[25], ob das Wiedereingliederungsinteresse des Betroffenen eine abweichende Entscheidung rechtfertigt. Das kommt jedenfalls nur dann infrage, wenn die Person, ihre Tat oder sonstige Umstände darauf schließen lassen, dass abweichend von der Regel die Beibehaltung des Eintrags für den Betroffenen eine unbillige, in der Öffentlichkeit auf wenig Verständnis stoßende Härte darstellen würde[26]. Im Einzelnen gilt dabei folgendes[27]:

- Berufliche Gründe

Viele Antragsteller begehren eine Registervergünstigung aus beruflichen Gründen, da die Eintragung in dem Führungszeugnis der Aufnahme einer Beschäftigung entgegensteht. Ohne weiteres genügen derartige Gesichtspunkte aber nicht; die meisten dieser Anträge werden ohne Aufnahme von weiteren Ermittlungen als unbegründet abgewiesen[28]. Dies wird damit begründet, die Eintragung in das BZR und ggf. dann in das Führungszeugnis sei eine notwendige, von dem Gesetzgeber ausdrücklich vorgesehene Folge der Verurteilung aufgrund einer Straftat. Auch wenn der Betroffene bei Begehung der Tat diese Folgen im Einzelnen regelmäßig kaum vorhersehen werde, könne und müsse er doch allgemein mit strafrechtlichen Sanktionen rechnen. Die Schwierigkeiten bei der Wiedereingliederung in das Arbeitsleben habe der Gesetzgeber bereits durch eine Staffelung der Aufnahmefristen für das Führungszeugnis berücksichtigt[29].

- Behördliche Erlaubnis

Zahlreiche Anträge auf Nichtaufnahme einer Eintragung werden gestellt, um das Führungszeugnis einer Behörde zur Erlangung einer Erlaubnis vorzulegen. Auch diese werden regelmäßig mit einem ablehnenden Bescheid erledigt, weil die zuständige Behörde schon deswegen auf die Vollständigkeit der Registerauskunft vertrauen müsse, um in eigener Zuständigkeit und unter Würdigung des vollständigen Sachstandes eine ermessensfehlerfreie Entscheidung über die Erteilung treffen zu können[30]. Es wird ebenfalls darauf hingewiesen, ausländische Behörden müssten insbesondere bei der Entscheidung über Visa - Anträge oder eine Auswanderung,

---

[25] Sawade/ Schomburg, a.a.O., S. 554.
[26] OLG Hamm, Beschluss vom 10. Juni 1980, Az.: 1 VAs 27/ 80.
[27] Weitere Beispiele bei Kalf, StV 1991, S. 132 (138 ff.).
[28] Kalf, a.a.O., S. 138.
[29] Kalf, a.a.O.
[30] OLG Hamm, Beschluss vom 22. Februar 1980, Az.: I VAs 80/ 79; Rebmann/ Uhlig, BZRG, § 39, Rn. 36.

darauf vertrauen können, dass das vorgelegte Führungszeugnis dem wahren Registerstand entspreche[31].

- Laufende Bewährung

Besondere Probleme ergeben sich für solche von einer Registereintragung Betroffenen, gegen die eine Strafe auf Bewährung ausgesetzt wurde, und in deren Bewährungsbeschluss die Weisung enthalten ist, eine feste Arbeit aufzunehmen (§ 56 c Abs. 2 Nr. 1 StGB). Begibt sich der Antragsteller nunmehr – weisungsgemäß – auf Arbeitssuche, wird er nach Vorlage des Führungszeugnisses in aller Regel scheitern. Der Betroffene befindet sich in einer „Zwickmühle": Einerseits erlegt ihm das Gericht die Arbeitssuche auf, andererseits wird ihm jedoch durch die Eintragung in das Führungszeugnis der Abschluss eines Arbeitsvertrages, wenn nicht ganz unmöglich gemacht, dann doch wesentlich erschwert. Auch in einem derartigen Fall sind die Erfolgsaussichten eines Antrages eher gering[32].

Im Hinblick darauf hat Kalf[33] sich auf den Standpunkt gestellt, diese Erschwernis bei der Arbeitssuche sei dem Betroffenen durchaus zuzumuten. Denn schließlich sei die Bewährung kein Geschenk des Gerichts an den Verurteilten; vielmehr müsse dieser sich gerade dadurch bewähren, dass er die aus seiner Tat resultierenden Schwierigkeiten spüre, sich diesen stelle und sie zu überwinden in der Lage sei. Gerade dies solle schließlich mit der Bewährung erreicht werden.

Dem ist allerdings zu entgegnen, dass dem auf Bewährung verurteilten Täter, dem das Gericht nach der Erforschung seiner Persönlichkeit eine positive Prognose erstellt hat, jede denkbare Hilfe erhalten sollte, um ihm überhaupt erst die Möglichkeit zu geben, sich zu bewähren. Der Schwerpunkt der Bewährung sollte nicht darin zu erblicken sein, die spezifischen Probleme, in denen der Täter sich vielleicht vor der Tat schon befunden hat, die ihn zu dieser womöglich erst hingerissen haben, wieder aufzubrechen und von ihm zu verlangen, diese nunmehr selbstständig zu bewältigen. Vielmehr sollte der Täter dadurch, dass man ihm den Weg in ein „normales" Leben wieder ebnet, dazu befähigt werden, sich dann im Leben zu „bewähren". In der Regel ist es für den Einzelnen selbst dann noch schwierig genug, ohne dass es Not täte, ihm durch das Führungszeugnis noch zusätzliche Hindernisse in den Weg zu legen. Überdies ist zu bedenken, dass in den Fällen, in denen das Gericht eine günstige Prognose über den Täter ausgestellt hat, zu erwarten ist, dass er sich künftig legal verhalten wird (vgl. § 56 I 1 StGB). Dann aber sollte die Gewährung einer Registervergünstigung auch keine unvertretbare Gefährdung der Interessen Dritter darstellen. Jedenfalls müsste dies im Einzelfall erst dargelegt werden. Damit soll zwar nicht die Auffassung vertreten werden, Bewährungsstrafen überhaupt nicht mehr in das BZR aufzunehmen. *Im Einzelfall* kann es aber durchaus sein, dass es im Interesse einer effektiven Wiedereingliederung in die Gesellschaft erforderlich ist, die Bewährung nicht noch zusätzlich zu erschweren.[34]

---

[31] Vgl. OLG Hamm, NStZ 1985, S. 558; Kalf, a.a.O., S. 138.
[32] Kalf, a.a.O., S. 139.
[33] a.a.O.
[34] Dazu vertieft unten C.II.2.cc.(1).

- Unberücksichtigte Strafmilderungsgründe

Vom Gericht bei der Verurteilung nicht erkannte Strafmilderungsgründe, z. B. schwere, nach der Verurteilung für den Betroffenen aus der Tat erwachsende Folgen – etwa gesundheitliche Schäden, die seine Existenz zu vernichten drohen – können berücksichtigt werden. Denkbar ist z. B. die Verletzung des Täters auf der Flucht, die erst nach Jahren zu einer Lähmung führt, die einen Berufswechsel erforderlich macht. Wäre die Gesundheitsbeschädigung alsbald in dem Strafverfahren erkennbar gewesen, hätte das Gericht nach § 60 StGB von Strafe absehen können. Diese Entscheidung aber wäre gem. § 4 Nr. 1 BZRG nicht in das BZR eingetragen worden[35].

- Mängel des Strafverfahrens

Demgegenüber hat das OLG Hamm entschieden, mit Angriffen gegen das Strafverfahren als solches, wie z.B. unzutreffenden Beweiswürdigungen oder der Länge des Verfahrens, könne der Antragsteller regelmäßig nicht durchdringen. Denn es sei nicht Aufgabe der Registerbehörde zu prüfen, ob ein Strafverfahren nach Einschätzung Dritter in kürzerer Zeit hätte zum Abschluss gebracht werden können[36]. Die Registerbehörde sei keine zusätzliche Revisionsinstanz[37], sondern habe lediglich zu registrieren, was in gerichtlichen Verfahren entschieden worden sei. Der auf Datensammlung gerichtete Zweck des BZR schließe es aus, die Registerbehörde zu einer Überprüfung der Richtigkeit mitgeteilter Entscheidungen zu ermächtigen[38].
Ausnahmen hat das OLG aber bei überlangen Verfahren, die einen Verstoß gegen Art. 6 EMRK darstellen, oder bei sonst offenkundigen Fehlern des Verfahrens für möglich gehalten[39]. So müsse die Verurteilung eines Jugendlichen zu einer Geldstrafe von 100 Tagessätzen zu je 10,-- DM, die im Strafbefehlsverfahren gelegentlich vorkomme, in das BZR aufgenommen werden und erscheine gem. § 34 Abs. 1 Nr. 1 Lit. a) BZRG auch für drei Jahre in dem Führungszeugnis des Jugendlichen. Die korrekte Entscheidung, eine Geldauflage von 1.000,--DM gem. § 15 Abs. 1 Nr. 3 JGG zu verhängen, wäre dagegen nur in das Erziehungsregister eingetragen worden und auch nicht in dem Führungszeugnis erschienen[40]. Dann kann eine Registervergünstigung diesen Nachteil ausgleichen.
Auch insofern erscheint die Auffassung der h. A. in Rechtsprechung und Literatur nur bedingt überzeugungskräftig. Zwar ist es richtig, dass die Registerbehörde nicht dazu befugt ist, Gerichtsentscheidungen auf ihre Richtigkeit hin zu überprüfen. Denn es würde einen unzulässigen Übergriff der Registerbehörde in die Rechtsprechung darstellen, wenn man diese Befugnisse einer „zusätzlichen Revisionsinstanz" zuerkennen wollte. Darum geht es aber weder bei der Strafregistrierung im Allgemeinen noch bei der Handhabung des § 39 Abs. 1 BZRG im Besonderen. Aufgabe der Registerbehörde ist, wie das OLG Hamm zutreffend annimmt, eben nur die Registrierung der Urteile. Diese Registrierung erfolgt aber am allerwenigsten im Interesse des Registrierten selbst, sondern liegt ausschließlich im Interesse der Allgemeinheit, insbesondere in ihrem Schutz vor bestimmten Straftätern. M.a.W.: Die Strafregistrie-

---

[35] Beispiel nach Kalf, a.a.O., S. 139.
[36] OLG Hamm, Beschluss vom 14. Januar 1988, Az.: I VAs 89/ 87.
[37] OLG Hamm, Beschluss vom 03. Dezember 1987, Az.: I VAs 82/ 87.
[38] OLG Hamm, Beschluss vom 17. Februar 1988, Az.: I VAs 112/ 87.
[39] OLG Hamm, MDR 1982, S. 167 und in NStZ 1988, S. 136.
[40] Vgl. Kalf, StV 1991, S. 132 (139).

rung nach dem BZRG dient nicht der Repression, der Ahndung und Pönalisierung begangenen Unrechts, sondern der Prävention. So soll ein Arbeitgeber davor geschützt werden, womöglich jemanden als Prokuristen zu beschäftigen, der sich mehrfach der Untreue (§ 266 StGB) schuldig gemacht hat. Im Gewerberecht soll im Interesse der Allgemeinheit verhindert werden, dass Personen eine Gaststättenerlaubnis erhalten, die dazu nach ihrer Persönlichkeit überhaupt nicht geeignet sind (Unzuverlässigkeit, vgl. § 4 GaststättenG). Wenn aber die Aufgaben der Rechtsprechung einerseits und diejenigen der Registerbehörde andererseits auseinanderlaufen, ist nicht ersichtlich, warum der Registerbehörde nicht erlaubt sein sollte, im Einzelfall solche Entscheidungen nicht in das Register aufzunehmen, die ihrer Auffassung nach den von ihr zu wahrenden öffentlichen Interessen überhaupt nicht zuwiderlaufen. Es kann nicht richtig sein, die Prüfungskompetenz auf „offenkundige Fehler" zu beschränken, die „ohne jede weitere Nachprüfung" ersichtlich sind. Man könnte sich insofern z. B. an den
§§ 359 ff. StPO orientieren, wie dies auch im Rahmen der besonderen Tilgungsanordnung nach § 49 Abs. 1 BZRG diskutiert wird[41].

Gegen einen ablehnenden Bescheid des GBA steht dem Betroffenen die fristgebundene Beschwerde zu, über die bei ihrer Ablehnung der Bundesminister der Justiz zu entscheiden hat (§ 39 Abs. 3 BZRG). Dagegen kann gem. § 23 EGGVG das zuständige Oberlandesgericht angerufen werden.

cc. Die unbeschränkte Auskunft (§§ 41 ff. BZRG)

Wem auf welche Weise eine unbeschränkte Auskunft aus dem Register erteilt werden darf, ist in §§ 41 ff. BZRG im Einzelnen geregelt. Anspruch auf unbeschränkte Auskunft haben die in § 41 Abs. 1 Nr. 1-10 BZRG aufgeführten Stellen, also z.B. Gerichte, Staatsanwaltschaften, oberste Bundes- und Landesbehörden sowie Finanz-, Einbürgerungs-, Ausländer- und Gnadenbehörden.

Das Interesse der Allgemeinheit an der Abwehr besonderer Gefahren hat der Gesetzgeber hier über das Interesse des Betroffenen an einer möglichst reibungslosen Wiedereingliederung gestellt. Dieses ist bei der Anwendung der Vorschrift aber insoweit von Bedeutung, als § 41 Abs.1 BZRG eng auszulegen ist und eine Erweiterung der Auskunftsrechte auf Behörden, die zwar ein Interesse belegen können, unmittelbar aber nicht aufgelistet sind, unzulässig ist. [42]

Im Bereich der unbeschränkten Auskunft aus dem Bundeszentralregister wirkt sich erstmals bei der Auskunftserteilung die Vorschrift des § 17 BZRG aus. Danach ist der Registerbehörde die Zurückstellung der Strafvollstreckung gemäß §§ 35 BtMG mitzuteilen sowie bei Freiheitsstrafen von nicht mehr als 2 Jahren die „gerichtliche Feststellung", dass der Verurteilte die Tat aufgrund Betäubungsmittelabhängigkeit begangen hat. Solche „Eintragungen" sowie Verurteilungen zu Jugendstrafe, bei denen der Strafmakel als beseitigt erklärt ist, dürfen gemäß § 41 Abs. 3 S.1 BZRG den in Absatz 1 genannten Stellen - bis auf Strafgerichte und Staatsanwaltschaften für ein Strafverfahren gegen den Betroffenen - nicht mitgeteilt werden.

---

[41] Dazu unten C.II.2.cc.(4).

[42] Pfeiffer, NStZ 2000, 402 (404).

c. Entfernung von Registereintragungen

aa. Systematik des Gesetzes

Neben der Nichtaufnahme bestimmter Eintragungen in das Führungszeugnis steht die vollständige Entfernung von Eintragungen aus dem BZR. Dabei ist die fristgebundene Tilgung von der fristunabhängigen Entfernung zu unterscheiden. Gem. § 16 Abs. 2 BZRG werden Entscheidungen aus dem Register entfernt, wenn diese in einem Wiederaufnahmeverfahren rechtskräftig aufgehoben worden sind, und gem. § 24 BZRG werden Eintragungen über Personen, die das 90. Lebensjahr vollendet haben, oder deren Tod gegenüber der Registerbehörde glaubhaft gemacht worden ist, aus dem BZR entfernt.

Praktisch bedeutsamer ist dagegen die Tilgung von Registereintragungen nach §§ 45 ff. BZRG. Im Gegensatz zu den bisher erörterten Registervergünstigungen, die in einer Beschränkung der Auskunftserteilung lagen und nur vorläufigen Charakter hatten, führt die Tilgung zu einer vollständigen Löschung der infrage stehenden Vermerke aus dem BZR und schließt die Möglichkeit, davon Kenntnis zu erlangen, endgültig aus. Zu unterscheiden sind insofern die Tilgung nach Fristablauf, die ohne einen besonderen Antrag des Betroffenen dazu führt, dass ein Eintrag gelöscht wird (§§ 45 ff. BZRG) und andererseits die Anordnung der Tilgung in besonderen Fällen, ohne dass es insofern des Fristablaufs bedürfte (§ 49 BZRG).

Die Berechnung der Löschungsfristen bestimmt sich im Wesentlichen nach ähnlichen Kriterien wie diejenige der Fristen zur Nichtaufnahme in das Führungszeugnis. Gem. § 46 Abs. 1 BZRG, der weitgehend der Systematik des § 32 Abs. 1 BRZRG entspricht, beträgt die Löschungsfrist bei Strafen, deren Aufnahmefrist sich auf drei Jahre beläuft, fünf bis zehn Jahre, die bei fünfjähriger Aufnahmefrist fünfzehn Jahre und bei zehnjähriger Aufnahmefrist 20 Jahre. Lebenslange Freiheitsstrafe und Unterbringung in der Sicherungsverwahrung bzw. in einem psychiatrischen Krankenhaus werden gem. § 45 Abs. 3 BZRG nicht getilgt, der Mitzieheffekt gilt gem. § 47 Abs. 3 BZRG unbeschränkt.

bb. Vorzeitige Tilgung auf Anordnung des GBA

Die vorzeitige Tilgung auf Anordnung des GBA nach § 49 BZRG entspricht grundsätzlich der Nichtaufnahme-Anordnung nach § 39 BZRG. Als endgültiger und unwiderruflicher Sonder-Eingriff in den Registerbestand soll sie zwar besonderen Ausnahmefällen vorbehalten bleiben und noch höheren Hürden ausgesetzt sein als die Nichtaufnahme in das Führungszeugnis[43], unterscheidet sich aber im Gesetz von § 39 BZRG nur dadurch, dass über die dort genannten Voraussetzungen die Vollstreckung bereits erledigt sein muss. Als Hauptanwendungsfall wird demnach ein offensichtlich fehlerhaftes Urteil genannt, das nicht durch eine Wiederaufnahme des Verfahrens berichtigt werden kann; insofern sollen allerdings nur schwerste Verfahrensfehler Berücksichtigung finden[44]. In der Literatur werden in diesem Zusammenhang Fälle diskutiert wie eine Verurteilung zu 100 Tagessätzen, wenn dem erkennenden Gericht nicht bewusst gewesen sei, dass es damit knapp über einem fristrelevanten Strafmaß lag (vgl. § 46 Abs. 1 Nr. 1 lit. a) und Nr. 2 BZRG) oder Verurteilungen ausländischer Gerichte, die zwar formal gem. §§ 54, 55 BZRG eintragungs-

[43] Vgl. Rebmann/ Uhlig, BZRG, § 49, Rn. 7; Sawade/ Schomburg, NJW 1982, S. 551 (555).
[44] Sawade/ Schomburg, a.a.O.

fähig sind, aber mit dem materiellen deutschen Rechtsverständnis nicht im Einklang stehen
(überlange Strafverfahren - in manchen Ländern werden Verfahren erst nach fünf Jahren abgeschlossen, die in Deutschland binnen Jahresfrist erledigt wären, was dazu führt, dass solche Urteile bisweilen erst dann Aufnahme in das Register finden, wenn deutsche Urteile bereits wieder getilgt würden; Verurteilungen in Abwesenheit, die in Deutschland nach §§ 230 f. StPO unzulässig wären[45]). Im Übrigen ist es auch insofern schwer für den Betroffenen, eine Registervergünstigung zu erhalten, denn wie bei den Nichtaufnahmefristen nach § 33 BZRG ist auch hier das Rehabilitationsinteresse bereits in den Tilgungsfristen nach § 46 BZRG berücksichtigt worden. Hinzu kommt, dass der Tilgung – jedenfalls was die Resozialisierung des Betroffenen angeht – ohnehin geringere Bedeutung zukommt als der Nichtaufnahme in das Führungszeugnis, denn nur letztere, nicht die Eintragung im BZR, ist für sein Sozial- und Berufsleben relevant, vgl. § 53 Abs. 1 Nr. 1 BZRG.[46] Etwas anderes gilt allerdings mit Blick auf unbeschränkte Auskünfte nach § 41 Abs. 1 Nr. 1 BZRG in Bezug auf nachfolgende Strafverfahren.

cc. Praktische Bedeutung der Tilgung

Erst an der Frage, welche Rechtswirkungen der Tilgung beigelegt werden, entscheidet sich, ob der Verurteilte mit der Tilgung der Strafe im Register tatsächlich den Status eines Nichtbestraften erhält, ob er in die Gesellschaft als vollberechtigtes Mitglied wiederaufgenommen und damit im eigentlichen Sinne resozialisiert wird.

(1) Verwertungsverbot im Strafverfahren

Von großer Bedeutung bleibt die Tilgung einer Eintragung für später gegen den Betroffenen anhängig werdende Strafverfahren. Denn verwertbare Vorverurteilungen können in dem neuen Verfahren bei der Strafzumessung zu Ungunsten des Täters berücksichtigt werden (vgl. § 46 Abs. 2 StGB). Aber auch bei der Feststellung der Schuld des Täters ist eine Vorverurteilung von Belang; schließlich wird das Gericht eher davon überzeugt sein, dass der Kaufhausdieb eine Packung Zigaretten entwendet hat, wenn es weiß, dass er dies vorher bereits neun Mal getan hat. Verurteilungen die bereits getilgt wurden oder jedenfalls zu tilgen sind, dürfen dagegen gem. § 51 BZRG nicht mehr berücksichtigt werden. In diesem Sinne ist man sich einig, dass
§ 51 BZRG grundsätzlich weit zu interpretieren ist; sein Verwertungsverbot umfasst nicht bloß die Tatsache der Vorverurteilung als solche, sondern untersagt auch die Berücksichtigung der Warnfunktion einer früheren Verurteilung zulasten des Angeklagten[47]. Eine Durchbrechung des § 51 BZRG ist nur in den engen, in § 52 BZRG normierten Ausnahmefällen zulässig.
Insofern kann es für einen Strafverteidiger, der weiß, dass eine Verurteilung seines Mandanten alsbald zur Tilgung ansteht, ratsam sein, den Beginn des Verfahrens so weit wie möglich herauszuschieben, damit die Verwertung der Vorverurteilung über § 51 BZRG noch verhindert werden kann.

---

[45] Weitere Beispiele bei Kalf, StV 1991, 132 (141).
[46] Dazu noch sogleich unter cc.
[47] BGHSt 24, S. 65 (65); BGHSt 28, S. 338 (340); vgl. zum Ganzen auch: Götz/ Tolzmann, BZRG, § 51, Rn. 17; Rebmann/ Uhlig, BZRG, § 51, Rn. 40.

(2) Verwertungsverbot im Arbeitsleben

Nicht ganz so bedeutsam sind die Tilgungsfristen für die berufliche Betätigung des Eingetragenen. Denn gem. § 53 Abs. 1 Nr. 1 BZRG darf er sich nicht nur bei einer zu tilgenden Vorstrafe (Nr. 2) als unbestraft bezeichnen, sondern bereits dann, wenn die Eintragung in ein Privat- oder Behördenführungszeugnis nicht mehr aufzunehmen sind (Nr. 1).

Probleme ergeben sich insoweit aus einer anderen Richtung: Arbeitgeber legen neu einzustellenden Mitarbeitern oftmals Personalfragebögen vor, in denen auch getilgte Vorstrafen einzutragen sind; der Arbeitgeber versucht sich also Informationen zu verschaffen, die aus dem Privatführungszeugnis nicht hervorgehen, und die der Betroffene gem. § 53 Abs. 1 BZRG auch nicht anzugeben braucht. Bezeichnet sich nunmehr der vorbestrafte Arbeitnehmer in Übereinstimmung mit § 53 BZRG als unbestraft, kann der Arbeitgeber zwar strafrechtlich (etwa mit Blick auf einen Eingehungsbetrug) nicht gegen seinen Mitarbeiter vorgehen. Allerdings besagt die hier in Rede stehende sogenannte „Vorstrafenklausel" in aller Regel, dass der Arbeitgeber berechtigt ist, das Arbeitsverhältnis bei unwahren Angaben über erlittene Vorstrafen fristlos aufzulösen. Es liegt auf der Hand, dass eine derartige Vorgehensweise eine der praktisch wichtigsten Resozialisierungsmaßnahmen, nämlich die Wiedereingliederung in das Arbeitsleben, unterläuft. Insofern hat das BAG im Interesse der Resozialisierung den Umfang des Fragerechts eingeschränkt:

So darf der Arbeitgeber den Bewerber bei der Einstellung nur nach Vorstrafen fragen, wenn und soweit die Art des zu besetzenden Arbeitsplatzes dies erfordert.[48] Dabei komme es nicht auf die subjektive Einstellung des Arbeitgebers an, welche Vorstrafen er als einschlägig ansieht; entscheidend sei vielmehr ein objektiver Maßstab.[49] Dies gelte grundsätzlich auch für Arbeitnehmer im öffentlichen Dienst.[50]

2. Das länderübergreifende staatsanwaltschaftliche Strafverfahrensregister

Mit dem Verbrechensbekämpfungsgesetz vom 28. Oktober 1994[51] wurde durch Einfügung eines 8. Kapitels (§§ 474 bis 477) in die StPO die gesetzliche Grundlage für ein länderübergreifendes staatsanwaltschaftliches Verfahrensregister gelegt. Dieses wird gem. Art. 4 Nr. 11 Verbrechensbekämpfungsgesetz bei der „Dienststelle Bundeszentralregister" beim Generalbundesanwalt (GBA) geführt.

Durch das Strafverfahrensänderungsgesetz 1999 vom 11. August 2000[52], das am 01. November 2000 in Kraft getreten ist, wurde die StPO erneut geändert und erweitert, sodass sich die vormals in den §§ 474 bis 477 geregelten Vorschriften nunmehr in den §§ 492 ff. StPO wiederfinden.

Am 07. August 1995 wurde eine entsprechende Errichtungsanordnung erlassen, die zum 31. August 1995 in Kraft getreten ist; im Juni 1999 konnte der Registerbetrieb aufgenommen werden[53]. Wenn alle berechtigten Dienststellen und Behörden an das „Zentrale Strafverfahrensregister" angeschlossen sind, ist mit einem Datenaufkom-

---

[48] Ständige Rechtsprechung seit BAGE 5, 159 (163).
[49] BAG NJW 1999, S. 3653 (3654).
[50] BAG, a.a.O., S. 3654.
[51] BGBl. I, 3186.
[52] BGBl. I S. 1253 ff.
[53] www. vrp. de/ archiv/ gesgebng/ g9900013.htm.

men von etwa 76.000 Mitteilungen und etwa 30.000 Anfragen täglich zu rechnen. Im Vollbetrieb wird die Datenbank vermutlich ca. 30 Millionen Einträge enthalten[54]. Der Datenaustausch erfolgt ausschließlich über e-mail oder Dateitransfer. Er wird über sog. „Kopfstellen" abgewickelt werden, also zentrale Anlaufstellen der Bundesländer mit leistungsfähiger Datenverarbeitungstechnik, denen das Register rund um die Uhr zur Verfügung steht[55].
Das Strafverfahrensregister tritt somit neben die bereits bei dem GBA geführten Register (BZR und Erziehungsregister). Nicht zu Unrecht weist Meyer-Goßner insofern darauf hin, es habe gesetzestechnisch eigentlich näher gelegen, die in den §§ 474 ff. StPO (a.F.) normierten Vorschriften in das BZRG einzustellen[56].

a. Legitimation und Zielsetzung des Registers
Anders als die übrigen mit dem Verbrechensbekämpfungsgesetz verbundenen Gesetzesänderungen[57] und anders als die mit dem BZR verbundene Datenspeicherung[58] findet das Strafverfahrensregister selbst in der juristischen Öffentlichkeit nur geringe Beachtung – und dies, obwohl mit seiner Einrichtung eine zuvor seit einiger Zeit erhobene Forderung erfüllt wurde[59] und verschiedene staatsanwaltschaftliche Informationssysteme bereits eine Zeitlang im Einsatz sind[60].
Bis zum Inkrafttreten der §§ 474 ff. StPO a.F. bzw. nunmehr §§ 492 ff StPO n. F. konnten die Staatsanwaltschaften während des Ermittlungsverfahrens neben der Strafakte selbst, die regelmäßig auch einen Auszug aus dem BZR enthält, und polizeilichen Informationssystemen, nur ihre Namenskarteien und die sog. Zentralen Register als Erkenntnisquellen nutzen. Diese wurden nicht immer als ausreichend angesehen, enthalten die Zentralen Dateien doch nur Informationen über bereits abgeschlossene Strafverfahren und die staatsanwaltlichen Karteien nur regional begrenzte Datensammlungen. Informationen über überregional aktive Tätergruppen und Einzelheiten über andernorts anhängige Strafverfahren werden sich damit in aller Regel nicht gewinnen lassen[61]. Die polizeilichen Informationssysteme bieten insofern keinen adäquaten Ersatz, weil die Polizei Daten überwiegend für Zwecke der Gefahrenabwehr sammelt, und ihre Verwendung durch eine staatsanwaltschaftliche Nutzung im Hinblick auf das Grundrecht auf informationelle Selbstbestimmung[62] nicht unproblematisch erscheint. Davon abgesehen sind derartige Informationen für Strafverfolgungszwecke oft allenfalls begrenzt brauchbar. Denn gerade überregional organisierte Datenbanken sind auch dort nicht vorhanden.
Deshalb wurde bereits in den 1980er Jahren der Ruf nach der Einrichtung eines länderübergreifenden Verfahrensregisters laut, der schon 1988 in einen entsprechen-

54 www. vrp. de, a.a.O.
55 www. vrp. de, a.a.O.
56 Kleinknecht/ Meyer-Goßner, StPO, § 474 a.F., RN 2.
57 So z.B. die Änderung des § 100 a StPO (Telefonüberwachung).
58 Siehe oben 2.
59 Vgl. Rebmann/ Schoreit, NStZ 1984, S. 7; Schoreit, DRiZ 1987, S. 85.
60 Kestel, StV 1997, S. 266.
61 Rebmann/ Schoreit, NStZ 1984, S. 6 f.
62 Dazu noch unten unter C.II.3.b.

den Referentenentwurf[63] mündete, der 1994 – sofern er das Verfahrensregister anbelangt – schließlich in den §§ 474 ff. StPO a.F. in Gesetzesform gegossen wurde.
Mit der Schaffung der gesetzlichen Grundlage für das Register wollte der Gesetzgeber insbesondere „im Interesse der Allgemeinheit und des von den Strafverfolgungsmaßnahmen Betroffenen“ die Effektivität der Strafrechtspflege erhöhen[64]. Die Staatsanwaltschaften sollten aufgrund verbesserter Informationen ihre Entscheidungen auf der Grundlage umfassender Erkenntnisse aus sämtlichen eine Person betreffenden Strafverfahren treffen können[65]: Vor allem im Hinblick auf die Ermittlung überörtlich aktiver Täter und Mehrfachtäter, auf das frühzeitige Erkennen von Tat- und Täterverbindungen und die Feststellung und ggf. die Ingewahrsamnahme reisender Gewalttäter erhoffte man sich erhebliche Erleichterungen[66]. Die praktische Tätigkeit der Staatsanwaltschaft sollte dadurch erleichtert werden, dass die Prüfung der Haftvoraussetzung „Wiederholungsgefahr“ (§ 112 a S. 1 Nr. 2 StPO) auf eine gesicherte Basis gestellt werden kann[67], und die Möglichkeit besteht, Doppelverfahren zu vermeiden, Sammelverfahren schon sehr frühzeitig zu bilden sowie unwesentliche Taten und Tatteile rechtzeitig und rationell auszuscheiden[68]. Man glaubte, auf diese Weise den Staatsanwaltschaften für die Einstellung des Strafverfahrens nach §§ 153 ff. StPO gleichmäßigere und gerechtere Entscheidungsgrundlagen an die Hand zu geben, um nicht gerechtfertigte mehrfache Einstellungen gegen Auflagen nach § 153 a StPO zu vermeiden[69] und Verfahren hinsichtlich unbedeutender Vorwürfe mit Blick auf § 154 StPO einzustellen.
Überdies sollte die nun mögliche Verfahrenskonzentration dazu führen, dass mehrere Hauptverhandlungen gegen denselben Angeklagten und damit nachträgliche Gesamtstrafenbildungen (§ 55 StGB; § 460 StPO) seltener vorkommen[70].
Erfasst werden sollen damit sämtliche Strafverfahren gegen eine bestimmte Person, gleichgültig welches Delikt sie betreffen, in welchem Stadium sie sich befinden, und wo sie jeweils anhängig sind.
Ob die mit dem Strafverfahrensregister verbundenen Hoffnungen Wirklichkeit werden, bleibt einstweilen abzuwarten. Nur wenn dies tatsächlich der Fall sein sollte, erscheint der immense Aufwand gerechtfertigt, der durch Einrichtung und Führung des Registers bei den Staatsanwaltschaften und der Registerbehörde betrieben werden muss[71].

b. Inhalt des Strafverfahrensregisters

Während im BZR überwiegend rechtskräftige Verurteilungen durch die Strafgerichte registriert werden, nimmt das Strafverfahrensregister die Daten neu eingeleiteter, laufender und auch bereits eingestellter Ermittlungsverfahren der Staatsanwaltschaften auf, in Steuerstrafsachen auch der Finanzbehörden. Zu den im Einzelnen ge-

---

63 StPO-StVÄGE vom 22. Dezember 1988, abgedruckt in StV 1989, S. 172 ff.
64 Entwurf eines Verbrechensbekämpfungsgesetzes, BT-Drs. 12/ 6853, S. 37.
65 A.a.O., S. 19.
66 Kleinknecht/ Meyer-Goßner, StPO, § 474 a.F., Rn. 1.
67 Entwurf eines Verbrechensbekämpfungsgesetzes, BT-Drs. 12/ 6853, S. 37.
68 Kestel, StV 1997, S. 266.
69 Vgl. Schneider, NJW 1996, S. 304.
70 Entwurf eines Verbrechensbekämpfungsgesetzes, BT-Drs. 12/ 6853, S. 37.
71 Vgl. zu möglichen Einwänden unten C.III.

speicherten Daten, vgl. § 474 Abs. 2 a. F. bzw. § 492 Abs. 2 n. F. StPO. Beachtenswert erscheint insbesondere, dass Daten über sämtliche Strafverfahren ohne jeden Unterschied gespeichert werden (vgl. § 474 Abs. 2 Nr. 4 a. F. bzw. § 492 Abs. 2 Nr. 4 n. F. StPO), wohingegen der Referentenentwurf eines StVÄG 1988 noch eine Beschränkung auf Verfahren mit „erheblicher" oder „überörtlicher" Bedeutung vorgesehen hatte. Diese wurde im Laufe des Gesetzgebungsverfahrens allerdings als „unpraktikabel" gestrichen[72].

c. Verwendung der Daten

Die erhobenen Daten dürfen grundsätzlich nur für Strafverfahren gespeichert, verändert und verwendet werden, § 474 Abs. 2 S. 2, Abs. 4 a. F. bzw. 492 Abs. 2 S. 2, Abs. 6 n. F. StPO. Diese Zweckbestimmung wird denkbar weit interpretiert: So soll die Verwertung nicht nur auf das Strafverfahren beschränkt bleiben, zu dem die Übermittlung erfolgte; vielmehr soll sie auch in einem anderen, mit dem ursprünglichen Verfahren überhaupt nicht in Zusammenhang stehenden Verfahren zulässig sein[73]. Insofern kann man sich fragen, wie sich eine dadurch ermöglichte „Vorratshaltung" der entsprechenden Daten mit der in § 476 a. F. bzw. § 494 n. F. StPO geregelten Löschung und Sperrung von Daten verträgt. Unter Strafverfahren i.S.d. §§ 474 ff. a. F. bzw. 492 ff. n. F. StPO versteht man die Strafverfolgung (also insbesondere das Ermittlungsverfahren) als solche, darüber hinaus noch die Strafvollstreckung einschließlich der Bewährungsaufsicht, das Gnadenwesen, die internationale Rechtshilfe und die Dienstaufsicht[74].
Auskünfte aus dem Strafverfahrensregister dürfen gem. § 474 Abs. 3 S. 2 a. F. bzw. 492 Abs. 2 S. 2 n. F. StPO grundsätzlich nur Strafverfolgungsbehörden für den gesamten umrissenen Bereich des Strafverfahrens erteilt werden; Verwaltungsbehörden können darauf für Bußgeldverfahren nach dem OWiG nicht zurückgreifen, vgl. § 46 Abs. 3 S. 4 OWiG. Im Übrigen wird der Kreis der Auskunftsberechtigten über die bereits weit interpretierte strafverfolgende Tätigkeit der Staatsanwaltschaft wiederum sehr weit ausgelegt. Selbst Gerichte sollen über die Vermittlung der zuständigen Staatsanwaltschaft auf das Strafverfolgungsregister zurückgreifen können[75]. Es stellt sich die Frage, ob damit nicht die Gefahr geschaffen wird, dass die Gerichte bei der Strafzumessung nach § 46 Abs. 2 StGB möglicherweise Kriterien mit heranziehen, die im Hinblick auf eine möglichst ökonomische Abarbeitung der von der Staatsanwaltschaft geleiteten Verfahrensabschnitte (insbesondere des Ermittlungsverfahrens und dessen Abschluss durch eine Einstellung nach §§ 153 ff. StPO) ihre Berechtigung haben können, nicht aber im Hinblick auf eine angemessene Feststellung von Grund um Umfang der Schuld und der daher zu verhängenden Strafe.[76] Im Übrigen erweitert aber auch das Gesetz selbst den Kreis der Auskunftsberechtigten noch auf die Verfassungsschutzbehörden des Bundes und der Länder, auf den Militärischen Abschirmdienst (MAD) und den Bundesnachrichtendienst (BND), vgl. § 474 Abs. 4 a. F. bzw. 492 Abs. 4 n. F. StPO. Insoweit schränkt § 474 Abs. 4 S. 1 i.V.m. Abs. 1 Nr. 1, 2 a. F. bzw. § 492 Abs. 4 S. 1 i.V.m. Abs. 1 Nr. 1, 2 StPO den § 18 Abs. 3

---

[72] Kleinknecht/ Meyer-Goßner, StPO, § 474 a.F., Rn. 5.
[73] Schneider, NJW 1996, S. 304.
[74] Kleinknecht/ Meyer-Goßner, StPO, § 474 a.F., Rn. 11.
[75] Kleinknecht/ Meyer-Goßner, a.a.O., Rn. 8.
[76] Dazu vertieft noch unten unter C.II.2.cc.(5) sowie C.III.2.f.aa.(4).

BVerfSchG allerdings dahingehend ein, dass an die genannten Stellen nur die Personendaten und die zuständige Ermittlungsstelle samt Aktenzeichen weitergegeben werden dürfen.

d. Berichtigung, Löschung und Sperrung der in dem Strafverfahrensregister eingetragenen Daten

aa. Berichtigung des Registers und Löschung von Daten

Die in dem Strafverfahrensregister gespeicherten Daten sind gem. § 476 Abs. 1 a. F. bzw. § 494 Abs. 1 StPO zu berichtigen, wenn sie unrichtig sind. Dies geschieht jeweils auf Veranlassung und in der Verantwortung derjenigen Staatsanwaltschaft, die die Daten übermittelt hatte.

Gem. § 476 Abs. 2 S. 1 a. F. bzw. § 494 Abs. 2 S. 1 n. F. StPO müssen die eingetragenen Daten gelöscht werden, wenn ihre Speicherung unzulässig ist, oder wenn aufgrund des Verfahrens, dem die in das Register eingetragenen Daten entstammen, eine Entscheidung ergangen ist, die gem. § 20 BZRG der „Dienststelle Bundeszentralregister" zur Aufnahme in das BZR mitzuteilen war. Letzteres geschieht aus arbeitsökonomischen Gründen, um Doppelspeicherungen zu vermeiden[77].

Die Daten müssen nach Ablauf von zwei Jahren auch dann gelöscht werden, wenn der Beschuldigte rechtskräftig freigesprochen, die Eröffnung des Hauptverfahrens durch das Gericht unanfechtbar abgelehnt (§ 204 StPO) oder das Verfahren nicht nur vorläufig eingestellt wurde, es sei denn, vor Eintritt der Löschungsfrist wird ein weiteres Verfahren zur Eintragung in das Verfahrensregister mitgeteilt. Dann bleiben die Daten gespeichert, bis für sämtliche Eintragungen die Löschungsvoraussetzungen vorliegen (§ 476 Abs. 2 S. 2 a. F. bzw. § 494 Abs. 2 S. 2 StPO). Die Frist beginnt zu laufen, wenn das Verfahren erledigt ist, also sobald der Freispruch rechtskräftig geworden, die Einstellung des Verfahrens unanfechtbar geworden ist usf.

Beispiel: Am 01. April 2000 wird A wegen Nötigung (§ 240 StGB) bei der Staatsanwaltschaft angezeigt, die das Verfahren gem. § 153 a StPO am 15. Mai 2000 einstellt. Die Löschungsfrist beginnt am 15. Mai 2000 zu laufen, sodass bis Ablauf des 15. Mai 2002 ein entsprechender Eintrag im Verfahrensregister gespeichert bleibt. Wenn A vorher, z.B. am 11. November 2001 wegen Sachbeschädigung (§ 303 StGB) angezeigt wurde, die Staatsanwaltschaft dieses Verfahren gem. § 153 a StPO am 02. Februar 2002 einstellt, wird dieser Eintrag mit Ablauf des 02. Februar 2004 getilgt. Der „Mitzieheffekt" des Verfahrens wegen Diebstahls führt nunmehr allerdings dazu, dass auch das Verfahren wegen Nötigung nicht schon am 15. Mai 2002, sondern ebenfalls erst am 02. Februar 2004 gelöscht wird.

Gem. § 476 Abs. 2 S. 4 a. F. bzw. 494 Abs. 2 S. 4 n. F. StPO werden die Eintragungen auf Mitteilung der zuständigen Staatsanwaltschaft gelöscht; es findet also keine Überprüfung der Daten durch die Registerbehörde selbst statt, wie dies beim BZR der Fall ist[78].

Dagegen sieht das Gesetz in den Fällen der nur vorläufigen Einstellung nach §§ 170 Abs. 2, 153, 205 StPO überhaupt keine Löschung der Daten vor. Selbst wenn man

---

[77] Vgl. dazu Lemke, NStZ 1995, S. 485.

[78] Vgl. dazu oben B.I.1.c.

in Betracht zieht, dass dann eine Fortsetzung des Verfahrens grundsätzlich jederzeit noch möglich ist, erscheint diese Regelung insbesondere mit Blick auf § 170 Abs. 2 StPO äußerst problematisch. Wird ein ursprünglich nach § 170 Abs. 2 StPO eingestelltes Verfahren erneut betrieben, ähnelt diese Situation eher einer Wiederaufnahme nach rechtskräftigem Freispruch (§ 362 StPO) oder nach unanfechtbarer Ablehnung der Eröffnung des Hauptverfahrens (§ 211 StPO)[79], sodass es insofern nahe liegend erschiene, auch in den Fällen des § 170 Abs. 2 StPO spätestens eine Löschung nach zwei Jahren vorzunehmen, da die Möglichkeit der Wiederaufnahme eine Löschung auch nicht behindert. Es ist überhaupt fragwürdig, dass gerade bei einer Einstellung nach § 170 Abs. 2 StPO die Daten desjenigen, gegen den nicht einmal ein hinreichender Tatverdacht ermittelt werden konnte, quasi auf ewig registriert bleiben, wohingegen es bei einer Einstellung nach § 153 a StPO bei Fehlen weiterer Eintragungen zu einer vollkommenen Tilgung kommt. Spätestens mit Verjährung der Tat, hinsichtlich derer ein Anfangsverdacht bestand, der sich schließlich nicht bestätigte, müsste jedenfalls eine Löschung erfolgen[80].

bb. Sperrung noch gespeicherter Daten

Gem. § 476 Abs. 3 a. F. bzw. § 494 Abs. 3 n. F. iVm § 489 Abs. 7 und 8 n. F. StPO werden in bestimmten, dort näher bezeichneten Fällen Daten, die eigentlich zu löschen wären, lediglich gesperrt.

Unter der Sperrung ist die Kennzeichnung gespeicherter personenbezogener Daten zu verstehen, um ihre weitere Verarbeitung oder Nutzung auszuschließen.[81] In dem Fall einer Sperrung bleiben die Daten physikalisch erhalten und sind nur für bestimmte Zwecke zur Auskunft freigegeben.[82]

Damit soll dem Interesse des Betroffenen am Schutz seiner Daten Rechnung getragen, andererseits aber auch sichergestellt werden, dass diese dennoch verwendet werden können. Die Gründe für die Sperrung sind in den Nummern 1 bis 3 aufgeführt, ergänzt durch die Zweckbindungsklausel des Satzes 3, 1. HS. Der Grund für die unterbliebene Löschung und die sich daraus ergebene Zweckbindung sind in einem Sperrvermerk niederzulegen.[83]

Der abschließende Katalog der Nummern 1 bis 3 erfährt durch Satz 3, 2. HS eine erhebliche Ausweitung für Fälle der Beweisnot: Ein Rückgriff auf gesperrte Daten ist zulässig, soweit sie Beweis für oder gegen den Beschuldigten erbringen können. Das Gesetz macht keine Einschränkung im Hinblick auf das Gewicht der Straftat, für die die Beweisnot besteht.[84] Es wird weder näher dargelegt, was unter „schutzwürdigen Interessen einer betroffenen Person" zu verstehen ist, noch wann diese „betroffen" ist. Ebenfalls ungeklärt bleibt die Frage, was unter Forschungsarbeiten zu verstehen ist. Nicht nachvollziehbar ist auch, warum die dafür verwendeten Daten nicht anonymisiert wurden. Schließlich wird nicht dargelegt, wann eine „besondere Art der Speicherung" und ein „unverhältnismäßiger Aufwand" vorliegt und wann „die Spei-

---

79 Kleinknecht/ Meyer-Goßner, StPO, § 476, Rn. 6.
80 Genauer zu den Einwänden gegen die unbefristete Speicherung solcher Daten, vgl. unten C.III.2.f.aa.(4).
81 Kleinknecht/ Meyer-Goßner, Rn 10.
82 Franke, in: KK-StPO, § 476, Rn 7.
83 Lemke, NStZ 1995, 486.
84 Franke, a.a.O., Rn 8.

cherung zur Behebung einer bestehenden Beweisnot unerlässlich" ist. Da zum jetzigen Zeitpunkt weder Rechtsprechung noch Literatur zu diesen Vorschriften vorliegt, ließe sich mit den entsprechenden Argumenten nahezu alles unter diesen Paragraphen subsumieren. Es wäre möglich, auf diese Art und Weise auch die Löschung im Hinblick auf § 20 BZRG (vgl. § 476 Abs. 2 Nr. 2 a. F. bzw. § 494 Abs. 2 Nr. 2 n. F. StPO) zu verhindern und Daten weiter zu speichern, selbst wenn eine Verurteilung ins BZR eingetragen ist. Wenn diese dann dort getilgt werden muss, könnte sie wegen „unverhältnismäßigen Löschungsaufwandes" oder „schutzwürdigen Interessen einer Person" dennoch im Verfahrensregister gespeichert bleiben. Mit dem Argument der bestehenden Beweisnot können § 476 Abs. 3 S. 1 Nr. 1 bis 3 StPO a. F. bzw. § 494 Abs. 3 i.V.m. § 489 Abs. 7 Nr. 1 bis 3 n. F. StPO unterlaufen werden.
In dem Gesetzesentwurf zum Verbrechensbekämpfungsgesetz [85] wird angeführt, § 476 Abs. 3 S. 1 Nr. 1 StPO a. F. verfolge das Ziel, für den Betroffenen potenziell günstige Informationen verfügbar zu erhalten. Dieser solle davor geschützt werden, dass er durch den endgültigen Verlust von Daten oder Beweismitteln Nachteile erleide. Wann eine Beeinträchtigung schutzwürdiger Belange der betroffenen Personen vorliege, lasse sich nicht abstrakt-generell definieren. Vielmehr müsse unter Berücksichtigung des Einzelfalles geprüft werden, ob dem Betroffenen durch die Löschung Nachteile entstünden.[86] Zu den weiteren Sperrungsvorschriften werden keinerlei Ausführungen gemacht. Die Begründung des StVÄG 1999 zu der Sperrung der Daten ist ebenfalls kurz gefasst und wiederholt partiell die Begründungen zur Sperrung im Entwurf des Verbrechensbekämpfungsgesetzes: Man verfolge mit den Sperrungsregelungen das Ziel, für den Betroffenen potenziell günstige Informationen verfügbar zu erhalten. Dieser solle davor geschützt werden, dass er durch den endgültigen Verlust von Daten oder Beweismitteln Nachteile erleidet. Wann eine Beeinträchtigung schutzwürdiger Belange der betroffenen Person vorliege, lasse sich allerdings nicht abstrakt-generell definieren. Vielmehr müsse unter Berücksichtigung des Einzelfalles geprüft werden, ob dem Betroffenen durch die Löschung Nachteile entstehen.[87]
Weitere Argumente oder Gründe für diese Gesetzesregelung sind nicht zu finden, weder in den Gesetzesentwürfen noch in den Kommentierungen wird auf diese Vorschrift eingegangen. Lediglich *Franke* hat sich im Hinblick auf die Ausweitung der Vorschrift auf die Fälle der Beweisnot dahingehend geäußert, dass hier eine Abwägung nach dem Grundsatz der Verhältnismäßigkeit aus rechtstaatlichen Gründen geboten sei.[88] [89]

---

[85] BT-Drs. 12/6853, S. 5 (39).
[86] BT-Drs. 12/6853, a.a.O.
[87] www.datenschutz-berlin.de/recht/ggebung/strecht/stvaeg99/begruend.html.
[88] Franke, a.a.O., Rn 8.
[89] Zu den Bedenken gegen die bloße Sperrung von Daten unten unter C.IV.1.und 2: hierbei geht es um die Sperrungsregelungen von Daten nach dem BGSG und dem BKAG, die aber inhaltlich überwiegend mit der Sperrung gem. § 494 Abs. 3 StPO übereinstimmen.

cc. Auskunft aus dem Register nach § 495 StPO

Gem. § 495 StPO wird dem Beschuldigten ein Auskunftsrecht aus dem länderübergreifenden Strafverfahrensregister eingeräumt, das durch den Verweis auf § 19 BDSG konkretisiert wird.[90]

3. Strafregistrierung in staatsanwaltschaftlichen Namenskarteien und Speicherung durch andere Strafverfolgungsbehörden

a. Einleitung

Während sich das staatsanwaltschaftliche Verfahrensregister nach §§ 474 a.F. bzw. 492 ff. n.F. StPO wenigstens noch eines gewissen Interesses der Wissenschaft erfreuen kann, fristen die staatsanwaltschaftlichen Namenskarteien in diesem Bereich nahezu ein vollkommenes Schattendasein. Und dies, obwohl sie bereits vor der Einführung des Verfahrensregisters in die StPO bestanden und auch heute weiter fortgeführt werden. Alle Staatsanwaltschaften in Deutschland führen sogenannte Namenskarteien, die die personenbezogenen Daten von Ermittlungsverfahren enthalten: Namen, Geburtsdaten, Anschriften der Beschuldigten, Aktenzeichen der Staatsanwaltschaften, die jeweiligen Delikte, sowie weitere Bearbeitungshinweise (etwa eine Einstellung nach § 153 StPO).
Zum Großteil ist die Speicherung dieser Angaben bereits automatisiert; in einigen Bundesländern wie Schleswig-Holstein oder Niedersachsen besteht sogar ein Verbundsystem aller Staatsanwaltschaften des Landes untereinander.
Überdies werden in diesem Zusammenhang von den *Strafverfolgungs*behörden erkennungsdienstliche Daten auch zu *präventiv*-polizeilichen Zwecken gespeichert. Bei dem z.B. in Niedersachsen landesweit eingesetzten automatisierten Datenverarbeitungssystem „MIKADO" handelt es sich nicht bloß um ein reines Vorgangs-Verwaltungssystem zur Aktenfindung, Textverarbeitung und Dokumentation; das System stellt darüber hinaus auch für die polizeiliche Arbeit personenbezogene Daten bereit, auf deren Richtigkeit sich die ermittelnden Beamten verlassen, und die sie ihren Untersuchungen zugrunde legen[91]. Problematisch ist daran, dass die Technik dieses Systems eine Änderung der Verfahrenssituation (wie z.B. dessen Einstellung) nicht zu erfassen in der Lage ist und es von dorther zu falschen Bewertungen in anderen Ermittlungsverfahren kommen kann.[92]

b. Der Weg bis zur gesetzlichen Reglementierung durch das STVÄG 1999

Obwohl das BVerfG bereits im Jahre 1983 im Volkszählungsurteil eine gesetzliche Grundlage für die Erfassung von personenbezogenen Daten gefordert hatte, kam der Gesetzgeber erst 17 Jahre später dieser Forderung im Bereich der Strafregistrierung durch Strafverfolgungsbehörden durch das Strafverfahrensänderungsgesetz (StVÄG) 1999 vom 02. August 2000[93] nach. Die Strafregistrierung bei den Strafverfolgungsbehörden wurde bis zur Schaffung dieses Gesetzes lediglich in Schleswig-Holstein[94] und Berlin[95] auf eine (landes-)gesetzliche Grundlage gestellt.

---

[90] Kritische Anmerkungen dazu noch unten unter C.III.2.f.bb.(7) und (8).

[91] www. lfd. niedersachsen.de/tätigkeitsbericht97-98/inhalt3_10.html.

[92] www. lfd. niedersachsen.de/tätigkeitsbericht97-98/inhalt3_10.html.

[93] BGBl I, S. 1253.

[94] Gesetz über die staatsanwaltschaftlichen Verfahrensregister vom 01. März 1996, SchlH GVOBl 1996, S. 81.

Ob, in welchem Umfang und mit welcher Regelungsdichte die Verwendung personenbezogener Daten in der Strafrechtspflege von Verfassungs wegen einer gesetzlichen Grundlage bedurfte, war zuvor stets umstritten[96] und auch von der Rechtsprechung nicht geklärt worden: Tendenziell neigte die Rechtsprechung der Straf- und Verwaltungsgerichte allerdings dazu, für die bei den Staatsanwaltschaften geführten Namenskarteien und für die Speicherung personenbezogener Daten auch durch andere Strafverfolgungsbehörden eine ausdrückliche gesetzliche Ermächtigungsgrundlage für erforderlich zu halten[97]. Im Übrigen wurde zwischen der Rechtslage vor und nach Beendigung des Strafverfahrens unterschieden:
Für das Speichern personenbezogener Daten noch *im Ermittlungsverfahren* sollten §§ 152 Abs. 2 (Legalitätsprinzip), 160 Abs. 1 (Offizialprinzip) und 161 S. 1 (Recht auf Auskunft gegenüber Behörden und anderen Stellen oder Personen) StPO als gesetzliche Ermächtigungsgrundlage hinreichend bestimmt sein[98]. Zwar enthielten diese Vorschriften von ihrem Wortlaut her eine bloße Aufgabenzuweisung, ergänzt durch eine allgemeine Ermittlungsbefugnis. In dem Zusammenhang mit anderen Vorschriften wie dem Akteneinsichtsrecht des Verteidigers (§ 147 Abs. 1 StPO), der Verpflichtung, das Ergebnis der staatsanwaltschaftlichen Untersuchungshandlungen aktenkundig zu machen (§ 168 b Abs. 1 StPO), dem Vermerk über den Abschluss der Ermittlungen (§ 169 a StPO) sowie die Aktenübermittlung bei Unzuständigkeit des angerufenen Gerichts (§ 209 Abs. 2 StPO) habe sich aber ergeben, dass der Gesetzgeber davon ausgegangen sei, dass die Staatsanwaltschaften bei ihren Ermittlungen Akten anlegen[99]. Denn das Js-Register und die Namenskartei würden erst den gezielten Zugriff auf den Aktenbestand der einzelnen Staatsanwaltschaft ermöglichen, sodass das Recht der Führung von Akten untrennbar verbunden sei mit dem Recht zur Anlage derartiger Dateien. Eine andere Beurteilung sei dann angezeigt, wenn ein informatorischer Datenaustausch zwischen verschiedenen Staatsanwaltschaften eines Bundeslandes stattfinde[100].
Solche teleologischen Erwägungen durften schon damals nicht für zwingend gehalten werden. Denn ob tatsächlich das Anlegen einer Akte zwangsläufig die automatisierte Registrierung sämtlicher Einzelheiten des Verfahrens (vgl. oben) voraussetzt, kann hier dahin stehen. Jedenfalls hätte man sich vor Augen halten müssen, dass es sich bei den zitierten und zur Legitimation der Speicherung herangezogenen Bestimmungen der StPO um vorkonstitutionelles Recht handelt. Das heißt, selbst wenn nach Sinn, Zweck und Systematik der StPO die Anlage der Akte auch ihre Registrierung voraussetzt, ist damit noch lange nichts darüber gesagt, ob das auch mit Blick auf das Grundrecht auf informationelle Selbstbestimmung zulässig war, oder ob die Rechtsentwicklung unter dem GG nicht eine genauere Regelung und vor allem Beschränkung der Speicherung und Registrierung erforderlich machten. Nicht zuletzt vor diesem Hintergrund sahen sich die Bundesländer Berlin und Schleswig-Holstein

---

95 §§ 21 ff. AGGVG, BerlGVOBl 1992, S. 3186.
96 Vgl. nur Franke, in: KK-StPO, vor § 474 a.F., Rn. 5.
97 Vgl. OLG Frankfurt am Main, NJW 1988, S. 47; OLG Frankfurt am Main, NJW 1995, S. 1102; VGH Kassel, DVBl 1995, S. 247; VGH Kassel, DVBl 1996, S. 570; VG Frankfurt am Main, NJW 1987, S. 2248; VG Hamburg, StV 1989, S. 534; s. auch Franke, a.a.O.
98 Vgl. Franke, a.a.O.
99 Vgl. Franke, a.a.O.
100 Vgl. Franke, a.a.O.

veranlasst, vor Errichtung des Zentralen Strafverfahrensregisters die eigene Strafregistrierung auf eine gesetzliche Grundlage zu stellen[101].

c. §§ 483 ff. StPO

Durch das am 01. November 2000 in Kraft getretene StVÄG 1999 wurden die §§ 474 ff. StPO neu gefasst und in den §§ 483 ff StPO nunmehr Dateiregelungen eingeführt, die für die zentralen Namensdateien der Staatsanwaltschaften sowie die Speicherung bei anderen Strafverfolgungsbehörden, Gerichten und Vollstreckungsbehörden eine ausdrückliche und detaillierte Rechtsgrundlage darstellen.
Für bestehende Dateien enthält § 9 EGStPO eine Übergangsvorschrift. Danach sind für diese Dateien die §§ 483 bis 490 StPO erst ab dem 01.November 2001 anzuwenden.

aa. Registrierungsgründe

In §§ 483 bis 485 StPO werden die verschiedenen Zwecke, für die personenbezogene Daten in Dateien gespeichert werden, dargestellt. So sieht § 483 StPO die Speicherung für Zwecke des Strafverfahrens und § 484 StPO die Speicherung für Zwecke künftiger Strafverfahren vor, wobei § 484 Abs. 1 StPO in den Nummern 1 bis 5 die für die zukünftige Strafverfolgung erforderlichen Grunddaten auflistet und § 485 Abs. 2 StPO die Registrierung von über die sogenannten Grunddaten hinaus gehenden personenbezogenen Daten vorsieht.
Die Speicherung weiterer Daten des Beschuldigten dürfen jedoch nur gespeichert werden, soweit dies erforderlich ist, weil wegen der Art oder Ausführung der Tat, der Persönlichkeit des Beschuldigten oder sonstiger Erkenntnisse Grund zu der Annahme besteht, dass weitere Strafverfahren gegen den Beschuldigten zu führen sind.
§ 485 StPO regelt schließlich die Speicherung von Daten für die Vorgangsverwaltung.
In der Praxis werden vielfach Mischformen dahingehend vorkommen, dass eine Stelle in einer Datei Daten für mehrere Zwecke speichert, was durch die ausdifferenzierte Regelung auch nicht ausgeschlossen wird.[102]
Darüber hinaus sieht § 486 StPO vor, dass mehrere verschiedene Stellen Daten auch in gemeinsamen Dateien speichern können, zum Beispiel in einem landesweiten staatsanwaltschaftlichen Informationssystem. Ein solches Informationssystem kann dabei durchaus einen umfangreicheren Datenbestand enthalten als das zuvor vorgestellte Zentrale Staatsanwaltschaftliche Verfahrensregister.[103]

bb. Berichtigung, Löschung und Sperrung von Daten

In § 489 StPO werden Fragen der Berichtigung und Löschung von Daten geregelt, wobei § 489 Abs. 2 StPO danach differenziert, für welche der in §§ 483 bis 485 StPO genannten Zwecke die Speicherung erfolgte.

---

[101] Vgl. Begründung zu § 21 AGGVG Berlin in Abgeordnetenhaus von Berlin, 12. Wahlperiode, Drs. 12/813, S. 9 sowie Begründung zum Schleswig Holst. Gesetz über die staatsanwaltschaftlichen Verfahrensregister vom 1. März 1996 in Schleswig-Holsteinischer Landtag, 13. Wahlperiode, Drs. 13/2927, S. 9.
[102] Vgl. Brodersen, NJW 2000, S. 2536 (2541).
[103] Vgl. Brodersen, a.a.O.

§ 489 Abs. 1 StPO verpflichtet die speichernde Stelle, unrichtige personenbezogene Daten zu berichtigen. Diese Verpflichtung besteht unabhängig von einem Antrag des Betroffenen.[104]

§ 489 Abs. 2 StPO bestimmt, dass in Dateien gespeicherte personenbezogene Daten zu löschen sind, wenn ihre Speicherung unzulässig ist, oder wenn sich aus Anlass einer Einzelfallbearbeitung ergibt, dass die Kenntnis der Daten für die in den jeweiligen Vorschriften bezeichneten Speicherzwecke nicht mehr erforderlich ist. Nach

§ 484 Abs. 2 StPO ist die Speicherung *weiterer* personenbezogener Daten dann unzulässig, wenn der Beschuldigte rechtskräftig freigesprochen, die Eröffnung des Hauptverfahrens gegen ihn unanfechtbar abgelehnt oder das Verfahren nicht nur vorläufig eingestellt wurde. Diese Vorschrift wird aber sogleich wieder eingeschränkt: Dies solle nur gelten, wenn sich aus den Gründen der Entscheidung ergibt, dass der Betroffene die Tat nicht oder nicht rechtswidrig begangen hat.

Es wird somit zwischen „Freisprüchen 1. und 2. Klasse" unterschieden, denn wenn sich z. B. aus den Entscheidungsgründen ein Restverdacht, Schuldausschließungsgründe oder Strafaufhebungs- bzw. Strafausschließungsgründe, die zum Freispruch geführt haben, ergeben, bleibt es bei einer zulässigen Aufrechterhaltung der gespeicherten weiteren Daten.

§ 489 Abs. 2 S. 2 StPO bestimmt weitere Löschungsvoraussetzungen differenziert nach dem Speicherzweck: Danach sind in einer Datei nach § 483 StPO gespeicherte Daten grundsätzlich mit Verfahrenserledigung zu löschen.

In einer Datei für Zwecke künftiger Strafverfahren nach § 484 StPO gespeicherte Daten sind zu löschen, soweit das Ergebnis der nach Abs. 4 vorzunehmenden Prüfung ist, dass die Kenntnis der Daten für den Speicherzweck nicht mehr erforderlich ist. Absatz 4 sieht dabei vor, dass nach bestimmten Fristen die für Zwecke künftiger Strafverfahren gespeicherten Daten darauf zu prüfen sind, ob sie zu löschen sind. Die Vorschrift sowie die vorgesehenen Fristen sind § 32 Abs. 3 BKAG nachgebildet.[105] So sieht § 489 Abs. 4 Nr. 1 StPO eine „Aussonderungsprüffrist" bei volljährigen Beschuldigten nach 10 Jahren, § 489 Abs. 4 Nr. 2 StPO bei Jugendlichen nach 5 Jahren und § 489 Abs. 4 Nr. 3 StPO bei Freisprüchen, unanfechtbarer Ablehnung der Eröffnung des Hauptverfahrens sowie der nicht nur vorläufigen Verfahrenseinstellung von 3 Jahren vor.

§ 489 Abs. 5 StPO ermöglicht allerdings, in den entsprechenden Errichtungsanordnungen kürzere „Aussonderungsprüffristen" vorzusehen.

In einer Datei nach § 485 StPO (Vorgangsverwaltung) sind die Daten nach Wegfall der Erforderlichkeit der Speicherung zu löschen.

Zu berücksichtigen ist schließlich bei den verschiedenen Löschungsregelungen, dass die Speicherung von Daten mehreren Zwecken dienen kann, sodass bei Dateien, in denen die gespeicherten Daten mehreren Zwecken dienen, eine Löschung erst dann erfolgen kann, wenn sämtliche Zwecke entfallen sind[106].

---

[104] Vgl. Begründung zum StVÄG 1999: www.datenschutz-berlin.de/ recht/ de/ ggebung/ strecht/ stvaeg99/begruend.htm.

[105] BT-Drs 14/1484, S. 35; auf diese Vorschrift wird im Folgenden noch eingegangen werden.

[106] So Brodersen, a.a.O.

Festzustellen ist, dass bei Dateien nach § 484 StPO die Löschung von nur vorläufig eingestellten Verfahren wiederum überhaupt keine Regelung gefunden hat, mithin auch hier eine Speicherung „auf ewig“ ermöglicht wird.[107]
Die Sperrung von Daten entspricht den bei dem länderübergreifenden staatsanwaltschaftlichen Verfahrensregister gem. §§ 492 ff StPO dargestellten Regeln (§ 489 Abs. 7 StPO), sodass auf die diesbezüglichen Ausführungen verwiesen wird.

cc. Auskunft aus den Dateien
Die §§ 487, 488 StPO regeln die Zulässigkeit und Grenzen der Übermittlung von Daten sowie die Zulässigkeit eines automatisierten Abrufverfahrens.
So dürfen gem. § 487 Abs. 1 S. 1 StPO die nach den §§ 483 bis 485 StPO gespeicherten Daten den „zuständigen Stellen“ übermittelt werden, soweit dies für die in den §§ 483 ff StPO genannten Zwecke, für Zwecke eines Gnadenverfahrens oder der internationalen Rechtshilfe in Strafsachen erforderlich ist.
Aus der Begründung des StVÄG 1999 ergibt sich, dass die Vorschrift auf die Benennung eines abgeschlossenen Personenkreises verzichtet hat, um Lücken zu vermeiden.[108] Dies seien aber in erster Linie die in § 483 Abs. 1 StPO genannten Stellen, die Vornahme- und Bewilligungsbehörden für Zwecke eines Gnadenverfahrens sowie die Jugendgerichtshilfe. Zulässig ist somit die Übermittlung der nach §§ 483, 484 StPO gespeicherten Daten für bzw. in den Strafverfahren, in denen die Informationen ermittelt worden sind, und für alle anderen Strafverfahren, zu denen auch die Vollstreckung gehört, sowie für die internationale Rechtshilfe in Strafsachen und Gnadensachen. Die Übermittlung der nach § 485 StPO gespeicherten Daten ist zulässig für die Vorgangsverwaltung, die in § 483 bezeichneten Zwecke und – soweit eine Speicherbefugnis nach § 484 besteht- auch für Zwecke künftiger Strafverfahren.[109]
Von Bedeutung ist insbesondere die in § 487 Abs. 2 S. 1 StPO enthaltene Verweisung auf die ebenfalls durch das StVÄG 1999 neu gefassten Regelungen zur Auskunft aus Akten (§§ 474 ff. StPO n. F.). So ist nach § 474 Abs. 2 StPO n. F. die Übermittlung an öffentliche Stellen außerhalb der Justiz schon dann zulässig, wenn das materielle Kriterium der „Erforderlichkeit“ gegeben ist.
Fraglich ist, ob nicht andere öffentliche Stellen diese Möglichkeit der Auskunftserteilung ausnutzen könnten, um Informationen über einen potenziellen neuen Arbeitnehmer zu erlangen, die ihnen aufgrund der Vorschriften des BZRG verwehrt geblieben wären.
Auskünfte an Privatpersonen sollen nach § 475 StPO n. F. bereits dann erteilt werden, wenn ein berechtigtes Interesse dargelegt wird. Die Vorschrift wird durch § 477 Abs. 3 StPO n. F. dahingehend eingeschränkt, dass in Verfahren, in denen der Angeklagte freigesprochen wurde, die Eröffnung des Hauptverfahrens abgelehnt oder das Verfahren eingestellt wurde (Nr. 1) bzw. die Verurteilung nicht in ein Führungszeugnis bei Behörden aufgenommen wird und seit der Rechtskraft der Entscheidung mehr als zwei Jahre verstrichen sind (Nr. 2), Auskünfte nur dann erteilt werden dür-

---
[107] Dazu noch unter C.III.2.f.bb.(4).
[108] www.datenschutz-berlin.de, aaO.
[109] So die Begründung STVÄG 1999 in www.datenschutz-berlin.de, aaO.

fen, wenn ein rechtliches Interesse an der Kenntnis der Information glaubhaft gemacht ist und der Beschuldigte kein schutzwürdiges Interesse an der Versagung hat. Allerdings lassen sich die Regelungen des BZRG auch hier noch umgehen, denn ein Arbeitgeber kann nun in Eigeninitiative Auskünfte über einen potenziellen neuen Mitarbeiter erlangen, die er über ein normales Führungszeugnis nicht erhalten hätte. Denn die Einschränkung gilt nur für Eintragungen, die nicht in ein Behördenführungszeugnis aufgenommen werden.
Ungeklärt bleibt, wann ein rechtliches Interesse i.S.v. § 477 Abs. 3 StPO vorliegen soll und wann der Beschuldigte ein schutzwürdiges Interesse an der Versagung hat.[110]
§ 487 IV StPO bestimmt ausdrücklich, dass Auskünfte über die nach den §§ 483 bis 485 StPO gespeicherten Daten auch für wissenschaftliche Zwecke möglich sind und eröffnet damit der Wissenschaft neben dem BZR (§ 42 II BZRG) eine weitere Erkenntnisquelle.
§ 491 I StPO verweist schließlich für den Auskunftsanspruch des datenschutzrechtlich „Betroffenen" auf § 19 BDSG. Darunter fällt jedoch nicht der Beschuldigte.[111]

4. Die Gendatei nach § 81 g StPO/ § 2 DNA-IFG
Nachdem mit dem Gesetz über den „Genetischen Fingerabdruck" (Strafverfahrensänderungsgesetz - DNA – Analyse) vom 17.März 1997[112] die DNA-Analyse[113] im Rahmen *bereits anhängiger* Strafverfahren erlaubt worden war, fehlte es noch an einer gesetzlichen Grundlage für die Anwendung dieser neuen Untersuchungsmethode auf die *Aufklärung künftiger* Straftaten. Diese wurde erst durch das DNA-Identitätsfeststellungsgesetz vom 07. September 1998[114] in einem sehr zügig durchgeführten Gesetzgebungsverfahren geschaffen, wodurch u.a. § 81 g in die StPO eingefügt wurde. Dieses Gesetz ist seit dem 11. September 1998 in Kraft.
Mit diesem Gesetz sollten zwei Ziele verwirklicht werden: Zum einen bildet es die (nachträgliche !) Ermächtigungsgrundlage für die bereits am 17. April 1998 bei dem BKA als zentrale Verbunddatei eingerichtete DNA-Identifizierungsdatei, zum anderen ergänzt es mit seinen in §§ 1, 2 enthaltenen Regelungen die §§ 81a Abs. 1, 81 e und 81 f StPO insoweit, als es bei Beschuldigten, rechtskräftig Verurteilten, infolge Geisteskrankheit Verhandlungsunfähigen, nach § 20 StGB Schuldunfähigen oder Strafunmündigen im Sinne des § 3 JGG unter bestimmten Voraussetzungen die Möglichkeit eröffnet, allein zum Zwecke der Identitätsfeststellung in künftigen Strafverfahren Körperzellen zu entnehmen und molekulargenetisch zu untersuchen[115]. Mit § 81 g StPO wurde insofern Neuland betreten, als die DNA-Analytik als Maßnahme der *Vorsorge für die künftige* Strafverfolgung[116] auch in Strafverfahren eingesetzt werden kann, in denen sie im Hinblick auf die Beweissituation zur Überführung des

[110] Dazu noch unten unter C.III.2.f.aa.(3).
[111] Dazu eingehend noch unten unter C.III.2.f.bb.(7).
[112] BGBl. I, S. 534.
[113] Der „genetische Fingerabdruck„ wird aus Körpermaterial wie Blut, Speichel, Haarwurzeln gewonnen, vgl. BR-Drs. 389/ 98.
[114] BGBl. I, S. 2646.
[115] Senge, in: KK-StPO, § 81g, Rn. 1.
[116] BR-Drs. 389/98, S. 4 f.

Täters sonst keine Anwendung fände, etwa weil dieser geständig oder bereits auf der Grundlage anderer Beweismittel überführt ist[117].

a. Voraussetzungen der Entnahme von Körperzellen

Als Vorstufe zu einer molekulargenetischen Untersuchung ist die Entnahme von Körperzellen nach § 81 g StPO zunächst nur zulässig, wenn der Beschuldigte einer **Straftat von erheblicher Bedeutung verdächtig** ist. Der unbestimmte Rechtsbegriff der Straftat von erheblicher Bedeutung entspricht demjenigen in §§ 98 a, 110 a, 163 e StPO[118], sodass es sich um eine Straftat handeln muss, die mindestens dem Bereich der mittleren Kriminalität zuzurechnen ist[119], den Rechtsfrieden empfindlich stört und geeignet ist, das Gefühl der Rechtssicherheit der Bevölkerung erheblich zu beeinträchtigen[120]. Eine solche Tat erblickt das Gesetz in sämtlichen Verbrechen; es nennt aber exemplarisch auch Vergehen gegen die sexuelle Selbstbestimmung, die gefährliche Körperverletzung, die Erpressung und den Diebstahl im besonders schweren Fall.[121]

Auf den Verdachtsgrad kommt es dabei nicht an, sodass insofern bereits ein Anfangsverdacht ausreichen kann. Reduziert sich der ursprüngliche Verdacht einer Straftat von erheblicher Bedeutung später in einen solchen minderer Bedeutung, soll für eine Maßnahme nach § 81 g StPO kein Raum mehr sein[122], wobei man sich fragt, welchen Wert eine solche Einschränkung hat, wenn gleich zu Beginn des Ermittlungsverfahrens – also noch bevor sich ein einmal gefundener Verdacht überhaupt wieder entkräften kann – bereits entsprechende Zellen entnommen wurden.

Bereits oben ist kurz erwähnt worden, dass Maßnahmen nach § 81 g StPO über § 2 DNA-IFG auch bei bereits Verurteilten angewandt werden können, solange die entsprechende Eintragung im BZR bzw. Erziehungsregister noch nicht getilgt worden ist. Somit können bereits jahrzehntelang zurückliegende Straftaten, die gem. §§ 45 Abs. 3, 46 Abs. 1 BZRG überhaupt nicht oder nach 15 oder 20 Jahren zu tilgen sind, noch zu Feststellungen nach § 81 g StPO führen.

Des Weiteren wird vorausgesetzt, dass von der DNA-Identitätsfeststellung und –speicherung **in einem künftigen Strafverfahren ein Aufklärungserfolg zu erwarten** ist. Demnach soll ein Vorgehen nach § 81g StPO immer dann ausscheiden, wenn es um Delikte geht, bei deren Ausführung nach allgemeiner Lebenserfahrung keine molekulargenetisch untersuchungsfähigen Körperzellen abgesondert werden. Diese Überlegung schiene sinnvoll, solange man die DNA-Feststellung vor allem auf Taten anwenden wollte, bei deren Ausführung es typischerweise zu einer solchen Absonderung kommt, insbesondere den Sexualstraftaten oder Delikten mit erheblicher Gewalttätigkeit, im Zusammenhang mit denen es möglicherweise auch zu einer Verletzung des Täters selbst kommen kann. Durch die Erweiterung des Anwendungsbereichs auch auf Diebstähle nach § 243 StGB oder (einfache) Erpressungen ist dieser Gedanke jedoch von vornherein wieder infrage gestellt worden. Es sind insofern eigentlich keine Taten denkbar, bei denen der Täter keine feststellungsfähi-

---

[117] Senge, a.a.O.

[118] Kleinknecht/ Meyer-Goßner, StPO, § 81 g, Rn 5.

[119] Kleinknecht/ Meyer-Goßner, StPO, § 81g, Rn. 5.

[120] BT-Drs. 13/10791, S. 5.

[121] Kritisch zu dem Erfordernis der „Straftat von erhebliche Bedeutung" unten unter C. V.2.c.

[122] Senge, a.a.O., Rn. 2.

gen Zellen verlieren kann; jedenfalls scheint dies bei einer Sachbeschädigung, selbst einem Hausfriedensbruch nicht weniger wahrscheinlich als bei einer Erpressung, die in durchaus typischen Erscheinungsformen (etwa durch Telefonanrufe), ohne jeden direkten Kontakt mit dem Opfer auskommt. Insofern verwundert es, wenn nach einer teilweise – insbesondere auch im Rahmen des Gesetzgebungsverfahrens – vertretenen Auffassung „eine Vielzahl von Straftatbeständen aus dem Anwendungsbereich des § 81 g StPO herausfallen", insbesondere Aussagedelikte (§§ 153 ff. StPO) oder §§ 257 bis 266 StGB[123].

Schließlich ist eine DNA-Identitätsfeststellung nur dann zulässig, wenn bei dem Täter hinsichtlich der einmal begangenen Tat **Wiederholungsgefahr** besteht, über ihn also eine sogenannte „Negativprognose„[124] gestellt wird. Ob diese Voraussetzung erfüllt ist, soll „unter Berücksichtigung sämtlicher Umstände" geprüft werden, wobei maßgeblich noch verwertbare Vorstrafen von Bedeutung sein sollen[125]. Diese Feststellung kann durchaus schwierig sein; dies insbesondere dann, wenn eine Verurteilung des Beschuldigten noch nicht erfolgt ist, und schon ein bloßer Anfangsverdacht ausreicht. Insofern sollen hier Zweifel im Hinblick auf die Begrenzungsfunktion dieses Kriteriums zunächst nur angedeutet werden, vor allem in Anbetracht der Tatsache, dass sich das Gesetz über eventuelle Verfahren zur Feststellung der Gefahr oder die Benennung dafür verantwortlicher Personen, etwa die Hinzuziehung von Psychologen, Ärzten usf. ausschweigt[126]. Bedenkt man, dass Feststellungen nach § 81 g StPO gem.

§ 2 DNA-IFG zum Teil auch noch nach Jahrzehnten möglich sind (s. oben) erscheint dies um so problematischer, wenn man berücksichtigt, dass die Prüfung der „Gefahr künftiger Straftaten" wohl den einzigen Weg darstellt, einer solchen Untersuchung zu entgehen.

Die Anordnung der Entnahme von Körperzellen ist gem. §§ 81 g Abs. 3, 81 a Abs. 2 StPO grundsätzlich Sache des Richters. Bei Gefahr im Verzug sind aber auch der Staatsanwalt und seine Hilfsbeamten zuständig. Die Anordnung der Durchführung der molekulargenetischen Untersuchung der Körperzellen bleibt aber gem. §§ 81 g, 81 f StPO in jedem Fall dem Richter vorbehalten.

b. Speicherung und Verarbeitung der gewonnenen Daten sowie diesbezügliche Auskunft

Gem. § 3 S. 2 DNA-IFG, §§ 8 Abs. 6 Nr.1, 2 BKAG können die aufgrund des § 81 g StPO gewonnenen DNA-Identifizierungsmuster beim Bundeskriminalamt (BKA) gespeichert und gem. §§ 16 ff. BKAG für Zwecke künftiger Strafverfahren verarbeitet und genutzt werden. Auskünfte dürfen gem. § 3 S. 4 DNA-IFG zum Zwecke eines Strafverfahrens, der Gefahrenabwehr und der internationalen Rechtshilfe erteilt werden[127]; insofern wird § 10 BKAG (Datenübermittlung im innerstaatlichen Bereich) für die aufgrund des § 81 g StPO gewonnenen Daten eingeschränkt.

Eine Regelung darüber, wie lange die Daten gespeichert werden oder innerhalb welcher Fristen diese zu löschen sind, findet sich weder in der StPO noch im DNA-IFG.

---

[123] BT-Drs. 13/ 10791, S. 5; Senge, in: KK-StPO, § 81g, Rn. 4.
[124] BT-Drs. a.a.O.
[125] Senge, a.a.O., Rn. 5.
[126] Mehr dazu unten C.V.2.b.
[127] Kritisch dazu unten C.V.2.e.

Immerhin gilt aber § 8 Abs. 3 i.V.m. § 32 BKAG, wonach personenbezogene Daten zu löschen sind, wenn der Beschuldigte rechtskräftig freigesprochen oder die Eröffnung des Hauptverfahrens unanfechtbar abgelehnt worden ist bzw., wenn das Verfahren nicht nur vorläufig eingestellt worden ist. Darauf, dass eine solche Regelung nicht unproblematisch ist, wurde bereits oben[128] im Zusammenhang mit dem beinahe wortgleichen § 476 Abs. 2 S. 2 StPO a. F. bzw. § 494 Abs. 2 Nr. 2 StPO n. F. hingewiesen. Die dort aufgeworfenen Probleme verstärken sich hier noch dadurch, dass eine für beim BKA geführte Datei mit personenbezogenen Daten nach § 34 Abs. 1 BKAG vorgeschriebene Errichtungsanordnung, in der auch die Speicherungsdauer und entsprechende Prüffristen gem. § 34 Abs. 1 Nr. 8 BKAG festzulegen sind, sich noch in der Entwurfsphase befindet[129] und demnach Löschungsfristen bei *berechtigten* Eintragungen noch nicht existieren.
Der im Entwurf des StVÄG 1999[130] noch vorgesehene abschließende Straftatenkatalog für Auskunftsersuchen und Übermittlungsbefugnisse aus dem Bundeszentralregister hat in der am 02. August 2000 verkündeten Gesetzesfassung keinen Eingang mehr gefunden.

5. Das BKA als Zentralstelle kriminalpolizeilicher personenbezogener Sammlungen (§§ 7 ff., 16 ff., §§ 32 ff. BKAG)

Wie bereits bei den Ausführungen zu § 81 g StPO angedeutet, werden personenbezogene Daten aus Strafverfahren beim Bundeskriminalamt (BKA) gespeichert.
Das Bundeskriminalamt nimmt dabei gem. Art. 73 Nr. 10, 87 Abs. 1 GG grundsätzlich nur eine sog. „Zentralstellenaufgabe" wahr[131], es bildet also keine allgemein zuständige Bundespolizei, die neben die Landespolizeien tritt, vielmehr koordiniert es gem. § 2 Abs. 1 BKAG als Zentralstelle für das polizeiliche Auskunfts- und Nachrichtenwesen und für die Kriminalpolizei die Polizeien des Bundes und der Länder bei der Verhütung und Verfolgung von Straftaten mit länderübergreifender, internationaler oder sonst erheblicher Bedeutung[132]. Über diese Koordinierungsfunktion hinaus erfüllt das BKA allerdings gem. § 4 BKAG in bestimmten Fällen auch polizeiliche Aufgaben auf dem Gebiet der Strafverfolgung; insofern kommen ihm eigene Ermittlungszuständigkeiten zu, die über die ursprüngliche Zentralstellenaufgabe weit hinausreichen: Das BKA bearbeitet in seiner Eigenschaft als Ermittlungsbehörde die betreffenden Ermittlungsverfahren gegenüber den einzelnen Polizeien der Bundesländer eigenverantwortlich[133]; davon unberührt bleibt aber die Sachleitungsbefugnis der zuständigen Staatsanwaltschaft gem. § 161 StPO, vgl. § 4 Abs. 3 S. 2 BKAG.
Die im Rahmen dieser (originären) Strafverfolgungstätigkeit erlangten Informationen kann das BKA nunmehr unter den Voraussetzungen der §§ 20, 8 BKAG für Zwecke künftiger Strafverfolgung speichern.

---

[128] B.I.2.d.
[129] Störzer, in: Ahlf/ Daub/ Lersch/ Störzer, § 34 BKAG, Rn. 28.
[130] Siehe BT-Drs. 14/2595, S. 21-23.
[131] Dazu: Gusy, DVBl 1993, S. 1117; Riegel, NJW 1983, S. 656.
[132] Bereits an dieser Stelle könnte man der Frage nachgehen, was mit Straftaten von „sonst erheblicher Bedeutung" gemeint ist. Auch insoweit fehlt es – der angedeuteten Tendenz der Sicherheitsgesetzgebung der vergangenen Jahre folgend – an klaren Vorgaben des Gesetzgebers. Vgl. zum Begriff Ahlf, in: Ahlf/ Daub/ Lersch/ Störzer, BKAG, § 2, Rn. 30.
[133] Lersch, in: Ahlf/ Daub/ Lersch/ Störzer, BKAG, § 4, Rn. 4.

§ 8 BKAG differenziert zwischen spezifischen Speicherungsbefugnissen für unterschiedliche Personengruppen. Nach Abs. 2 dürfen Informationen über Beschuldigte und Verdächtige gespeichert werde, Abs. 3 betrifft Freigesprochene, Abs. 4 Zeugen, potentielle Opfer, Kontakt- und Begleitpersonen und Abs. 5 sog. „potentielle künftige Straftäter". § 8 Abs. 1 BKAG enthält die „personenbezogenen Grunddaten", in den folgenden Absätzen wird der Umfang der Datenspeicherung dann für den konkreten Einzelfall differenziert.
Bei anhängigen Strafverfahren stellt § 7 Abs. 2 S. 3 BKAG sicher, dass die „aktive Informationserhebung der Zentralstelle" nur im Einvernehmen mit der zuständigen Strafverfolgungsbehörde erlaubt ist. Dies kann dadurch geschehen, dass das BKA selbst das Einvernehmen einholt oder dass das Einvernehmen durch die zuständigen Polizeibehörden der Länder hergestellt wird. Maßgeblich ist allein, dass im anhängigen Strafverfahren die Strafverfolgungsbehörden bei der „aktiven Informationserhebung" eingebunden sind.[134]
§ 8 BKAG regelt als Befugnisnorm die Zulässigkeit der Speicherung, Veränderung und Nutzung personenbezogener Daten in Dateien der Zentralstelle und enthält insoweit eine Spezifizierung gegenüber § 7 BKAG mit dem Ziel, die eigentliche, eigenständige Datenverarbeitung der Zentralstelle (ohne Datenübermittlung) zu konkretisieren. Dabei nimmt § 8 Abs. 1 BKAG auf die Zentralstellenaufgaben gemäß § 2 Abs. 1 bis 2 BKAG, ggf. 3 und gem. § 8 Abs. 6 BKAG auf die Zentralstellenaufgaben nach § 2 Abs. 4 Bezug.
Expressis verbis stellt nur § 8 Abs. 4 BKAG auf die „künftige Strafverfolgung" ab.
Über § 20 BKAG (Datenspeicherung für Zwecke künftiger Strafverfahren) wird allerdings § 8 BKAG in seiner Gesamtheit auch auf die Speicherung, Veränderung und Nutzung personenbezogener Daten zu Zwecken künftiger Strafverfahren des BKA ausgedehnt.[135]
Die Zentralstellenbefugnis nach § 8 BKAG ist grundsätzlich abzugrenzen von der spezifischen Informationsverarbeitung zur Durchführung von (aktuellen) Strafverfahren beim BKA. Insoweit gelten die StPO und die datenschutzrechtlichen Sondervorschriften, wie sie in dem am 01. November 2000 in Kraft getretenen StVÄG 1999 geregelt wurden.[136]
In Anlehnung an den Entwurf des durch das StVÄG 1999 neu in die StPO eingeführten § 484 [137] wurden in § 8 Abs. 1 Nummer 1 bis 4 enumerativ die Grunddaten aufgelistet, die zur Aufgabenerledigung nach § 2 Abs. 1 bis 3 BKAG in Dateien der Zentralstelle gespeichert, verändert oder genutzt werden dürfen. Es handelt sich um die typischen Basisdaten des Beschuldigten (Personendatensatz), die in den einschlägigen Errichtungsanordnungen regelmäßig aufgenommen werden.[138]
Über die sog. Grunddaten des § 8 Abs. 1 BKAG hinaus können für Zwecke zukünftiger Strafverfolgung –wie auch § 484 Abs. 2 StPO dies vorsieht- sogenannte „weitere" personenbezogene Daten von zumindest Tatverdächtigen in Dateien der Zentralstelle gespeichert, verändert oder genutzt werden. Aus dem Nachsatz „soweit dies erforderlich ist..." ist hierfür zwingende Voraussetzung, dass wegen der Art oder Aus-

---

[134] Ahlf, in: Ahlf/ Daub/ Lersch/ Störzer, BKAG, § 7, Rn. 18.
[135] Vgl. BT-Drs. 13/1550, S. 34.
[136] Vgl. dazu Ahlf, in: Ahlf/ Daub/ Lersch/ Störzer, § 8 Rn. 1.
[137] Vgl. BT-Drs. 14/1484, S. 14.
[138] Riegel, in :Erbs/ Kohlhaas, Strafrechtliche Nebengesetze, Band 1, § 8 BKAG, Rn. 2.

führung der Tat (Tatbezug), wegen der Persönlichkeit des Betroffenen (Personenbezug) oder wegen sonstiger Erkenntnisse (Auffangtatbestand, der alle Umstände, die Rückschlüsse auf das Erfordernis der weiteren Speicherung zulassen, mitumfasst) Grund zur Annahme besteht, dass zukünftig Strafverfahren gegen den Beschuldigten/Tatverdächtigen zu führen sind.[139] Nicht erforderlich im Sinne des § 8 Abs. 2 BKAG ist die Speicherung dieser „weiteren" Daten in Dateien der Zentralstelle bei Beschuldigten / Tatverdächtigen, wenn es sich bei ihnen um sog. Einmaltäter handelt. Denn bei ihnen fehlt es an der schuld- und rechtsfolgerelevanten Bedeutung für ein zukünftiges, neues Strafverfahren. Es muss also von den Beschuldigten/Tatverdächtigen eine Wiederholungsgefahr ausgehen, die gesondert anhand der o.a. Kriterien festzustellen ist.[140]

§ 8 Abs. 2 BKAG bezieht sich primär auf den Beschuldigten, also den Tatverdächtigen, gegen den ein Strafverfahren geführt wird.[141] Der Begriff des „Verdächtigen" stellt eine Auffangkategorie dar, die allerdings nicht überdehnt werden sollte, da § 8 BKAG zwischen unterschiedlichen Personengruppen in den Absätzen 1,2,4 und 5 unterscheidet.[142]

Aufgrund § 8 Abs. 3 BKAG soll die Speicherung der Daten von Beschuldigten, die rechtskräftig freigesprochen wurden, bei denen die Eröffnung des gegen sie gerichteten Hauptverfahrens unanfechtbar abgelehnt oder das Verfahren nicht nur vorläufig eingestellt wurde, unzulässig sein. Diese Vorschrift wird aber, ebenso wie bei der Speicherung nach § 484 Abs. 2 S. 2 StPO wieder eingeschränkt, da dies auch hier nur gelten soll, wenn sich aus den Gründen der Entscheidung ergibt, dass der Betroffene die Tat nicht oder nicht rechtswidrig begangen hat.[143] Bei Einstellungen nach § 170 Abs. 2 StPO bleiben die Daten unbegrenzt gespeichert, eine diesbezügliche Regelung existiert nicht.

An dieser Stelle soll auf die Einwände verwiesen werden, die bei der Strafregistrierung nach §§ 474 ff. a.F. bzw. §§ 492 ff. StPO n. F. , nach §§ 483 ff. StPO und der Speicherung der nach § 81 g gewonnenen Daten und der dort ebenfalls nicht vorgesehenen Löschung von vorläufigen Einstellungen, bereits genannt wurden.[144]

Die Berichtigung, Löschung und Sperrung von personenbezogenen Daten in Dateien ist in § 32 BKAG geregelt. Gem. § 32 Abs. 2 BKAG sind personenbezogene Daten zu löschen, wenn ihre Speicherung unzulässig ist, wie z. B. die Daten gem. § 8 Abs. 3 BKAG. Ebenfalls zu löschen sind Daten, deren Kenntnis für die Aufgabenerfüllung des BKA nicht mehr erforderlich sind. Konkrete Löschungsfristen nennt das BKAG nicht.

§ 32 Abs. 3 BKAG sieht – wie auch § 489 StPO für die Löschung der bei den Strafverfolgungsbehörden gespeicherten Daten - lediglich vor, dass das BKA bei der Einzelfallbearbeitung (jede erneute Verwendung der Daten innerhalb des Zeitraumes

---

[139] Ahlf, in: Ahlf/ Daub/ Lersch/ Störzer, BKAG, § 8, Rn. 4; kritisch dazu noch unten C.IV.2.
[140] Ahlf, in : Ahlf/ Daub/ Lersch/ Störzer, BKAG, § 8, Rn. 5.
[141] BGHSt 10, S. 8.
[142] So auch Ahlf, in: Ahlf/ Daub/ Lersch/ Störzer, BKAG, § 8, Rn. 5.
[143] Siehe dazu Ausführungen zur Speicherung bei den Strafverfolgungsbehörden nach §§ 483 ff, unter B.I.3.c.bb.
[144] B.I.2,3; genauer zu den Einwänden gegen die unbefristete Speicherung solcher Daten, vgl. unten C.III.2.f.aa.(4).

bis zum nächsten Prüfungstermin[145]) und nach festgesetzten Fristen zu prüfen hat, ob gespeicherte Daten zu berichtigen oder zu löschen sind.
Aus § 34 Abs. 1 Nr. 8 BKAG ergibt sich, dass die Überprüfungsfristen der Daten in den für die jeweiligen Dateien zu schaffenden Errichtungsanordnungen festzusetzen sind. Die nach § 34 Abs. 1 Nr. 8 BKAG festzulegenden „Aussonderungsprüffristen" dürfen dabei gem. § 32 Abs. 3 S. 2 BKAG bei Erwachsenen 10 Jahre, bei Jugendlichen 5 Jahre und bei Kindern 2 Jahre nicht überschreiten, wobei nach Zweck der Speicherung sowie Art und Schwere des Sachverhaltes zu unterscheiden ist. Die in der Errichtungsanordnung festgelegten Fristen sollen bestimmen, wann die Überprüfung spätestens zu erfolgen hat; wird die Erforderlichkeit in Frage gestellt, wäre der Termin zur Prüfung einer gerechtfertigten Speicherung wohl vorzuziehen.[146]
Gem. § 32 Abs. 2 S. 2 BKAG tritt an die Stelle der Löschung eine Sperrung der Daten, wenn Grund zu der Annahme besteht, dass durch die Löschung schutzwürdige Interessen einer betroffenen Person beeinträchtigt würden (Nr. 1), die Daten für laufende Forschungsarbeiten benötigt werden (Nr. 2) oder die Löschung wegen der besonderen Art der Speicherung nicht oder nur mit unverhältnismäßigem Aufwand möglich ist (Nr. 3). Auch an dieser Stelle soll auf die Einwände zu der Sperrung von Daten bei dem länderübergreifenden staatsanwaltschaftlichen Verfahrensregister und der Strafregistrierung durch die einzelnen Strafverfolgungsbehörden verwiesen werden.[147]

6. Datenverarbeitung und Datennutzung nach §§ 29 ff. BGSG

Eine weitere Form der Strafregistrierung wird vom Bundesgrenzschutz vorgenommen und ist in den §§ 29 ff Bundesgrenzschutzgesetz (BGSG) geregelt. Der BGS hat nach § 29 Abs. 2 S. 1 BGSG die Möglichkeit, personenbezogene Daten, die er bei der Wahrnehmung polizeilicher Aufgaben auf dem Gebiet der Strafverfolgung erlangt hat, für Zwecke künftiger Strafverfahren wegen Straftaten im Sinne des § 12 Abs. 1 BGSG zu speichern. Im Rahmen des § 12 BGSG nimmt der BGS im Rahmen seines Zuständigkeitsbereichs (also insbesondere bei Straftaten die mit einem Grenzübertritt oder den früheren bahnpolizeilichen Aufgaben in Verbindung stehen[148]) die Aufgaben der sonst zuständigen (Landes-)Polizeibehörden wahr, und zwar nach Maßgabe der §§ 161, 163 StPO. Davon unabhängig besteht die Sachleitungsbefugnis der zuständigen Staatsanwaltschaft fort; sie bleibt Herrin des Verfahrens auch dann, wenn der BGS nach § 163 StPO zunächst selbstständig tätig wird[149]. Während die Landespolizeien die im Rahmen dieser Tätigkeit erlangten Daten nach Abschluss der Ermittlungen nur noch für präventive Zwecke weiter registrieren dürfen, kann der BGS diese auch für repressive Zwecke aufbewahren. Insofern tritt neben die repressiv ausgerichteten Strafverfahrensregister der Staatsanwaltschaften in §§ 483 ff. StPO noch ein weiteres derartiges Register beim BGS. Insofern ist es wenig erstaunlich, dass sich die inhaltliche Ausgestaltung der Speiche-

---

[145] Störzer, in: Ahlf/ Daub/ Lersch/ Störzer, BKAG, § 32, Rn. 29.
[146] So auch Belz/ Mussmann, BW PolG § 38, Rn. 21.
[147] Genauer zu den Einwänden gegen die die Löschung ersetzende Sperrung von Daten, vgl. unten C.IV.1. und 2.
[148] S. dazu Laskowski, in: Fischer/ Hitz/ Laskowski/ Walter, BGSG, § 12, Rn. 5 ff.
[149] Kleinknecht/ Meyer-Goßner, StPO, § 163, Rn. 3, 14; Laskowski, a.a.O., Rn. 5.

rungsmöglichkeiten nach §§ 29, 32 ff. BGSG und §§ 483 ff. StPO in weiten Teilen entsprechen.
Der Bundesgrenzschutz ist gem. § 29 Abs. 2 BGSG befugt, personenbezogene, in § 29 Abs. 2 S. 2 näher aufgeführte Daten, die er bei der Wahrnehmung der polizeilichen Aufgaben auf dem Gebiet der Strafverfolgung über eine einer Straftat verdächtige Person erlangt hat, in Dateien zu speichern, verändern und zu nutzen, soweit dies zur Abwehr von Gefahren im Rahmen der ihm obliegenden Aufgaben oder für Zwecke künftiger Strafverfahren wegen Straftaten im Sinne des § 12 Abs. 1 BGSG erforderlich ist.
Beinahe identisch mit den Vorschriften des § 8 Abs. 3 BKAG sind die Voraussetzungen einer unzulässigen Speicherung, die sich gem. § 29 Abs. 2 S. 3 BGSG ebenfalls auf den rechtskräftigen Freispruch, die unanfechtbare Ablehnung des Hauptverfahrens sowie die nicht nur vorläufige Einstellung des Verfahrens beschränkt. Auch hier wird die Unzulässigkeit eingegrenzt auf Entscheidungen, aus denen sich ergibt, dass der Beschuldigte die Tat nicht oder nicht rechtswidrig begangen hat.
Unzulässig gespeicherte Daten sind gem. § 35 Abs. 2 Nr. 1 BGSG zu löschen. Ebenfalls zu löschen sind Daten, wenn bei der nach bestimmten Fristen vorzunehmenden Überprüfung oder aus Anlass einer Einzelfallentscheidung festgestellt wird, dass die Kenntnis der Daten zur Erfüllung der dem Bundesgrenzschutz obliegenden Aufgaben nicht mehr erforderlich ist (Nr. 2). Die in § 35 Abs. 2 Nr. 2 BGSG bezeichneten Fristen sind in einer Errichtungsanordnung nach § 36 BGSG festzulegen. Sie dürfen - auch hier sind die Regelungen identisch mit denen des BKAG, bei Erwachsenen 10 Jahre, bei Jugendlichen 45 Jahre und bei Kindern 2 Jahre nicht überschreiten, wobei nach Zweck der Speicherung sowie Art und Schwere des Sachverhaltes zu unterscheiden ist.
Eine die Löschung ersetzende Sperrung der Daten ist aus den bereits bei § 32 BKAG genannten Gründen auch bei der Speicherung des BGS gem. § 35 Abs. 6 BGSG vorgesehen.

II. Geschichtliche Entwicklung der Straf(verfahrens-)registrierung in Frankreich und Deutschland

Da sich nur auf dem Boden des geschichtlich Gewordenen abschätzen lässt, welche Verbesserungen im Rahmen der Straf(verfahrens-)registrierung erreicht worden sind, soll an dieser Stelle kurz die Entwicklung der Strafregistrierung in Frankreich und Deutschland ohne einen Anspruch auf Vollständigkeit skizziert werden.

1. Entwicklung in Frankreich

Die französische Rechtsentwicklung ist für andere Staaten oftmals Vorbild gewesen und so nehmen auch das Strafregister und die Bemühungen um eine Wiedereingliederung von Straftätern in die Gesellschaft in Form der „Befreiung vom Strafmakel" ihren Ausgangspunkt in Frankreich [150].

[150] Lassen, Rechtsstellung, S. 22.

a. Strafregistrierung

Wie aus schriftlichen Aufzeichnungen seit der 2. Hälfte des 18. Jahrhunderts hervorgeht, bediente man sich in früherer Zeit der körperlichen Brandmarkung des Verurteilten, um später seine Rückfälligkeit feststellen zu können.

Noch in einer Deklaration aus dem Jahre 1724, die erst durch den „code pénal" von 1791 aufgehoben wurde, fand sich eine detaillierte Regelung dieser „Strafregistrierung": Die Kennzeichnung wurde auf der Schulter angebracht: Frauen wurden z. B. mit einem „V" (vol) für einen Kirchendiebstahl gebrandmarkt, wenn gleichzeitig auf zeitiges oder lebenslanges Gefängnis erkannt wurde, eine rückfällige Diebin mit „VV". Zu Galeerenstrafen verurteilte Männer wurden mit den Buchstaben „GAL" gekennzeichnet[151].

Selbst der „code pénal" von 1810, sah in Art. 20 noch folgende Zeichen vor: „TP" für lebenslange Zwangsarbeit (travaux forces à perpétuité), „T" für zeitige Zwangsarbeit, „F" für den Fälscher (faussaire), „K" für den Verleumder (calomniateur) sowie eine Lilie für denjenigen, gegen den neben der Hauptstrafe auf Auspeitschen oder Halseisen erkannt worden war[152].

Noch bis ins Jahr 1832 wurden Zuchthäusler in Frankreich gebrandmarkt[153].

Als Vorläufer einer systematischen Strafaufzeichnung gilt das im Jahre 1750 gegründete „journal de Paris", das Verzeichnisse der durch die königlichen Gerichte Verurteilten veröffentlichte. Während der französischen Revolution wurde im Jahre 1790 in Paris ein staatliches Auskunftsbüro gegründet, das Strafnachrichten der Gerichte des „Départements Seine" zu sammeln hatte, und das später auf ganz Frankreich ausgedehnt wurde[154].

Eine gesetzliche Regelung fand das Strafregister im „code d'instruction criminelle" von 1808, der französischen Strafprozessordnung[155]. Im Jahre 1850 wurde die dadurch eingeführte zentrale Registrierung der Vorstrafen in Protokollbüchern beseitigt und die dezentrale Führung von Strafregistern bei den für den Geburtsort des Verurteilten zuständigen Landgerichten auf Basis des Kartensystems eingeführt. Das „casier judiciaire" war geboren[156].

b. „Befreiung vom Strafmakel"

Älter als die Geschichte der Strafregistrierung ist die Geschichte der Bemühungen, den Täter von dem aus der Verurteilung resultierenden Strafmakel zu befreien.

Damals wie heute hat die Registrierung von Straftaten nicht selten zu harten sozialen Konsequenzen geführt, die über die Verbüßung der Strafe hinausreichen und die Wiedereingliederung des besserungsfähigen und besserungswilligen Straftäters in die Gesellschaft gefährden[157]. Denn die Versagung „staatlichen Vergessens" verewigt die soziale Reaktion auf die Straftat, treibt den Betroffenen in die Resignation und verschärft damit das gegenüber Vorbestraften bestehende Vorurteil. Da eine Verurteilung für die Bewertung der Persönlichkeit des Verurteilten im Rechtsleben

---

[151] Vgl. Besold, Das Strafregister, S. 10; Rebmann/ Uhlig, BZRG, Einleitung, Rn 6.
[152] Poittevin, Le casier judiciaire, S. 15.
[153] Rebmann/ Uhlig, Einleitung, Rn 6.
[154] Vgl. Lassen, Rechtsstellung, S. 22 f.
[155] Lassen, a.a.O., S. 23.
[156] Lassen, a.a.O., S. 23.
[157] Rebmann, NJW 1983, S. 1513 ff. (1514).

um so mehr an Bedeutung verliert, je länger die Bestrafung zurückliegt, darf die Einrichtung eines Strafregisters nicht allein auf das Interesse der Öffentlichkeit an einem zuverlässigen Auskunftsmittel über die kriminelle Vergangenheit eines Straftäters abstellen; sie muss sich auch mit den Folgewirkungen für die Wiedereingliederung auseinandersetzen.

Die Suche nach einer ausgewogenen Lösung dieses Interessenwiderstreits, auf den im weiteren Verlauf der Arbeit noch intensiver einzugehen sein wird[158], hat bis heute die Entwicklung und Ausgestaltung des Strafregisterrechts beherrscht.

Die sich aus der Führung eines Strafregisters ergebene Problematik der Befreiung vom Strafmakel und die damit verbundene Frage nach Wiedereingliederung des Straftäters in die Gesellschaft wurde zunächst unter dem Begriff „réhabilitation" diskutiert[159]. Er geht zurück auf die französische Rechtsentwicklung und bedeutete ursprünglich die Wiederverleihung der durch eine Verurteilung verloren gegangenen Rechte und Fähigkeiten[160].

Erstmalig tauchte der Begriff in der „ordonnance royale" von 1670 auf, in der die „lettres de réhabilitation" erwähnt wurden, deren Wirkung wohl darin bestand, durch einen königlichen Gnadenakt den an die Verurteilung anknüpfenden bürgerlichen Tod und die aus der Bestrafung folgenden rechtlichen Unfähigkeiten zu tilgen[161].

Die weitere Entwicklung fiel mit den staatlichen Umwälzungen in Frankreich zusammen und spiegelte die jeweils vorherrschenden Auffassungen über Sinn und Legitimation des Staates wider[162]: Im Gesetzbuch der französischen Revolution, dem „code pénal" von 1791, wurde die „réhabilitation" zu einem festen Rechtsbegriff erhoben und mit demokratischer Legitimation untermauert, indem der Ausspruch der „réhabilitation" durch das Kriminalgericht von einem positiven Beschluss des Gemeinderates am Aufenthaltsort des Verurteilten abhängig gemacht wurde. Dieser Beschluss war für das Gericht bindend[163]. Bedeutend erweitert wurde der Kreis der „rehabilitationsfähigen" Verurteilungen durch den „code d'instruction" von 1808[164].

Frankreich wurde Kaiserreich und der Gang des Verfahrens wurde erneut erheblich umgestaltet: Die Entscheidung über die „réhabilitation" lag nun nicht mehr beim Gemeinderat, sondern erfolgte durch Gnadenakt des monarchischen Staatsoberhauptes. Wirkung der „réhabilitation" war die Aufhebung der Ehrenminderungen; eine Rückwirkung auf die Eintragung im Strafregister bestand noch nicht[165].

Grundlegend verändert wurde das Institut unter dem Einfluss des Senators und Kriminalisten Bérenger erst wieder durch das *Gesetz vom 14. August 1885*: Der Bestrafte erhielt, wenn er bestimmte Voraussetzungen hinsichtlich seiner Führung und der Leistung von Schadenersatz erfüllte, ein Recht auf „réhabilitation", über das ein

---

158 Siehe Teil C (rechtskritischer Teil).
159 So z. B. von Delaquis, Schweizer Zeitschrift f. Strafrecht 1912, S. 99 ff.
160 Rebmann, NJW 1983, S. 1514.
161 Vgl. Delaquis, Die Rehabilitation im Strafrecht, 1907, S. 15.
162 Vgl. Delaquis, a.a.O., S. 105.
163 Vgl. Lindemeyer, Die Wiedereinsetzung, S. 31; Weiß, Die Rehabilitation und das Straftilgungsgesetz, S. 8 f.
164 Vgl. Delaquis, Die Rehabilitation im Strafrecht, S. 43.
165 Vgl. Delaquis, a.a.O., S. 43.

unabhängiges Gericht nach den Grundsätzen der freien Beweiswürdigung entschied[166].
Die „réhabilitation" verlor damit jeglichen Bezug zur Gnade und wurde zum Lohn für gute Führung. Ihre Wirkung beschränkte sich nicht mehr auf die Beseitigung der Ehrenminderung, sondern umfasste die Verurteilung als solche[167].
In diesem Gesetz vom 14. August 1885 fand sich erstmals auch die Verknüpfung von „réhabilitation" und Strafregistrierung; die „réhabilitation" war im Register zu vermerken, in den Strafregisterauszügen durften die Verurteilungen, auf die sich die „réhabilitation" erstreckte, nicht mehr vermerkt werden[168].
Eine weitere Entwicklungsreihe begann, wiederum unter dem Einfluss des Senators Bérenger mit dem Gesetz „sur le casier judiciaire et la réhabilitation de droit" von 1899. Als Voraussetzung für die „réhabilitation" wurde von dem Verurteilten nicht mehr der positive Nachweis guter Führung während einer bestimmten Zeit verlangt, die „réhabilitation" trat vielmehr automatisch ein, wenn der Verurteilte sich innerhalb bestimmter, nach der Schwere der Vortat abgestufter Fristen straffrei geführt hatte[169]. Strafregister und „réhabilitation" wurden aufs engste miteinander verknüpft, letztere äußerte ihre wesentliche Wirkung darin, dass sie den Umfang der in die Strafregisterauszüge, die „bulletins", aufzunehmenden Verurteilungen bestimmte[170].
Überblickt man die Entwicklung der Strafregistrierung und „réhabilitation" in Frankreich, so lassen sich drei Grundformen der „réhabilitation" unterscheiden:
aa. Die „réhabilitation gracieuse" als erste Etappe im Lauf der geschichtlichen Entwicklung erfolgte im Einzelfall durch das Staatsoberhaupt, das über das Rehabilitationsgesuch nach freiem Ermessen entschied[171].
bb. Bei der „réhabilitation judiciaire" entschied ein Gericht über das Rehabilitationsgesuch, wobei der Verurteilte ein Recht auf Rehabilitation hatte, wenn er den Nachweis der Besserung erbracht hatte, dabei wurde teils moralische Besserung gefordert, teils begnügte man sich mit legalem Verhalten innerhalb einer Bewährungszeit[172].
cc. Die „réhabilitation de droit" brachte eine weitere Vereinfachung der Voraussetzungen. Sie erfolgte kraft Gesetzes durch Zeitablauf, wenn der Verurteilte sich keiner neuen Straftat schuldig gemacht hat[173].

---

166 Vgl. Lindemeyer, Wiedereinsetzung, S. 35 ff, Weiß, Rehabilitation und das Straftilgungsgesetz, S. 11; Delaquis, Die Rehabilitation Verurteilter, S. 21 ff; Besold, Das Strafregister, S. 55.
167 Vgl. Delaquis, Die Rehabilitation im Strafrecht, S. 43.
168 Vgl. Lindemeyer, Die Wiedereinsetzung, S. 35; Delaquis, Die Rehabilitation Verurteilter, S. 23 und 25; Weiß, Die Rehabilitation und das Straftilgungsgesetz, S. 12f.
169 Vgl. Lindemeyer, a.a.O., S. 40 ff, Delaquis, a.a.O., S. 26 ff; Weiß, a.a.O., S. 12f.
170 Vgl. Weiß, a.a.O.
171 Vgl. Delaquis, Die Rehabilitation im Strafrecht, S. 9; Besold, Das Strafregister, S. 53; Weiß, a.a.O., S. 6; Gladitz, Die Tilgung der Vorstrafe und ihre rechtliche Wirkung, S. 4, Schäfer-Hellwig, Straftilgungsgesetz und Strafregisterverordnung, S. 23.
172 Vgl. Delaquis, Die Rehabilitation Verurteilter, S. 9; Besold, a.a.O., S. 53; Weiß, a.a.O., S. 6; Schäfer-Hellwig, a.a.O., S. 23; Gladitz, a.a.O., S. 4.
173 Delaquis Die Rehabilitation im Strafrecht, S. 109; Delaquis spricht hier von einer Synthese von Verjährung und Rehabilitation.

2. Entwicklung in Deutschland

In Deutschland gab es aufgrund des unterschiedlichen Partikularrechts der einzelnen Bundesländer bis 1882 keine einheitlich geführten Strafverzeichnisse. Es war den Einzelstaaten überlassen, in welcher Form sie strafgerichtliche Verurteilungen registrierten. So wurden in Preußen aufgrund des Justizministerialreskripts vom 12.09.1838 bei jedem Gericht Repetitorien in alphabetischer Reihenfolge, entsprechend den Namen der Angeschuldigten, über die von ihnen zur Untersuchung gezogenen Personen geführt[174].

Nach der Gerichtsneuorganisation vom 01.10.1879 waren Mitteilungen über sämtliche Verurteilungen wegen Verbrechen und Vergehen an die Staatsanwaltschaften desjenigen Landgerichts zu übersenden, in dessen Bezirk der Wohnort oder Aufenthaltsort des Verurteilten lag[175].

Ebenso wurden in Bayern seit Mitte des 19. Jahrhunderts Strafaufzeichnungen durch die Staatsanwaltschaften angelegt[176], ähnliche Einrichtungen befanden sich in fast allen deutschen Staaten.[177] Auch die Polizeibehörden sammelten die ihnen von der Justiz übersandten Mitteilungen über Verurteilungen von Personen, die in ihrem Bezirk wohnten. Sie gaben allerdings diese Mitteilungen nur an Polizeibehörden ihres Landes weiter, nicht an Polizeibehörden anderer deutscher Länder.

Wegen dieser unbefriedigenden Lösung stellte 1873 die preußische Regierung den Antrag, die bestehenden Strafverzeichnisse der Polizei dahingehend zu erweitern, dass die Justizbehörden künftig Verurteilungen nicht nur den Polizeibehörden des eigenen Landes, sondern auch anderer deutscher Länder hinsichtlich der dort wohnenden Personen mitteilen sollten. Bei der Erörterung dieses Antrages setzte sich die Auffassung durch, dass eine gleichmäßige Einrichtung zuverlässiger Strafverzeichnisse für das ganze Reichsgebiet vorgesehen werden sollte. Für die Errichtung derartiger Strafverzeichnisse bedurfte es mit Blick auf die Ermächtigung des Art. 7 Nr. 2 der Reichsverfassung nur einer Verordnung; diese Bestimmung ermöglichte es dem Bundesrat, „über die zur Ausführung der Reichsgesetze erforderlichen Verwaltungsvorschriften und Einrichtungen" zu beschließen[178].

Das System der „casiers judiciaires" hatte sich in Frankreich bewährt. Es wurden deshalb nicht nur von Belgien, Italien, den Niederlanden, Österreich, Portugal und einigen Schweizer Kantonen übernommen und in Elsass - Lothringen nach der Eingliederung in das Deutsche Reich beibehalten[179]. Es diente auch *der Bundesratsverordnung vom 16.06.1882*[180] als Vorbild für die Einrichtung einheitlicher Strafregister in Deutschland. Aufgrund dieser Verordnung erhielten alle Behörden auf Ersuchen zeitlich unbeschränkte Auskunft über Verurteilungen, ohne dass Unterschiede über Art und Schwere der Verurteilung gemacht wurden.[181] Privatpersonen wurde keine Auskunft erteilt; auch nicht über die sie selbst betreffenden Strafvermerke[182].

---

[174] Schäfer/Hellwig, Straftilgungsverordnung und Strafregisterverordnung, S. 14.
[175] Vgl. Müller, Vorstrafen und Strafregister, S. 5.
[176] Müller , a.a.O., S. 5.
[177] Besold, Das Strafregister, S. 14.
[178] Rebman/ Uhlig, BZRG, Einleitung, Rn 9.
[179] Hartung, Das Strafregister, S. 3; Marchand, Das Strafregister in Deutschland, S. 3.
[180] Veröffentlicht im Zentralblatt für das Deutsche Reich (ZBl) 1882, S. 309.
[181] Vgl. Rebmann/ Uhlig, BZRG, Einleitung, Rn 12.
[182] Besold, Das Strafregister, S. 36.

Die örtliche Zuständigkeit für die Führung der deutschen Strafregister richtete sich - dem französischen Vorbild entsprechend - nach dem Geburtsort des Verurteilten. Die Bestimmung der zuständigen Behörden wurde den Ländern überlassen. Sie entschieden sich vorwiegend für die Staatsanwaltschaften bei den Landgerichten. In Sachsen und Baden waren die Amtsgerichte, in München die bei der Polizeidirektion errichtete Geschäftsstelle für die Bezirke des AG München und des LG München zuständig[183].

Behörden wurde ohne jede zeitliche Beschränkung Auskunft aus dem Register gegeben. Eine Entfernung von Strafvermerken war nur in zwei Fällen vorgesehen: Beim glaubhaften Nachweis des Todes des Bestraften und nach Schluss des Jahres, in dem er das 70. Lebensjahr vollendet hatte[184].

Freilich beruhte auch diese Regelung nicht auf dem Gedanken, den Straftäter vom Strafmakel zu befreien, sondern auf dem Bestreben, das Strafregister nicht durch Aufbewahrung überflüssiger Vermerke unübersichtlich zu machen[185]. Man ging davon aus, dass 70-jährige Bürger keine kriminelle Energie mehr entwickelten und eine Registrierung nach dem Tode des Bestraften für die Strafrechtspflege wertlos sei. In der Abänderungsverordnung von 1896[186] wurde § 16 BRV sogar noch dahin verschärft, dass Vermerke nicht vor Abschluss des Jahres, in dem der Verurteilte das 80. Lebensjahr vollendete, aus dem Register entfernt werden durften. Auch eine Löschung von Eintragungen im Gnadenwege war zunächst nur in den polizeilichen Straflisten, nicht im Strafregister möglich[187].

Durch die Bundesratsverordnung von 1882 wurde dem Interesse der Strafrechtspflege, zuverlässige Angaben über die kriminelle Vergangenheit und andere für die Beurteilung der Persönlichkeit des Angeklagten wichtige Punkte als Voraussetzung für Rückfallschärfung und Strafzumessung zu erhalten, in Deutschland erstmalig in hohem Maße Rechnung getragen. Gerade die damit erreichte technische Perfektion des Strafregisters in Verbindung mit der damals vorherrschenden Praxis, Angeklagten und Zeugen in Strafverfahren ganz schematisch ihre im Strafregisterauszug verzeichneten früheren Verurteilungen vorzuhalten[188], wirkte sich aber vielfach so verhängnisvoll aus, dass der Ruf nach Abhilfe immer stärker wurde[189] und zumindest die gnadenweise Löschung von Strafvermerken auch im Strafregister als Zwischenlösung bis zum Inkrafttreten eines neuen Strafgesetzbuches ernsthaft in Aussicht genommen wurde[190].

Bei den Vorarbeiten für die Strafrechtsreform und in den Strafgesetzentwürfen aus den Jahren nach 1909 hat der Gedanke der Strafmakelbefreiung dann auch eine bedeutende Rolle gespielt[191]. Da sämtliche Entwürfe nicht Gesetz geworden sind und in der Praxis die Rechtsstellung der Betroffenen nicht berührt haben, wird je-

---

183 Vgl. Besold, a.a.O., S. 21.

184 Vgl. § 16 BRV.

185 Vgl. Müller, Vorstrafen und Strafregister, S. 22.

186 Centralblatt 1896, S. 426.

187 Delaquis, Rehabilitation und Strafregister, S. 108.

188 Vgl. Delaquis, a.a.O., S. 110f; Schäfer-Hellwig, Straftilgungsgesetz und Strafregisterverordnung, S. 17.

189 Vgl. die Presseauszüge bei Delaquis, a.a.O., S. 112.

190 Vgl. Hartung, Das Strafregister, S. 21.

191 Vgl. hierzu die Darstellung bei Lindemeyer, Die Wiedereinsetzung, S. 56 ff.

doch nicht weiter auf diese eingegangen. Die Bundesratsverordnung vom 16.06.1882 wurde schließlich erst im Jahre 1913 dahin geändert, dass die Löschung von Strafvermerken im Strafregister im Falle rechtskräftiger Aufhebung des Urteils oder aufgrund eines die Löschung anordnenden Gnadenerweises zugelassen wurde. Über „gelöschte" Vermerke durfte nur noch den Gerichten, der Staatsanwaltschaft und auf ausdrückliches Ersuchen auch den höheren Verwaltungsbehörden Auskunft erteilt werden[192].
Die Verweisung der Löschung von Strafregistervermerken auf den Gnadenweg erwies sich jedoch bald als völlig unzulänglich. Die Strafregister wurden immer umfangreicher[193], die Anträge auf Löschung im Gnadenwege immer zahlreicher[194]. Abhilfe wurde zunächst geschaffen durch die „Löschungsamnestien" der Jahre 1916 - 1918, deren gemeinsamer Grundgedanke es war, über eine Freiheitsstrafe von nicht mehr als einem Jahr (außer Zuchthaus), die mehr als 10 Jahre zurückliegt, nur noch Gerichten, der Staatsanwaltschaft und höheren Verwaltungsbehörden Auskunft zu geben, wenn der Verurteilte innerhalb der 10-Jahresfrist nicht erneut bestraft worden war[195]. Durch die Verordnung vom 16.05.1918[196] wurde diese Regelung der „beschränkten Auskunft" in die Strafregisterverordnung übernommen. Sie trat sodann nach Ablauf von 10 Jahren automatisch ein. Eine weitere Wirkung hatte der Ablauf der 10-Jahresfrist nicht. Der Bestrafte war z. B. auf Befragung nicht zum Verschweigen seiner Vorstrafe berechtigt; dem eigentlichen Anliegen der Strafmakelbefreiung, der Wiedereingliederung in die Gesellschaft, war damit noch immer nicht Rechnung getragen.
Ein neuer Abschnitt der Entwicklung von Strafregisterrecht und Rehabilitation in Deutschland begann mit dem **Gesetz über die „beschränkte Auskunft aus dem Strafregister und die Tilgung von Strafvermerken" vom 09.04.1920, dem Straftilgungsgesetz**[197]. Erst das Straftilgungsgesetz brachte, ohne den Begriff selbst zu verwenden, die gesetzliche „Strafmakelbefreiung" kraft Zeitablaufs. Diese vollzog sich in zwei Etappen: Beide Registervergünstigungen, die beschränkte Auskunft und die Tilgung, traten nach Ablauf bestimmter, nach der Schwere der Strafen abgestufter Fristen automatisch ein, wenn keine erheblichen Neubestrafungen während der Bewährungszeit erfolgt waren, und wenn die Voraussetzungen der Vergünstigungen für alle im Strafregister enthaltenen Eintragungen vorlagen (Grundsatz der Einheitlichkeit der Strafregisterbereinigung)[198]. Sowohl beschränkte Auskunft wie auch Straftilgung setzten grundsätzlich Vollstreckung, Verjährung oder Erlass der Strafe voraus[199]. Neben der gesetzlichen Strafmakelbefreiung konnte die oberste Justizbehörde, in deren Bezirk das Strafregister geführt wurde, die beschränkte Auskunft oder die Tilgung im Einzelfall als eine Art Ersatz der alten „réhabilitation gracieuse"

---

192 Vgl. § 17 b der BRV vom 17.04.1913, Centralblatt für das Deutsche Reich, 1913, S. 495 ff.
193 Nach einer Berechnung aus dem Jahre 1912 war jeder 6. Mann und jede 25. Frau wegen eines in der Kriminalstatistik geführten Verbrechens oder Vergehens vorbestraft.
194 Vgl. Hartung, Das Strafregister, S. 21.
195 Vgl. Hartung, a.a.O., S. 22.
196 Zentralblatt, 1918, S. 161 ff.
197 RGBl, S. 507; gleichzeitig wurde auch die Strafregisterverordnung neu gefasst und am 12.06.1920 bekanntgemacht (ZBl 1920, 909).
198 Vgl. § 2 StTilgG.
199 Vgl. §§ 6 Abs. 3, 7 Abs. 2 StTilgG; vgl. auch § Abs. 2 StTilgG.

anordnen, auch wenn deren gesetzliche Voraussetzungen noch nicht vorlagen[200]. Mit Eintritt der ersten Registervergünstigung, der beschränkten Auskunft, wurde der Kreis der Auskunftsberechtigten eingeschränkt. Auskunft aus dem Strafregister und den polizeilichen Listen erhielten nur noch Gerichte, Staatsanwaltschaften, Polizeibehörden, Reichs- und Landesbehörden, nicht mehr sonstige höhere Verwaltungsbehörden[201]. Bei der Ausstellung polizeilicher Führungszeugnisse blieben Verurteilungen, die der beschränkten Auskunft unterlagen, außer Betracht[202]. Die Tilgung, die zweite Stufe der gesetzlichen Strafmakelbefreiung, führte zur Entfernung des Vermerks über die Verurteilung bzw. zur Unkenntlichmachung im Strafregister[203].
Auch hier wurden an die Tilgung weitere materielle Wirkungen nicht geknüpft, so dass der Verurteilte „vorbestraft" blieb und seine Vorstrafen auf Befragen weiterhin angeben musste. Erst durch Verordnung vom 17.11.1939[204] wurde deshalb § 4 Abs. 4 in das Straftilgungsgesetz eingeführt, der bestimmte: „Ist der Vermerk über eine Verurteilung im Strafregister getilgt worden, so darf der Verurteilte jede Auskunft über die Tat und über die Strafe verweigern. Er darf sich, soweit nicht eine andere noch nicht getilgte Verurteilung entgegensteht, als unbestraft bezeichnen. Das Gericht und der Staatsanwalt können anordnen, dass der Verurteilte auch über bereits getilgte Strafen Auskunft zu geben hat".
Durch diese Bestimmung wurde die materielle Wirkung der Tilgung ganz erheblich erweitert, wenn auch über die Auslegung des § 4 Abs. 4 sogleich ein heftiger Streit entbrannte[205].
Durch die außerordentlich langen Tilgungsfristen - bei allen Strafen über drei Monaten betrug die Frist gemäß §§ 6,7 StTilgG 20 Jahre - blieben die Auswirkungen der Vorschrift in der Praxis jedoch hinter den Erwartungen des Gesetzgebers zurück.
Durch Verordnung vom 20.08.1941[206] wurde deshalb dem Verurteilten bereits nach Eintritt der beschränkten Auskunft - also im Regelfall nach 10 Jahren - das Recht eingeräumt, gegenüber privaten Personen und Stellen jede Auskunft über die Tat und die Strafe zu verweigern und sich solchen Stellen gegenüber als unbestraft zu bezeichnen, soweit nicht eine andere, noch nicht der beschränkten Auskunft unterliegende, Verurteilung entgegenstand (§ 4 Abs. 5 StTilgG).
Mit dem Straftilgungsgesetz und später folgenden, soeben aufgezeigten Modifizierungen kam die Reform des allgemeinen Strafregister - und Straftilgungsrechts zunächst zu einem Abschluss. Weitere Bemühungen zur „Registerrehabilitation" gab es nur noch im Jugendstrafrecht[207]. Erst am 12. Dezember 1969 ist der Entwurf eines Gesetzes über das Zentral- und das Erziehungsregister als Gesetzentwurf der Bundesregierung dem Bundesrat zugeleitet worden[208], am 05. März 1970 wurde er mit der Stellungnahme des Bundesrates im Bundestag eingebracht[209]. Der Bundestag

---

200 § 8 StTilgG; vgl. dazu Lassen, Rechtsstellung, S. 44.
201 Vgl. § 4 StTilgG gegenüber § 32 StRegVO.
202 Vgl. Rebmann, NJW 1983, S. 1514.
203 Vgl. § 5 StTilgG.
204 RGBl I., S. 2254.
205 Vgl. Darstellung bei Hennecke, Beiträge zur Reform des Straftilgungsrechts, S. 60 ff.
206 RGBl I. S. 526.
207 §§ 97ff. JGG; vgl. dazu Dünnebier, JZ 1958, S. 714ff.
208 Drucksache 676/69.
209 Drucksache VI / 477.

behandelte den Entwurf in seiner 39. Sitzung am 18. März 1970 in erster Lesung und überwies ihn an den Sonderausschuss für die Strafrechtsreform als federführenden Ausschuß. Dieser beriet den Entwurf in 14 Sitzungen in der Zeit von April bis November 1970 und leitete ihn mit Abänderungsvorschlägen im Dezember 1970 dem Bundestag wieder zu. Im gleichen Monat wurde das Bundeszentralregistergesetz in 3. Lesung einstimmig vom Bundestag verabschiedet. Am 18. März 1971 ist das **Bundeszentralregistergesetz** verkündet worden und am 01. Januar 1972 in Kraft getreten[210].
Maßgebliche Intention der Reform des Strafregisterrechts war die stärkere Betonung des Resozialisierungsgedankens mit dem Ziel, die Wiedereingliederung verurteilter Personen nicht unnötig lange zu blockieren[211]. Mit dem Bundeszentralregistergesetz kam es sodann zu einer grundlegenden Umgestaltung des Registerrechts.
Dieses Gesetz, das das Straftilgungsgesetz vom 09.04.1920, die Strafregisterverordnung vom 17.02.1934[212] sowie registerrechtliche Vorschriften des Jugendgerichtsgesetzes vom 04.08.1953[213] abgelöst hat, leitete eine erhebliche organisatorische Umgestaltung des Registerwesens ein und brachte eine Gesamtregelung des bisherigen Strafregisterrechts. An die Stelle der bisher bestehenden 93 Strafregister der Staatsanwaltschaften bei den Landgerichten sowie an Stelle des Bundesstrafregisters[214], das seit 1954 durch den Generalbundesanwalt beim BGH für alle nicht in der Bundesrepublik geborenen Personen sowie für juristische Personen und Personenvereinigungen geführt wurde, trat mit dem Bundeszentralregister ein einheitliches zentrales Register der Justiz, das bis zum Regierungssitzwechsel der Bundesregierung von Bonn nach Berlin durch den Generalbundesanwalt beim BGH -Dienststelle Bundeszentralregister- in Berlin geführt wurde und nunmehr seit August 1999 seinen Sitz nach Bonn verlegt hat.
Durch das Verbrechensbekämpfungsgesetz von 1994 wurde das Aufgabenfeld der Behörde Bundeszentralregister erweitert, nämlich um das **länderübergreifende staatsanwaltliche Verfahrensregister**, das sämtliche bei deutschen Staatsanwaltschaften laufende Ermittlungsverfahren beinhaltet. Der Registerbetrieb ist im Sommer 1999 zum Teil aufgenommen worden.
Erst auf den zweiten Blick ersichtlich wurden in jüngerer Zeit weitere Formen von Strafregistrierung in deutschen Gesetzestexten aufgenommen: Seit Schaffung des „Gesetzes über den Bundesgrenzschutz" (**Bundesgrenzschutzgesetz- BGSG**) vom 19.Oktober 1994[215] wurde die Strafregistrierung sowohl beim Bundesgrenzschutz und seit Neufassung des **Bundeskriminalamtsgesetzes**[216] nach den Vorschriften der §§ 7 ff., 16 ff., 32 ff. BKAG auch beim Bundeskriminalamt auf eine gesetzliche

---

210 Lassen, Rechtsstellung, S. 52; BGBl I, S. 243ff.
211 Vgl. Begründung des Entwurfs zum BZRG, BT-Drucksache VI/477, S. 14 und Ausschussbericht, BT-Drucksache VI/1550, S. 1).
212 RGBl I 140.
213 BGBl I ,751.
214 Vgl. Allgemeine Verwaltungsvorschriften des BMJ vom 27.01. und 06.07. 1954 (Band Nr. 21 und 129).
215 BGBl. I, S. 2979.
216 „Gesetz über das Bundeskriminalamt und die Zusammenarbeit des Bundes und der Länder in kriminalpolizeilichen Angelegenheiten (Bundeskriminalamtsgesetz BKAG)" vom 7. Juli 1997, BGBl I, S. 1650).

Grundlage gestellt. Zuvor fand bei diesen Stellen zwar schon eine Registrierung von Straftaten statt, entbehrte aber bis dahin einer gesetzlichen Grundlage und war allenfalls in Richtlinien geregelt.[217]

Durch das **DNA-Identitätsfeststellungsgesetz** vom 07.09.1998[218] wurde die Regelung des **§ 81 g StPO**, der die (nachträgliche) Gesetzesgrundlage für die bei dem BKA als zentrale Verbunddatei eingerichtete DNA-Identifizierungsdatei darstellt, eingefügt. Die aufgrund § 81 g StPO gewonnenen Daten der betroffenen Straftäter und Tatverdächtigen werden für Zwecke künftiger Strafverfahren beim BKA gespeichert.

Die aktuellste Änderung im Rahmen der Straf(verfahrens-) registrierung fand durch das am 01. November 2000 in Kraft getretene Strafverfahrensänderungsgesetz 1999[219], ausgefertigt am 02. August 2000 statt. **Die §§ 474 ff. StPO** wurden neu gefasst und ergänzt und dadurch die seit langem geforderte gesetzliche Grundlage für die Strafregistrierung von und bei den Strafverfolgungsbehörden geschaffen.[220]

---

[217] Vgl. dazu Ahlf/ Daub/ Lersch/ Störzer, BKAG, Vorwort, S. V.

[218] BGBl. I, S. 2646.

[219] BGBl. I, 2000, S.1953.

[220] Gesetzestexte, die nicht in den Textsammlungen Schönfelder oder Sartorius (vollständig) abgedruckt sind, finden sich am Schluss der Arbeit.

C. Strafregistrierung und Grundgesetz: Zur Verfassungsmäßigkeit der Datenspeicherung im Rahmen der Strafverfolgung

I. Einleitung

Strafregistrierung kann als vor– und nachbereitende Strafrechtspflege bezeichnet werden. Durch die Eintragung in die verschiedenen Register werden Strafverfahren vorbereitet, gegebenenfalls bereits im Ermittlungsverfahren eingestellt (§§ 153a, 154 StPO), mit ihrer Hilfe werden sie durchgeführt (Berücksichtigung etwaiger Vorstrafen bei der Strafzumessung, § 46 StGB) und schließlich können Behörden und Privatpersonen dadurch Informationen über die Verurteilung bzw. den Stand der Ermittlungen erhalten und daran ihr Verhalten gegenüber dem Verurteilten bzw. Beschuldigten ausrichten.
Die Strafregistrierung antizipiert und perpetuiert mithin typischerweise alle Wirkungen des Strafrechts.
Es geht daher im Folgenden darum, *wie sich die schon allgemein das Strafrecht bindenden Verfassungsbestimmungen auf die Strafregistrierung auswirken*, die dessen Anwendung und Effektivierung vor- und nachbereitet und somit ebenso wie das materielle Recht und das Verfahrensrecht zur Strafrechtspflege i.w.S. zählt. Dabei wird die Darstellung insbesondere zwei Fragen in den Mittelpunkt rücken, nämlich diejenige nach der Resozialisierung einerseits und diejenige nach der informationellen Selbstbestimmung andererseits.
Obwohl dadurch auch noch andere Problembereiche tangiert werden, und zum Teil auch Fragen des Landesverfassungsrechts betroffen sind, wurde dieser Ausschnitt und die Beschränkung auf das Bundes-Verfassungsrecht gewählt, um die Problematik überhaupt in einem noch angemessenen Rahmen und Umfang erörtern zu können. Zudem bot sich diese Beschränkung an, weil zahlreiche der hier behandelten Schwierigkeiten für die Gesamt-Materie typisch sind und auf anderen Teilbereichen fortgeschrieben werden können.

II. Bundeszentralregister

1. Einführung

Ihre älteste und im Bewusstsein der Bevölkerung am meisten verbreitete Ausprägung findet die Strafregistrierung im Bundeszentralregister. Dieses kann auf eine einigermaßen lange Kette historischer Vorläufer zurückblicken und stand dabei stets im Mittelpunkt der Diskussion[220]. In den letzten 100 Jahren war kaum umstritten, dass diese Form der Strafregistrierung gesetzlicher Ermächtigungen bedarf, die sämtliche Einzelheiten über Speicherung und Verbreitung strafgerichtlicher Verurteilungen normiert. So spielte insbesondere der Gedanke der Resozialisierung – analog zu seiner allgemein wachsenden Popularität – auf diesem Bereich eine immer bedeutendere Rolle. Den mit der gesetzlichen Ausgestaltung der öffentlichen Strafregister Befassten war stets bewusst, dass diese sich an einer schwierigen Schnittstelle zwischen dem Rehabilitierungsinteresse des Einzelnen und legitimen Sicherheitsbedürfnissen der Allgemeinheit bewegt.
Dem hat der Gesetzgeber bei der Abfassung des BZRG dadurch Rechnung zu tragen versucht, dass dieses ein abgestuftes und präzise ausdifferenziertes System von

---

[220] Vgl. oben Teil B.

Nicht-Aufnahme, Beschränkung der Aufnahme und Tilgung von aufgenommenen Entscheidungen bereit hält und auf Besonderheiten spezieller Materien – z.B. dem Jugendstrafrecht – Rücksicht nimmt. Dass bei der Abwägung der Sicherheits-Interessen der Allgemeinheit und den individuellen Belangen des (ehemaligen) Straftäters weder ein allgemeiner Vorrang des Einzelnen noch der Allgemeinheit besteht, ist in der Rechtsprechung des BVerfG bereits seit längerer Zeit anerkannt (dazu sogleich 2.). Ähnlich dürfte es bei dem „Grundrecht auf informationelle Selbstbestimmung" sein, da für den Bereich der Strafregistrierung nie umstritten war, dass deren Einzelheiten gesetzlicher Regelungen und Sicherungen gegen den unbefugten Zugriff Dritter bedürfen (dazu 3.).

2. BZRG und Grundrecht auf Resozialisierung

a. Einleitung

Der Gedanke der Resozialisierung Straffälliger gewann seit der Mitte des 19. Jahrhunderts ungeahnte Popularität. Es setzte sich allmählich die Erkenntnis durch, dass diese nicht nur im Interesse des Täters selbst, sondern vor allem auch in demjenigen des Gemeinwesens liegt: So entspricht es einer weit verbreiteten Erkenntnis, dass einerseits besonders harte oder grausame Strafen eine bestenfalls eingeschränkte generalpräventive Wirkung entfalten, dass diese insbesondere mit einer liberalen und human orientierten Strafrechtspflege unvereinbar sind, und andererseits, dass der gesellschaftlich eingegliederte Täter den geringsten Anreiz findet, neue Taten zu begehen. Es erscheint daher beinahe zwingend, die Resozialisierung zum Leitmotiv staatlichen Strafens zu erheben. Aufgegriffen wurde dieser Gedanke schließlich auch von der Rechtsprechung des BVerfG: Dieses versteht ihn als notwendige Konsequenz eines dem Rechts- und Sozialstaat verpflichteten Strafrechts und sieht ihn – subjektiv-rechtlich - verbürgt im allgemeinen Persönlichkeitsrecht. Im Folgenden soll daher zunächst allgemein die ideengeschichtliche Entwicklung des Resozialisierungs-Gedankens nachgezeichnet werden, bevor anschließend seine verfassungsrechtliche Fundierung durch das BVerfG beschrieben wird und sodann eine ausführliche Auseinandersetzung mit dem Verhältnis von Strafregistrierung nach dem BZRG und dem Grundrecht auf Resozialisierung folgt.

b. Resozialisierung im Wandel der Geschichte

Im Rahmen der Auseinandersetzung mit dem Begriff „Resozialisierung" stellt *Kaiser* fest, dass in den letzten 160 Jahren alle Lehrbücher des Gefängniswesens einheitlich und substanziell das Resozialisierungskonzept vertreten haben[221].

Eine solche Aussage lässt sich jedoch wohl nur treffen, wenn man sich auf die Ideologie und Legitimation dessen, was in den Gefängnissen geschah, bezieht und dabei einen sehr weiten Begriff von Resozialisierung hat. Nur so lassen sich beispielsweise die Kombination von Arbeitszwang um seiner selbst willen (Tretmühle), religiöser Indoktrination, strengster Disziplin (teils totales Schweigegebot) und oft genug militärischem Drill mit einem Minimum stark kontrollierter Kontakte zu Verwandten und Ehepartnern[222] als Resozialisierungskonzept begreifen.

---

[221] Kaiser, Kriminologie, § 2 Rn 11.

[222] So beschrieben in Krohne, Gefängniskunde, S.490.

Der Begriff Resozialisierung selbst wurde zuerst von Karl Liebknecht in seinem Entwurf „Gegen die Freiheitsstrafe" aus dem Jahre 1918[223] gebraucht und in die spezifische Fachliteratur von Hans Ellger 1922 eingeführt[224]. Diesem Begriff wäre keine Zukunft beschieden gewesen, hätten nicht die Sozialwissenschaften überempirische Begründungen des Strafrechts und Strafvollzuges zurückgedrängt und soziale Benachteiligungen und Stigmatisierungsprozesse in den Mittelpunkt des Interesses staatlicher Kriminalpolitik gerückt[225], die neben allgemein politischen Entwicklungen eine entscheidende Rolle spielten.
Während die Weimarer Republik sich in einer Phase eines in Ansätzen auf gesellschaftliche Integration ausgerichteten Strafrechts befand, die das Jugendgerichtsgesetz, die eher spezialpräventiv ausgerichteten Grundsätze für den Vollzug von Freiheitsstrafen von 1923[226] und den Entwurf eines Strafvollzugsgesetzes von 1927 - die den Begriff Resozialisierung beide noch nicht kannten -, reformpädagogische und sogar psychoanalytisch orientierte Strafvollzugsmodelle und den reformfreudigen, humanistischen Lisztschüler Gustav Radbruch[227] als Reichsjustizminister brachte[228], wurde im „Dritten Reich" hingegen gefordert, „gegen die humanitäre Erweichung des Jugendstrafvollzuges und die Herabwürdigung und Zersetzung des echten Strafgedankens zu Felde zu ziehen"[229], die Spezialprävention als Erziehungsgedanken im nationalsozialistischen Strafrecht eng zu begrenzen[230] und alle Gewohnheitsverbrecher durch die Todesstrafe „auszumerzen"[231].
Einen Paradigmenwechsel leitete erst die Kontrollratsdirektive Nummer 19 vom 12. November 1945[232] ein, in der es hieß, „dass kein menschliches Geschöpf hoffnungslos verwahrlost oder verdorben sei". Darin lag nicht nur eine radikale Abkehr vom faschistischen Menschenbild und ein Abschied von der Annahme der Unverbesserlichkeit, die sich selbst bei Franz von Liszt noch fand, sondern auch eine Aussage, die keimhaft bereits den Gedanken der Unantastbarkeit der Würde des Menschen enthält. Zwar wurde mit einem solchen Satz noch keine neue Theorie staatlicher Sozialkontrolle initiiert - aber ein Neuanfang im Verhältnis zu dem gegen Strafgesetze verstoßenden abweichenden Verhalten war dies allemal. Dennoch war während der 1950er Jahre noch wenig von Resozialisierung in der kriminalpolitischen Debatte die Rede, soweit es eine solche überhaupt gab[233].

---

[223] Liebknecht, Gegen die Freiheitsstrafe, S. 395.
[224] Vgl. Ellger, Erziehungszweck, S. 17 und 39 f.; an anderer Stelle spricht er von der sozialen Aufgabe des Strafvollzuges (S. 6) und von dem Ziel, den Gefangenen „zu einem sozialen Glied der Gesellschaft (zu) machen" (S. 15).
[225] Vgl. Cornel, in Cornel/Maelicke/Sonnen, Handbuch der Resozialisierung, S. 18.
[226] § 48 der Grundsätze für den Vollzug von Freiheitsstrafen, die eine gewisse Vereinheitlichung des Strafvollzugs der Länder bringen sollten, nannte Rückfallvermeidung durch Gewöhnung an Ordnung und Arbeit und sittliche Festigung als Vollzugsziel und ging damit kaum über entsprechende Formulierungen des Kaiserreichs hinaus.
[227] Vgl. Radbruch, ZStW 1911, S. 339 und Radbruch, Zeitschrift für Strafvollzug und Straffälligenhilfe 1952/1953, S: 154.
[228] Cornel, a.a.O., S. 18.
[229] So Schaffstein, Gedanken über Strafvollzug, S. 642.
[230] Freisler, Das kommende deutsche Strafrecht, S. 47.
[231] Vgl. Eberhard, S. 65.
[232] Abgedruckt auch in der Zeitschrift für Strafvollzug 1950, Nr. 3, S. 30 ff.
[233] Cornel, a.a.O., S. 19.

Dies änderte sich erst mit Beginn der großen Strafrechts- und später mit der Strafvollzugsreformdebatte. *Würtenberger* kritisierte den Entwurf eines neuen StGB von 1962, weil dieser keine taugliche Grundlage für die Erneuerung des deutschen Strafvollzugssystems darbiete, wenn man „die Resozialisierungsgedanken in den Mittelpunkt der Strafvollzugsreform" stelle[234]. Und *Quensel* setzte 1964 die Resozialisierung dem Talions-Prinzip derart gegenüber, dass Letzteres nach einer Konfliktsituation, dem Normbruch, die Tatvergeltung das alte Gleichgewicht herstellen wolle, Resozialisierung aber eine neue Stufe des Gleichgewichts anstrebe[235]. Der Sonderausschuss für die Strafrechtsreform sprach sich 1969 schließlich für „die moderne Ausgestaltung des Sanktionensystems als wirksames Instrument der Kriminalpolitik mit dem Ziel einer Verhütung künftiger Straftaten vor allem durch Resozialisierung des Straftäters" aus[236] und nur wenige Jahre darauf schrieb *Müller-Dietz*, dass „derjenige, der das Resozialisierungsprinzip heute noch in Zweifel zöge, sich einem Scherbengericht aussetze"[237].

c. Resozialisierung in der Rechtsprechung des Bundesverfassungsgerichts und in der Lehre

Die wichtige Position des BVerfG bei der Modernisierung und Weiterentwicklung der deutschen Rechtsordnung nach 1945 lässt sich auch anhand der Diskussion um die Bedeutung des Resozialisierungs-Gedankens nachzeichnen. Denn wenn das BVerfG die soeben dargelegten Tendenzen nicht aufgegriffen und fortentwickelt hätte, wären sie möglicherweise Gefahr gelaufen, eine folgenlose akademische Debatte zu bleiben.

Bahnbrechende Bedeutung gewann in diesem Zusammenhang das sog. **„Lebach-Urteil" des BVerfG vom 05. Juni 1973**[238]. Darin hatte sich der Erste Senat mit der Frage auseinanderzusetzen, ob die Berichterstattung einer Fernseh-Anstalt über die Person eines Straftäters, der unmittelbar vor der Entlassung aus einer langjährigen Freiheitsstrafe stand, und dessen Taten u.a. dessen Wieder-Eingliederung in die Gesellschaft gefährde, und ob dieser sich demgegenüber auf einen verfassungsrechtlich verbürgten Anspruch auf Resozialisierung berufen kann.

Das BVerfG bejahte diese Frage und führte dazu aus: Es habe sich im Strafrecht die Erkenntnis durchgesetzt, dass die Resozialisierung bzw. überhaupt die Sozialisation des Straftäters das Ziel der Strafrechtspflege insgesamt, namentlich des Strafvollzuges darstelle. Allgemein gehe es darum, dem Gefangenen Fähigkeit und Willen zu verantwortlicher Lebensführung zu vermitteln, er solle lernen, sich unter den Bedingungen einer freien Gesellschaft ohne Rechtsbruch zu behaupten und deren Risiken zu erkennen[239].

Der Strafvollzug könne allerdings stets nur die Grundlage der Resozialisierung sein; *das entscheidende Stadium beginne erst mit der Entlassung*. Nicht nur der Straffällige müsse bereit sein, nunmehr die Regeln der Gesellschaft anzuerkennen und ihnen

---

234 Würtenberger, JZ 1967, S. 239.

235 Vgl. Quensel, Sozialpsychologische Aspekte der Kriminologie, S. 79.

236 Zweiter schriftlicher Bericht des Sonderausschusses für die Strafrechtsreform, hrsg. vom deutschen Bundestag, BT-Drucksache V/4095, Bonn 1969, S. 3.

237 Vgl. Müller-Dietz, Strafvollzugsrecht, S. 28.

238 BVerfGE 35, S. 202ff.

239 BVerfGE 35, S. 202 (235).

gemäß zu leben; auch die Gesellschaft müsse ihrerseits bereit sein, ihn wieder aufzunehmen[240].
Verfassungsrechtlich sei dieser Gedanke in der Menschenwürde (Art. 1 I GG) und in dem Sozialstaatsprinzip (Art. 20 I GG) verankert. Als Träger der aus der Menschenwürde folgenden und ihren Schutz gewährleistenden Grundrechte müsse der verurteilte Straftäter die Chance erhalten, sich nach Verbüßung seiner Strafe wieder in die Gesellschaft einzuordnen. Das Interesse des Täters an dieser Wieder-Eingliederung bzw. Wieder-Aufnahme in die staatliche Gemeinschaft folge aus Art. 2 I GG i.V.m. Art. 1 I GG. Damit verknüpft folge aus dem Sozialstaatsprinzip die Aufgabe des Staates, sich auch der Gefangenen und Entlassenen anzunehmen, denn zum typischerweise durch das Sozialstaatsprinzip geschützten Personenkreis zählten gerade diejenigen Gruppen der Gesellschaft, die aufgrund persönlicher Schwäche oder Schuld, Unfähigkeit oder gesellschaftlicher Benachteiligung in ihrer persönlichen und gesellschaftlichen Entfaltung behindert seien. Ferner liege die Resozialisierung der ehemals Straffälligen auch in dem Interesse der Gesellschaft selbst: Denn diese sei am besten gegen neue Normbrüche des Täters geschützt, wenn jene für ihn jegliche Attraktivität verlören[241].
Im Ergebnis vertrat der Senat die Auffassung, die grundrechtlich über Art. 2 I, 1 I GG und allgemein verfassungsrechtlich über Art. 20 I GG gewährleistete Resozialisierung könne sogar den Vorrang vor der vom BVerfG sonst sehr hoch bewerteten Meinungs- und Informationsfreiheit (Art. 5 I GG) beanspruchen: Fernsehberichterstattung sei dann unzulässig, wenn sie die Resozialisierung eines Straffälligen beeinträchtige. Die für die Existenz des Täters lebenswichtige Chance, in die freie Gesellschaft zurückzufinden und das damit verknüpfte Interesse der Allgemeinheit an seiner Resozialisierung gingen grundsätzlich dem Interesse an einer weiteren Erörterung der Tat vor[242].
Weiter geführt wurde dieser Gedanke in dem **Urteil des BVerfG zur lebenslangen Freiheitsstrafe vom 21. Juni 1977.**[243] Zwar geht es davon aus, dass die lebenslange Freiheitsstrafe – bei sachgerechter Anwendung – mit dem GG durchaus vereinbar sei. Jedoch seien die Vollzugsanstalten auch bei den zu lebenslanger Freiheitsstrafe verurteilten Gefangenen gehalten, auf deren Resozialisierung hinzuwirken. Sie dürften diese Straftäter nicht bloß „verwahren", sondern seien verpflichtet, sie lebenstüchtig zu erhalten und vor schädlichen Auswirkungen des Freiheitsentzugs, insbesondere vor deformierenden Persönlichkeitsänderungen, zu beschützen. Diese Vollzugsaufgabe sei in ihrem Kern aus Art. 1 I GG herzuleiten[244]. Im Weiteren knüpft der Erste Senat ausdrücklich an die im Lebach-Urteil entwickelten Grundlinien an und hebt insbesondere hervor, auch der zu lebenslanger Freiheitsstrafe verurteilte Straftäter müsse die Chance erhalten, nach Verbüßung einer seiner Schuld angemessenen Strafe sich wieder in die Gemeinschaft einordnen zu können. Insofern sei es Aufgabe des Staates, alle gesetzlichen Maßnahmen zu treffen, die geeignet und nötig seien, bei dem Gefangenen dieses Vollzugsziel zu erreichen. Der Gefangene habe einen *Anspruch auf Resozialisierung*[245].

---

[240] BVerfG, a.a.O.
[241] BVerfGE 35, S. 202 (36).
[242] BVerfGE 35, S. 202 (37).
[243] BVerfGE 45, S. 187 ff.
[244] BVerfGE 45, S. 187 (238).
[245] BVerfGE 45, S. 187 (239).

Jedoch besteht auch das aus Art. 2 I, 1 I GG hergeleitete Recht auf Resozialisierung nicht schrankenlos. Darauf hat das BVerfG in seinem **Beschluss vom 28. Juni 1983**[246] nachdrücklich hingewiesen. Der zweite Senat hatte sich mit der Frage auseinanderzusetzen, inwieweit es zulässig ist, einem Strafgefangenen unter Hinweis auf die besondere Schwere der Schuld **Hafturlaub** zu verweigern. Im konkreten Fall ging es um die Verfassungsbeschwerde zweier 78- bzw. 79-jähriger Aufseher im Konzentrationslager Auschwitz, die wegen Mordes jeweils zu lebenslanger Freiheitsstrafe verurteilt worden waren. Obwohl sie zum Zeitpunkt ihres Antrages auf Hafturlaub bereits über 16 bzw. gut elf Jahre ohne Unterbrechung inhaftiert waren, wurde ihnen – bestätigt durch Entscheidungen des OLG Frankfurt/ Main – solcher verwehrt: Denn wenn ein zu lebenslanger Haft Verurteilter Urlaub erhalten solle, müsse auch der Gedanke eines gerechten Schuldausgleichs mit berücksichtigt werden, der hier gegen die Gewährung des Hafturlaubs streite[247].
Das BVerfG stellte in diesem Zusammenhang nochmals ausdrücklich fest, dass verfassungsrechtliche Bedenken gegen die Androhung (und Verhängung) lebenslanger Freiheitsstrafe nicht bestünden, jedenfalls wenn es um schwerste Tötungsdelikte gehe. Es sei nicht zu beanstanden, wenn der Gesetzgeber diese Sanktion als notwendig ansehe, um der ihm im Rechtsstaat des GG auferlegten Pflicht zu genügen, das Leben jedes Menschen auch mit den Mitteln des Strafrechts effektiv zu schützen. Dass die lebenslange Freiheitsstrafe für schwerste Rechtsgutsverletzungen mit dem verfassungsrechtlichen Gebot sinn- und maßvollen Strafens vereinbar sei, stehe außer Frage, zumal *neben der Resozialisierung des Täters Prävention, Schuldausgleich, Sühne und Vergeltung für begangenes Unrecht legitime Aspekte einer angemessenen Strafsanktion seien.* Denn in der Strafe solle die Verbindlichkeit der für ein friedliches Zusammenleben der Gemeinschaft unabdingbaren Grundwerte für alle sinnfällig werden. Sie solle neben anderen Zwecken insbesondere verletztes Recht durch die schuldangemessene Abgeltung von tatbestandlich umgrenztem und schuldhaft verwirklichten Unrecht wieder herstellen und damit die Geltung der Unverbrüchlichkeit der Rechtsordnung für alle bekunden und behaupten. Zwar müsse auch der mit besonders schwerer Tatschuld beladene Gefangene grundsätzlich die realisierbare Chance erhalten, seine Freiheit wieder zu gewinnen. Im Einzelfall könne aber, wenn die Schwere der Schuld das für die lebenslange Freiheitsstrafe vorausgesetzte Mindestmaß an Schuld nochmals deutlich übersteige, die lebenslange Freiheitsstrafe frei von verfassungsrechtlichen Bedenken auch im Wortsinne ein Leben lang vollstreckt werden. Denn sonst bestehe die Gefahr, dass die Androhung lebenslanger Freiheitsstrafe zwangsläufig entwertet und über die Strafzumessungsregelungen (insbesondere § 57 a StGB) praktisch abgeschafft würde.[248]
Was die Lockerungen im Vollzug der lebenslangen Freiheitsstrafe angeht, folge daraus, dass die Berücksichtigung der besonders schweren Schuld des Gefangenen im Rahmen des § 13 StVollzG auch mit dem verfassungsrechtlich fundierten Gedanken seiner Resozialisierung vereinbar sei. Denn im Unterschied zu resozialisierenden Maßnahmen, die im inneren Bereich des Vollzuges verblieben, bestehe bei der Gewährung von Hafturlaub ein besonderes Spannungsverhältnis zwischen den allge-

[246] BVerfGE 64, S. 261 ff.
[247] BVerfGE 64, S. 261 (281).
[248] BVerfGE 64, S. 261 (271).

meinen Strafzielen, die sich auch in der Vollstreckung der Strafe realisieren sollten, einerseits und dem aus Art. 2 I, 1 I GG abzuleitenden und in § 2 S. 1 StVollzG normierten Vollzugsziel der sozialen Integration. Die Grundrechte des Strafgefangenen forderten nicht, dieses Spannungsverhältnis von vornherein im Sinne eines Übergewichts des Resozialisierungsgedankens aufzulösen: Das Grundrecht aus Art. 2 Abs. 1 i.V.m. 1 Abs. 1 GG stehe einer Gesetzesinterpretation nicht entgegen, die auch allgemein die anerkannten Strafzwecke berücksichtige[249].

Die **Lehre** ist den Grundgedanken des BVerfG im Wesentlichen gefolgt. Zweifel wurden nur dahingehend geäußert, ob im Rahmen des Strafvollzuges auch andere als die in dem StVollzG niedergelegten Vollzugsziele berücksichtigt werden dürfen; insbesondere wendet sich eine verbreitete Auffassung gegen die Berücksichtigung der „besonderen Schwere der Schuld" des Gefangenen.[250] Dies wird vor allem damit begründet, dass man zwischen der Verurteilung des Strafgerichts einerseits und dem Vollzug der ausgesprochenen Strafe andererseits trennen müsse. Während es geboten und zulässig sei, bei der Strafzumessung und bei dem „Unwerturteil" über das Verhalten des Täters auch Gesichtspunkte der Schuldschwere zu berücksichtigen, kenne der Strafvollzug als einzige legitime und in § 2 S. 1 StVollzG niedergelegte Orientierung den Gedanken der Resozialisierung, mit anderen Worten: Strafvollzug diene allein der Befähigung des Gefangenen, sich wieder in die Gesellschaft einzugliedern und dabei all diejenigen Hilfen zu erhalten, die das BVerfG selbst für ihn in Anspruch genommen habe.

Diese Überlegung erscheint aber nicht zwingend. Dies ist vor allem von *Benda*[251] anschaulich begründet worden: Der Resozialisierungsgedanke finde seine verfassungsimmanente Grenze in anderen Strafzwecken, die ebenfalls Beachtung forderten. Es gehöre zu den Geboten des Rechtsstaates, durch die Strafrechtspflege auch die Sicherung des Rechtsfriedens zu gewährleisten. Dazu gehöre die Pflicht des Staates, Straftaten aufzuklären, Täter zu ermitteln, ihre Schuld festzustellen und sie einer gerechten Bestrafung zuzuführen. Der Staat müsse aus dem Gebot der Rechtsstaatlichkeit heraus die Sicherheit seiner Bürger und ihr Vertrauen in die Funktionstüchtigkeit seiner Institutionen schützen[252]. M.a.W.: Wenn der Staat seine innere Ordnung schon mit Hilfe von Strafrecht aufrecht erhalten will, dann muss er dies auch konsequent anwenden. Der Resozialisierungsgedanke versage insbesondere gegenüber Tätern, die schwerstes Unrecht begangen haben, bei denen aber keine Wiederholungsgefahr bestehe, und die (bereits) ohne Strafverbüßung als voll sozialisiert anzusehen seien, wie dies für zahlreiche NS-Straftäter gelte. Es erscheine für deren Opfer, aber auch für die Allgemeinheit unerträglich, wenn diese Täter nur deshalb unbestraft blieben, weil sie etwas Vergleichbares in ihrem Leben aufgrund der geänderten äußeren Umstände schlichtweg nicht mehr begehen könnten. Insofern trage auch der Strafzweck der Vergeltung schwersten Unrechts zur Erhaltung und Herausbildung des gesellschaftlichen Konsenses bei.

Zwar dürfe eine verfassungsmäßige Rechtsordnung nicht bloßen Rachegefühlen der

---

[249] BVerfGE 64, S. 261 (276 f.).
[250] Vgl. Bemmann, StV 1988, S. 549 (551); Schüler-Springorum, StV 1989, S. 262ff; Calliess/ Müller-Dietz, StVollzG, § 2, Rn 6f; Hauf, Strafvollzug, S. 40 m.w.N. Andere Ansicht: Schwind-Böhm, StVollzG, § 2, Rn 6.
[251] Benda in: Faller-FS , S. 307 ff.
[252] Benda, a.a.O., S. 307 (313).

Bevölkerung nachgeben. Ebenso sicher sei aber auch, dass eine Rechtsordnung nicht mit Verständnis rechnen könne, wenn sie schwerstes Unrecht nicht verfolgen würde. Die Folge müsse dann sein, dass eine Bevölkerung, die sich in ihrer Rechtsordnung nicht mehr repräsentiert sähe, mit allen Konsequenzen der Selbstjustiz zur Selbsthilfe greifen würde.[253] Im Übrigen bleibt anzumerken, dass die Behauptung, über § 2 S. 1 StVollzG habe der Gesetzgeber die Resozialisierung als einziges Vollzugsziel normiert und damit auch den einzigen Orientierungspunkt der Strafvollstreckung fixiert, so nicht zutrifft. Denn immerhin hat er – vom BVerfG ebenfalls unbeanstandet – die Aussetzung der weiteren Vollstreckung der lebenslangen Freiheitsstrafe zur Bewährung in § 57a Abs. 1 Nr. 2 StGB davon abhängig gemacht, dass die besondere Schwere der Schuld des Verurteilten nicht die weitere Vollstreckung der Strafe gebietet. Demnach kann also auch bei vollständig erreichter Resozialisierung des Gefangenen ggf. die Strafe weiterhin vollstreckt werden, obwohl das Vollzugsziel des § 2 S. 1 StVollzG längst erreicht ist.

Nach alledem verdient die Konzeption des BVerfG zu Umfang und Grenzen des Grundrechts auf Resozialisierung in vollem Umfang Zustimmung und kann so der weiteren Darstellung zugrunde gelegt werden.

d. Das Grundrecht auf Resozialisierung in der gegenwärtigen Diskussion

An den oben dargestellten Leitlinien zum Grundrecht auf Resozialisierung hat das BVerfG auch in seiner neuesten Rechtsprechung im Wesentlichen unverändert festgehalten.

In ihrem **Beschluss vom 14. August 1996** knüpft die 2. Kammer des Zweiten Senats zunächst ausdrücklich an das *Urteil des BVerfG zur lebenslangen Freiheitsstrafe* an und betont, jeder Verurteilte müsse die konkrete und grundsätzlich auch realisierbare Chance haben, zu einem späteren Zeitpunkt die Freiheit wieder zu gewinnen[254]. Die Vollzugsanstalten seien auch bei den zu lebenslanger Haft Verurteilten gehalten, auf deren Resozialisierung hinzuwirken, sie lebenstüchtig zu erhalten und schädlichen Auswirkungen des Freiheitsentzuges und damit auch und vor allem deformierenden Persönlichkeitsveränderungen entgegen zu wirken. Denn dabei handele es sich um verfassungsrechtlich fundierte Vollzugsaufgaben, die sich aus der Menschenwürde des Gefangenen ableiten ließen: Es müsse allen Phänomenen entgegengewirkt werden, die geeignet seien, die Lebenstüchtigkeit des Gefangenen ernsthaft infrage zu stellen und es ausschließen könnten, dass dieser sich nach seiner Entlassung aus der Haft im normalen Leben noch zurecht finden kann[255].

Seine Bewährungsprobe muss der Strafvollzug nach alledem vor allem bei der Haftentlassung bestehen: Er soll den Gefangenen dazu befähigt haben, künftig als sozialisiertes Mitglied der Gesellschaft straffrei leben zu können.

Auch das Urteil des BVerfG zur Entlohnung der Strafgefangenen vom 01. Juli 1998 betont – ausdrücklich anknüpfend an das *Lebach-Urteil* – die Aufgabe der Strafvollzugs, den Gefangenen die Fähigkeit zu erhalten bzw. überhaupt erst zu vermitteln,

---

[253] Benda, a.a.O., S. 307 (314).

[254] BVerfG, 2. Kammer des Zweiten Senats, StV 1997, S. 30 (31) unter Berufung auf BVerfGE 45, S. 187 (245).

[255] BVerfG, 2. Kammer des Zweiten Senats, a.a.O. unter Berufung auf BVerfGE 64, S. 261 (277).

eigenverantwortlich in der staatlichen Gemeinschaft zu leben[256]: Die Verfassung gebiete es, den Strafvollzug auf das Ziel der Resozialisierung der Gefangenen hin auszurichten. Der einzelne Gefangene habe aus Art. 2 Abs. 1 i.V.m. Art. 1 Abs. 1 GG einen grundrechtlichen Anspruch darauf, dass dieser Zielsetzung bei den ihn belastenden Maßnahmen Rechnung getragen werde. Bei dem Vollzug der Freiheitsstrafe sollten den Gefangenen die Fähigkeit und der Wille zu eigenverantwortlicher Lebensführung vermittelt werden. Er solle sich in Zukunft unter den Bedingungen einer freien Gesellschaft ohne Rechtsbruch behaupten, deren Chancen wahrnehmen und ihre Risiken bestehen können.

Das Resozialisierungsgebot sei dabei verbindlich für alle staatliche Gewalt. Es richte sich zunächst an die Gesetzgebung, der es obliege, den Strafvollzug normativ zu gestalten. Der Gesetzgeber habe ein Resozialisierungskonzept zu entwickeln und den Strafvollzug auf dieser Grundlage aufzubauen. Im Weiteren entfalte das Resozialisierungsgebot aber auch Bedeutung für die Zweite und Dritte Gewalt, die ihr Handeln bei der Gesetzesauslegung und Ermessensausübung an diesem Grundsatz zu orientieren habe.[257]

Daraus leiten *Calliess/ Müller-Dietz* den sog. „positiven sozialen Integrationsstatus" des Gefangenen ab: Danach liegt die Hauptaufgabe des Strafvollzuges darin, „auf menschliche Weise zur Verbrechensbekämpfung" beizutragen, indem die Vollzugsbehörden „zu einer auf eine künftige straffreie Lebensführung gerichteten Behandlung jedes Gefangenen" verpflichtet und ermächtigt werden[258]. Der Vollzug soll dem Gefangenen ermöglichen, sich sozial einzugliedern und so der Gefahr des Rückfalls vorbeugen. Dafür sind ihm soziale Hilfen und therapeutische Behandlungen zu gewähren, die ihn bei der Bewältigung persönlicher Schwierigkeiten unterstützen bzw. ihn dazu überhaupt erst befähigen. Dabei gehe es auch um die aktive Einbeziehung des Gefangenen, der auf diese Weise nicht nur Objekt, sondern gestaltendes Subjekt des Strafvollzuges werde. Eine rückfallverhütende (und damit auch und gerade im öffentlichen Interesse liegende) Behandlung sei auf seine Mitarbeit angewiesen; ihr Erfolg (mit) davon abhängig, dass er in entsprechender Weise mitwirke bzw. dies überhaupt könne[259]. Nach alledem könne eine solchermaßen sozialstaatliche Ausgestaltung des Strafvollzuges auch Ansprüche des Gefangenen auf Leistungen des Staates begründen; diese sei sozusagen das Gegenstück zur der „sozialen Inpflichtnahme" des Gefangenen, die auf seiner Seite auch Grundrechtsbeschränkungen erlaube[260].

Zusammenfassend stellt *Schöch* in diesem Zusammenhang fest, das Vollzugsziel der Resozialisierung gebiete es, dass die Möglichkeiten des Strafvollzuges ausgeschöpft würden, um dem Gefangenen künftig in sozialer Verantwortung ein Leben ohne Straftaten zu ermöglichen. Es umschreibe ein sozialethisch anspruchsvolles Ideal, das um so besser umsetzbar sei, je stärker alle Beteiligten auf seine Realisierbarkeit vertrauen und in einem kooperativen Klima daran mitwirken[261].

---

[256] BVerfGE 98, S. 169 (200 f.).
[257] BVerfGE 98,a.a.O.
[258] Calliess/ Müller-Dietz, StrafvollzugsG, Einl., Rn. 30 unter Berufung auf BT-Drs. 7/ 918, S. 44.
[259] Calliess/ Müller-Dietz, a.a.O., Rn. 33.
[260] Calliess/ Müller-Dietz, a.a.O., Rn. 34 unter Berufung auf BVerfGE 40, S. 285.
[261] Schöch, in: Kaiser/ Kerner/ Schöch, Strafvollzug, § 4, 3.2. a.E. (S. 70).

e. Resozialisierungsgedanke und Bundeszentralregister – Der Stand der Diskussion

Die Beachtung des Resozialisierungsgebots kann somit nicht auf den Strafvollzug als solchen beschränkt bleiben. Wenn Sinn und Zweck des Strafvollzuges darin liegen (müssen), dem Straftäter die (Wieder-) Eingliederung in die Gesellschaft zu ermöglichen, darf dieses Ziel nicht durch andere Maßnahmen staatlicher Gewalt ausgehebelt werden. So wie der Resozialisierungsgedanke das mit dem Strafvollzug i.e.S. verknüpfte staatliche Handeln beherrscht, so sehr muss er auch dann noch Berücksichtigung finden, wenn es um die Behandlung des ehemals Straffälligen im Anschluss an den Strafvollzug geht. Versteht man Strafregistrierung als „nachbereitende Strafrechtspflege“ (s. oben), dann muss diese im Sinne des Resozialisierungsgedankens an denselben Maßstäben gemessen werden, wie Strafe und Strafvollstreckung; die Strafregistrierung darf den mit dem Strafvollzug verfolgten und von der Verfassung vorgegebenen Zielen nicht zuwider laufen. Die einzelnen Elemente staatlicher Strafrechtspflege dürfen somit nicht gegeneinander ausgespielt werden, sondern müssen denselben Maßstäben folgen.

aa. Rechtsprechung des BVerfG

Mit der Frage des Verhältnisses von Strafregistrierung nach dem BZRG und Resozialisierung hat sich das BVerfG bereits in seinem **Beschluss vom 27. November 1973** auseinandergesetzt[262]: In einem Verfahren der **konkreten Normenkontrolle** hatten das AG Opladen und das AG Passau Zweifel daran geäußert, dass die im BZRG vorgesehenen Tilgungsfristen für die Vorstrafen-Eintragungen im Einklang mit dem GG stehen. Im Kern erblickten die Gerichte einen Verstoß gegen das Rechtsstaatsprinzip darin, dass es dem Richter bei getilgten Vorstrafen nicht mehr möglich sein würde, diese im Rahmen der Strafzumessung zu berücksichtigen. Dadurch würden die richterliche Aufklärungspflicht und das Prinzip der materiellen Wahrheit in verfassungswidriger Weise beeinträchtigt.

Das BVerfG hat sich jedoch diesen Bedenken – insbesondere im Hinblick auf den Grundsatz der Resozialisierung – nicht angeschlossen: Der Gesetzgeber habe sich bei der Neuregelung des Registerrechts von der Absicht leiten lassen, die Wiedereingliederung eines verurteilten Straftäters in die Gesellschaft zu erleichtern. Dem Ziel der Resozialisierung Straffälliger diene nicht nur die Abkürzung der Fristen, nach deren Ablauf Einträge über frühere Verurteilungen in dem Register zu tilgen sind, sondern auch die Einführung eines Verwertungsverbots, das – zusammen mit anderen Registervergünstigungen – die materiellen Wirkungen der Tilgung bis zu der „Befreiung vom Strafmakel“ verstärken wolle. Die Wiedereingliederung des Verurteilten in die Gesellschaft solle nicht dadurch vereitelt oder gefährdet werden, dass ihm eine länger zurück liegende Verfehlung erneut vorgehalten werde und zur Kenntnis der Umwelt gelange, die Vorbestraften noch weithin mit Misstrauen, Unverständnis und Ablehnung begegnet. der Gesetzgeber habe insofern mit den im BZRG vorgesehenen Tilgungsfristen dem Gedanken der Resozialisierung Rechnung tragen wollen, der – zwar *zunächst* nur auf den Gebieten der Strafzumessung und des Strafvollzuges – in

---

[262] BVerfGE 36, S. 174 (188 f.).

den letzten Jahrzehnten zunehmend an Bedeutung gewonnen habe.[263] Unter ausdrücklicher Bezugnahme auf seine *Lebach-Entscheidung* hebt das BVerfG hervor, der Resozialisierungsgedanke entspreche dem Selbstverständnis eines Gemeinwesens, das die Menschenwürde in den Mittelpunkt seiner Wertordnung stelle und dem Sozialstaatsprinzip verpflichtet sei. Als Träger der aus der Menschenwürde folgenden und ihren Schutz gewährleistenden Grundrechte müsse der verurteilte Straftäter die Chance erhalten, sich nach Verbüßung seiner Strafe wieder in die Gemeinschaft einzuordnen.[264]

Diesen Gedanken hat der Gesetzgeber nach Auffassung des BVerfG mit dem BZRG auf dem Bereich der Strafregistrierung fortgeschrieben: „Das Ziel, den straffällig gewordenen Täter nach Ablauf bestimmter Fristen vom Strafmakel zu befreien, ließe sich nur unvollkommen erreichen, hätten die staatlichen Strafverfolgungsorgane das Recht, die getilgte, tilgungsreife oder nicht zu übernehmende Verurteilung im Rahmen eines späteren Strafprozesses doch noch zur Sprache zu bringen oder zu berücksichtigen. Die Vortat müsste, um verwertet werden zu können, erörtert werden (§ 261 StPO). Dies würde in öffentlicher Verhandlung geschehen (§ 169 GVG). Ob es zulässig wäre, zum Zwecke der Vorstrafenerörterung die Öffentlichkeit auszuschließen, ist immerhin zweifelhaft. Scheidet diese Möglichkeit nach geltendem Recht aus, so besäße der Betroffene keine Handhabe, das Bekanntwerden der Vorstrafen zu unterbinden, gleichgültig, in welchem Zeitpunkt sie festgestellt würden; er müsste es – selbst im Falle eines Freispruchs – hinnehmen, in den Augen seiner Mitbürger wiederum als Vorbestrafter zu gelten und mit dem Makel seiner früheren Verurteilung behaftet zu bleiben. Die gesetzliche Regelung begegnet dieser Gefahr, indem sie Erörterung und Verwertung der Vorstrafe auch im neuerlichen Strafverfahren untersagt, damit aber zugleich den Tatsachenstoff einschränkt, der für die Beurteilung der Persönlichkeit des Beschuldigten zur Verfügung steht.[265]"

bb. Stellungnahmen im Schrifttum

Das BZRG galt bei seinem Inkrafttreten zunächst im Hinblick auf die Berücksichtigung des Resozialisierungsgedankens als besonders fortschrittlich. Der Frage eines angemessenen Interessenausgleichs zwischen den Belangen der Allgemeinheit und des verurteilten Straftäters galt die besondere Aufmerksamkeit des Gesetzgebers (s. oben), und gegenüber dem Straftilgungsgesetz brachte es zweifelsohne wichtige Fortschritte. Dennoch blieben die nach wie vor bestehenden Mängel des Gesetzes nicht lange verborgen und führten zu einer Diskussion um das Für und Wider einer Berücksichtigung des Resozialisierungsgedankens bei der Strafregistrierung und ihrer Umsetzung im BZRG:

(1) Die Auffassung *Haffkes*

Wohl als erster setzte sich *Haffke* in einem 1975 erschienenen Aufsatz ausführlicher mit dieser Problematik auseinander:

Haffke ging von der auch heute noch gültigen These aus, dass Straftäter in der Öffentlichkeit auf zahllose Vorbehalte stoßen. Anstelle von Mitverantwortung und Ver-

---

[263] BVerfGE 36, S. 174 (188f.).

[264] BVerfGE 36, a.a.O.

[265] BVerfGE 36, S. 174 (188 f.).

ständnis für den Betroffenen herrschten ihm gegenüber Selbstgerechtigkeit und Vorwurf. Dadurch werde es ihm von vornherein erschwert, wieder Vertrauen zu sich selbst zu gewinnen und im Alltagsleben nach verbüßter Strafe Fuß zu fassen. Der Strafmakel mindere die Chancen für eine soziale Integration des Vorbestraften und stelle das wohl gemeinte staatliche Bemühen um seine Wiedereingliederung in die Gesellschaft im Nachhinein wieder infrage[266].

In Anbetracht dessen wendet er sich zunächst gegen die Regelung, Strafen ab einer bestimmten Höhe generell in die Registerauskunft aufzunehmen (vgl. § 32 BZRG). Die von dem Gesetzgeber ungeprüft unterstellte Prämisse, das Interesse an einer umfassenden und lückenlosen Registerauskunft sei eben von dem verwirkten Strafmaß abhängig, lasse sich bereits bei oberflächlicher Betrachtung nicht bestätigen. Denn warum müsse der künftige Arbeitgeber eines Lagerarbeiters oder Verwaltungsangestellten wissen, dass dieser wegen mehrfacher Trunkenheit im Straßenverkehr, einer Sexualstraftat[267] oder sogar eines Totschlags an seiner Ehefrau vorbestraft ist. Mit dieser Regelung verknüpft sei eine Perpetuierung genereller gesellschaftlicher Vorbehalte gegenüber Straftätern durch den Staat und mithilfe des Registerrechts – das BZRG selbst greife also allgemein gesellschaftliche Vorurteile auf, anstatt ihnen entgegen zu wirken[268].

Bei allem Bemühen um Resozialisierung habe sich der Gesetzgeber des BZRG nicht recht gegen die fortdauernde soziale Diffamierung des Vorbestraften durchsetzen können; herausgekommen sei dadurch ein Gesetz, das wegen der Verkürzung der Tilgungs- und Aufnahmefristen zwar äußerlich resozialisierungsfreundlich erscheine, in Wahrheit aber durch die Schematisierung und Generalisierung der Auskunftserteilung latent den gesellschaftlichen Makel der Bestrafung fortschreibe. Mit dem BZRG sei – wenn auch nur mittelbar und unbeabsichtigt – die gesellschaftliche Diskriminierung des Delinquenten, so wie sie sich in seiner Vorstrafe ausdrücke, rechtlich noch abgesichert worden[269].

Ein weiteres Manko des BZRG liege in seiner nur mangelhaft durchdachten Verknüpfung mit anderen Rechtsgebieten. Insofern beanstandet *Haffke* vor allem die fehlende Koordination des Strafregister- mit dem Strafvollzugsrecht. Denn der eigentlich schwierige Punkt bei der mit dem Strafvollzug verfolgten Resozialisierung des Straftäters sei die Betreuung der Entlassenen, sodass die Entlassung in aller Regel bereits noch im Strafvollzug selbst vorbereitet werden müsse. Gerade die ersten Schritte in der wiedergewonnenen Freiheit seien für den ehemals Strafgefangenen besonders gefahrvoll. Sobald er aus der Vollzugsanstalt entlassen sei, sehe er sich unvermittelt einer vorurteilsbeladenen privaten und öffentlichen Meinung gegenüber, die dazu geeignet sei, sein ohnehin labiles Selbstvertrauen noch weiter zu erschüttern. In diesem Zeitpunkt, in dem sich ganz maßgeblich entscheidet, ob der Straffällige in ein geordnetes, straffreies Leben (wieder oder erstmals überhaupt) eintritt, oder ob er sogleich wieder in sein ursprünglich, nicht selten subkulturelles Milieu zurückkehrt und dort weitermacht, wo er vor Beginn des Strafvollzuges aufgehört hat, bedürfe er besonders intensiver Hilfe, die ggf. auch darin bestehen müsse, ihn gegen die mitunter destrukti-

---

266 Haffke, GA 1975, S. 65 (65 f.).

267 Diese Problematik hat sich durch den 1998 neu eingefügten § 32 I 2 BZRG noch verschärft. Vgl. dazu noch unten cc (3).

268 Haffke, GA 1975, S. 65 (68).

269 Haffke, GA 1975, S. 65 (69).

ven Auffassungen der Gesellschaft jedenfalls vorläufig abzuschirmen. Dann aber nutze es dem Delinquenten in diesem schwierigen Augenblick wenig, dass seine Straftat in einigen Jahren nicht mehr in seinem Führungszeugnis erscheinen wird. Denn dann habe er ohnehin entweder den Absprung geschafft oder sei –endgültig - gescheitert[270].

Schließlich hält *Haffke* auch das in § 51 BZRG (=§ 49 BZRG a.F.) normierte Verwertungsverbot getilgter Verurteilungen für misslungen: Danach dürfen die getilgten Verurteilungen dem Betroffenen im Rechtsverkehr nicht mehr vorgehalten, insbesondere in künftigen Strafverfahren nicht mehr verwertet werden. Er empfindet den Schutz des Delinquenten zumindest ansatzweise überzogen, denn im Rechtsleben gehe von einer mitunter Jahre zurückliegenden Vorverurteilung regelmäßig kaum eine Gefahr für den Betroffenen aus. Somit sei § 51 BZRG in erster Linie Ausdruck eines Misstrauens seitens des Gesetzgebers gegenüber dem Strafrichter, länger zurückliegende Vorverurteilungen im Rahmen der Strafzumessung in angemessener Weise zu werten[271].

Bedeutsamer als diese missglückte Regelung sei aber die Tatsache, dass eine solche für andere wichtige Fragen, insbesondere für Verfahrenseinstellungen fehle. Schließlich habe die Rechtsprechung diese seit jeher im Rahmen der Strafzumessung in der Weise berücksichtigt, dass dem Täter erschwerend vorgeworfen wurde, er habe sich durch das frühere Verfahren nicht warnen und von der Begehung einer Straftat abhalten lassen. Obwohl manches dafür spreche, sei diese Problematik jedenfalls im Gesetzgebungsverfahren überhaupt nicht erörtert worden[272].

Zusammenfassend stellt *Haffke* fest, das BZRG sei nicht von einer klaren Konzeption getragen. Zwar habe der Gesetzgeber sich bei der Neuregelung des Registerrechts stets zum Resozialisierungsgedanken bekannt, diesen aber letztlich hinter vermeintliche Schutz- und Informationsinteressen der Gesellschaft zurücktreten lassen. Deren Inhalt sei aber nichts anderes als eine Ansammlung von Ressentiments gegenüber Vorbestraften. Demgegenüber sei es aber eigentlich Aufgabe des Rechts, das gesellschaftliche Stigma der Vorstrafe nicht anzuerkennen, es nicht noch festzuschreiben und zu begünstigen, sondern diesem entgegenzutreten. Die Rechtsordnung stehe als Ganze gesehen unter dem im Einzelnen zu konkretisierenden Resozialisierungspostulat. Auf diese von Verfassungs wegen gebotene Verwirklichung des Resozialisierungsgedankens habe dann aber auch das Registerrecht abgestimmt werden müssen; eine Aufgabe, die der Gesetzgeber verfehlt habe[273].

(2) Der Standpunkt Schoreits

Demgegenüber hält *Schoreit* „*Haffkes* Thesen" für „vom Ansatz her verfehlt"[274]. Denn

---

[270] Haffke, GA 1975, S. 65 (72).

[271] Haffke, GA 1975, S. 65 (76 f.).

[272] Haffke, GA 1975, S. 65 (78 f.); insofern hat Haffke hier bereits einen Konfliktpunkt vorhergesehen, der in der Folgezeit noch Gegenstand umfangreicher Kontroversen wude; dazu noch sogleich im Text und unten cc. Es entspricht heute wohl h.A., dass § 51 BZRG auf Freisprüche und Verfahrenseinstellungen nicht entsprechend angewendet werden kann, sodass diese Formen der Verfahrensbeendigung zulasten des Täters quasi unbegrenzt verwendet werden dürfen, dazu m.w.N.: Götz/ Tolzmann, BZRG, § 51, Rn. 49; s. auch Rebmann/ Uhlig, BZRG, § 51, Rn. 8.

[273] Haffke, GA 1975, S. 65 (82).

[274] Schoreit, GA 1975, S. 362 (362).

ob und inwieweit Vorbestraften in der Öffentlichkeit mit unbegründeten Vorurteilen begegnet werde, sei eine Frage der gesellschaftlichen Realität. Man könne Vorurteile zur Erleichterung der Resozialisierung schließlich nur dadurch abbauen, dass man Aufklärungsarbeit leiste. Die Strafrechts- und Vollzugsreform würde dazu ihren Teil beitragen; das Register könne hierbei, wie überhaupt bei der Strafrechtspflege, nicht mehr als ein Hilfsmittel sein[275].
Insofern müsse ein Strafregister stets auch seine Aufgabe im Blick behalten, Grundlagen für die tatrichterliche Wertung bei einer neuerlichen Verurteilung des Registrierten zu liefern. Die Bewertung und schließlich Bestrafung menschlichen Verhaltens sei immer eine äußerst wertausfüllungsbedürftige Angelegenheit; es sei daher wichtig, dem Richter mindestens solche Informationen an die Hand zu geben, die ein gewisses Maß an objektiver Richtigkeit für sich in Anspruch nehmen könnten; eben dies seien Registereintragungen über frühere Verurteilungen[276]. Daher sei es im Übrigen auch keinesfalls systemwidrig, wenn § 49 BZRG (a.F. = § 51 BZRG n.F.) nur die Verwertung getilgter Strafen verbiete, nicht jedoch diejenige von Freisprüchen oder Verfahrenseinstellungen. Die Überbewertung eines früheren Strafausspruchs sei schließlich aufgrund des damit verbundenen ethischen Tadels gegenüber Verfahrenseinstellungen, Freisprüchen usw. ungleich größer[277]. Alles in allem habe die Errichtung des BZR dazu beigetragen, Vorurteile gegen Bestrafte abzutragen, indem der Registerinhalt auf das Notwendige beschränkt worden sei[278].

(3) Die Ansicht *Rebmanns*

Rebmann meint, die im BZR getroffenen Regelungen hätten sich im Wesentlichen bewährt. Es gebe allerdings eine Reihe bisher noch nicht befriedigend gelöster oder jedenfalls besser lösbarer Probleme des Registerrechts, bei denen „Änderungen erforderlich erscheinen oder jedenfalls geprüft werden sollten[279]."
Zunächst einmal sei die generelle Bevorzugung öffentlicher Arbeitgeber im Rahmen des „Behördenführungszeugnisses" (§§ 31, 32 Abs. 3, 4 BZRG) nicht gerechtfertigt: Während die erweiterten Auskünfte für Behörden sinnvoll erschienen, soweit es um die Erfüllung originär hoheitlicher Aufgaben gehe (etwa Erteilung eines Führerscheins oder vergleichbarer Erlaubnisse), könne dies für die öffentlichen Arbeitgeber nur dann gelten, wenn man grundsätzlich davon ausgehe, dass deren Anforderungen an Arbeitnehmer diejenigen privater Arbeitgeber überstiegen. Daran seien jedoch mit Blick auf den Bereich der Kernenergie oder anderer sicherheitsrelevanter Bereiche, die von privater Hand verantwortet würden, durchaus Zweifel angebracht[280].
Auch bei den zur Bewährung ausgesetzten Freiheitsstrafen sieht *Rebmann* Verbesserungsbedarf: Denn diese würden, abgesehen von wenigen, in § 32 Abs. 2 BZRG aufgelisteten Einzelfällen, regelmäßig in das Führungszeugnis aufgenommen. Nun sei es aber offensichtlich, dass die Resozialisierung einer zu einer Bewährungsstrafe verurteilten Person entscheidend dadurch verbessert werden könne, dass sie möglichst schnell eine (neue) Arbeitsstelle finde - gerade die Suche nach einer Arbeitsstelle

---

[275] Schoreit, GA 1975, S. 362 (364).
[276] Schoreit, GA 1975, S. 362 (363).
[277] Schoreit, GA 1975, S. 362 (364, Fn. 9).
[278] Schoreit, GA 1975, S. 362 (365).
[279] Rebmann, NJW 1983, S. 1513 (1517).
[280] Rebmann, NJW 1983, S. 1513 (1518).

werde durch den entsprechenden Eintrag im Führungszeugnis wesentlich erschwert. Daher sei zu erwägen, dem Richter die Möglichkeit zu eröffnen, mindestens im Einzelfall die Nichtaufnahme der Verurteilung zu einer Bewährungsstrafe in das Führungszeugnis anzuordnen. Gewiss müsse dabei die Aufmerksamkeit darauf gerichtet werden, dass den berechtigten Interessen der Arbeitgeber, kriminell anfällige Personen zu erkennen, Rechnung getragen werde, um nicht Gefahr zu laufen, dass die mit der Registervergünstigung erstrebte Verbesserung der Resozialisierung dadurch wieder zunichte gemacht wird, dass private Auskunftstätigkeiten nach Vorbild des Kreditgewerbes entstünden[281].
Schließlich sei auch über eine Änderung des § 12 BZRG a. F. (=§ 11 BZRG n. F.) nachzudenken. Zwar erschienen derartige Eintragungen nicht in einem Führungszeugnis für private Zwecke, gem. § 30 Abs. 3 Nr. 3 BZRG a. F. (=§ 32 Abs. 3 Nr. 3 BZRG n. F.) jedoch in einem Behördenführungszeugnis. Und die Prüfung von Anträgen auf vorzeitige Tilgung nach § 23 BZRG a. F. (= § 25 BZRG n. F.) werde zusätzlich dadurch erschwert, dass die Verfahrensakten im Zeitpunkt der Entscheidung nach § 25 BZRG regelmäßig bereits vernichtet seien und die früheren ärztlichen Gutachten daher nicht mehr eingesehen werden könnten[282].

(4) Die Meinung *Kalfs*

Die Bedenken *Rebmanns* teilt *Kalf* nicht. Er steht auf dem Standpunkt, den Schwierigkeiten ehemals Straffälliger bei der Wiedereingliederung in das Arbeitsleben habe der Gesetzgeber durch die im BZRG vorgesehenen Aufnahmefristen bereits ausreichend Rechnung getragen. Demgegenüber rechtfertige das häufig vorgetragene Argument, dem Verurteilten werde insbesondere die Suche nach einem Arbeitsplatz durch die Registereintragung unverhältnismäßig erschwert und so seine Resozialisierung gefährdet, keine Änderung der im BZRG vorgesehenen Regelungen. Schließlich sei die Eintragung seiner Verurteilung in das Führungszeugnis nichts anderes als die notwendige Folge der von ihm selbst verschuldeten Straftat. Ferner würde die Fokussierung bloß auf die Belange des Verurteilten den Blick auf die Tatsache verstellen, dass sich in aller Regel mehrere Bewerber um eine offene Arbeitsstelle bemühten. Wenn aber die Verurteilung vorzeitig getilgt werde, der vorbestrafte Bewerber von dem nicht vorbestraften Bewerber äußerlich nicht unterscheidbar sei, widerspreche dies dem rechtspolitischen Ziel, dass Straftaten sich nicht lohnen dürften. Im Übrigen müsse auch berücksichtigt werden, dass es nicht möglich sei, den Nicht-Eintrag einer Straftat auf das dem Arbeitgeber vorzulegende Führungszeugnis zu beschränken; entscheide die Behörde generell zugunsten einer Nicht-Eintragung der Tat, habe dies auch für alle weiteren Fälle Bedeutung, in denen ein Führungszeugnis vorzulegen sei, m.a.W.: Das Bestreben der Resozialisierung des Betroffenen auf dem Gebiet der Arbeitssuche führe zu seiner generellen „Entlastung" auf allen Bereichen, obwohl diese zukünftigen Vorlagezwecke zunächst noch gar nicht erkannt und bewertet werden könnten[283]. Schließlich sei zu berücksichtigen, dass die Bewährung „kein Geschenk des Gerichts an den Verurteilten" darstelle. Vielmehr solle er während der Bewährungszeit unter Beweis stellen, dass er trotz des Verzichts auf den Vollzug der Frei-

---

281 Rebmann, NJW 1983, S. 1513 (1518).
282 Rebmann, NJW 1983, S. 1513 (1518).
283 Kalf, StV 1991, S. 132 (138).

heitsstrafe fortan straffrei zu leben bereit und in der Lage sei. Dazu gehöre es aber auch, dass der Betroffene die mit einer Verurteilung verbundenen Schwierigkeiten auch spüre[284].

(5) *Götz, Granderath* und *Schweckendieck*: Die Diskussion um § 51 Abs. 1 BZRG

Bereits oben (1) ist angedeutet worden, dass der Gesetzgeber in § 51 BZRG (= § 49 BZRG a.F.) eine der umstrittensten Regelungen des BZRG getroffen hat. Insbesondere die Rechtsprechung hat offenbar bis heute Probleme, dieses Verwertungsverbot zu akzeptieren[285].

Granderath hält § 51 Abs. 1 BZRG für einen „kaum erträglichen Eingriff in die den Gerichten obliegende Sachaufklärung"[286]. In Anlehnung an *Dreher*[287] meint *Granderath*, dass, wenn es um das Finden der Wahrheit gehe, das, was einmal geschah, nicht für vergeben und vergessen erklärt werden dürfe – der bloße Zeitablauf bedeute in diesem Zusammenhang wenig[288]. Es erscheine grotesk, dass der Tatrichter durch § 51 Abs. 1 BZRG an der strafschärfenden Erwägung gehindert sei, der Vollzug einer inzwischen getilgten Strafe habe nicht ausgereicht, den Angeklagten von einer weiteren Tat abzuhalten – damit schneide das Gesetz aus dem Vorleben des Angeklagten bestimmte Taten und Strafen heraus. Dadurch bevorzuge die Regelung aber den Verurteilten sowohl gegenüber einem Täter, der tatsächlich straffrei gelebt habe, wie auch gegenüber einem Täter, der zwar einen bedenklichen, aber nicht strafbaren Lebenswandel geführt habe. Ein Verstoß gegen Art. 3 Abs. 1 GG liege nach alledem nahe. Für eine derartige Fiktion straffreien Vorlebens habe der „rechtstreue Normalbürger" kein Verständnis, und vermutlich wundere sich darüber auch der Rückfalltäter selbst. Zwar könne das Verwertungsverbot für die Wiedereingliederung in das soziale Leben durchaus von Bedeutung sein; für den Bereich der Strafrechtspflege bleibe seine Berechtigung jedoch fraglich[289]. Insgesamt gelangt *Granderath* daher zu der Erkenntnis, das umfassende Verwertungsverbot, das den „Zeitgeist des Jahres 1970" widerspiegele, entspreche weder einer richtig verstandenen Spezialprävention noch den Bedürfnissen der öffentlichen Sicherheit. Es sei lebhaft zu bedauern, dass es bei der 1984 erfolgten Novellierung des BZRG nicht gelockert worden sei - die Regelung solle bei nächster Gelegenheit verbessert werden[290].

Auch *Schweckendieck* hat sich dagegen ausgesprochen, § 51 Abs. 1 BZRG entsprechend auf Freisprüche und Verfahrenseinstellungen anzuwenden, also im Wege des „argumentum a maiore ad minus" auch die Verwertung dieser Formen der Verfahrensbeendigung zu untersagen. Zum einen stelle § 51 Abs. 1 BZRG eine Beeinträchtigung der strafprozessualen Möglichkeiten der Sachaufklärung dar; sowohl die Ermittlung der Schuldfrage als auch die Strafzumessung würden dadurch erschwert. Schon dieser Gesichtspunkt nötige dazu, § 51 Abs. 1 BZRG als Ausnahme von der

---

[284] Kalf, StV 1991, S. 132 (139).
[285] Vgl. dazu auch oben aa. die von den AGen Opladen und Passau vorgetragenen Bedenken in dem konkreten Normenkontrollverfahren vor dem BVerfG.
[286] Granderath, ZRP 1985, S. 319 (321).
[287] Dreher, JZ 1972, S. 619 (621).
[288] Granderath, a.a.O.
[289] Granderath, a.a.O.
[290] Granderath, ZRP 1985, S. 319 (322).

auch verfassungsgerichtlich anerkannten möglichst vollständigen Wahrheitsermittlung im Strafprozess eng auszulegen. Jede erweiternde Interpretation dieser Vorschrift schränke die Wahrheitsfindung weiter ein. Zudem spreche auch der Gesichtspunkt der Rechtssicherheit gegen eine Analogie: Schließlich fehlten bei einem Freispruch oder einer Verfahrenseinstellung die notwendigen Anhaltspunkte für die Berechnung der Tilgungsfrist (vgl. §§ 36, 46 f. BZRG), weil weder Zeitpunkt noch Höhe einer fiktiven Strafe festgestellt werden könnten[291].
Demgegenüber hält *Götz* die Regelung so wie sie in § 49 Abs. 1 BZRG a. F. (=§ 51 Abs. 1 BZRG n. F.) getroffen wurde, insgesamt für sachangemessen. Es gehe darum, dem Verurteilten Nachteile zu ersparen, die zu der früheren, gesühnten Tat außer Verhältnis stünden. Es sei durch nichts zu rechtfertigen, dass einem Mann, der sich 20 Jahre lang straffrei geführt habe, wegen eines „läppischen Verkehrsunfalls" in der öffentlichen Hauptverhandlung im Beisein von Nachbarn und Bekannten die längst getilgte Diebstahlsstrafe vorgehalten würde. Es gehe also darum, den Verurteilten vom Strafmakel zu befreien, ihm die ewige Angst vor dem Bekanntwerden der alten Verfehlung zu nehmen und ihm die volle gesellschaftliche Gleichberechtigung zu ermöglichen[292].

(6) Die Kritik Cordings

Cording befasst sich mit den aus § 11 BZRG folgenden Problemen. Er stellt zunächst fest, dass Personen, die im Zeitpunkt der Tatbegehung schuldunfähig im Sinne des § 20 StGB waren, oder bei denen dies jedenfalls nicht ausgeschlossen werden könne, in aller Regel „lebenslänglich" im BZR vermerkt blieben, und zwar unabhängig von der Schwere des in (vermeintlich) schuldunfähigem Zustand begangenen Delikts – also selbst im Falle eines einmaligen Ladendiebstahls oder einer Beleidigung. Insofern würden schuldunfähige Bagatell- oder Einmaltäter dadurch unverhältnismäßig benachteiligt, dass aus dem Eintrag nicht hervorgehe, ob diesem ein Mord oder nur eine geringfügige Sachbeschädigung zugrunde liege. Stellenbewerbungen im öffentlichen Dienst, bei denen in aller Regel ein erweitertes Führungszeugnis angefordert werde, würden damit bereits von vornherein aussichtslos. Insbesondere bei jüngeren Menschen führe dieser Eintrag nicht selten zu einem partiellen Berufsverbot.
Erschwerend komme hinzu, dass die Feststellungen zur Schuldunfähigkeit regelmäßig – insbesondere in Bagatellfällen – ohne ausreichende Entscheidungsgrundlagen, z. B. die Einholung eines Sachverständigengutachtens, getroffen würden. Ferner unterbleibe bei dem Verdacht auf Schuldunfähigkeit oftmals die Untersuchung der Frage, ob überhaupt ein strafbares Verhalten in schuldunfähigem Zustand verwirklicht wurde, und schließlich sei zu bedenken, dass dem Betroffenen gegen die Verfahrenseinstellung mangels Schuldfähigkeit kein Rechtsmittel zustehe, er eine derartige Entscheidung also nicht mehr zur Überprüfung stellen könne[293].
Schließlich liege § 11 BZRG die aus psychiatrischer Sicht verfehlte Annahme zugrunde, Schuldunfähigkeit könne ohne weiteres gleichgesetzt werden mit psychischer Krankheit, diese wiederum sei ein Dauerzustand, der zudem mit einem gegenüber dem Durchschnitt der Bevölkerung erhöhten Maß an Gefährlichkeit einhergehe. Diese

---

[291] Schweckendieck, NStZ 1994, S. 418 (420).
[292] Götz, JZ 1973, S. 496 (498).
[293] Cording, StV 1995, S. 48 (48); s. auch Rebmann/ Uhlig, BZRG, § 11, Rn. 11.

Denkweise widerspreche jedoch bereits § 20 StGB, der mehrere Auslöser der Schuldunfähigkeit kenne, wovon wiederum nur einer dem entspreche, was man üblicherweise unter psychischer Krankheit verstehe, nämlich die dort sog. krankhafte seelische Störung. Nun sei es aber so, dass es für die Beurteilung der Schuldfähigkeit nach § 20 StGB nur auf den Zustand des Täters in dem Zeitpunkt der Tat ankomme, m.a.W.: Eine Bestrafung könne bereits dann mangels Schuldfähigkeit ausscheiden, wenn diese durch nur kurzfristige Defizite des Täters ausgeschlossen ist (Schlaftrunkenheit, hochgradige Affekte, Medikamenten- oder Alkoholeinwirkung, bestimmte körperliche Erkrankungen wie hohes Fieber, Durchblutungsstörungen usw.). Diese Defizite besagten aber nichts über die generelle Verfassung des Täters „im Normalzustand" und schon gar nichts über eine etwaige Gefährlichkeit[294].

cc. Eigene Anmerkungen/ Stellungnahme

Die Kritik an den Folgen der Strafregistrierung lässt sich also an einer Vielzahl von Detailregelungen des BZRG festmachen. Während *Haffke* in dessen Bestimmungen generell keine klare Linie erkennt, sehen *Schoreit* oder *Götz* das BZRG als gelungenen Kompromiss zwischen dem Resozialisierungsinteresse des Einzelnen und den Sicherheitsbelangen der Allgemeinheit. Insbesondere die Vertreter der Rechtsprechung beurteilen das BZRG aber als zu weitgreifend und kritisieren vor allem das Verwertungsverbot des § 51 BZRG.
Im Folgenden soll nun versucht werden, zunächst die Konzeption des BZRG insgesamt, dann einzelne, resozialisierungsrelevante Regelungen daraufhin zu untersuchen, ob und inwieweit sie den vom BVerfG festgelegten Anforderungen des Grundrechts auf Resozialisierung genügen.

(1) Das BZRG – Kernprobleme der Resozialisierung

(a) Unübersichtlichkeit der Regelungen

Als eines der Hauptprobleme des BZRG gilt nach wie vor die Unübersichtlichkeit der darin enthaltenen Bestimmungen über die Aufnahme bzw. Nichtaufnahme bestimmter Entscheidungen in verschiedene Führungszeugnisse und Auskünfte; zusätzlich erschwert wird dies durch die verschiedenen Tilgungsanordnungen und Verwertungsverbote[295]. Eine weitere Komplizierung haben die Änderungen durch das „Gesetz zur Bekämpfung von Sexualdelikten und anderen gefährlichen Straftaten" vom 26. Januar 1998[296] mit sich gebracht, denn damit wurde ein weiteres Grundprinzip der Strafregistrierung im BZRG aufgegeben: Orientierten sich die Aufnahme bzw. Nichtaufnahme von Straftaten in Führungszeugnisse und deren Tilgungsfristen bisher ausschließlich an der Höhe der vom Richter verhängten Strafe, kommt als ein weiteres Kriterium die Art der verwirklichten Straftat hinzu; für Sexualdelikte nach §§ 174 ff. und 182 StGB gelten nunmehr Sonderregelungen, vgl. §§ 32, 34, 46 BZRG[297].
Diese Fülle von Detailregelungen, die keine klare Grundkonzeption mehr aufweist und nur noch von Spezialisten annähernd zu durchschauen ist, führt zu zahllosen Falsch-

---

[294] Cording, StV 1995, S. 48 (49).
[295] Dazu bereits oben B. I. 1; siehe im Übrigen: Götz/ Tolzmann, BZRG, Einl., Rn. 32; Kalf, NStZ 1991, S. 591 (591).
[296] BGBl. I, S. 160.
[297] Hierzu: Götz/ Tolzmann, BZRG, § 32, Rn. 6f.

auskünften durch Rechtsanwälte, aber auch durch die Strafgerichte selbst[298].
Nun kann man sich auf den Standpunkt stellen, dies sei kein spezifisches Problem des BZRG. Viele, wenn nicht die meisten Materien des Rechts erschließen sich heute nur noch dem Spezialisten; kein Volljurist ist dazu in der Lage, die Spezialregelungen aller Sachgebiete zu kennen, geschweige denn, damit zu arbeiten. Wer möchte einem durchschnittlichen Juristen beispielsweise Kenntnisse im Außenwirtschafts- oder Kartellrecht abverlangen. Der Laie, der auf diesen Gebieten eine verlässliche Auskunft sucht, wird sich an einen darauf spezialisierten Rechtsanwalt zu wenden haben; nicht zu Unrecht werden für solche Probleme bei den Gerichten spezielle Kammern und Senate gebildet. So ist es schließlich üblich, dass sich auch die BGH-Senate jeweils schwerpunktmäßig nur mit bestimmten Rechtsgebieten befassen. Folge: Der schlecht beratene Mandant hat Pech gehabt, er hätte den Rat eines erfahreneren Verteidigers einholen sollen...
Doch greift eine derartige Betrachtungsweise zu kurz. Dagegen spricht bereits, dass es sich beim Recht der Strafregistrierung nicht um eine Spezialmaterie handelt, mit der nur wenige in Kontakt kommen, und die nur für einen kleinen Kreis von Personen überhaupt relevant ist. Vielmehr betrifft sie alle, die mit den Strafgerichten in Berührung kommen und verurteilt werden. Kenntnisse über die einzelnen Regelungen des BZRG brauchen also auch in der gerichtlichen Praxis nicht nur wenige spezialisierte Kammern und Senate, sondern jeder Strafrichter am Amtsgericht. Schließlich verfügt er mittlerweile über die Möglichkeit, Freiheitsstrafen von bis zu vier Jahren zu verhängen[299]; schon dieser Umstand deutet darauf hin, wie wichtig es ist, dass alle Richter mit den Einzelheiten der im BZRG getroffenen Regelungen vertraut sind. Ferner ist es für die von Strafverfahren Betroffenen regelmäßig schwierig, sich überhaupt einen Verteidiger zu leisten, und wenn sie ihn tatsächlich zu Rate ziehen, ist für sie kaum erkennbar, ob er ein ausreichend kompetenter Gesprächspartner für Probleme des Registerrechts ist. Darüber hinaus können sie sich den Richter ohnehin nicht aussuchen.
Dieser Gedanke lässt sich auch verfassungsrechtlich fundieren: Zu Recht weist das BVerfG darauf hin, der Resozialisierungsgedanke binde auch die zweite und dritte Gewalt. Dem liegt die Überlegung zugrunde, dass Grundrechtsschutz von vornherein zur Ineffektivität verurteilt wäre, würde ihm nicht dort zum Durchbruch verholfen, wo der Bürger unmittelbar mit der Staatsgewalt konfrontiert ist, und dies ist in aller Regel dann der Fall, wenn er vor Gericht steht oder mit Behörden zu tun hat. Daraus ist der Schluss gezogen worden, den Grundrechten komme ein besonderes Gewicht bei der Ausgestaltung staatlicher Organisation und Verfahren zu: Denn die Grundrechte können nur dann ihr Schutzgut wirksam garantieren, wenn rechtzeitig organisatorische und verfahrensmäßige Vorkehrungen getroffen wurden, die Grundrechtsverletzungen Einzelner verhindern. In solchen Zusammenhängen bewirkt die Ausstrahlungswirkung der Grundrechte, dass einschlägige Rechtsvorschriften über Organisation und Verfahren so zu fassen und auszulegen sind, dass Gefährdungen von Grundrechten vorgebeugt wird. Fehlt es noch an derartigen Verfahrensvorschriften, oder sind diese nur unvollständig vorhanden, ist der Gesetzgeber unmittelbar aus der Verfassung dazu

---

298 Vgl. dazu oben B. I.1.
299 Was Kissel (NJW 1993, S. 491) „bemerkenswert" findet; s. dazu: Kleinknecht/ Meyer-Goßner, StPO, § 25 GVG, Rn. 4.

verpflichtet, für eine adäquate Ausgestaltung der Rechtsvorschriften über die Organisation und das Verfahren in einschlägigen Grundrechtsbereichen zu sorgen[300]. Angesichts der anfangs geschilderten und immer wieder kritisierten Undurchschaubarkeit des BZRG selbst für damit von Berufs wegen befasste Juristen erscheint zweifelhaft, ob dieses den Maßstäben genügt, die das Grundrecht auf Resozialisierung dafür in verfahrensrechtlicher Hinsicht voraussetzt. Schließt man sich der heute h.A.[301] an, wonach nicht nur zielgerichtete staatliche Eingriffe Grundrechtsrelevanz aufweisen, sondern jedes staatliche Verhalten, das ein grundrechtlich geschütztes Gut – sei es auch unbeabsichtigt – beeinträchtigt, lässt sich aus dem Grundrecht auf Resozialisierung das Gebot ableiten, die Strafregistrierung verfahrensmäßig derart auszuformen, dass Fehlauskünfte vonseiten der Richter und Strafverteidiger zumindest erheblich erschwert werden. Diesem Gebot läuft die Tendenz des Gesetzgebers, die ohnehin sehr schwierige Materie noch weiter zu komplizieren, zuwider.

(b) Institut des Führungszeugnisses als unangemessenes Schutzinstrument für Arbeitgeber

Unabhängig von der schwierig zu beantwortenden Frage, ob und inwieweit die Grundrechte auch auf die Ausgestaltung der Rechtsbeziehungen unter Privatleuten Einfluss haben, erscheint es zumindest diskussionswürdig, inwieweit der Privatrechtsverkehr eines vom Staat zur Verfügung gestellten Führungszeugnisses bedarf, um seine Vertragsbeziehungen interessengerecht auszugestalten.

Dabei ist zunächst in Rechnung zu stellen, dass der Gesetzgeber durch die Nichtaufnahme- und Tilgungsregelungen im BZRG bereits versucht hat, bestimmte Voraussetzungen dafür zu schaffen, dem Resozialisierungsinteresse des ehemals Straffälligen ein gewisses Gewicht zu verleihen. Im Übrigen ist auch der Gedanke *Rebmanns*[302] nicht völlig von der Hand zu weisen, dass der Rechtsverkehr ein gewisses Interesse daran hat, sich Informationen über Straffällige zu verschaffen, und dass diese Aufgaben mit Sicherheit Privatunternehmen übernehmen würden, wenn der Staat sie nicht erfüllen würde. Insofern weisen *Rebmann/ Uhlig* zu Recht darauf hin, dass das staatliche Strafregister immerhin den Vorzug gesicherter Daten biete[303]. In Anbetracht dessen erschiene es im Interesse der Resozialisierung sicherlich nicht wünschenswert, die Strafregistrierung zu privatisieren, indem sich der Staat dieser Aufgabe entledigt. Denn noch mehr als staatliche Stellen wären private Anbieter daran interessiert, ein vollständiges Register zu führen, da dies am Markt besser zu verkaufen wäre. Der Staat müsste dann versuchen, ähnlich wie bei der Privatisierung der Deutschen Post in Anbetracht des Art. 10 GG[304], auch für private Register ein rechtliches Korsett zu schneidern, das für die Einhaltung des Rechte der Bürger Gewähr bietet. Der Fortschritt gegenüber dem status quo wäre kaum erkennbar, vielmehr liefe man Gefahr, eine noch weit kompliziertere Regelung zu schaffen als die bestehende

[300] S. vor allem BVerfGE 53, S. 30 (65f.); weitere Nachw. bei Sachs, in: ders., GG, vor Art. 1, Rn. 34, Fn. 60. S. im Übrigen Gusy, in: v. Mangoldt/ Klein/ Starck, GG, Art. 10, Rn. 50, 73 f.; Starck, ebenda, Art. 1 Abs. 3, Rn. 166; Sachs, Verfassungsrecht II, Grundrechte, A 4, Rn. 63 f.

[301] S. nur Sachs, Verfassungsrecht II, Grundrechte, A 8, Rn. 15 ff; Sachs, GG, vor Art. 1, Rn. 83 ff. m.w.N.

[302] S. oben bb.(3).

[303] Rebmann/ Uhlig, BZRG, Einleitung, Rn. 51.

[304] Dazu: Gusy, in: v. Mangoldt/ Klein/ Starck, GG, Art. 10, Rn. 12 f., 61 ff.

(vgl. zu diesem Problem oben (a)).
Wenn es also nicht um die völlige Abschaffung der staatlichen Registrierung geht, erscheint aber diskussionswürdig, ob nicht eine andere Gewichtung der beteiligten Interessen als im bestehenden Gesetz denkbar und im Hinblick auf den Resozialisierungsgedanken auch sinnvoll ist. Immerhin bleibt zu bedenken, dass das Führungszeugnis nicht nur bereits bestehende Bedürfnisse nach Information befriedigt, sondern diese teilweise auch weckt: Gäbe es das Führungszeugnis nicht, käme niemand auf den Gedanken, dessen Vorlage zu verlangen. Und mancher Arbeitgeber würde den komplizierten und kostspieligen Weg über private Auskunfteien mit Sicherheit scheuen. Weil es das Führungszeugnis als solches aber gibt, kann der Arbeitssuchende allein aufgrund der wirtschaftlichen Überlegenheit der Arbeitgeber dem Zwang zu dessen Vorlage nicht ausweichen[305]. Angesichts dessen erscheint es fraglich, ob mit Blick auf die generelle Aufnahme *sämtlicher* Straftaten in das Privatführungszeugnis (von einer bestimmten Strafhöhe bzw. einer bestimmten Anzahl an Verurteilungen an) das Resozialisierungsinteresse des Einzelnen und das privatwirtschaftliche Interesse des Arbeitgebers noch in angemessener Weise miteinander abgewogen sind, ob das Führungszeugnis in seiner gegenwärtigen Form noch ein verhältnismäßiges Mittel zur Verfolgung des damit verknüpften Zwecks darstellt[306].
Es ist also der Frage nachzugehen, welchen Zweck der Gesetzgeber durch die Schaffung des Rechtsinstituts „Führungszeugnis" überhaupt verfolgte. Lässt man insofern die geschichtliche Entwicklung des Strafregisterwesens Revue passieren, ging es dabei offenbar um den Schutz der Gesellschaft vor den von ehemals Straffälligen weiterhin ausgehenden Gefahren und Bedrohungen. Auch erhoffte man sich seit dem Einsetzen der Aufklärung von Informationen über etwaige Vorstrafen wichtige Hinweise bei der Suche nach einer schuldangemessenen Strafe[307]. Lässt man letzteren Aspekt an dieser Stelle noch außen vor, steht die Legitimation des Privatführungszeugnisses[308] auf „tönernen Füßen": Das Führungszeugnis scheint zur Verhinderung weiterer Straftaten tendenziell ungeeignet, in gewisser Weise dürfte es gar neuen Taten Vorschub leisten. Denn Personen, die ihre kriminelle Karriere fortsetzen möchten, sind von den Problemen eines fehlenden „sauberen Führungszeugnisses" schlichtweg nicht betroffen. Diejenigen aber, die einen Neuanfang wagen wollen, der für sie bereits aufgrund zahlloser weiterer Probleme nur selten einfach sein wird, müssen versuchen, sich mit dem zusätzlichen Makel der Vorstrafe zu bewähren. Aufgrund der dadurch verursachten zusätzlichen Schwierigkeiten bei der Arbeitssuche, die sich insbesondere aus den zahlreichen Ressentiments der Gesellschaft gegenüber „Vorbestraften" zusammensetzen[309], dürften vor allem die labileren Charaktere, deren Zahl unter den ehemals Straffälligen ohnehin erheblich höher als in der „Durchschnittsbevölkerung" anzusiedeln sein wird, Gefahr laufen, erneut den vermeintlich einfacheren Weg in die Illegalität zu beschreiten, insbesondere wenn „alte Freunde" aus früheren Zeiten wieder bereit stehen. Insofern liegt in dem Privatführungszeugnis grundsätzlich ein besonders schwer wiegender Eingriff in das Resozialisierungsrecht

---

[305] Vgl. Götz/ Tolzmann, BZRG, Einl., Rn. 34.
[306] Götz/ Tolzmann, a.a.O., Rn. 33.
[307] Rebmann/ Uhlig, BZRG, Einleitung, Rn. 1.
[308] Zu den Mängeln des Behördenführungszeugnisses s. unten cc.(3).
[309] Dazu Haffke, oben bb(1).

des Einzelnen; schon Benachteiligte werden weiter diskriminiert[310]. Denn das Führungszeugnis dient nicht gerade dazu, den Gefangenen zu befähigen „künftig als sozialisiertes Mitglied der Gesellschaft straffrei leben zu können“[311]. Vor diesem Hintergrund ist die Auffassung *Kalfs* kaum nachvollziehbar, der Betroffene müsse die mit der Verurteilung verbundenen Schwierigkeiten spüren und sich diesem zum Trotz bewähren[312]. Denn von dem von *Calliess/ Müller-Dietz* beschworenen „positiven sozialen Integrationsstatus“ bleibt dann nur noch wenig übrig; der Staat resozialisiert den ehemals Straffälligen, indem er ihn allein lässt und ihm den Weg in die Legalität erschwert.

Hinzu kommt, dass die knappen Eintragungen im Führungsregister sich ohnehin eher an dem Interesse der Rechtspflege als an demjenigen potentieller Arbeitgeber orientieren. Dieser wird den knappen Angaben über die verwirklichte Straftat und die verhängten Sanktionen nur in seltenen Fällen etwas über die tatsächlich verwirklichte Tat entnehmen können und anhand dessen zu einer Entscheidung darüber in der Lage sein, ob die Vorstrafe den Arbeitssuchenden für die ins Auge gefasste Stelle disqualifiziert. Daher wird oftmals gar nicht deshalb von einer Einstellung abgesehen, weil der Arbeitgeber in seinem Unternehmen weitere Taten des Bewerbers fürchtet, sondern allein deshalb, weil es an der Formalqualifikation eines eintragungsfreien Führungszeugnisses fehlt. Schließlich hat das Führungszeugnis angesichts des durch das BZRG ebenfalls verfolgten Resozialisierungsinteresses in vielen Fällen eh einen „geschönten“ Inhalt[313]; objektive Aussagen darüber, ob eine geringere, nicht eintragungsfähige Straftat oder eine Jugendverfehlung für den Arbeitgeber im Einzelfall nicht viel bedeutsamer sind als etwa ein Totschlag oder ein Raub, erscheinen kaum denkbar.

Mit dieser Überlegung verbunden ist ein weiteres Problem, das mit den Neuregelungen im BZRG durch das „Gesetz zur Bekämpfung von Sexualdelikten und anderen gefährlichen Straftaten“ vom 26. Januar 1998[314] zusammenhängt. Es ist nicht nachvollziehbar, welchen Zweck die generelle registerrechtliche Verschlechterung der Stellung von Sexualstraftätern (vgl. § 32 Abs. 1 S. 2 BZRG) erfüllen soll. Es mag sinnvoll sein – insbesondere, wenn der Gesetzgeber davon ausgeht, dass die Rückfallneigung von Sexualstraftätern nur schwierig kalkulierbar ist[315] - , dass derartige Taten langfristig in den Führungszeugnissen für Lehrer, Erzieher oder auch Pfleger in Altenheimen und Krankenhäusern erscheinen; generell dürfte ein solcher Eintrag, noch dazu dadurch, dass die Aufnahme- und Tilgungsfristen nicht unerheblich verlängert wurden, dem Resozialisierungsinteresse allerdings massiv zuwider laufen. Denn das Image von Sexualtätern, ist in der Öffentlichkeit derart problematisch, dass ein solcher Eintrag einem Arbeitsverbot gleich kommen dürfte. Und dafür findet sich letztlich keine Rechtfertigung:

Entweder, ein Sexualstraftäter ist derart gefährlich, dass es nicht zu verantworten ist, ihn wieder in die Gesellschaft zu entlassen. Dann kann auch ein entsprechender Eintrag im Führungszeugnis dies nicht rechtfertigen. Denn dass ein derartiger Täter seine Opfer ausgerechnet schwerpunktmäßig am Arbeitsplatz sucht, erscheint, abgesehen

---

310 Götz/ Tolzmann, BZRG, Einl. Rn. 35.
311 BVerfG, oben aa.
312 S. oben bb (4).
313 Zum Vorstehenden vgl. Götz/ Tolzmann, BZRG, Einl., Rn. 36.
314 BGBl. I, S. 160.
315 Götz/ Tolzmann, BZRG, § 34, Rn. 11.

vielleicht von den soeben genannten Ausnahmefällen in erzieherischen oder pflegerischen Berufen, wenig wahrscheinlich; in aller Regel wird der Täter sogar eher fremde Opfer oder solche im Familienkreis suchen als ausgerechnet Arbeitskolleginnen.
Oder man hält ihn, wie jeden anderen Täter, für grundsätzlich resozialisierungsfähig. Dann darf man aber diesen Tätern die Rückkehr in die Normalität nicht unmöglich machen.
Fasst man diese Gedanken zusammen, gelangt man zu dem Ergebnis, dass eine sinnvolle Abwägung des Schutzinteresses der Allgemeinheit mit dem Resozialisierungsinteresse des Einzelnen (das aber letztlich auch im allgemeinen Interesse liegt) weniger anhand abstrakt-genereller Lösungen zu suchen ist. Vielmehr kommt es auf einen Ausgleich der Interessen im Einzelfall an. Nur so lässt sich ermitteln, wieviel Information für die Allgemeinheit nötig, und wieviel Resozialisierung für den Einzelnen zu bewahren ist.
Diskussionswürdig erscheinen insofern zwei Ansätze, die im Ausland bereits praktiziert werden:
In den Niederlanden gibt es *sog.* „Arbeitgeber"-Führungszeugnisse. Dabei beantragt der Bewerber für den konkret ins Auge gefassten Arbeitsplatz ein Führungszeugnis, und der Bürgermeister der Gemeinde entscheidet im Einzelfall darüber, welche Eintragungen für diese Tätigkeit aufgenommen werden müssen[316]. *Götz/ Tolzmann* bemängeln insofern allerdings, diese Lösung führe nur dazu, dass die Entscheidung über den Registereintrag von einer Behörde auf eine andere verlagert werde, und man Gefahr laufe, im Rahmen des Registerrechts eine einheitliche Entscheidungspraxis zugunsten einer an den jeweiligen Lebensumständen orientierten Entscheidung aufzugeben[317].
Demgegenüber werden in Frankreich generell Verurteilungen zu einer Bewährungsstrafe überhaupt nicht in ein Führungszeugnis aufgenommen; Verurteilungen bis zu einer Freiheitsstrafe von zwei Jahren finden nur auf ausdrückliche richterliche Anordnung Berücksichtigung. In der Schweiz wird nach Ablauf der Bewährungszeit der Eintrag nicht mehr aufgenommen[318].
Alles in allem erscheinen diese ausländischen Regelungen jedenfalls viel verfassungsnäher als die deutsche. Insbesondere überzeugen die Einwände von *Götz/ Tolzmann* nicht. Denn eine Einzelfallentscheidung ist gegenüber der nur scheinbar (interessen)gerechten Lösung des BZRG, die sich abstrakt nur an Kriterien wie Strafhöhe, Straftat und straffreiem Lebenswandel orientiert – wie bereits angedeutet – in Anbetracht der Grundrechtsrelevanz der Strafregistrierung wesentlich verfassungskonformer. Der Glaube, dass eine computergesteuerte und an a priori festlegten Kriterien orientierte Regelung die größtmögliche Objektivität und damit Gerechtigkeit gewährleistet, entspricht eher dem Zeitgeist der späten 1960er/ frühen 1970er Jahre, also der Entstehungszeit des BZRG. Demgegenüber dürfte es heute wohl unbestritten sein, dass in Anbetracht subjektivierter (Grund-)Rechte eine Verhältnismäßigkeitskontrolle auch nur unter Einbeziehung subjektiver Umstände, also mindestens in Kenntnis der Umstände des Einzelfalls, stattfinden kann. Nur so lassen sich Zweck und Mittel staatlicher Eingriffe sachgerecht ermitteln und in Beziehung setzen. Es ist eben ein

---

[316] Götz/ Tolzmann, BZRG, Einl., Rn. 38.
[317] Götz/ Tolzmann, a.a.O.
[318] Götz/ Tolzmann, a.a.O., Rn. 39.

Unterschied, ob sich der Täter einer Vergewaltigung um eine Stelle als Erzieher oder als Maler bewirbt. Zutreffend ist allerdings, dass es nicht sinnvoll sein dürfte, den jeweiligen Orts-Bürgermeister über den Eintrag entscheiden zu lassen. Bereits in mittelgroßen Städten könnte diese Aufgabe dem Bürgermeister nicht mehr als Person, sondern nur noch als Behörde obliegen, sodass mit der konkreten Entscheidung weitere Gemeindebedienstete betraut werden müssten. Abgesehen davon, dass nicht ersichtlich ist, worin deren fachliche Qualifikation für eine solche Entscheidung liegen sollte, erscheint insbesondere der Datenschutz (dazu noch unten c.) gefährdet, wenn mitunter sogar mehrere Sachbearbeiter von einer unbeschränkten Auskunft Kenntnis nehmen und nunmehr darüber befinden, welche Auskünfte im Führungszeugnis Niederschlag finden könnten. Zudem besteht gerade in kleineren Gemeinden die Gefahr, dass es zu Bevorzugungen persönlich bekannter Personen kommt, und dass auch im Übrigen Antragsteller und Entscheidender einander kennen.
Insofern wäre es sinnvoll, mit dieser Aufgabe den Richter zu betrauen. Es entspricht ohnehin der neueren Entwicklung in der Gesetzgebung, besonders grundrechtssensible Tätigkeiten unter einen Richtervorbehalt zu stellen[319]. Zu denken wäre in diesem Zusammenhang daran, die Strafvollstreckungskammern eine Entscheidung treffen zu lassen. Auch was die nur beschränkte Aufnahme von Verurteilungen zu Bewährungsstrafen anbetrifft, liegt es nahe, sich an den schweizerischen und französischen Vorbildern zu orientieren und gegebenenfalls die Entscheidungskompetenz des erkennenden Richters auszuweiten, wie dies früher in § 25 a Abs. 1 S. 3 StGB a.F. geregelt und in §§ 47 Abs. 2 , 54 S. 2 AE-StGB[320] vorgesehen war.

(2) Einträge zur Schuldunfähigkeit, § 11 BZRG

Gem. § 11 BZRG werden in das Bundeszentralregister alle Verfügungen der Staatsanwaltschaften eingetragen, die ein Strafverfahren wegen erwiesener bzw. nicht auszuschließender Schuldunfähigkeit abschließen. Auf den ersten Blick ist dies für den Betroffenen nicht unbedingt von Nachteil: Bei neu eingeleiteten Strafverfahren kann sich die die Ermittlungen leitende Staatsanwaltschaft über die Schuldunfähigkeit des Beschuldigten informieren und so zu einer zügigen Einstellung nach § 170 Abs. 2 StPO gelangen. Somit läuft der Schuldunfähige nicht Gefahr, mit letztlich sinnlosen Ermittlungsverfahren überzogen zu werden. Zudem werden diese Vermerke gem. § 32 Nr. 11 BZRG nicht in ein Führungszeugnis für Private aufgenommen.
Dennoch unterliegt § 11 BZRG auch im Hinblick auf das Grundrecht auf Resozialisierung[321] erheblichen Bedenken. Dies ergibt sich daraus, dass Eintragungen nach § 11 BZRG gem. § 32 Abs. 2 Nr. 3 BZRG in ein Behörden-Führungszeugnis aufzunehmen sind, und dass mit Ausnahme des eng gefassten § 25 BZRG (Anordnung der Entfernung von Eintragungen nach §§ 10 und BZRG) praktisch keine Möglichkeit besteht, dass dieser Eintrag aus dem Zentralregister entfernt wird. Damit erfährt der Betroffene oftmals eine deutlich härtere Sanktionierung als bei einer (milden) Bestrafung seiner

[319] Gusy, JZ 1998, S. 167 (168 f.); ders., in: v. Mangoldt/ Klein/ Starck, GG, Art. 10, Rn. 73 a.E.; vgl. zu der zuvor umstrittenen akustischen Wohnraumüberwachung Art. 13 Abs. 3 GG, wo die Maßnahme unter den Vorbehalt der Anordnung durch drei Richter gestellt wurde (sog. Wanzenkammer), dazu Gornig, in: v.Mangoldt/ Klein/ Starck, GG, Art. 13, Rn. 104 f.
[320] Baumann, Brauneck u.a., Alternativ-Entwurf eines Strafgesetzbuches, Allgemeiner Teil.
[321] Zu den Bedenken im Hinblick auf das Grundrecht auf informationelle Selbstbestimmung, s. unten c.

Tat bzw. einer Einstellung nach §§ 153, 153a StPO, denn dort, wo ein Behördenführungszeugnis vorzulegen ist, zieht der Schuldunfähigkeitsvermerk nicht selten gravierende Konsequenzen für den Betroffenen nach sich - bis hin zu einem faktischen Berufsverbot[322].

Fragwürdig erscheint dies aus resozialisierungsrechtlicher Perspektive vor allem in zweifacher Hinsicht: Es fehlt des öfteren an einer genauen Untersuchung des mutmaßlich Schuldunfähigen, zum anderen fehlt es an genauen Kenntnissen über die Ursachen der Schuldunfähigkeit; *Cording* weist zu Recht darauf hin, dass die Schuldunfähigkeit zum Tatzeitpunkt (und nur um diesen Zeitraum geht es bei der Regelung in § 20 StGB) von vielen undifferenziert gleich gesetzt wird mit einer generellen Unzurechnungsfähigkeit und damit potenziellen Gefährlichkeit eines Täters[323]. Die Konsequenz liegt auf der Hand: Die amateurpsychologische Untersuchung einer Person entbindet die Strafverfolgungsbehörden von einer sorgfältigen Analyse des Falles und drängt den Betroffenen in die Ecke des „Verrückten", und all dies wird auf ewig im BZRG festgehalten: Eine deutlichere Ausgliederung aus dem „normalen" gesellschaftlichen Umfeld ist kaum vorstellbar. Dass der Eintrag nicht auch noch in ein Privatführungszeugnis aufgenommen wird, ist angesichts dessen nur als schwacher Trost, wenn man sich die Vielzahl verschiedener Berufe vor Augen hält, zu deren Ausübung es einer behördlichen Genehmigung bedarf[324]. Insbesondere für jüngere Menschen kann ein solcher Eintrag gravierende Konsequenzen nach sich ziehen.

Dieser Zustand ist mit den oben angesprochenen verfahrensrechtlichen Anforderungen, die das Grundrecht auf Resozialisierung an die Ausgestaltung staatlicher Strafregistrierung stellt, unvereinbar. Ebenso wenig, wie die Strafregistrierung die staatlichen Resozialisierungsbemühungen untergraben darf, kann es angehen, dass die Straf- (besser: Schuldunfähigkeits-) Registrierung überhaupt erst zu einer Entsozialisierung des Betroffenen führt. Verantwortlich dafür ist die vollkommen undifferenzierte Herangehensweise der Strafverfolgungsbehörden an die Feststellung der Schuldunfähigkeit. Unter der dem materiellen Recht entstammenden Prämisse, dass fehlende Schuldfähigkeit für den Täter etwas Positives darstelle, wird diese nicht selten ohne genauere Untersuchung – vermeintlich zugunsten des Täters – unterstellt, ohne dass eine genauere Untersuchung des Falles vorgenommen, geschweige denn, ein psychologisches Gutachten eingeholt würde[325]. Dies ist vor allem deshalb misslich, weil etwas materiell-rechtlich Günstiges sich für den Täter registerrechtlich negativ auswirkt[326]. Angesichts der dargelegten Folgen eines Schuldunfähigkeits-Vermerks im Register und damit im Behörden-Führungszeugnis ist davon auszugehen, dass die bisherige Vorgehensweise wie sie in § 11 BZRG niedergelegt wurde, verfassungs-

---

[322] Vgl. die Ausführungen Cordings, oben bb(6).

[323] Cording, oben bb(6).

[324] So z. B. Rechtsanwälte im Zulassungsverfahren bei der Rechtsanwaltskammer gem. § 41 Abs. 1 Nr. 11 BZRG. Ebenfalls betroffen sind z. B. auch diejenigen, die ein Bewachungsgewerbe anmelden wollen oder auch nur die Erteilung eines Jagdscheines beantragen vgl. § 41 Abs. 1 Nr. 9 BZRG.

[325] S. Cording, oben bb (6); des Weiteren: Götz/ Tolzmann, BZRG, § 11, Rn. 13; Rebmann/ Uhlig, BZRG, § 11, Rn. 11.

[326] Zu der Problematik der fehlenden Bekanntgabe einer solchen Verfahrenseinstellung gegenüber dem Beschuldigten und den fehlenden Rechtsmitteln gegen eine derartige Entscheidung, s. unten cc (2).

rechtlich nicht tragbar ist.
Zunächst ist es unverzichtbar sicherzustellen, dass die Schuldunfähigkeits-Entscheidung als solche auf einer wissenschaftlich und medizinisch gesicherten Grundlage ergeht.
So ist sanktionsrechtlich anerkannt, dass die Anwendung der §§ 20, 21 StGB dort anders zu handhaben ist, als bei der Feststellung der Voraussetzung der Strafbarkeit. Während insofern, falls Zweifel an der Schuldfähigkeit des Beschuldigten bestehen, zu seinen Gunsten jene immerhin mögliche Sachlage zugrunde zu legen ist, die den Ausschluss der Verantwortlichkeit tragen würde[327], ist anders zu verfahren, wenn z. B. eine den Beschuldigten belastende Unterbringung in einem psychiatrischen Krankenhaus ansteht[328]. Hinsichtlich der belastenden Unterbringung in einem psychiatrischen Krankenhaus ist , wenn Zweifel auch noch am Vorliegen des § 21 StGB bestehen, also das Vorliegen verminderter Schuldunfähigkeit zu verneinen, mithin eine Unterbringung nach § 63 StGB unzulässig. Demnach führt die Anwendung des Zweifelsgrundsatzes in solchen Konstellationen gleichzeitig zur Bejahung und Verneinung der §§ 20, 21 StGB: Eine fakultative Strafmilderung oder ein Strafausschluss werden eröffnet, eine Unterbringung gem. § 63 StGB hat dagegen zu unterbleiben[329].
Für das Registerrecht folgt daraus: Kann die Schuldunfähigkeit des Beschuldigten nicht mit Sicherheit nachgewiesen werden, hat ein entsprechender – den Beschuldigten belastender – Eintrag in das Register zu unterbleiben. Die Registerbehörde muss also prüfen, ob die Strafverfolgungsbehörden ihrer Aufklärungspflicht nach § 160 Abs. 2 StPO genügt haben, oder ob ohne weiteres, z. B. aus dem Blickwinkel der Verfahrensökonomie, die Schuldunfähigkeit unterstellt wurde.
Des Weiteren müsste die Registerbehörde, soweit die Schuldunfähigkeit gesichert festgestellt ist, auch die Ursache der Schuldunfähigkeit vermerken. Insofern ist erneut auf die Ausführungen *Cordings*[330] zu verweisen: Es macht einen Unterschied, ob die Schuldunfähigkeit zum Tatzeitpunkt auf einer (generellen) krankhaften Schuldunfähigkeit beruht, oder ob diese aus einem (punktuellen) Defektzustand (Alkoholmissbrauch, hohem Fieber) resultiert. Denn wenn sich die Einträge nach § 11 BZRG und ihre Aufnahme in Behördenführungszeugnisse durch die Überlegung rechtfertigen, Gefahren von der Allgemeinheit abzuwehren[331], ist diese Überlegung jedenfalls dann nicht mehr tragfähig, wenn es sich bloß um einen einmaligen Ausfall handelt. Könnte man dies dem Eintrag entnehmen, liefe der Betroffene jedenfalls nicht mehr im bisher bestehenden Ausmaß Gefahr, dass ihm bestimmte Genehmigungen aufgrund vermeintlicher Unzurechenbarkeit vorenthalten würden. Im Übrigen wäre eine solche differenzierte Eintragungspraxis auch dazu geeignet, die bereits genannten vorschnellen Pauschalurteile zu vermeiden, wonach jeder, der eine Tat im Zustand der Schuldunfähigkeit begangen hat, ein unkontrollierbares Risiko für die Gesellschaft, ein „Verrückter" ist.[332]

---

[327] Jähnke, in: LK-StGB, § 21, Rn. 11; Lenckner/Perron, in: Schönke/ Schröder, StGB, § 20, Rn. 43; Streng, Strafrechtliche Sanktionen, S. 271; Tröndle/ Fischer, StGB, § 20, Rn. 27a, m.N. aus der Rechtsprechung des BGH.
[328] Tröndle/ Fischer, StGB, § 63, Rn. 6 m. N. aus der Rechtsprechung des BGH; Streng, a.a.O.
[329] BGHSt 8, S. 113 ff.; Jescheck/ Weigend, Strafrecht-AT, § 77 II 2b); Streng, a.a.O.
[330] Oben bb (6).
[331] Götz/ Tolzmann, BZRG, § 11, Rn. 5; Rebmann/ Uhlig, BZRG, § 11, Rn. 3.
[332] Positiv zu vermerken ist in diesem Zusammenhang, dass im Januar 2001 von der Bundes-

(3) Inhalt des Führungszeugnisses und Nichtaufnahme-Fristen, §§ 32, 34 BZRG

Vor allem die Regelungen der §§ 32, 34 BZRG über die Beschränkung der in das Führungszeugnis aufzunehmenden Taten und die Nichtaufnahme-Fristen sind dem Resozialisierungs-Gedanken verpflichtet[333]. Der Gesetzgeber geht davon aus, dass nach dem Ablauf der in § 34 BZRG festgelegten Fristen – unabhängig von der Art des zugrunde liegenden Delikts – die Betroffenen die Chance erhalten sollen, ein eintragungsfreies Führungszeugnis zu erhalten, falls sie sich im Übrigen straffrei geführt haben[334].

Im Interesse der Resozialisierung hat der Gesetzgeber insofern eine abstrakt-generelle Entscheidung zugunsten des ehemals Straffälligen getroffen, die als minder wichtig angesehenen Verurteilungen überhaupt nicht in das im Arbeitsleben bedeutsame Privatführungszeugnis aufgenommen werden, welche Auskünfte auch Verwaltungsbehörden vorenthalten bleiben, und wann infolge Zeitablaufs an einer Verurteilung überhaupt kein Interesse der Öffentlichkeit mehr besteht. An dieser Grundkonzeption des Gesetzgebers besteht vor dem Hintergrund des Grundrechts auf Resozialisierung zunächst kein Anlass zur Kritik. Das BZRG trägt dem Rehabilitationsinteresse des ehemals Straffälligen insofern angemessen Rechnung.

Demgegenüber bleibt es bei der bereits oben angeführten Kritik, speziell im Hinblick auf die Durchbrechung der Grund-Systematik des BZRG durch die Sonderbehand-

---

regierung der Entwurf eines Vierten Gesetzes zur Änderung des Bundeszentralregistergesetzes(4. BZRGÄndG) beschlossen wurde(BR-Drs. 15/01. S. 1-13). Dabei wurden insbesondere Änderungen in dem Bereich der Eintragungen von Schuldunfähigkeitsvermerken vorgeschlagen. § 11 Abs. 1 bis 3 BZRG-E sieht dabei vor, dass das Gericht oder die Staatsanwaltschaft bei dem Verfahrensabschluss wegen Schuldunfähigkeit von einem zeitnahen Gutachten (das im Zeitpunkt der Entscheidung nicht älter als drei Jahre sein dürfe) eines in der Psychiatrie erfahrenen medizinischen Sachverständigen ausgegangen und der Tatvorwurf bis zu einem gewissen Grad geklärt werden müsse, der dem Verfahrensstand bei Erhebung der öffentlichen Klage entspreche, § 170 Abs. 2 StPO. Einstellungsverfügungen, die nicht auf der Grundlage eines solchen Gutachtens bzw. ohne Klärung des Tatvorwurfs ergehen, seien in Zukunft nur in das länderübergreifende staatsanwaltschaftliche Strafverfahrensregister (§§ 474 ff. StPO einzutragen). Des Weiteren soll § 11 Abs. 2 BZRG durch einen zweiten Absatz ergänzt werden, der die Unterrichtung des Betroffenen von der Eintragung durch die Registerbehörde normiert. Da bei gerichtlichen Entscheidungen und Verfügungen der Strafverfolgungsbehörden über die Einstellung eines Verfahrens wegen erwiesener oder vermuteter Schuldunfähigkeit diese praktisch lebenslang im Register vermerkt sind, war ursprünglich vorgesehen, die Schuldunfähigkeitsvermerke in Anlehnung an das System der Tilgung von Verurteilungen künftig nach Ablauf bestimmter Fristen aus dem Register zu entfernen. Dies wurde jedoch, da die Mehrzahl der Tilgungsvorschriften auf Eintragungen nach § 11 nicht oder nur schwer übertragbar sei, wieder verworfen. Ferner sollen die durch die Schuldunfähigkeitsvermerken Betroffenen nicht schlechter gestellt werden als Personen, bei denen Verurteilungen im Register eingetragen sind, sodass § 32 Abs. 3 Nr. 3 BZRG-E für die Aufnahme von Schuldunfähigkeitsvermerken nach § 11 nunmehr die Einschränkung auf Eintragungen von Entscheidungen oder Verfügungen vorsieht, die nicht länger als fünf Jahre zurückliegen. Schließlich soll gem. § 39 S. 1BZRG-E der Generalbundesanwalt die Möglichkeit erhalten, die Nichtaufnahme solcher Vermerke in ein Behördenführungszeugnis anzuordnen. Ob und in welcher Form dieser Entwurf allerdings Gesetzeskraft erlangen wird, lässt sich zum gegenwärtigen Zeitpunkt noch nicht absehen und bleibt einstweilen abzuwarten.

333 Rebmann/ Uhlig, BZRG, vor § 30, Rn. 1 ff.

334 Götz/ Tolzmann, BZRG, § 32, Rn. 5; s. auch Rebmann/ Uhlig, BZRG, vor § 30, Rn. 3.

lung der Sexualstraftaten und die Unübersichtlichkeit der Einzelregelungen. Alles in allem erscheinen die Regelungen der §§ 32, 34 BZRG als Grundlage weiterer Entscheidungen durchaus brauchbar; es wäre aber im Interesse der Resozialisierung erforderlich, über diese abstrakt-generelle Entscheidung hinaus noch Spielräume für konkrete Abwägungen im Einzelfall zu eröffnen.

(4) Anordnung der Nichtaufnahme von Verurteilungen durch den Generalbundesanwalt, § 39 BZRG

Diese letzte Erwägung muss dazu führen, dem § 39 BZRG größere Aufmerksamkeit zu widmen. Bislang wird von der h.M. die Auffassung vertreten, diese Bestimmung sei eher eng zu interpretieren, weil sie nicht die Grundentscheidungen der §§ 32, 34 BZRG infrage stellen und deren vermeintlich besonders gerechte abstrakte Vorentscheidung untergraben dürfe[335].

Dieser Gedanke erscheint unzutreffend. Vielmehr weisen *Rebmann/ Uhlig* zu Recht darauf hin, dass die den §§ 30 ff. BZRG zugrunde liegenden Abwägungen notwendigerweise schematisch bleiben müssen[336]. Nun verlangt aber das Grundrecht auf Resozialisierung Einzelfallgerechtigkeit und zwar in größtmöglichem Weise. Dass die bisherige Entscheidungspraxis diesem Postulat nicht genügt, ist bereits angedeutet worden und soll im Folgenden anhand einiger Einzelbeispiele vertieft werden.

So wird zum Teil die Auffassung vertreten[337], die Anordnungskompetenz des Generalbundesanwalts nach § 39 BZRG beziehe sich nicht auf solche Eintragungen, die gem. § 32 Abs. 3, 4 BZRG nur in ein Behördenführungszeugnis aufzunehmen seien. Denn der Zweck dieser Sonderregelung liege darin, für Behörden im öffentlichen Interesse bestimmte Sonderinformationen vorzuhalten. Demnach ergebe sich bereits aus der bloßen Existenz des Instituts eines Behördenführungszeugnisses, dass insofern das öffentliche Aufklärungsinteresse das Resozialisierungsinteresse des Einzelnen überwiege. M.a.W.: Der Inhalt des Behördenführungszeugnisses könne durch Einzelfallentscheidungen nicht mehr korrigiert werden.

Demgegenüber bezieht sich nach h.M. § 39 BZRG auch auf Behörden-Führungszeugnisse[338]. Dafür spricht bereits der Wortlaut der Vorschrift, der keine Differenzierung zwischen Führungszeugnissen für Private und Behörden trifft. Zudem betonen *Rebmann/ Uhlig*, dass im Interesse der Resozialisierung sogar die Anordnung der vorzeitigen Tilgung infrage kommt (§ 49 BZRG); dann muss es aber erst recht zulässig sein, eine gegenüber der Tilgung geringfügigere Maßnahme wie die bloße Nicht-Aufnahme der Eintragung in das Zeugnis anzuordnen[339].

Für den Standpunkt der h.A. sprechen zwei weitere Überlegungen: Es ist bereits darauf hingewiesen worden, dass öffentliche Arbeitgeber stets die Möglichkeit haben, vor der Einstellung eines Bewerbers für den öffentlichen Dienst ein Behörden-Führungszeugnis anzufordern, und dass es für eine derartige Bevorzugung gegen-

---

[335] Dazu oben C.I.1; s. auch Götz/ Tolzmann, BZRG, § 39, Rn. 4: „Bei dem Umfang der unter § 32 Abs. 2 fallenden Verurteilungen und der Kürze der Fristen des § 34 wird es sich dabei allerdings um *seltene Ausnahmen* handeln." (Hervorhebungen im Original).

[336] Rebmann/ Uhlig, BZRG, § 39, Rn. 1.

[337] Götz/ Tolzmann, BZRG, § 39, Rn. 41.

[338] Rebmann/ Uhlig, BZRG, § 39, Rn. 13; Römer, JVBl NW 1972, S. 217 (217); Sawade/ Schomburg, NJW 1982, S. 551 (553).

[339] Rebmann/ Uhlig, a.a.O.

über privaten Arbeitgebern eigentlich keinen ersichtlichen Grund gibt[340]. Dass dies den Resozialisierungsbemühungen um ehemals Straffällige nicht zuträglich ist, liegt auf der Hand und widerspricht auch der Legitimation des Behörden-Führungszeugnisses, die Öffentlichkeit vor besonderen Gefahren zu schützen und Fehlenentscheidungen zu vermeiden[341]. Wenn sich ein ehemals Straffälliger in der Weise bewährt hat, dass bereits nach den allgemeinen Regelungen des BZRG die Verurteilung keine Aufnahme mehr in das Privat-Führungszeugnis findet, bzw., wenn der Generalbundesanwalt dazu bereit ist, insofern die Nicht-Aufnahme eines bestimmten Eintrags anzuordnen, ist kein Grund dafür ersichtlich, warum dies ggf. nicht auch bei Behörden-Führungszeugnissen möglich sein sollte. Schließlich sind die „Risiken", denen ein öffentlicher Arbeitgeber durch eine straffällige Person ausgesetzt ist, sicherlich nicht höher als diejenigen eines privaten. Somit bietet § 39 BZRG de lege lata zumindest eine (wenn auch unzureichende) Möglichkeit, das Registerrecht tendenziell resozialisierungsfreundlicher und damit verfassungsnäher auszugestalten. Es sind keine Gründe ersichtlich, aus denen die missglückte Regelung über das Behörden-Führungszeugnis durch eine restriktive Handhabung des § 39 BZRG noch verschlimmert werden sollte.
Hinzu kommt, dass der bloße Hinweis darauf, die Existenz eines besonderen Behörden-Führungszeugnisses treffe bereits eine Güterabwägung zugunsten des öffentlichen Informationsinteresses und schränke insofern das Resozialisierungsinteresse des Betroffenen ein, aus verfassungsrechtlicher Perspektive nicht tragfähig ist. Denn der grundrechtlich verbürgte Resozialisierungsanspruch des Einzelnen kann nicht ohne weiteres durch ein nicht näher dargelegtes, allgemein gehaltenes „öffentliches Interesse" überwogen werden. Vielmehr wäre zunächst genau darzulegen und festzuschreiben, welche konkreten öffentlichen Belange zu einer Beschränkung des Resozialisierungs-Rechts führen sollen. Denn nur auf diese Weise kann überhaupt eine Abwägung der Interessenlagen vorgenommen werden. Die Tatsache, dass eine Behörde zum Zwecke der Gefahrenabwehr umfassendere Informationen über eine bestimmte Person benötigt, kann ggfs. einen umfassenderen Auskunftsanspruch tragen. Die bereits mehrfach angesprochene bloße Stellung als öffentlicher Arbeitgeber kann dies sicher nicht. M.a.W.: In derselben Weise, wie die Frage der Aufnahme einer bestimmten Information zunächst in das Register, dann in das Führungszeugnis, im Einzelfall abzuwägen ist, muss dies auch bei einer Anordnung nach § 39 BZRG geschehen. Pauschale und nicht näher dargelegte Verweise auf vermeintliche Interessen können Grundrechtseingriffe nicht rechtfertigen.
Auch die Möglichkeit, nur für einen spezifischen Zweck ein Führungszeugnis auszustellen und nur dafür die Nicht-Aufnahme nach § 39 BZRG anzuordnen, soll unzulässig sein[342]. Das Absehen von der Erteilung eines vermerkfreien Führungszeugnisses nur für einen bestimmten Zweck, z.B. mit der Begründung fehlender Arbeitsplatzrelevanz, sei schon deshalb gerechtfertigt, weil zum einen schwer kontrollierbar sei, ob das Führungszeugnis nicht doch für andere Zwecke missbräuchlich verwendet werde, und sich zum anderen die Arbeitsplatzrelevanz einer Verurteilung für die Registerbe-

---

[340] S. oben Rebmann bb (3).
[341] Götz/ Tolzmann, BZRG, § 32, Rn. 52.
[342] Götz/ Tolzmann, BZRG, § 39, Rn. 43; de lege lata auch Rebmann/ Uhlig, BZRG, § 39, Rn. 15.

hörde nur schwer erschließen lasse und sich die Arbeitgeberseite selbst ein Bild darüber machen solle, welche Personen sie in ihren Betrieben zu beschäftigen gedenke[343].

Beide Argumente können nicht zu überzeugen: Der Missbrauch eines derartigen Führungszeugnisses kann leicht dadurch ausgeschlossen werden, dass der Verwendungszweck auf dem Zeugnis vermerkt wird, z. B. „Führungszeugnis zur Vorlage bei Arbeitgeber A". Wenn der Betroffene dieses Führungszeugnis nun auch bei Arbeitgeber B vorlegt, kann dieser selbst entscheiden, ob er sich mit diesem Zeugnis zufrieden gibt, oder ob er den Vorlegenden dazu veranlasst, für die bei ihm ins Auge gefasste Stelle ein besonders dafür erstelltes Führungszeugnis zu beantragen. Auch die Arbeitsplatzrelevanz wird sich in den meisten Fällen für die Behörde leicht erschließen lassen. Im Übrigen greift dieses Argument nicht durch, weil jede Einzelfallentscheidung für die Behörde schwierig ist. Allein die Tatsache, dass das BZRG Einzelfallentscheidungen wie in § 39 BZRG überhaupt vorsieht, deutet darauf hin, dass der Gesetzgeber der Registerbehörde diese Fähigkeit durchaus zutraut. Schließlich weisen *Götz/ Tolzmann* selbst darauf hin, dass in vielen Fällen ein ehemals Straffälliger deshalb nicht eingestellt wird, weil es an der Formalqualifikation des eintragungsfreien Führungszeugnisses fehlt[344]. So ist nicht recht ersichtlich, dass den meisten Arbeitgebern bzw. Personalchefs an einer eigenen Abwägung der Problematik überhaupt besonders gelegen ist.

Somit sprechen auch diese Erwägungen nicht gegen die hier bevorzugte Variante der Einzelfallentscheidung über den Inhalt des Führungszeugnisses (oben B. I. 1.)[345]. Daraus folgt aber weiter, dass die Befugnisse der Registerbehörde aus § 39 BZRG eher weit auszulegen sind, wenn man überhaupt an deren Entscheidungskompetenz festhält.

(5) Anordnung der Tilgung wegen Gesetzesänderung und in besonderen Fällen gem. §§ 48, 49 BZRG

Erhebliche Mängel aus resozialisierungsrechtlicher Perspektive weist § 48 BZRG und die in diesem Zusammenhang in der Literatur geführten Auseinandersetzungen auf. Gem. § 48 BZRG ordnet der Generalbundesanwalt die Tilgung einer Eintragung an, die auf der Verurteilung wegen einer Tat beruhte, die mittlerweile zu einer Ordnungswidrigkeit herabgestuft worden ist. § 49 BZRG erweitert diese Kompetenz zur Anordnung der Tilgung auf weitere unbenannte besondere Fälle (dazu oben B.I).

Zunächst weist die Gesamtregelung die Besonderheit auf, dass zwar Verurteilungen im Register zu tilgen sind, wenn der zugrunde liegende Straftatbestand in eine Ordnungswidrigkeit umgewandelt worden ist. Dagegen fehlt eine Regelung für den Fall, dass eine Strafbestimmung ersatzlos gestrichen wurde. Für den Betroffenen ist es damit günstiger, wenn die von ihm verwirklichte ehemalige Straftat noch als Ordnungswidrigkeit geahndet werden kann, als wenn sie mittlerweile überhaupt nicht mehr als Unrecht angesehen wird. Auch der von *Götz/ Tolzmann* vorgeschlagene Verweis auf § 49 BZRG[346] ändert an dieser Schlechterstellung nichts, denn während

---

[343] Götz/ Tolzmann, a.a.O.

[344] Götz/ Tolzmann, BZRG, Einl., Rn. 36.

[345] Dafür – jedenfalls de lege ferenda – auch Rebmann/ Uhlig, BZRG, § 39, Rn. 16; Sawade/ Schomburg, NJW 1982, S. 551 (552 mit Fn. 7).

[346] Götz/ Tolzmann, BZRG, § 48, Rn. 6.

es sich bei § 48 BZRG um eine gebundene Entscheidung handelt[347], ist dem Generalbundesanwalt im Rahmen des § 49 BZRG Ermessen eingeräumt. Dass er dieses insofern eher als sonst zugunsten des Betroffenen ausüben wird[348], macht diese Regelung nicht verständlicher.

Es erscheint jedenfalls aus der Perspektive des Grundrechts auf Resozialisierung nicht vertretbar, den Bürger noch durch Eintragungen zu belasten und damit im Ansehen mancher Mitbürger zu diskreditieren, denen gesetzliche Regelungen zugrunde liegen, die mittlerweile längst kriminalpolitisch überholt sind. Denn dass auch von solchen Einträgen offenbar Gefahr für die Betroffenen ausgehen kann, beweist letztlich die Tatsache, dass der Gesetzgeber die zu Ordnungswidrigkeiten umgewandelten Taten im Register nicht mehr berücksichtigt sehen wollte.

Damit ist bereits das nächste Problem des § 48 BZRG angesprochen, nämlich die Frage, wie sich das Verwertungsverbot des § 51 BZRG und das Verschweigerecht des § 53 BZRG[349] in diesem Zusammenhang auswirken.

Unabhängig von der weiteren Auseinandersetzung[350], ob §§ 51, 53 BZRG generell auch auf (ursprüngliche) Ordnungswidrigkeiten im Rahmen weiterer Ordnungswidrigkeiten- bzw. Verwaltungsverfahren entsprechende Anwendung finden[351], ist umstritten, ob die im Rahmen des § 48 BZRG herabgestuften Straftaten, für die §§ 51, 53 BZRG unproblematisch gelten, dem Betroffenen noch als Ordnungswidrigkeiten vorgehalten werden dürfen.

Zum Teil wird die Auffassung vertreten, die Tilgung nach § 48 BZRG ziehe nicht die Wirkungen des § 51 BZRG nach sich. Denn durch die Umwandlung der früheren Straftat in eine Ordnungswidrigkeit habe der Gesetzgeber schließlich gezeigt, dass er die Tat nicht mehr für kriminelles Unrecht halte. Daher entfalle auch das Bedürfnis für einen Schutz des Betroffenen durch § 51 BZRG. Schließlich seien Ordnungswidrigkeiten gegenüber Straftaten nicht ein Weniger, sondern etwas (grundsätzlich) Wesensverschiedenes; ihnen sei nicht die stigmatisierende und diskriminierende Wirkung einer strafgerichtlichen Verurteilung Eigen[352].

Demgegenüber meinen *Rebmann/ Uhlig*, §§ 51, 53 BZRG müssten auch im Rahmen des § 48 BZRG Anwendung finden. Zwar werde durch die Umwandlung der früheren Straftat in eine Ordnungswidrigkeit die Tat nicht mehr als kriminelles Unrecht gewürdigt, sodass „an sich" kein Bedürfnis mehr bestehe, den Betroffenen von einem „Makel" zu befreien. Jedoch könne nicht übersehen werden, dass die differenzierende Unterscheidung durch den Gesetzgeber in der Bevölkerung nicht immer nachempfunden werde. Insbesondere mit Blick darauf, dass die Tat früher als Straftat eingestuft worden sei, könne der Betroffene ohne diese Schutzbestimmungen durchaus noch in seiner sozialen Stellung gefährdet werden, auch wenn die Tat nur noch als Ordnungswidrigkeit geahndet werde[353]. Für das Ansehen des Betroffenen komme es nur darauf an, ob sein Verhalten im Tatzeitpunkt als Straftat angesehen wurde – nur da-

[347] Rebmann/ Uhlig, BZRG, § 48, Rn. 8.
[348] Vgl. Götz/ Tolzmann, BZRG, § 49, Rn. 23.
[349] Dazu sogleich noch (6).
[350] Die an dieser Stelle nicht weiter zu verfolgen ist.
[351] Dafür: BayObLG NJW 1972, S. 1770 (1771); Rebmann/ Schoreit, BZRG, § 48, Rn. 11; dagegen: OVG Münster NJW 1973, S. 1714 (1715 ff.); Götz/ Tolzmann, BZRG, § 48, Rn. 13.
[352] Götz/ Tolzmann, a.a.O.
[353] Rebmann/ Uhlig, BZRG, § 48, Rn. 10.

nach richte sich, ob das Bekanntwerden einer derartigen Verurteilung ihn in seiner sozialen Stellung gefährden könne[354].

Man wird der letztgenannten Auffassung den Vorzug geben müssen. Es kann dahin stehen, ob die Verwaltungsbehörden im Rahmen ihrer Tätigkeit zur Gefahrenabwehr ein Interesse daran haben, ursprüngliche Ordnungswidrigkeiten unbegrenzt zu verwerten[355]. Jedenfalls dann, wenn diese – und sei es nur ursprünglich – eine Straftat darstellt, ist das Resozialisierungsanliegen betroffen, das §§ 51, 53 BZRG fördern sollen. Gegenüber dem zutreffenden Hinweis *Rebmanns* und *Uhligs*, dass die Bevölkerung die Unterscheidung Ordnungswidrigkeit/ Straftat nicht in derselben Weise und in derselben Geschwindigkeit nachvollzieht wie der Gesetzgeber dies vorgibt, erscheint insbesondere das von *Götz/ Tolzmann* vorgebrachte Argument der „Wesensverschiedenheit" von Ordnungswidrigkeit nicht tragfähig und eher akademischer Natur.

Denn die heute wohl h.A.[356] erkennt in dem in Ordnungswidrigkeiten und Straftaten vertypten Unrecht nur ein graduelles Gefälle; der Unterschied wird nicht mehr so sehr unter qualitativen als vielmehr unter quantitativen Gesichtspunkten erklärt. Die Straftat stellt grundsätzlich ein „Mehr" an Unrecht gegenüber der Ordnungswidrigkeit dar. Die Normübertretungen des Ordnungswidrigkeitenrechts weisen einen geringeren Unrechts- und Schuldgehalt auf; ihre Begehungsweise wirkt weniger verwerflich. *Mitsch* hebt in diesem Zusammenhang hervor, dass dieses quantitative Stufenverhältnis sich allenfalls in der abstrakten gesetzlichen Tatbestandsgestaltung einigermaßen rein widerspiegele, dass im konkreten Einzelfall es durchaus geschehen könne, dass die Ordnungswidrigkeit ein höheres Gewicht aufweise und stärker sanktioniert werde als eine Straftat[357].

Die Frage, ob ein bestimmtes Verhalten unter Strafe zu stellen oder als bloße Ordnungswidrigkeit zu ahnden ist, stellt sich also mit Ausnahme des Kernbereichs kriminellen Unrechts, als souveräne Entscheidung des Gesetzgebers dar[358]. Wenn dies so ist, kann aber nicht von vornherein behauptet werden, die Ordnungswidrigkeit sei gegenüber der Straftat etwas vollkommen Wesensverschiedenes und nicht zu einer Stigmatisierung des Betroffenen geeignet[359]. Dies gilt umso mehr, wenn die Ordnungswidrigkeit – wie im Falle des § 48 BZRG – ursprünglich sogar eine Straftat gewesen ist.

Betrachtet man die gesamte Diskussion aus resozialisierungssrechtlicher Perspektive, kann also nicht infrage stehen, dass eine nach § 48 BZRG getilgte Straftat auch von den §§ 51, 53 BZRG erfasst wird. Nur so ist sicher gestellt, dass dem Anliegen einer umfassenden Resozialisierung des Täters genügt wird und diesem keine unnötigen

---

[354] Rebmann/ Uhlig, a.a.O., Rn. 11.

[355] So OVG Münster NJW 1973, S. 1714 (1715 ff.).

[356] BVerfGE 45, S. 272 (289); Göhler, OWiG, vor § 1, Rn. 5; Jescheck/ Weigend, Strafrecht-AT, § 7 V 3b; Mitsch, Recht der Ordnungswidrigkeiten, Rn. 9 ff.; Rebmann/ Roth/ Herrmann, OWiG, vor § 1, Rn. 8; Roxin, Strafrecht-AT/ 1, § 2, Rn. 41; Sax, JZ 1957, S. 1 (6); zum Ganzen krit.: Bohnert, in: KK-OWiG, Einleitung, Rn. 62 ff.

[357] Mitsch, a.a.O., Rn. 11.

[358] Vgl. Rosenkötter, Recht der Ordnungswidrigkeiten, Rn. 3; Mitsch, a.a.O., Rn. 13 ff.

[359] Vgl. Rosenkötter, a.a.O., Rn. 2 unter Bezugnahme auf BVerfGE 45, S. 272 (290): „Bei Verurteilungen wegen gewichtiger Ordnungswidrigkeiten des Wirtschaftsrechts ist eine Beeinträchtigung des Ansehens und der persönlichen Ehre nicht immer auszuschließen."

Hindernisse bereitet werden. Insofern ist wiederum fraglich, inwieweit es mit den organisations- und verfahrensrechtlichen Anforderungen des Grundrechts auf Resozialisierung vereinbar ist, dass das BZRG hier keine eindeutige Regelung enthält. Zwar lässt sich das Gesetz zumindest im Wege der verfassungskonformen Auslegung „retten". Es wäre aber wünschenswert gewesen, dass der Gesetzgeber diese schwierige Materie „wasserdicht" geregelt hätte.

(6) Das Verwertungsverbot gem. § 51 BZRG

Eine der wichtigsten resozialisierungsfördernden Regelungen des BZRG bildet das Verwertungsverbot des § 51 BZRG. Insofern hat das BZRG den wohl gravierendsten Fortschritt gegenüber dem StTilgG gebracht. Denn dieses regelte die Behandlung der im Register getilgten Strafen nur sehr unzureichend: So durfte sich der Betroffene zwar gem. § 4 Abs. 4 StTilgG als unbestraft bezeichnen und über die Tat jede Auskunft verweigern, allerdings nur, soweit Gericht und Staatsanwaltschaft ihn nicht aus besonderen Gründen dazu verpflichteten, gleichwohl Auskunft über getilgte Vorstrafen zu erteilen. § 5 Abs. 2 StTilgG beschränkte sich jedoch darauf festzustellen, dass bei der Bestrafung wegen einer Rückfalltat die getilgte Verurteilung nicht mehr berücksichtigt werden durfte[360].

Im Übrigen folgte aus der Tilgung für die gerichtliche Praxis keine Einschränkung. Die Rechtsprechung war nach Auffassung des BGH[361] und der ihm folgenden h.L.[362] nicht daran gehindert, getilgte Vorstrafen bei der Strafzumessung und der Bewertung der Persönlichkeit des Betroffenen in einem neuen Verfahren nahezu unbeschränkt zu seinen Lasten zu verwerten[363]. Gewiss gab es schon zum damaligen Zeitpunkt eine Gegenbewegung, die aus Sinn und Zweck des § 4 Abs. 4 StTilgG ein umfassendes Verwertungsverbot ableitete[364].

In Übereinstimmung mit letztgenannter Ansicht hat sich der Gesetzgeber dazu entschlossen, in § 51 BZRG ein umfassendes materiell-rechtliches Verwertungsverbot festzuschreiben, das Geltung für den gesamten Rechtsverkehr, insbesondere auch für das Strafrecht beansprucht. Jedoch ist die Praxis mit dieser Neuregelung zunächst und teilweise bis in die heutige Zeit nicht recht glücklich geworden[365], und hat sich zu Beginn geweigert, ihr Gefolgschaft zu leisten[366]. Dies änderte sich erst, als das BVerfG[367] endgültig entschieden hatte, dass gegen § 51 BZRG keine durchgreifenden Einwände verfassungsrechtlicher Art bestehen.

Der BGH suchte zunächst nach Mitteln und Wegen, die gesetzgeberische Entschei-

---

360 Vgl. die knappe Übersicht bei Rebmann/ Uhlig, BZRG, vor § 51, Rn. 1 ff.

361 BGH MDR 1952, S. 18; BGH MDR 1955, S. 501; BGH MDR 1963, S. 331.

362 Burchardi/ Klempahn, Strafregister, § 4 StTilgG, Rn. I 2 d; Creifelds, NJW 1953, S. 718 (719); Gottwald, JR 1950, S. 110; Lenz, Die rechtliche Stellung des Vorbestraften, S. 52.

363 Wobei nicht übersehen werden sollte, dass auch schon damals einer weit zurückliegenden Verurteilung nur noch eingeschränkte Aufmerksamkeit geschenkt wurde, vgl. Brauser, NJW 1973, S. 1008 (1009) zur Verteidigung des § 49 BZRG a.F. (= § 51 n.F.).

364 VG Berlin NJW 1956, S. 718 (720); Hartung, Strafregister, § 4 StTilgG, Rn. 9 cc; ders., NJW 1955, S. 393; Hennecke, Beiträge, S. 86; Kohlhaas, NJW 1953, S. 851 f.

365 Vgl. oben die Stellungnahmen der Justizpraktiker bei bb (5). Ihnen folgend: Gribbohm, in: LK-StGB, § 46, Rn. 161.

366 Segger, NJW 1976, S. 1189 ff.

367 Oben aa.

dung zur Durchsetzung des Resozialisierungs-Gedankens in der Rechtspflege durch eine Argumentation auszuhebeln, die nicht nur aus heutiger Perspektive abenteuerlich erscheint und kurz vorgestellt werden soll. § 49 Abs. 2 BZRG a.F. lautete in seiner Ursprungsfassung, dass „Rechte Dritter" durch das Verwertungsverbot unberührt blieben. Sinn und Zweck dieser Vorschrift – wie auch des heutigen § 51 Abs. 2 BZRG – war allein, dass insbesondere zivilrechtliche Schadensersatzsprüche der durch die Straftat Verletzten durch das Verwertungsverbot nicht gefährdet würden[368]. Der BGH[369] nahm diese Ausnahmevorschrift nun zum Anlass, § 49 BZRG a.F. = § 51 BZRG n.F. für den Bereich der Strafrechtspflege gegen den ausdrücklichen Willen des Gesetzgebers[370] zu interpretieren: Das Verwertungsverbot treffe zwar nach der bisher im Schrifttum vertretenen Auffassung im Grundsatz auch die Berücksichtigung der früheren Tat als Beweisanzeichen zum Zwecke der Feststellung einer neuen Straftat des Angeklagten. Die Frage, ob dieser Ansicht zuzustimmen sei, ließ der BGH ausdrücklich offen. Es müsse aber von vornherein etwas anderes für diejenigen Fälle gelten, in denen Rechte Dritter durch die Tat berührt würden, insbesondere, wenn durch eine neu abzuurteilende Straftat vermögensrechtliche Ansprüche begründet worden und die getilgte Tat für deren Nachweis von Bedeutung sein könne. Wenn dies für bürgerlich-rechtliche Streitigkeiten nicht zweifelhaft sei, könne auch für den Strafprozess nichts anderes gelten. Denn beide Verfahren stünden nicht von vornherein völlig losgelöst nebeneinander. Der Zivilrichter habe vielmehr nach § 149 ZPO die Möglichkeit, den Zivilprozess bis zur Entscheidung im Strafverfahren auszusetzen, um dessen Ausgang bei seiner eigenen Entscheidung berücksichtigen zu können. Ferner habe der Geschädigte mit dem Adhäsionsverfahren sogar im Strafprozess die Möglichkeit, zivilrechtliche Ansprüche gegen den Täter geltend zu machen und könne dabei auf all die Beweismittel zurückzugreifen, auf die er sich auch im Zivilprozess berufen könne[371]. Dasselbe gelte für das Klageerzwingungsverfahren nach § 172 StPO. Nun sei es aber unsinnig, die Verwertung einer getilgten oder tilgungsreifen Vortat als Beweisanzeichen nur auf jene Fälle zu beschränken, in denen es tatsächlich zu einer derartigen unmittelbaren Beteiligung des Verletzten im Strafverfahren komme. Es sei auch unter verfassungsrechtlichen Gesichtspunkten fragwürdig, wenn der Gesetzgeber mit dem Verbot einer indiziellen Verwertung bestimmter Tatsachen in die Beweiswürdigung des Richters eingreife. Denn damit werde der unantastbare Kernbereich richterlicher Gewalt aus Art. 92 GG tangiert.

Nachdem der Gesetzgeber sich gezwungen sah, dieser „ungewöhnlichen und in hohem Maße zu missbilligenden[372]" Auslegung durch die Neufassung des § 49 Abs. 2 BZRG a.F. (= § 51 Abs. 2 BZRG n.F.) einen Riegel vorzuschieben[373], und das

---

[368] Vgl. Rebmann/ Uhlig, BZRG, § 51, Rn. 45; weitere Beispiele bei Götz/ Tolzmann, BZRG, § 51, Rn. 57 ff. Vgl. die Darstellung bei Pryzwanski, Auswirkungen, S. 129ff.

[369] BGHSt 25, S. 24 (26 ff.). Noch weitergehend: BGH bei Dallinger, MDR 1973, S. 191 (193).

[370] Vgl. die Kritik von Brauser, NJW 1973, S. 1007 f. Nicht zu Unrecht meint Pryzwanski, Auswirkungen, S. 133, man könne hier ohne Bedenken von zwei krassen Fehlentscheidungen sprechen, die sich sogar den Vorwurf der unzulässigen Gesetzeskorrektur gefallen lassen müssten.

[371] S. dazu Pryzwanski, Auswirkungen, S. 132.

[372] Brauser, NJW 1973, S. 1007 (1007).

[373] Dazu: Götz/ Tolzmann, BZRG, § 51, Rn. 4 a.E.

BVerfG[374] ausdrücklich hervorgehoben hat, dass an der damit verbundenen, durch das Resozialisierungsinteresse motivierten Durchbrechung der freien richterlichen Beweiswürdigung von Verfassungs wegen nichts zu beanstanden ist, kann man sich fragen, welchen Wert eine Darstellung dieser (historischen) Spruchpraxis noch beanspruchen kann. Lenkt man den Blick jedoch auf die gegenwärtig im Zusammenhang mit § 51 BZRG diskutierten Probleme, ist zu erkennen, dass diese scheinbar längst überholte Auffassung des BGH die Denkweise der Praxis nach wie vor prägt, und dass sie offensichtlich nicht gewillt ist, dem Resozialisierungsgedanken – allen verbalen Beteuerungen zum Trotz – die ihm zukommende Bedeutung zuzuerkennen. Darauf deuten insbesondere die oben[375] dargestellten Auffassungen *Granderaths* und *Schweckendieks* hin. Es erscheint in Anbetracht des mittlerweile erreichten Standards der Grundrechtsdogmatik und einer gefestigten Rechtsprechung des BVerfG zum Grundrecht auf Resozialisierung sehr bedenklich, wenn *Granderath* das dem § 51 BZRG zugrunde liegende Bemühen des Gesetzgebers um eine Wiedereingliederung des Straftäters in die Gesellschaft als „Zeitgeist des Jahres 1970" verhöhnt, das weder einer *richtig*[376] verstandenen Spezialprävention, noch den Bedürfnissen der öffentlichen Sicherheit entspreche. Es geht hier aber nicht um den Zeitgeist, um die Richtigkeit einer Auffassung, die letztlich in das Belieben eines individuell verschieden geprägten Vorverständnisses gestellt ist, sondern um *Grundrechte des Bürgers*. Wenn es – wie der BGH ausführt[377] – eben keine „Wahrheit um jeden Preis" gibt, sind die Grenzen richterlicher Aufklärungspflicht dann erreicht, wenn dadurch der Kernbereich grundrechtlicher Garantien der Bürger tangiert wird. Mit Recht hebt *Roxin* hervor, die Wahrheitserforschung sei im Strafverfahren kein absoluter Wert; dies sei vielmehr selbst eingebettet in die sittlichen und rechtlichen Rangordnungen des Staates[378]. Richtet die staatliche Strafverfolgung also mehr Nutzen als Schaden an, indem sie zu übermäßigen Grundrechtsbeeinträchtigungen, damit Grundrechtsverletzungen führt, hat sie zu unterbleiben. Dass diese Gefahr bei der Verwertung zum Teil lang zurück liegender Taten besteht – abgesehen davon, dass ihr Beweiswert für ein neues Verfahren dann ohnehin zweifelhaft erscheint – wurde in der Literatur vor allem von *Brauser*[379] dargelegt :

Denn der Zweck des § 49 BZRG a.F. (= § 51 BZRG n.F.) erschöpfe sich keineswegs darin, den Vorbestraften bei der Strafzumessung zu privilegieren. Es gehe auch um dessen Schutz in bzw. vor der Öffentlichkeit[380]: Der Straf- und Zivilprozess rollte vor der Öffentlichkeit ab und stünde nicht selten in dem Blickpunkt des allgemeinen Interesses, wobei die Presse das Ihrige dazu beitrage, die Vorgänge aus dem Gerichtssaal in weite Kreise der Bevölkerung bekannt zu machen. Es sei aber eine Verwertung getilgter Vorstrafen im Urteil, gleich zu welchem Zweck, immer nur dann zulässig, wenn sie verlesen und öffentlich erörtert worden sind. Damit wäre aber die diffamierende Wirkung der Vorstrafe, die § 49 BZRG (= § 51 BZRG n.F.) nach Ablauf der

---

374 Oben aa.
375 Vgl. oben bb (5).
376 Hervorhebung nicht im Original.
377 BGHSt 14, S. 358 (365); s. auch Roxin, Strafverfahrensrecht, § 1, Rn. 4.
378 Roxin, a.a.O., § 24, Rn. 16.
379 Brauser, NJW 1973, S. 1007 f.; 1008f.; vgl. auch den Standpunkt des BVerfG, oben (1).
380 Zu der Frage, inwieweit § 51 BZRG deshalb auch auf das Privatrecht, insbesondere die Berichterstattung durch die Medien einwirkt, s. noch sogleich unten im Text.

Tilgungsfristen vermeiden wolle, wiederum eingetreten. Dies müsse sich besonders dann verhängnisvoll auswirken, wenn es sich bei dem neuen Verfahren bloß um eine Straftat mit sehr geringem Schuldgehalt handele, oder der Betroffene schließlich sogar freigesprochen werde[381]. Hinzu komme, dass der vorbestrafte Angeklagte in aller Regel in der Vergangenheit mit größeren Schwierigkeiten zu kämpfen gehabt, sich im Anschluss an die Verurteilung wieder straffrei zu führen, als dies bei bis dato unverurteilt gebliebenen Tätern der Fall sei. Meist seien gerade die ersten Jahre nach Verbüßung der Strafe oder nach der vorzeitigen Entlassung die schwersten und die aus der Tatsache der Verurteilung dem Täter bereiteten Ächtungen und Hemmnisse im sozialen Fortkommen erschienen schier unüberwindlich. Bis zum Eintritt der Tilgungsreife straffrei zu bleiben, stelle daher eine nicht zu unterschätzende Leistung dar[382]. Es steht daher fest, dass es mit dem Resozialisierungsgedanken unvereinbar ist, diejenigen in aller Öffentlichkeit wieder mit einer längst vergessenen Straftat in Verbindung zu bringen, ihren Integrationsstatus zu gefährden, die durch eigene Anstrengung und staatliche Unterstützung den Weg in die Legalität zurück gefunden haben.

Die Regelung des § 51 BZRG erscheint also weniger verfassungsrechtlich problematisch, als vielmehr von Verfassungs wegen geboten. Der ursprüngliche Standpunkt des BGH ist dagegen mit der Verfassung kaum vereinbar, demnach würde auch die von *Granderath* angeregte Revision des § 51 BZRG alles andere als eine „Verbesserung" darstellen – vielmehr wäre sie als verfassungswidrig zu verwerfen.

Von Bedeutung ist diese Auseinandersetzung nunmehr auch für die Frage nach der **Reichweite des § 51 BZRG.** Die bisherigen Ausführungen legen bereits den Gedanken nahe, dass die von der h.A.[383] vertretene restriktive Auslegung dieser Vorschrift nicht überzeugen kann.

So führt der von *Schwockendieck*[384] dargelegte Gedanke, § 51 BZRG sei als Ausnahme von der auch verfassungsrechtlich anerkannten Aufgabe einer möglichst umfassenden Wahrheitsermittlung im Strafprozess auf möglichst wenige Fälle zu beschränken, in der Rechtsprechung dazu, dass diese Bestimmung auf die **Verwertung von Verfahrenseinstellungen oder Freisprüchen** nicht erstreckt werden soll[385].

Dabei geht es um folgendes Problem:

Im Gegensatz zu getilgten Verurteilungen soll die frühere Einstellung eines Ermittlungsverfahrens bzw. ein früherer Freispruch unbefristet zulasten des Täters verwendet werden können, wenn in einem neuen Verfahren über seine Schuld und die dafür zu verhängende Strafe entschieden wird. Denn § 51 BZRG bezwecke lediglich die Resozialisierung des Täters; ferner solle vermieden werden, dass dieser durch den bereits getilgten Strafvorwurf in seiner sozialen Stellung beeinträchtigt werde.

Es sei aber so, dass im Falle der Verwertung eines Freispruchs oder einer Verfahrenseinstellung beide Schutzgüter des § 51 BZRG nicht tangiert würden; vor allem werde gegen ihn durch einen solchen Vorhalt nicht der Vorwurf einer kriminellen Tat

---

381 S. auch Götz/ Tolzmann, BZRG, § 51, Rn. 16.

382 Brauser, NJW 1973, S. 1008 (1009).

383 S. oben bb.(5) und Roxin, Strafverfahrensrecht, § 15, Rn. 29; § 24, Rn. 19 m.N.

384 S. oben bb. (5).

385 BGH NJW 1973, S. 289; BGHSt 25, S. 64; BGH NJW 1987, S. 2244; BGH StV 1991, S. 64; OLG Karlsruhe NJW 1973, S. 291; BVerwG NJW 1974, S. 286; der Rechtsprechung folgen etwa Meyer, JR 1973, S. 292; Stree, in: Schönke/ Schröder, StGB, § 46, Rn. 31; Tremml, Rechtswirkungen, S. 26 f.; Tröndle, in: Tröndle/ Fischer, StGB, § 46, Rn. 40.

erhoben, sodass die Gefahr einer Entsozialisierung dadurch nicht entstehe[386].
Diese Auffassung ist im Schrifttum zu Recht nicht ohne Widerspruch geblieben. Denn die von einer Verfahrenseinstellung bzw. einem Freispruch Betroffenen stehen schlechter als diejenigen, bei denen eine strafbare Handlung eindeutig festgestellt worden ist. Dies sei letztlich mit der Unschuldvermutung aus Art. 6 EMRK kaum vereinbar[387]. *Rebmann/ Uhlig* schlagen daher vor, das Verwertungsverbot des § 51 Abs. 1 BZRG nach Ablauf bestimmter Fristen auch auf Einstellungen/ Freisprüche und das ihnen jeweils zugrunde liegende tatsächliche Geschehen zu erstrecken[388]. Dagegen ist allerdings eingewandt worden, im BZRG fehle eine Bestimmung, die in einem derartigen Fall den Beginn der Tilgungsfrist regele. Diese beginne schließlich nach §§ 34, 45 BZRG mit dem Tag der Verurteilung. Daraus ergebe sich bereits, dass der Gesetzgeber eine Ausdehnung des Verwertungsverbots auf solche Verfahren, die nicht durch Verurteilung beendet wurden, nicht gewollt habe[389].
Trotzdem hatte sich das OLG Köln den im Schrifttum gegen die restriktive Interpretation des § 51 BZRG angeführten Argumenten angeschlossen und die (fiktive) Tilgungsfrist in der Weise berechnet, dass es die Mindeststrafe des Deliktes zugrunde legte, deretwegen das Verfahren gegen den Beschuldigten anhängig war[390]. Dieser Auffassung ist zuzustimmen. Denn *Rebmann/ Uhlig*[391] weisen zu Recht darauf hin, dass das BZRG fiktive Tilgungsfristen sehr wohl kenne[392]. Für die Berechnung der Frist könne nach dem Rechtsgedanken des § 58 BZRG geprüft werden, ob Tilgungsreife dann eingetreten wäre, wenn das Verfahren zu einer Verurteilung geführt hätte. Gegenüber etwaigen Bedenken gegen die praktische Durchführbarkeit einer solchen Verfahrensweise ist im Übrigen darauf zu verweisen, dass nach der Auskunftspraxis des Generalbundesanwalts bei eingestellten Verfahren nach den dargestellten Grundsätzen bereits verfahren wird[393].
Im Übrigen ist zweifelhaft, ob die auf Art. 6 EMRK gestützten Einwände gegen die Ablehnung der analogen Anwendung durchgreifen können. Denn die Rechtsprechung betont in diesen Fällen , dass nicht die Tatsache einer möglichen Tatbegehung, sondern allein der Umstand, dass der Täter sich durch die Einleitung eines Strafverfahrens, sozusagen also die Konfrontation mit dem Justizapparat, nicht hat beeindrucken lassen, negativ berücksichtigt wird (Warnfunktion)[394].
Die entsprechende Anwendung des § 51 BZRG auf Verfahrenseinstellungen und Freisprüche rechtfertigt sich aber aus dem Grundrecht auf Resozialisierung. Zum einen ist in Betracht zu ziehen, dass allein der Verdacht einer Straftat nicht selten dazu

---

386 Tremml, a.a.O., S. 26.
387 Götz/ Tolzmann, BZRG, § 51, Rn. 49; kritisch auch Rebmann/ Uhlig, BZRG, § 51, Rn. 10.
388 Rebmann/ Uhlig, a.a.O.
389 Tremml, Rechtswirkungen, S. 26 f.; s. auch Schweckendiek, oben bb. (2e).
390 OLG Köln NJW 1973, S. 378.
391 Rebmann/ Uhlig, BZRG, § 51, Rn. 10.
392 So bestimmt § 58 BZRG, dass eine gem. § 54 BZRG in das Zentralregister nicht eintragungsfähige Auslandsverurteilung dann als tilgungsreif gilt, sobald eine ihr vergleichbare Verurteilung eines deutschen Gerichts tilgungsreif wäre; der Verurteilte ist dann auch nach § 53 BZRG befugt, sich als unbestraft zu bezeichnen.
393 Rebmann/ Uhlig, BZRG, § 51, Rn. 10; OLG Karlsruhe, Beschluss vom 18. August 1980, Az.: 3 VAs 9/ 80
394 Vgl. Nachw. in: Tröndle/ Fischer, StGB; § 46, Rn. 40.

geeignet ist, das Ansehen eines Bürgers erheblich zu mindern, sodass selbst Freisprüche oder Verfahrenseinstellungen nach § 170 Abs. 2 StPO nicht ohne Gefahr sind. Denn nicht selten wird nach dem Motto verfahren „Wo Rauch ist, ist auch Feuer", und selbst aus dem bloßen Verdacht einer Tat werden negative Rückschlüsse auf den Lebenswandel und die moralische Integrität des Betroffenen gezogen. Dies gilt vor allem für Personen, die im Interesse der Öffentlichkeit stehen, oder die bereits vorbestraft sind. Gerade im letzteren Fall können Ressentiments gegenüber einer „zu laschen" Strafjustiz geweckt werden, von denen der zuvor Verurteilte diesmal profitiert hat. Dessen Anstrengungen mit Blick auf seine „Rückkehr in die Legalität" könnten dadurch infrage gestellt werden.

Dieser Gedanke gilt noch mehr für Verfahrenseinstellungen nach §§ 153, 153a StPO, bei denen immerhin das Bestehen von Schuld gegeben sein kann und im Anwendungsbereich des neu gefassten § 153a StPO mittlerweile sogar ein mittleres Verschulden möglich ist[395]. Berücksichtigt man, dass nicht wenige tatsächlich unschuldige Beschuldigte der Verfahrenseinstellung nach § 153a StPO nur deshalb zustimmen, weil sie auf diesem Wege ein rufschädigendes und im Ergebnis nicht sicher prognostizierbares Strafverfahren vermeiden wollen[396], könnte dies für eine zurückhaltende Anwendung, wenn nicht sogar für eine Abschaffung des § 153a StPO sprechen[397]. Jedenfalls hätte spätestens die Ausweitung des § 153a StPO[398] es erfordert, zumindest für diesen ein ausdrückliches Verwertungsverbot festzuschreiben, zumal die Praxis darin – allen eher theoretischen Beteuerungen zum Trotz[399] – einen *Straf*ersatz erblickt[400].

Schließlich ist nicht zu übersehen, dass mit einer Verfahrenseinstellung nach §§ 153, 153a StPO, selbst wenn man mit dem BVerfG davon ausgeht, dass dadurch kein *Beweis* für die Begehung der eingestellten Tat erbracht wird[401], immerhin ein Schuldvorwurf der Rechtsordnung gegen den Betroffenen erhoben wird. Diesen auch noch nach langer Zeit zu seinen Lasten zu verwenden, widerspricht dem zentralen Anliegen des Resozialisierungsgedankens, weil der Betroffene dadurch wiederum Gefahr läuft, in seiner sozialen Stellung beeinträchtigt zu werden. Und das, obwohl er einer Einstellung nach § 153a StPO vielleicht nur deshalb zugestimmt hat, um gerade dies zu vermeiden.

Demnach ist auch das vor allem von *Tremml* vorgetragene Argument des einer Analogie angeblich entgegen stehenden Willens des Gesetzgebers[402] nicht stichhaltig. Abgesehen davon, dass er dies aus dem bloßen Fehlen einer entsprechenden Rege-

---

[395] Kleinknecht/ Meyer-Goßner, StPO, § 153a, Rn. 7; Roxin, Strafverfahrensrecht, § 14, Rn. 15 a.E.

[396] Kunz, Bagatellprinzip, S. 61; Streng, Strafrechtliche Sanktionen, S. 34; Weigend, KrimJ 1984, S. 8 (28 f.).

[397] Backes, KritV 1986, S. 315 (316 ff.); Schoreit, in: KK-StPO, § 153a, Rn. 4; Spona, Laienbeteiligung, S. 27 f.

[398] Durch das Gesetz zur Entlastung der Rechtspflege vom 11. Januar 1993 (BGBl. I, S. 50), dazu: Roxin, Strafverfahrensrecht, § 72, Rn. 24 m.w.N.

[399] BGHSt 28, S. 174 (176); Kleinknecht/ Meyer-Goßner, StPO, § 153a, Rn. 12.

[400] Meinberg, Geringfügigkeitseinstellungen, 1985, S. 235, 242; Streng, Strafrechtliche Sanktionen, S. 35; vgl. auch Spona, Laienbeteiligung, S. 27 m.w.N.

[401] BVerfG MDR 1991, S. 891.

[402] Tremml, Rechtswirkungen, S. 26.

lung im BZRG schließt, das Fehlen einer bestimmten Regelung aber stets Voraussetzung einer Analogie ist, es somit überhaupt keine zulässigen Analogien geben könnte, würde man *Tremml* folgen, könnte der entgegen stehende Wille des (einfachen) Gesetzgebers an dem verfassungsrechtlich verbürgten Resozialisierungs-Anspruch des Betroffenen nichts ändern.
Schließlich ist in neuerer Zeit noch ein Problembereich ins Blickfeld geraten, nämlich die Frage, ob und inwieweit **§ 51 BZRG Rechtswirkungen auch im Privatrecht** entfaltet. Mittlerweile ist jedoch zu Recht anerkannt, dass er das Recht auf Resozialisierung und darauf, „in Ruhe gelassen zu werden", auch bei Unterlassungsklagen des Privatrechts trägt[403]:
So hatte das OLG Köln im Jahr 1992 einen Fall zu entscheiden[404], in dem sich ein leitender Kriminaldirektor um die Position des stellvertretenden Leiters der Kriminalpolizei beworben hatte. Im November 1980 hatte er in einem Kaufhaus eine Schallplatte entwendet; diese Tat war durch Strafbefehl vom Mai 1981 geahndet worden. Gem. § 46 BZRG wurde die Strafe Mitte 1986 im Bundeszentralregister getilgt; seit Ende 1990 war auch der entsprechende Disziplinarvorgang aus seiner Personalakte entfernt worden.
Anlässlich seiner Bewerbung veröffentlichte die Beklagte einen ausführlichen Artikel unter der Überschrift „Dem Polizeipräsidium in X. droht ein Aufstand – Beamter mit unrühmlicher Vergangenheit will stellvertretenden Kripo-Chef werden". Darin wurde unter anderem über die Straftat des Klägers aus dem Jahr 1980 und die Umstände des sich anschließenden Straf- und Disziplinarverfahrens berichtet. Außerdem wurde mitgeteilt, der Polizeipräsident befürchte wegen der damaligen Vorgänge Schwierigkeiten bei der Zusammenarbeit. Zudem wurde ergänzend ein zehn Jahre altes Foto des Klägers abgedruckt.
Der Senat hielt diese Veröffentlichung wegen eines Verstoßes gegen § 51 Abs. 1 BZRG für unzulässig. Diese Bestimmung verbiete im Interesse der Resozialisierung und der Würde der Persönlichkeit grundsätzlich die Verwertung getilgter Vorstrafen im Rechtsverkehr. Davon werde auch das Privatrecht umfasst.
Diese in § 51 BZRG geschützten Interessen des Verurteilten bräuchten hinter anderen Gesichtspunkten nur dann zurückzustehen, wenn eine Gefährdung anderer Rechtsgüter drohe, denen insofern Vorrang zukomme. Eine derartige Gefährdung der Interessen der Öffentlichkeit sei durch die Bewerbung des Klägers auf den als hervorgehoben anzusehenden Posten des stellvertretenden Kripochefs und die Anforderungen an die moralische Integrität des Bewerbers nicht zu befürchten gewesen – dies schon deshalb nicht, weil die Vorstrafe des Klägers bei der Besetzung der Position selbst keine Rolle habe spielen dürfen[405]. Der Senat verurteilte den Beklagten daher, an den Kläger ein Schmerzensgeld in Höhe von 10.000,--DM zu zahlen.
Gegen das Urteil legte der Verfasser dieses Artikels Verfassungsbeschwerde mit der Begründung ein, dies stelle einen Verstoß gegen die Pressefreiheit dar. Das BVerfG nahm sie wegen offensichtlicher Unbegründetheit nicht zur Entscheidung an[406]. Es

---

[403] Vgl. BAG NZA 1998, S. 712; Götz/ Tolzmann, BZRG, § 51, Rn. 22; vgl. auch Rebmann/ Uhlig, BZRG, § 51, Rn. 26.
[404] OLG Köln NJW-RR 1993, S. 31 ff.
[405] OLG Köln, a.a.O., S. 32.
[406] BVerfG, NJW 1993, S. 1463 ff.

nahm dabei im Wesentlichen Bezug auf seine Ausführungen im Lebach-Urteil[407] und betonte, mit der zeitlichen Distanz zur Straftat und dem sich daran anschließenden Strafverfahren gewinne das Recht des Täters an Bedeutung, „allein gelassen zu werden". Zwar habe das BVerfG die zeitliche Grenze zwischen der grundsätzlich zulässigen aktuellen Berichterstattung und einer unzulässigen späteren Darstellung und Erörterung nicht allgemein fixiert; spätestens im Zeitpunkt der Haftentlassung beginne jedoch das entscheidende Stadium, in dem das Interesse an der Resozialisierung und der Wiedereingliederung des Täters in die Gesellschaft die Grenze einer zulässigen Berichterstattung kennzeichneten.

Diese Gedanken zugrunde gelegt, sei die Entscheidung des OLG Köln nicht zu beanstanden. Die in § 51 BZRG zum Ausdruck kommende Wertung zugunsten des Persönlichkeitsrechts begründe ein überwiegendes Interesse des Klägers, dass ihm die Verurteilung wegen Ladendiebstahls in der Öffentlichkeit nicht mehr vorgehalten werde, zumal es sich um eine relativ geringfügige Straftat handele, die in dem Zeitpunkt der Berichterstattung bereits zehn Jahre zurück gelegen habe, und die im Bundeszentralregister bereits getilgt gewesen sei. Zwar sei es so, dass es sich bei der Bewerbung des Klägers auf den herausgehobenen Posten des stellvertretenden Leiters der Kriminalpolizei für sich genommen um ein berichtenswertes Ereignis gehandelt habe; letztere sei in dem Artikel aber bloß ein Randthema gewesen, im Mittelpunkt gestanden habe die frühere Verurteilung. Ergänzend weist das BVerfG noch darauf hin, dass auch dann, wenn vorrangig über einen neuen, aktuellen Anlass berichtet werde, das Grundrecht auf Pressefreiheit hinter demjenigen auf Resozialisierung tendenziell zurückzutreten habe.

Beiden Entscheidungen ist im Grunde genommen nichts hinzuzufügen.

Bemerkenswert erscheinen dennoch zwei Gesichtspunkte:

Zum einen werden an Fällen wie dem hier dargestellten die verheerenden Folgen der Verbreitung einer schon Jahre oder Jahrzehnte zurück liegenden Verurteilung für den Betroffenen deutlich. Obwohl der Kläger bereits 1975 als „zu den bestausgebildeten und vielseitig verwendbaren Beamten zu zählen[408]" beurteilt worden war, zählen diese Qualifikationen wegen eines Ladendiebstahls an einer Schallplatte auch noch nach über zehn weiteren Jahren erfolgreicher Tätigkeit im Polizeidienst und im Übrigen (selbstverständlich) straffreier Führung in der öffentlichen bzw. veröffentlichten Meinung nur wenig. Deutlicher kann man die oben erwähnten Folgen eines bloß anhängig gewesenen und später eingestellten Verfahrens bzw. die Erörterung einer eigentlich bedeutungslosen Vorstrafe in einer Gerichtsverhandlung kaum aufzeigen. Es bestätigen sich genau die Vorbehalte, die gegen die in der Rechtsprechung verbreitete Auffassung vorgetragen wurden, dass eine Verwertung sämtlicher, auch lange Jahre zurück liegender Verurteilungen im Interesse der Wahrheitsfindung unerlässlich sei – einer Wahrheitsfindung, die jedoch um den Preis der Vernichtung langjähriger Karrieren, vielleicht des Lebenswerks eines Menschen betrieben wird.

Eine ähnliche Haltung prägt auch das Selbstverständnis vieler Journalisten – und damit ist der zweite hier relevante Aspekt angesprochen. In ihrem zum Teil rücksichtlosen, im vermeintlich öffentlichen Interesse liegenden, tatsächlich aber primär der Vermarktungsfähigkeit der Nachricht verpflichteten Streben nach Aufdeckung wahrer

---

[407] S. oben: BVerfGE 35, 202 ff.

[408] Vgl. den Sachverhalt zur Entscheidung OLG Köln, NJW-RR 1993, S. 31 (31).

und vermeintlicher Skandale ist ebenfalls wenig Platz für die Rücksichtnahme auf Ansehen, Würde und Leistung des Einzelnen. Es ist das Verdienst beider Entscheidungen, solchen Belangen zumindest ansatzweise wieder zur Geltung verholfen zu haben. Diese Erkenntnis wiegt umso schwerer, wenn man bedenkt, welchen Stellenwert das BVerfG der Pressefreiheit im Allgemeinen zubilligt, begreift es diese doch als „schlechthin konstituierend für die freiheitlich demokratische Grundordnung." Die freie Berichterstattung erscheint ihm als „unentbehrliches Medium und essentieller Faktor der öffentlichen Meinungsbildung.[409]". Der Resozialisierungsanspruch des Einzelnen, den das BVerfG als Grundgedanken des § 51 BZRG anerkennt, greift selbst demgegenüber aber durch.
Zusammenfassend ist also festzuhalten: An der Verfassungsmäßigkeit des § 51 BZRG besteht kein Zweifel, vielmehr ist sein Bestehen ein verfassungsrechtliches Postulat. Demnach ist es positiv zu beurteilen, dass das BVerfG auf die enge Verbindung dieser Bestimmung mit dem Grundrecht auf Resozialisierung hingewiesen hat. Eine erweiternde, z.T. analoge Anwendung auf nicht ausdrücklich erfasste Lebenssachverhalte erscheint dabei im umfassenden Schutzinteresse der Betroffenen unerlässlich. Man kann *Rebmann/ Uhlig* daher nur zustimmen, wenn sie es für „wünschenswert" erachten, dass der Gesetzgeber durch eine ausdrückliche Regelung auch dieser Fälle die Stellung des Betroffenen weiter stärken würden[410]. Denn nur dadurch könnte allen gegenläufigen Tendenzen, die das Resozialisierungs-Grundrecht mehr als Störfaktor der Arbeit, denn als rechtsstaatliche Errungenschaft verstehen, wirksam entgegengewirkt werden.

(7) Das Verschweigerecht gem. § 53 BZRG

§ 53 BZRG wird nicht zu Unrecht als „eine der wichtigsten gesetzliche Maßnahmen zur Verbesserung der Rechtsstellung Vorbestrafter" angesehen[411]. Denn alle Resozialisierungsbemühungen des Staates wie auch des Vorbestraften selbst müssten erfolglos bleiben, alles bisher Erörterte würde ins Leere laufen, wäre der Vorbestrafte verpflichtet, auch noch nach Ablauf der Nichtaufnahme- bzw. Tilgungsfristen seine Vorstrafe darzulegen. Daher erscheint § 53 BZRG unerlässlich zur Absicherung des Integrationsstatus des Vorbelasteten. Daraus folgt notwendig, dass § 53 BZRG tendenziell extensiv zu interpretieren ist, um eine möglichst große Effizienz zu erreichen; darauf wurde oben (5) bereits im Zusammenhang mit einer Vorbelastung durch zu Ordnungswidrigkeiten herabgestufte Straftaten hingewiesen.
Dennoch sind auch in diesem Bereich erhebliche Unzulänglichkeiten sowohl in der gesetzgeberischen Ausgestaltung dieser Norm, als auch innerhalb der zu seiner Interpretation vertretenen Auffassungen festzustellen. Diese werden im Folgenden in zwei Schritten darzulegen sein: Zunächst ist auf die **Bedeutung des § 53 BZRG für Verfahrenseinstellungen und Freisprüche** einzugehen, bevor dann im Weiteren die Inkongruenz zwischen der höchstrichterlichen Rechtsprechung der Arbeitsgerichte einerseits und den Bestimmungen des BZRG andererseits darzustellen ist.

---

[409] Vgl. nur BVerfGE 12, S. 205 (260); BVerfGE 20, S. 162 (174 f.); BVerfGE 35, S. 202 (221 f.). Zusammenfassend Bethge, in: Sachs, GG, Art. 5, Rn. 65 ff.; Strack, in: v. Mangoldt/ Klein/ Starck, GG, Art. 5, Rn. 73 ff. Knapper Überblick bei Sachs, Verfassungsrecht II, Grundrechte, B 5, Rn. 27 ff.
[410] Rebmann/ Uhlig, BZRG, § 51, Rn. 10 a.E.
[411] Götz/ Tolzmann, BZRG, § 53, Rn. 4; s. auch Rebmann/ Uhlig, BZRG, vor § 53, Rn. 1.

Die Diskussion um Verfahrenseinstellungen und Freisprüche verläuft im Rahmen des § 53 BZRG im Grunde genommen parallel zu derjenigen bei § 51 BZRG[412]. Die h.A. steht auf dem Standpunkt, § 53 BZRG gebe dem Betroffenen nicht das Recht, über Verfahren zu schweigen, die mit einem Freispruch oder einer Einstellung endeten[413]. Mit Recht sind *Rebmann/ Uhlig*[414] auch an dieser Stelle anderer Auffassung: Das Verschweigerecht sei auch auf Freisprüche, Verfahrenseinstellungen, Bußgeld- und ähnliche Entscheidungen und den diesen Entscheidungen zugrunde liegenden Sachverhalten zugunsten des Betroffenen analog anzuwenden. Eine Ausnahme wollen sie jedoch für Fragen nach einem noch anhängigen Ermittlungsverfahren machen. Dieser Differenzierung folgen auch *Götz/ Tolzmann*: Während der Betroffene insofern auskunftspflichtig sei[415], müsse die Frage nach abgeschlossenen Ermittlungsverfahren, die nicht zu einer Verurteilung geführt hätten, nach dem Grundgedanken des Art. 6 II EMRK als unzulässig angesehen werden mit der Folge, dass diese nicht zu offenbaren seien[416]. *Tremml* geht noch weiter und will selbst in letzteren Fällen eine Pflicht zur wahrheitsgemäßen Antwort bejahen, weil von eingestellten Verfahren keine diskriminierende Wirkung ausgehe und insbesondere ein künftiger Arbeitgeber ein berechtigtes Interesse daran habe, ein möglichst genaues Bild der Persönlichkeit des Stellenbewerbers zu erhalten[417].
Dass der Standpunkt *Tremmls* nicht zutrifft, ergibt sich aus dem oben (6) Ausgeführten. Denn Strafverfahren jeglicher Art sind durchaus dazu geeignet, das Ansehen der Betroffenen in der Öffentlichkeit, gerade auch im Arbeitsleben, herab zu würdigen. Denn nur so lässt sich erklären, dass viele Betroffene selbst in Einstellungen nach § 153a StPO einwilligen, nur damit das Verfahren möglichst schnell und unauffällig erledigt wird. Vielmehr wird man den zu § 51 BZRG entwickelten Gedanken hier derart weiterführen müssen, dass der Betroffene die Auskunft über Strafverfahren jedweder Art verweigern darf, die nicht gem. § 32 BZRG in das Privat-Führungszeugnis aufzunehmen sind. Denn ansonsten liefe man Gefahr, die resozialisierungsfördernde Wirkung der beschränkten Auskunft aus dem Zentralregister dadurch zu unterlaufen, dass die soziale Stellung und der gute Ruf des Betroffenen allein dadurch gefährdet werden, dass er überhaupt in Kontakt mit der Justiz geraten ist – auf diese Weise stellten dann Freisprüche und Verfahrenseinstellungen tatsächlich ein größeres Risiko dar als eine (geringfügige) Verurteilung. Vor diesem Hintergrund ist auch die von *Götz/ Tolzmann* und *Rebmann/ Uhlig* geforderte Unterscheidung zwischen noch anhängigen und bereits abgeschlossenen Strafverfahren nicht recht verständlich. Denn genauso wie für abgeschlossene Verfahren kann Art. 6 Abs. 2 EMRK selbstverständlich auch noch Geltung für anhängige Strafverfahren beanspruchen; gerade hier wird die Unschuldsvermutung aktuell. Denn aus der bloßen Tatsache der Anhängigkeit eines Ermittlungsverfahrens soll nicht bereits auf die Schuld des Betroffenen geschlossen werden. Daher ist auch nicht nachvollziehbar, warum er dazu verpflichtet

---

412 S. soeben (6).
413 Götz/ Tolzmann, § 53, Rn. 5; Kleinknecht/ Meyer-Goßner, StPO, § 261, Rn. 14; Schweckendiek (oben bb (5)); s. auch Bruns, NStZ 1981, S. 86; Haberstroth, NStZ 1984, S. 291; Tremml, Wirkungen, S. 144 f.
414 Rebmann/ Uhlig, BZRG, § 53, Rn. 3.
415 Götz/ Tolzmann, BZRG, § 53, Rn. 21.
416 Götz/ Tolzmann, a.a.O., Rn. 22.
417 Tremml, Wirkungen, S. 144 f.

sein sollte, darüber Auskunft erteilen zu müssen, zudem dadurch noch ein weiterer Bruch in die Argumentation eingefügt wird. Denn wenn das Ermittlungsverfahren wegen einer Tat anhängig ist, die in das Führungszeugnis gar keine Aufnahme fände, über die sich der Betroffene gem. § 53 BZRG nach einer Verurteilung also ohne Zweifel ausschweigen dürfte, wäre das Ermittlungsverfahren – obwohl er hier noch als unschuldig gilt – für ihn mit größeren Risiken behaftet, als eine Verurteilung, also ein Zustand, in dem seine Schuld erwiesen ist. Insofern ist der Standpunkt *Rebmann/ Uhligs* nicht konsequent, die ein Verschweigerecht über Freisprüche bejahen. Denn in Anbetracht eines Freispruchs ist der Beschuldigte genauso als unschuldig anzusehen wie in Anbetracht der bloßen Anhängigkeit des Ermittlungsverfahrens. Es besteht kein Grund, dass er seine soziale Integration in ersterem Falle nicht gefährden muss, wohl aber in zweiterem Falle, obwohl ihm von Rechts wegen weder im ersten noch im zweiten Fall etwas vorzuwerfen ist.

Dass aber selbst eine Beschränkung der Auskunftspflicht auf nach § 32 BZRG in das Führungszeugnis aufzunehmende Verurteilungen im Hinblick auf den sozialen Integrationsstatus des Betroffenen nicht recht glücklich ist, verdeutlicht der Blick auf die **Diskussion im Arbeitsrecht**:

In seiner bis heute grundlegenden Entscheidung vom 05. Dezember 1957[418] hat das BAG zur Auskunftspflicht eines Stellenbewerbers über Vorstrafen folgendermaßen Stellung bezogen: Indiskrete Befragungen könnten als Einbruch in die rechtlich zu schützenden Individualsphäre des Arbeitnehmers angesehen werden und von daher unzulässig sein; dann sei ihre wahrheitswidrige Beantwortung von vorn herein nicht arglistig. Nach Vorstrafen des Bewerbers dürfe in Personalbogen nicht einschränkungslos gefragt werden, schon um die Resozialisierung der Gestrauchelten nicht unnötig zu erschweren und den sich redlich um einen Arbeitsplatz bemühenden Vorbestraften nicht in unnötige Gewissenskonflikte zu bringen, die im Übrigen der Gewissenlose weniger haben werde als der Anständige. Nicht für jede Tätigkeit sei die Vorstrafe des Bewerbers ein beachtliches Hindernis. Sicherlich werde man nicht denjenigen zum Bankkassierer machen, der bereits mehrfach wegen Unterschlagung bestraft worden sei, und eine wegen kommunistischer Betätigung vorbestrafte Stenotypistin werde man nicht im Verfassungsschutzamt, den aus § 175 StGB Bestraften nicht als Jugendpfleger, den wegen Trunkenheit am Steuer Bestraften nicht als Chauffeur einstellen. Es gebe aber eine Anzahl von Tätigkeiten, die ein Vorbestrafter durchaus ausüben könne. Es komme stets auf den zu besetzenden Arbeitsplatz an. Je nach Art des zu besetzenden Arbeitsplatzes dürfe entweder nach Vorstrafen auf vermögensrechtlichem Gebiet (so etwa beim Bankkassierer) oder nach Vorstrafen auf politischem Gebiet (bei Angestellten des Verfassungsschutzamts), nach verkehrsrechtlichen Vorstrafen (beim Chauffeur) usw. gefragt oder auch nicht gefragt werden. Es dürfe jedenfalls nicht generell ohne sinnvolle Beschränkung auf das für den zu besetzenden Arbeitsplatz wichtige Strafrechtsgebiet gefragt werden. Bei der Fragestellung müsse auch zum Ausdruck kommen, dass Strafen, die der Tilgung oder der beschränkten Auskunft unterlägen, nicht mit genannt zu werden brauchten. Wenn der Bewerber eine ihm sonach unzulässigerweise gestellte Frage nach Vorstrafen wahrheitswidrig verneine, so stelle das keine Arglist dar[419].

---

[418] BAGE 5, S. 159 ff; neuestens bestätigt wiederum durch BAG NJW 1999, S. 3653 ff.

[419] BAGE 5, S. 159 (163 f.). S. auch BAGE 15, S. 261 (263); BAG BB 1970, S. 803; BAG NJW

Dieses Urteil, das im Schrifttum zu Recht große Zustimmung erfahren hat[420], und dessen Bewusstsein für die spezifischen Probleme des Vorbestraften und die Wichtigkeit einer Wiedereingliederung in das Arbeitsleben durchaus beeindruckend erscheint, ist also so zu verstehen, dass der Arbeitnehmer nicht dazu verpflichtet ist, Fragen nach Vorstrafen, die nicht in ein Führungszeugnis aufzunehmen sind, wahrheitsgemäß zu beantworten, und dass er darüber hinaus auch die aufnahmefähigen Verurteilungen dann verschweigen darf, wenn sie für den konkret ins Auge gefassten Arbeitsplatz irrelevant sind[421]. Demnach ist auch die von *Götz* vertretene Auffassung abzulehnen[422], die Rechtsprechung des BAG sei durch das Inkrafttreten des BZRG überholt, weil der Gesetzgeber bereits durch die Vorschriften der §§ 30 ff. BZRG abschließend entschieden habe, welche Vorstrafen der Arbeitgeber für eine zutreffende Persönlichkeitsbeurteilung des Bewerbers erfahren und verwerten dürfe. Vielmehr ist mit der heute in Rechtsprechung und Literatur vorherrschenden Auffassung[423] davon auszugehen, dass das BZRG insofern bloß einen Mindeststandard regelt, also solche Vorstrafen aus der Offenbarungspflicht ausnimmt, über die der Betroffene unter keinen Umständen und in keiner denkbaren Situation Auskunft zu geben hat. Das hindert das Arbeitsrecht aber in keiner Weise daran, für die Stellenbewerber noch einen darüber hinausgehenden, verbesserten Schutz ihres verfassungsrechtlich verbürgten Resozialisierungsinteresses festzuschreiben, zumal die Rechtsprechung der Arbeitsgerichte dem Grundrecht auf Resozialisierung im Privatrecht in vorbildlicher Weise zum Durchbruch verholfen hat.

Die Sichtweise des BAG war daher schon 1957 zukunftsweisender und verfassungsnäher als mancher gegenwärtig noch vertretener abweichender Standpunkt. Gestützt wird diese Auffassung dadurch, dass das BZRG den Arbeitgebern nicht das Recht zuerkennt, selbstständig ein Führungszeugnis für Stellenbewerber einzuholen, sodass eine zwingende Verknüpfung von aufnahmefähigen Verurteilungen einerseits und Auskunftspflicht des Bewerbers andererseits auch von dem Gesetzgeber offensichtlich nicht gewollt war[424].

Damit steht fest, dass es für die Resozialisierungsbemühungen des Arbeitsrechts zu beträchtlichen Gefährdungen kommen kann, wenn der Arbeitgeber von dem Stellenbewerber die Vorlage eines Führungszeugnisses verlangt. Denn dort sind in aller Regel mehr Verurteilungen aufgenommen als der Bewerber arbeitsrechtlich zu offenbaren verpflichtet ist, m.a.W.: Die höchstrichterliche Beschränkung des Auskunftsanspruchs des Arbeitgebers kann durch die Vorlage eines Führungszeugnisses unterlaufen werden, das weiter reichende Verschweigerecht des Betroffenen läuft in die

---

1999, S. 3653 ff.

[420] Heinrichs, in: Palandt, BGB, § 123, Rn. 10; Putzo, ebenda, § 611, Rn. 6; Kramer, in MünchKomm, § 123, Rn 16; Fischermeier, in KR, § 626 BGB, Rn 435; Buchner, in Münchner Hdb. z. ArbeitsR, § 38, Rn 138 ff.

[421] BAG BB 1970, S. 803; Heinrichs, a.a.O.

[422] Götz, BB 1971, S. 1325 ff.

[423] LAG Berlin, ArbuR 1996, S. 450; LAG München bei Götz/ Tolzmann, BZRG, § 53, Rn. 13; ArbG Wiesbaden, ARST 1990, S. 147; ArbG Münster, BB 1988, S. 2178; Götz/ Tolzmann, a.a.O.; Linnenkohl, ArbuR 1983, S. 129 ff.; Rebmann/ Uhlig, BZRG, § 53, Rn. 7 f.; Wohlgemuth, DB 1985, S. 3 (8).

[424] Rebmann/ Uhlig, a.a.O., Rn. 8.

Leere[425]. Notwendig erscheint also eine Harmonisierung der Auskunftsmöglichkeiten nach dem BZRG und den (engeren) Auskunftspflichten nach der Rechtsprechung der Arbeitsgerichte. Denn ansonsten könnten sich die privaten Arbeitgeber ihrer sich mittelbar aus § 53 BZRG ergebenden Mit-Verantwortung für den Erfolg der Resozialisierung entziehen[426]. Insoweit stützt auch dieser Gedanke die bereits oben[427] vorgetragene Überlegung eines Arbeitgeber-Führungszeugnisses, dessen Inhalt im jeweiligen Einzelfall vom Richter zu bestimmen ist. Die Tatsache, dass die Rechtsprechung des BAG sich offenbar ohne weiteres dazu in der Lage sieht, die Arbeitsplatzrelevanz bestimmter Verurteilungen zu bejahen oder zu verneinen, zeigt schließlich erneut, dass die von *Götz/ Tolzmann*[428] vorgetragenen Bedenken gegen diese Lösung nicht durchgreifen. Solange der Gesetzgeber von einer solchen Regelung absieht, sollte § 53 BZRG zumindest extensiv interpretiert und auch auf nicht einschlägige Vorverurteilungen, Verfahrenseinstellungen und Freisprüche angewandt werden.

3. BZRG und Grundrecht auf informationelle Selbstbestimmung

a. Einführung

Das Hauptproblem der Auskünfte aus dem Bundeszentralregister in datenschutzrechtlicher Hinsicht liegt in einem Bereich, für den dieses nur mittelbar verantwortlich ist, nämlich dort, wo es um die Frage geht, was mit den einmal gem. §§ 30 ff. BZRG erteilten Auskünften im Weiteren geschieht.

Rebmann weist zutreffend auf die schlichte Tatsache hin, die Auskünfte aus dem Zentralregister würden auf Papier erteilt. Das berge die Gefahr in sich, dass die in Akten oder Personalunterlagen befindliche Registerauskunft noch über die gesetzliche Tilgungsfrist hinaus Verwendung finde. Die von einer faktischen Verwertungsmöglichkeit ausgehenden Gefahren würden im Bereich des öffentlichen Dienstes deutlich. Enthielten Personalakten Hinweise auf frühere Verurteilungen, könne der Betroffene ein erhebliches Interesse daran haben, dass diese Unterlagen nach Eintritt der Tilgungsreife aus den Personalakten entfernt würden[429].

Gewiss sind die durch die einmal erteilte Auskunft entstandenen Gefahren für den Betroffenen damit nur angerissen; dieselbe Problematik stellt sich bei älteren Regis-

---

425 Vgl. dazu Götz/ Tolzmann, BZRG, § 53, Rn. 13.

426 Für eine solche Mitverantwortung zutreffend Rebmann/ Uhlig, BZRG, § 53, Rn. 8 a.E. Die dagegen von Götz/ Tolzmann a.a.O. erhobenen Bedenken überzeugen nicht. Denn die Resozialisierung des Betroffenen hängt, und das erkennt schließlich die Rechtsprechung der Arbeitsgerichte an, entscheidend davon ab, inwieweit er (wieder) in das Arbeitsleben eingegliedert werden kann, ist dies doch in aller Regel Grundvoraussetzung dafür, sich in der Gesellschaft überhaupt bewähren zu können, einen „positiven Integrationsstatus" zu erreichen. Denn nimmt man die Resozialisierungs-Aufgabe ernst, steht fest, dass diese nicht bloß eine staatliche, sondern eine gesamt-gesellschaftliche Aufgabe ist. Die wirtschaftlich Stärkeren werden insofern besonders in die Pflicht genommen, was aber keine Besonderheit der Resozialisierungs-Problematik ist, sondern vielmehr im Wesen eines sozialstaatlichen Gemeinwesens angelegt erscheint. Einer übermäßigen Mitverantwortung beugt die interessengerechte Rechtsprechung des BAG schließlich dadurch vor, dass bestimmte, für den betroffenen Arbeitgeber zu riskante Vorbelastungen weiter offenbarungspflichtig bleiben.

427 Vgl. 1(b).

428 Götz/ Tolzmann, a.a.O., Einl., Rn. 38.

429 Rebmann, NJW 1983, S. 1513 (1519).

terauskünften in den Akten der Staatsanwaltschaften und Polizeibehörden[430], insbesondere aber auch bei den zu den Personalakten von Privatunternehmen genommenen Führungszeugnissen. Fest steht zwar, dass gem. § 51 BZRG diese Informationen im Rechtsverkehr nicht mehr zum Nachteil des Betroffenen verwertet werden dürfen[431]. Viel größere Gefahren können aber von den bereits erwähnten *tatsächlichen* Verwendungsmöglichkeiten ausgehen. So läuft die vor Jahren einmal registrierte Person, deren Daten in dem Bundeszentralregister vielleicht bereits seit Jahren getilgt sind, Gefahr, dass aufgrund eines uralten Zentralregisterauszuges die Polizeibehörden bei einschlägigen Delikten gleich wieder gegen sie ermitteln, was im Zusammenhang mit der Gefahrenabwehr i.e.S. nicht weniger unangenehm sein muss als im Rahmen der präventiven oder repressiven Verbrechensbekämpfung. In Personalakten kursierende Auskünfte können jedenfalls faktisch Einfluss auf Aufstiegschancen entfalten, und ein verärgerter ehemaliger Arbeitgeber kann durch eine entsprechende Fotokopie des Registerauszuges den früheren Beschäftigten ohne weiteres diskreditieren[432]. Die bloße Existenz – theoretisch ewig verwahrter - Registerauskünfte kann daher den Betroffenen in vielfältiger Weise beeinträchtigen und seine Resozialisierung infrage stellen.

Nun betont das BVerfG, dass das Grundrecht auf informationelle Selbstbestimmung nicht verselbstständigt gesehen werden darf, sondern dass es quasi als Schablone über dem Grundrechtskatalog liegt.

Es kommt also im Kern darauf an, ob durch staatliche bzw. staatlich geförderte Informationserhebung und –verarbeitung Rechtsgüter des Betroffenen verletzt werden, die ihm durch die Freiheitsrechte garantiert sind, m.a.W.: Es ist immer vorrangig zu prüfen, inwieweit der staatliche Informationstransfer einen Eingriff in die allgemeinen Freiheitsrechte darstellt, bevor auf Art. 2 Abs. 1 i.V.m. Art. 1 Abs. 1 GG als Grundlage des personalisierten Datenschutzes zurückzugreifen ist. Die informationelle Selbstbestimmung ist das Paradigma einer Regelung, die die Grundrechte in verfahrensmäßiger Hinsicht absichert[433].

Ist dies so, dann gehen von den womöglich missbräuchlich verwendeten Daten aus dem BZRG in zweifacher Hinsicht grundrechtsrelevante Gefahren aus: Soweit die Eingliederung des Betroffenen in die Gesellschaft als solche, z. B. bei einem Wechsel des Arbeitsplatzes, dadurch infrage gestellt wird, ist das Grundrecht auf Resozialisierung als lex specialis berührt. Soweit es dagegen „nur" um seinen guten Ruf, sein Renommée geht[434], bleibt jedenfalls das Grundrecht auf informationelle Selbstbe-

---

[430] Zu letzteren: Riegel, JR 1979, S. 48 ff.

[431] Anders für den Bereich der polizeilichen Gefahrenabwehr und der vorbeugenden Vebrechensbekämpfung Riegel a.a.O.

[432] Gerade auch auf der faktischen Verwertbarkeit älterer Führungszeugnisse zulasten des Betroffenen, die sich etwa ein privater Arbeitgeber vorlegen lässt und zu den Akten nimmt, beruhen die mitunter großen Risiken der „verhängnisvollen Datenschutzselbstauskünfte" (zu ihnen: Weichert, CR 1995, S. 361 ff.), zu denen der Bewerber aufgrund der wirtschaftlichen Übermacht des ins Auge gefassten Arbeitgebers gezwungen sein kann.

[433] Ansätze dazu in BVerfGE 65, S. 1 (42 f.); bezogen auf Art. 10 GG vgl. BVerfGE 100, S. 313 (375 f., 381); zusammenfassend Gusy, KritV 2000, S. 52 ff. S. auch dens., in: v. Mangoldt/ Klein/ Starck, GG, Art. 10, Rn. 71; dens., StV 1992, S. 484 ff.

[434] Wobei offensichtlich ist, dass solche Beeinträchtigungen den dem Berufsleben drohenden Gefahren in ihrer Bedeutung und Bedrohlichkeit regelmäßig in nichts nachstehen.

stimmung tangiert.

b. Das Grundrecht auf informationelle Selbstbestimmung

aa. Entwicklung in Rechtsprechung und Literatur bis zur Anerkennung eines (Grund-) Rechts auf informationelle Selbstbestimmung

Die Forderung nach einem speziellen Schutz der persönlichen Daten, d.h. nach einem Recht auf informationelle Selbstbestimmung, ist erst im Zusammenhang mit der Einführung der EDV erhoben worden. Die Erkenntnis, dass die Persönlichkeitsgüter, zu denen auch personenbezogene Daten gehören, in besonderem Maße des Schutzes bedürfen, war jedoch schon zuvor gewonnen worden.[435] Ausgangspunkt war die Tatsache, dass weder das zivile noch das öffentliche Recht eine geeignete Antwort auf die Gefährdungen des Privatlebens durch die moderne Technik boten. So war bereits in der frühen Nachkriegszeit die Diskussion über Inhalt und Umfang des Schutzes der Privatsphäre gegen Indiskretion ein beherrschendes Thema[436]. Zahlreiche Entscheidungen des Bundesverfassungsgerichts hatten typische Fälle der „Indiskretion" zum Gegenstand[437].

Die Rechtsprechung des BGH, aber noch ausgeprägter die des BVerfG, hat den Persönlichkeitsschutz stetig und systematisch weiterentwickelt und ihn an die jeweils sich wandelnden Gefährdungen der Persönlichkeitsgüter durch die Entwicklungen der modernen Technik angepasst. Am Beginn der Entwicklung stand die Forderung nach Schutz vor Indiskretion. Es ging darum, ein Eindringen in den privaten Bereich zu verhindern. Das BVerfG hat im Zusammenhang mit der Erörterung des Rechts auf freie Entfaltung der Persönlichkeit frühzeitig klargestellt, dem einzelnen Bürger sei eine Sphäre privater Lebensführung vorbehalten; es bestehe ein letzter unantastbarer Bereich menschlicher Freiheit, welcher der Einwirkung der gesamten öffentlichen Gewalt entzogen sei[438].

In den bis zum Volkszählungsurteil ergangenen Entscheidungen hat das BVerfG das Recht auf Selbstbestimmung und Selbstdarstellung ohne Bezug auf einen Sphärenschutz mehrfach bestätigt und verfestigt. Zum einen geschah dies hinsichtlich des Verbots der Zweckentfremdung und der Verwertung von unter Zwang herbeigeführten Selbstbezichtigungen für Strafverfahren[439]. Hier kam dann auch erstmals der Gedanke der Zweckbindung, d.h. des Erfordernisses, Daten nur für einen bestimmten, gesetzlich festgelegten Zweck zu verwenden, zum Ausdruck. Zum anderen wurde das Recht des Einzelnen hervorgehoben, selbst darüber zu befinden, was seinen sozialen Geltungsanspruch ausmacht, und ob oder inwieweit Dritte über seine Persönlichkeit sollen verfügen können, indem sie ihn zum Gegenstand öffentlicher Erörterungen machen[440].

---

[435] Vgl. Vogelgesang, Grundrecht, S. 39.

[436] Vgl. Vogelgesang, a.a.O., S. 39 m.w.N.

[437] Z. B. BVerfGE 27, S. 344 (350 f); 34, S. 205 (209) (Ehescheidungsakten) ; 34, S. 238 (245) (Tonbandaufnahmen);34, S. 269 (282/283); 42, S. 234 (236) (Briefkontrolle); 32, S. 373 (379) (Patientenkartei); 44, S. 353 (372 f.) (Suchtkrankenberatungsstelle).

[438] BVerfGE 6, S. 32 (41) (Elfes-Urteil).

[439] BVerfGE 56, S. 37 (50).

[440] BVerfGE 63, S. 131 (142).

bb. Anerkennung eines Grundrechts auf informationelle Selbstbestimmung durch das Volkszählungsurteil

Das **Volkszählungsurteil vom 15.12.1983** war das Ergebnis mehrerer Verfassungsbeschwerden gegen das Gesetz über eine Volks,- Berufs,- Wohnungs- und Arbeitsstättenzählung (Volkszählungsgesetz vom 25.03.1982)[441].

Die Furcht der Bevölkerung vor unkontrollierter Persönlichkeitserfassung war für das BVerfG Grund genug, sich ausführlich mit dem Problem auseinanderzusetzen, welche Anforderungen die Verfassung an die Verarbeitung personenbezogener Daten stellt.

Da der Schwerpunkt des Volkszählungsurteils nicht in der Feststellung der Verfassungswidrigkeit der Volkszählung als solcher, sondern in den datenschutzrechtlichen Darlegungen liegt, ist diese Entscheidung als richtungsweisend für die neuere Entwicklung des Datenschutzrechts anzusehen[442]. Nach den dort getroffenen grundlegenden Aussagen des BVerfG umfasst das allgemeine Persönlichkeitsrecht des Art. 2 Abs. 1 i.V.m. Art. 1 Abs. 1 GG den Schutz des Einzelnen gegen unbegrenzte Erhebung, Speicherung, Verwendung und Weitergabe seiner Daten vor allem unter der Bedingungen der modernen Datenverarbeitung. Dieses Grundrecht gewährleistet das Recht des Einzelnen, grundsätzlich selbst über die Verwendung und Preisgabe seiner persönlichen Daten zu bestimmen. Diesen Anspruch bezeichnet das BVerfG in seinem zweiten Leitsatz als „Recht auf informationelle Selbstbestimmung"[443].

Damit hat das BVerfG kein neues Grundrecht erfunden, sondern den bereits anerkannten Persönlichkeitsschutz weiterentwickelt und die Zulässigkeit der Datenverarbeitung als verfassungsrechtliches Problem so benannt, wie es dies auch schon in den Vorläuferentscheidungen angedeutet hat[444]. Das Volkszählungsurteil trifft dazu eine über die bisherige Rechtsprechung des BVerfG hinausgehende Feststellung: Der Senat stellt klar, dass nicht mehr auf die Art der Daten und die betroffene Sphäre abgestellt werden kann, sondern dass die Nutzbarkeit und die Verwendungsmöglichkeiten sowie der Verwendungszusammenhang maßgeblich sind[445].

Das Persönlichkeitsrecht wird also, anders als in der früheren Rechtsprechung des BVerfG, nicht mehr in einzelne Sphären aufgeteilt. Informationelle Selbstbestimmung könne unter den Bedingungen moderner Informationstechnologie vielmehr nur gewährleistet werden, wenn der Erkenntnis Rechnung getragen wird, dass sich als Folge der automatischen Verarbeitung die erhobenen personenbezogenen verselbstständigen könnten, ohne dass es noch auf den ursprünglichen Erhebungs- oder Übermittlungszusammenhang ankommt. Nach Aussage des Volkszählungsurteils gibt es also unter den Bedingungen der automatisierten Datenverarbeitung kein „belangloses Datum" mehr[446]. Erst wenn Klarheit über die Verwendung besteht, lässt sich damit auch die Frage einer zulässigen Beschränkung des Rechts auf informationelle Selbstbestimmung beantworten[447].

Die Volkszählungsentscheidung stellt dabei klar, dass es nicht darauf ankommt, ob die Daten in Dateien oder in Akten, und damit mittels konventioneller Datenverarbei-

---

[441] BGBl I 1982, S. 369.
[442] So auch Liebscher, Datenschutz, S. 32.
[443] BVerfGE 65, S. 1 (2. Leitsatz).
[444] Vgl. Liebscher, Datenschutz, S. 33 m.w.N.
[445] Vgl. BVerfGE 65, S. 1 (45).
[446] BVerfG, a.a.O.
[447] BVerfG, a.a.O.

tung, genutzt oder anderweitig verarbeitet werden. Die vielfach vorgenommene Formulierung „unter den heutigen und künftigen Bedingungen der modernen Datenverarbeitung" stellt bewusst nicht auf die Gefahren ab, die durch die tatsächliche Speicherung von Daten in Datenverarbeitungsautomaten konkret entstehen, sondern auf die abstrakte Gefahr, dass heutzutage mit Hilfe der automatischen Datenverarbeitung personenbezogene Daten, auch soweit sie konventionellen Datenträgern entnommen werden, beliebig verwertbar sind[448]. Unerheblich für den Schutz der Daten ist daher sowohl der Datenträger als auch das Verarbeitungsverfahren. Die im Volkszählungsurteil normierten Voraussetzungen sind damit nicht nur für personenbezogene Eingriffe im Bereich der automatisierten Datenverarbeitung, sondern auch im Bereich der konventionellen Datenverarbeitung zu beachten. Im Ergebnis bedarf also jede Erhebung und Verwendung eines personenbezogenen Datums einer besonderen Grundlage, die entweder im entsprechendem Willen des Einzelnen oder im in *gesetzlicher* Anordnung liegt[449].
Diese Auffassung wird insbesondere durch die neuen Datenschutzgesetze gestützt, die Akten als konventionelle Datenträger in ihren Schutzbereich einbeziehen.

cc. Das Grundrecht auf informationelle Selbstbestimmung in der gegenwärtigen Diskussion
Obwohl das Grundrecht auf informationelle Selbstbestimmung, dessen Grundlinien das BVerfG in seinem „Volkszählungsurteil" von 1983[450] erstmals herausgearbeitet und verbindlich festgeschrieben hatte, in der Folgezeit Gegenstand heftiger Auseinandersetzungen in der Wissenschaft war[451], hat es in Rechtsprechung und Literatur weitgehende Zustimmung gefunden[452] und den Gesetzgeber dazu veranlasst, in vielfältiger Weise tätig zu werden, um bestehende und durch das BVerfG aufgedeckte Regelungslücken zu schließen[453]. Dieses Bestreben, durch detaillierte Normierungen der datenschutzrelevanten Materien für mehr Rechtssicherheit zu sorgen, erscheint vielen sicherlich suspekt. Vor allem wird die Undurchschaubarkeit der vielfältigen datenschutzrechtlichen Normen, in der ein Vollzugsdefizit nahezu zwingend von vornherein angelegt sei[454], kritisiert. Die Rede ist von gesetzgeberischer „Verrechtlichungsekstase[455]", von einer „Gesetzgebungsmaschinerie, die sich noch in vollem Gange befinde[456]."

---

448 BVerfGE 65, S. 1 (44 ff.).
449 So auch Simitis, NJW 1989, S. 21; Gola, RDV 1988, S. 109; Krause, JuS 1984, S. 268 (272).
450 BVerfGE 65, 1 ff.
451 Vgl. dazu die Nachw. bei Gusy, KritV 2000, S. 52 (52 Fn. 2); Duttge, Der Staat 1997, S. 281 (293 ff.).
452 Exemplarisch – aus neuerer Zeit - BVerwG NVwZ 1995, S. 1101 (1102); BGH JZ 1995, S. 253 (254); BFH NJW 1994, S. 2246 ff.; VGH Kassel NJW 1993, S. 30911 ff.; OVG Münster NJW 1995, S. 1979 (1980); Bäumler, in: Lisken/ Denninger, Handbuch des Polizeirechts, Abschnitt J, Rn. 1 ff.; Riegel, Datenschutz, S. 7 ff.; Sachs, Verfassungsrecht II, Grundrechte, B 2, Rn. 57 f.; vgl. m.w.N. Murswiek, in: Sachs, GG, Art. 2, Rn. 72 f.; Starck, in: von Mangoldt/ Klein/ Starck, GG, Art. 2, Rn. 108 ff.; Gusy, ebenda, Art. 10, Rn. 71.
453 Vgl. den Überblick bei Duttge, Der Staat 1997, S. 281 (281 ff.).
454 Vgl. Bull, ZRP 1998, S. 310 ff. und dens., in: Lamnek/ Tinnefeld, Globalisierung, S. 221 ff.
455 Kloepfer, JZ 1984, S. 685 (689).
456 Duttge, Der Staat 1997, S. 281 (283); Scheffler, GA 1995, S. 449 ff.

Dies hat die Rechtsprechung, insbesondere das BVerfG, jedoch nicht davon abgehalten, die in dem Volkszählungsurteil entwickelten Leitlinien fortzuentwickeln und im Einzelnen weiter zu verfeinern[457] und somit jener „verfassungsrechtlichen Bergpredigt zum Datenschutz[458]" in beinahe allen Rechtsbereichen zum Durchbruch zu verhelfen. Insoweit lässt sich eine gewisse Parallelität der gesetzgeberischen Aktivitäten und der höchstrichterlichen Rechtsprechung nicht von der Hand weisen. Die Tatsache, dass die Gerichte die einschlägigen Passagen der bundesverfassungsgerichtlichen Entscheidungsgründe referieren[459], spricht nur dafür, dass sich das Gedankengut der informationellen Selbstbestimmung in der Praxis durchgesetzt hat.
Die aktuellste Fortschreibung und Präzisierung hat der Grundsatz der informationellen Selbstbestimmung in dem sog. **G-10-Urteil des BVerfG vom 14. Juli 1999**[460] erfahren, das zwar formal an Art. 10 GG anknüpft, in der Sache aber wesentliche Stellungnahmen zum Datenschutzrecht im Allgemeinen enthält und somit bewusst an die Leitlinien des Volkszählungs-Urteils anknüpft[461]:
So zieht das BVerfG in dieser Entscheidung den Schutzbereich des Grundrechts tendenziell weiter. Während es im Volkszählungsurteil jedenfalls ausdrücklich nur um die „zwangsweise Erhebung personenbezogener Daten mittels Befragung und Antwortpflicht" ging[462], bezieht das G-10-Urteil auch alle anderen Formen der „Kenntnisnahme, Aufzeichnung und Verwertung von Kommunikationsdaten durch den Staat" in den Bereich grundrechtsrelevanten Staatshandelns mit ein[463]. Erfasst werden also auch „Maßnahmen unmittelbarer Informationsbeschaffung ohne den Umweg über den Betroffenen selbst als Auskunftsperson" und „heimliche, ‚nicht-imperative' Zugriffsformen wie etwa das Abhören mit technischen Mitteln[464]." Im Übrigen wird die unkontrollierte staatliche Datensammlung und -verwaltung nach wie vor zu allererst als Bedrohung der menschlichen Handlungsfreiheit wahrgenommen. Soweit das BVerfG im Volkszählungs-Urteil darauf abstellte, dass derjenige, der sich nicht sicher sein könne, welche Handlungen aufgezeichnet, und welche aufgezeichneten Informationen später verwendet oder weitergegeben würden, stets versucht sei, die Ausübung verfassungsmäßig garantierter Freiheiten schon deshalb zu unterlassen, um nicht aufzufallen[465], wird dieser Gedanke nun bereichsspezifisch für die Telekommunikation weitergeführt: Der Meinungs- und Informationsaustausch mittels Fernmeldeanlagen unterbleibe möglicherweise, wenn die Beteiligten damit zu rechnen hätten, dass staatliche Stellen sich in die Kommunikation einschalten und Kenntnisse über die Kommunikationsbeziehungen oder –inhalte gewinnen[466]. Das BVerfG betont auch in dem G-10-Urteil, mit einer Normierung der Datenerhebung als solcher sei es nicht getan; vielmehr gehe es um den *„Privatheitsschutz durch Verwendungsbeschränkungen*[467]": Die

[457] Dazu ein kurzer Überblick m.N. bei Duttge, Der Staat 1997, S. 281 (288 ff.).
[458] Meister, DuD 1986, S. 173 (175).
[459] Duttge, Der Staat 1997, S. 281 (281).
[460] BVerfGE 100, S. 313 ff.
[461] Gusy, KritV 2000, S. 52 (53 ff.).
[462] BVerfGE 65, S. 1 (45).
[463] BVerfGE 100, S. 313 (366) in Anknüpfung an BVerfGE 85, S. 386 (398).
[464] Gusy, KritV 2000, S. 52 (55).
[465] BVerfGE 65, S. 1 (43).
[466] BVerfGE 100, S. 313 (359).
[467] So Gusy, KritV 2000, S. 52 (55).

Verwendung der einmal erhobenen Daten bleibe an die Grundsätze der Verhältnismäßigkeit und der Zweckbestimmtheit gebunden. So müsse der Zweck der Datenenerhebung bereichsspezifisch und präzise bestimmt werden, zur Erreichung dieses Zwecks müsse das erhobene Datenmaterial geeignet und erforderlich sein. Insbesondere eine Sammlung nicht anonymisierter Daten auf Vorrat zu unbestimmten oder noch nicht bestimmbaren Zwecken sei damit nicht vereinbar. Speicherung und Verwendung erlangter Daten seien daher grundsätzlich an den Zweck gebunden, den das zur Kenntnisnahme ermächtigende Gesetz festgelegt habe. Zwar würden durch den Grundsatz der Zweckbindung Zweckänderungen nicht grundsätzlich ausgeschlossen; diese bedürften ihrerseits jedoch wiederum einer gesetzlichen Grundlage, die mit dem GG formell und materiell vereinbar sei. Dazu gehöre, dass die Zweckänderungen durch Allgemeinbelange gerechtfertigt seien, die die grundrechtliche geschützten Interessen überwögen. Der neue Verwendungszweck müsse sich auf die Aufgaben und Befugnisse der Behörden beziehen, der die Daten übermittelt würden, und hinreichend normenklar geregelt sein[468].

dd. Informationelle Selbstbestimmung und Bundeszentralregister – Der Stand der Diskussion

Während die Auseinandersetzung um die Frage, ob und inwieweit das BZRG dem Resozialisierungs-Gedanken in ausreichendem Maß Rechnung trägt, von Beginn an im Mittelpunkt des Interesses stand, gelangte die Frage nach seiner datenschutzrechtlichen Relevanz erst allmählich in das Bewusstsein des Fachpublikums. Dies könnte daran liegen, dass die Problematik der Wiedereingliederung des Straffälligen in die Gesellschaft so alt ist wie das moderne Strafrecht selbst[469], wohingegen die Bedeutung der informationellen Selbstbestimmung erst als eine Entdeckung der letzten 30 Jahre gelten kann, während derer die Elektronische Datenverarbeitung Chancen wie Risiken eröffnet hatte, die zuvor undenkbar schienen[470]. Dementsprechend kam auch die Diskussion um die datenschutzrechtliche Relevanz des Bundeszentralregisters nur langsam in Gang – und dies, obwohl es bei den dort gespeicherten Informationen „um besonders sensible Daten geht, die in hohem Maße geeignet sind, die Einzelnen jeweils massiv in ihrem individuellen Lebensbereich zu beeinträchtigen[471]". Man gab sich schnell der Feststellung zufrieden, das BZRG sei in seinen wesentlichen Teilen auch ein Datenschutzgesetz[472]. Mehrfache Prüfungen des Bundeszentralregisters durch den Bundesdatenschutzbeauftragten hätten nicht nur keine Beanstandungen ergeben, sondern dem Datenschutz in diesem Bereich ein hohes Niveau bescheinigt[473].

Dennoch fanden sich im Hinblick auf einzelne Regelungen des BZRG immer wieder Kritikpunkte auch in datenschutzrechtlicher Hinsicht; diese wurden allerdings im Wesentlichen nur in den Kommentierungen zum BZRG von *Rebmann/ Uhlig* und *Götz/*

---

468 BVerfGE 100, S. 313 (360) unter Bezugnahme auf BVerfGE 65, S. 1 (51, 62).

469 Oben, Teil B.II.

470 Vgl. allein für die Informationsverarbeitung der Sicherheitsbehörden Bäumler, in: Lisken/ Denninger, Handbuch des Polizeirechts, Abschnitt J, Rn. 147 ff.; Riegel, Datenschutz, S. 1ff.

471 Götz/ Tolzmann, BZRG, § 1, Rn. 22.

472 Rebmann, NJW 1983, S. 1513 (1519); Rebmann/ Uhlig, BZRG, Einleitung, Rn. 72; s. auch Götz/ Tolzmann, a.a.O., § 1, Rn. 23.

473 Götz/ Tolzmann, ebenda und § 2, Rn. 20 m.w.N.

Tolzmann[474] aufgegriffen. Diese Zurückhaltung in der Literatur steht in einem eigentümlichen Verhältnis zu der bereits 1986 getroffenen Feststellung *Vogelgesangs*, die große Zahl von Veröffentlichungen zum Volkszählungsurteil habe drei Jahre nach dessen Verkündung nicht nachgelassen und nähere sich der Grenze der Unüberschaubarkeit[475]; man kann ohne Übertreibung feststellen, dass diese Grenze im Jahre 2001 mit Sicherheit weit überschritten ist[476].
Die folgenden Ausführungen stehen also vor dem Problem, dass in einem bereits umfassend diskutierten Bereich in manchen Teilen Neuland betreten werden muss und bestimmte Fragestellungen in diesem Kontext erstmals aufzuwerfen sind. Diese Aufgabe wird allerdings dadurch erleichtert, dass zu anderen Datenspeicherungs- und Informationsregistern von Polizei und Justiz bereits umfangreiche Abhandlungen vorliegen, an die insofern angeknüpft werden kann[477].

ee. Eigene Anmerkungen/ Stellungnahme
Entsprechend der bereits oben b. verfolgten Verfahrensweise wird es im Folgenden darum gehen, einzelne, besonders problematisch erscheinende Bestimmungen bzw. Regelungslücken des BZRG im Hinblick darauf zu untersuchen, inwieweit sie in Anbetracht des Grundrechts auf informationelle Selbstbestimmung einer kritischen Überprüfung standhalten. Zuvor soll jedoch wiederum der Versuch unternommen werden, die Gesamtregelung auf Unstimmigkeiten hin zu untersuchen.

(1) Das BZRG – Kernprobleme der informationellen Selbstbestimmung
Sucht man für die in der Einführung aufgeworfene Problematik nach einer Lösung, muss man sich der Tatsache bewusst sein, dass das Registerrecht wohl nur bedingt in der Lage ist, „menschliches Erinnerungsvermögen auszuschalten oder die mithilfe von Pressearchiven auflebende Vergangenheit eines Menschen mit dem Mantel des Vergessens zu decken[478]." Nicht zu Unrecht weist *Rebmann*[479] darauf hin, dass das effektivste Mittel zur Bekämpfung derartiger Verunglimpfungen das allgemeine Persönlichkeitsrecht sei, also der Versuch, auf zivilrechtlichem Wege – etwa durch die Geltendmachung von Schmerzensgeld – gegen diejenigen vorzugehen, die derartige Nachrichten lancieren[480].
Diese Erwägung entbindet den Gesetzgeber jedoch nicht von seiner aus dem Grundsatz der informationellen Selbstbestimmung fließenden Verantwortung, seinerseits alles dafür zu tun, dass Informationen über Vorstrafen, insbesondere auch über bereits getilgte Eintragungen, nicht in die falschen Hände geraten und zulasten des Betroffenen verwertet werden.
So hebt das BVerfG hervor, dass der Gesetzgeber gehalten ist, spezielle Löschungs-

---

[474] S. aber auch Rebmann, NJW 1983, S. 1513 (1519).
[475] Vgl. Vogelgesang, Grundrecht, S. 7 mit Nachw. in Fn. 2.
[476] Vgl. die Nachw. bei Duttge, Der Staat 1997, S. 281 ff.; Gusy. KritV 2000, S. 52 ff.
[477] Vgl. Bäumler, in: Lisken/ Denninger, Handbuch des Polizeirechts, Abschnitt J; Gusy, Polizeirecht, Rn. 184 ff.; Riegel, Datenschutz; jeweils m.w.N.
[478] Rebmann, NJW 1983, S. 1513 (1519).
[479] Rebmann, a.a.O.
[480] Vgl. dazu oben e.cc.(6) zu der auch verfassungsgerichtlich gebilligten – Rechtsprechung der Zivilgerichte, wonach § 51 BZRG auch einen zivilrechtlichen Unterlassungsanspruch trägt, der bei einem Verstoß auch mithilfe von Schmerzensgeld sanktionierbar ist.

regelungen als besondere „verfahrensrechtliche Schutzvorkehrungen“ für die Gewährleistung des informationellen Selbstbestimmungsrechts zu schaffen[481]. Er muss also sicher stellen, dass durch die vom Staat verbreiteten Daten so wenig Schaden wie möglich angerichtet werden kann. Damit ist man aber bei einem schwierigen Problem angekommen, nämlich der Frage, ob und ggf. auf welche Weise der Staat verpflichtet ist, durch aktive Schutzmaßnahmen die Bürger vor Schädigungen durch ihre Mitbürger zu bewahren. Im Kern geht es dabei um nichts anderes als um die Diskussion um die verfassungsrechtlichen Schutzpflichten[482].
Dies führt dazu, sich mit einem schwierigen Problem der Grundrechtsdogmatik zu beschäftigen. Zwar ist es mittlerweile in Rechtsprechung und Literatur grundsätzlich anerkannt, dass es eine Schutzpflicht des Staates für verfassungsrechtlich verbürgte Rechte der Bürger gibt[483]; Umfang und Voraussetzungen dieser Schutzpflicht sind aber genauso umstritten wie ihre Konsequenzen. Die wohl h.A. geht insofern in zwei Schritten vor: Zunächst sei zu bestimmen, *ob* überhaupt eine Schutzpflicht besteht, und wie weit diese reicht. Bejahendenfalls sei dann zu untersuchen, *wie* der Staat diese Schutzpflicht zu erfüllen hat[484].
Nach einer Auffassung[485] sind staatliche Schutzpflichten auf einen sog. Normenbestandsschutz beschränkt: So verstanden führt die staatliche Schutzpflicht nur dazu, dass der Bestand jener Normen gewährleistet bleibt, die das infrage stehende Rechtsgut bereits schützen; eine Verpflichtung, effektivere oder überhaupt neue Schutzmaßnahmen zu treffen, könne daraus nicht hergeleitet werden[486]. Schließt man sich dieser Ansicht an, ist es um den Standard des von Verfassungs wegen zu gewährleistenden Datenschutzes schlecht bestellt, denn dann wäre nur der status quo der im BZRG bereits vorgesehenen Schutzrechte gesichert. Weiterreichende, effektivere Gewährleistungen könnten von vornherein nicht beansprucht werden. Eine solche Sichtweise kann jedoch den vom BVerfG aufgestellten Kriterien zur effektiven Absicherung des informationellen Selbstbestimmungsrechts nicht genügen. Zwar mag es richtig sein, dass bei einem Verständnis der „Grundrechte als Eingriffsabwehrrechte“ lediglich ein als Normenbestandsschutz verstandenes Konzept grundrechtlicher Schutzpflichten dogmatisch fassbar ist[487]. Eine solche Sichtweise hält sich aber zu sehr an eine Grundrechtskonzeption, die die Grundrechte nur dazu in der Lage sieht, natürliche oder bereits präformierte Freiheit zu sichern[488]. Sie ignoriert aber die Frage, ob nicht auch die Grundrechte selbst Schutz- und Freiheitsräume präformieren, zu deren Sicherung der Gesetzgeber positiv tätig werden *muss*. So ist es aus der Perspektive der bedrohten Bürger keineswegs verständlich, dass die Artikel 1 Abs. 1, 2 Abs. 1 GG sie vor zielgerichteten Eingriffen des Staates in ihr Selbstbestimmungsrecht ebenso schützen wie vor dem Abbau bereits erlassener Schutznormen, dass sie

---

481 BVerfGE 65, S.1 (46); s. auch Riegel, Datenschutz, S. 191.
482 Vgl. dazu im spezifisch datenschutzrechtlichen Kontext etwa BayVerfGH BayVBl. 1998, S. 142 (144); dazu: Bull, CR 1998, S. 385 (388).
483 BVerfGE 39, S. 1 (41); 46, 160 (164); 88, 203 (251); Isensee, in: ders./ Kirchhof, HdBStR V, § 111, Rn. 82; Stern, ebenda, § 109, Rn. 59.
484 Schlette, JZ 1996, S. 327 (332 f.).
485 FN!
486 Eingehend dazu Lübbe-Wolff, Die Grundrechte als Eingriffsabwehrrechte, S. 136 ff.
487 Dazu: Lübbe-Wolff, a.a.O., S. 150 ff.
488 Lübbe-Wolff a.a.O., S. 75 ff.

aber nicht eingreifen, wenn der Staat sich ihres Schicksals überhaupt nicht annimmt. Sinnvollerweise muss ein *effektiver* Grundrechtsschutz bei dem Schutzgut „informationelle Selbstbestimmung" ansetzen und dies schützen, egal, von welcher Seite aus im Einzelnen die Gefahr droht. Dies gilt im Zusammenhang mit den Auskünften aus dem staatlichen Strafregister umso mehr, als der Staat durch deren Vorhaltung und Ausgabe in Führungszeugnissen die Gefährdung der (ehemals) registrierten Bürger überhaupt erst ermöglicht.

Demgegenüber werden von der h. A. die verfassungsrechtlichen Schutzpflichten umfassender verstanden. Nach diesem Verständnis ist der Staat verpflichtet, grundsätzlich sämtliche Übergriffe der Bürger auf Rechtsgüter anderer Bürger abzuwehren. Erfasst werden dann auch solche Bedrohungen, die von den Mitbürgern ausgehen[489].

Steht nach dem vorstehend Ausgeführten fest, dass die Verbreitung von Informationen über Vorstrafen eines Bürgers – selbst wenn diese lange Zeit zurückliegen – noch erhebliche Gefahren für dessen soziale Integration, für sein Ansehen und damit für sein Selbstbestimmungsrecht bergen, ist demnach davon auszugehen, dass der Staat gehalten ist, solches die Handlungsfreiheit bedrohendes Verhalten zu unterbinden.

Nachdem also das grundsätzliche Bestehen einer Schutzpflicht des Staates für die aus seiner Sphäre herrührenden Daten über Vorverurteilungen der Bürger nicht infrage gestellt werden soll, ist nunmehr zu klären, auf welche Weise er diese Pflicht zu erfüllen hat.

Denn mit Recht ist auf einen entscheidenden Unterschied zwischen grundrechtlichen Schutzpflichten und Abwehransprüchen hingewiesen worden: Während letztere von dem Staat ein klar umrissenes Tun, besser gesagt: Unterlassen grundrechtsbeeinträchtigender Handlungen verlangen, erscheinen erstere „strukturell unbestimmt". Regelmäßig sind mehrere Möglichkeiten denkbar, wie der beschützende Staat auf eine Gefahr reagieren kann[490].

Eine Antwort auf die Frage, wann eine Schutzmaßnahme verfassungsrechtlich noch hinnehmbar erscheint, lässt sich der Rechtsprechung des BVerfG allerdings nicht immer eindeutig entnehmen:

In manchen Entscheidungen hat es sich auf eine sog. *Evidenzkontrolle* beschränkt[491]. Danach prüft das BVerfG ausschließlich, ob die schutzverpflichtete Staatsgewalt überhaupt Schutzvorkehrungen getroffen hat, bzw., ob diese offensichtlich ungeeignet sind. Danach muss sie keinen optimalen Schutz bieten, vielmehr genügt es schon, dass die Interessen der Schutzbedürftigen überhaupt berücksichtigt worden sind[492]. Mit Recht ist gegen das Konzept der Evidenzkontrolle eingewandt worden, dieses führe partiell zu einem generellen Leerlaufen der Schutzpflichten[493]. Denn eine völlig ungeeignete Regelung wird sich kaum finden lassen und eine derart hoch angesetzte

---

[489] BVerfGE 39, S. 1 (42); 46, 160 (164); Isensee, in: ders./ Kirchhof, HdBStR V, § 111, Rn. 97 ff. Darin sieht auch Lübbe-Wolff a.a.O., S. 153 den entscheidenden Angriffspunkt der staatlichen Schutzpflicht.

[490] Dazu auch: Klein, DVBl 1994, S. 489 (496).

[491] Dies insbesondere im Umweltrecht; BVerfGE 56, S. 54 (81); BVerfG, NJW 1996, S. 651; BVerfG, NJW 1998, S. 3264 (3265), s. dazu auch Lübbe-Wolff, Die Grundrechte als Eingriffsabwehrrechte, S. 148 f.

[492] BVerfGE 56, 54 (80); 79, S. 174 (202); BVerfG, NJW 1998, S. 3264 (3265).

[493] Steinberg, NJW 1996, S. 1985 (1988); hierzu auch Klein DVBl 1994, S. 489 (495).

Hürde zur Erfüllung staatlicher Schutzansprüche lässt diese zu einem „stumpfen Schwert“ bei der Bekämpfung der dem Individuum drohenden Gefahren werden. Vorzugswürdig erscheint daher die von Isensee herausgearbeitete[494] und vom BVerfG aufgegriffene[495] *Lehre vom Untermaßverbot*. Danach hat der Staat für einen „angemessenen“, mit anderen Worten „wirksamen“ Schutz zu sorgen[496].
Begibt man sich im BZRG nun auf die Suche nach derartigen Schutzvorschriften, ist diese nicht besonders erfolgreich. Zwar finden sich in einigen Vorschriften zumindest Verwendungsbeschränkungen für die mitgeteilten Daten (vgl. etwa §§ 41 Abs. 4 S. 2, 61 Abs. 3, 69 Abs. 4 BZRG). Dabei geht es aber ausnahmslos um Auskünfte an Stellen der öffentlichen Verwaltung. Insofern erscheint der Betroffene gut geschützt, da er im Falle der Verletzung solcher Pflichten nicht nur die Möglichkeit hat, im Rahmen der Amtshaftung Entschädigungsansprüche gem. § 839 BGB i.V.m. Art. 34 GG geltend zu machen, sondern auch strafrechtlich gem. § 203 Abs. 2 StGB gegen etwaige Indiskretionen vorgehen kann. Demgegenüber bleibt ihm bei der Verbreitung vergleichbarer Informationen, die *Privatleute* aus (ggf. alten) Führungszeugnissen gewonnen haben, nur die Möglichkeit, den Zivilrechtsweg zu beschreiten. Als ergänzende Maßnahme sollte aber auch auf das Strafrecht als ergänzende Maßnahme nicht verzichtet werden, denn dass der Schutz der informationellen Selbstbestimmung auch strafrechtlich schutzwürdig ist, zeigt sich nicht nur an dem bereits erwähnten § 203 StGB, sondern auch an § 43 BDSG, der in Abs. 3 bei Schädigungsabsicht des Täters noch eine Strafschärfung vorsieht. Es erschiene daher möglich, die Preisgabe von Informationen über Vorverurteilungen, die entweder bereits getilgt sind oder allein deshalb erfolgen, den Betroffenen zu verunglimpfen, in einem dem
§ 44 BDSG vergleichbaren Tatbestand als Ordnungswidrigkeit zu ahnden.
Auch wäre zu erwägen, ganz allgemein eine dem § 70 Abs. 4 BZRG vergleichbare Vorschrift einzufügen, nämlich vorzuschreiben, Auskünfte aus dem BZRG sowohl von Behörden als auch von Privatpersonen spätestens sechs bis acht Wochen nach der Mitteilung so zu vernichten, dass daraus niemand mehr etwas entnehmen kann. Die Einhaltung dieses Gebotes könnte ebenfalls durch einen Straf- oder Ordnungswidrigkeitentatbestand entsprechend sanktioniert werden.
Es erscheint generell notwendig - so wie dies in § 41 Abs. 4 S. 2 BZRG für unbeschränkte Auskünfte aus dem BZRG festgeschrieben ist - den Verwendungszweck sämtlicher aus dem Register erteilter Nachrichten in der Weise zu beschränken, dass sie ausschließlich für den daraus hervorgehenden Zweck verwendet werden dürfen. Denn ansonsten besteht die Gefahr, dass die im BZRG tatsächlich vorhandenen Schutzvorschriften zugunsten des Verurteilten dadurch unterlaufen werden können, dass Behörden oder interessierte Privatpersonen Daten über ihn gleichsam „auf Vorrat“ sammeln, um sie bei Bedarf verwenden zu können und daran nicht dadurch gehindert zu werden, dass Auskünfte aus dem Zentralregister bereits deshalb nicht mehr erhältlich sind, weil der Eintrag dort längst getilgt wurde. Auf diese Weise besteht vor allem die Gefahr, dass das Verwertungsverbot aus § 51 BZRG und das Verschweigerecht nach § 53 BZRG unterlaufen werden. Dass eine derartige Daten-

---

[494] Isensee, in: Isensee/ Kirchhof, HdBStR V, § 111, Rn. 90, 165f.
[495] BVerfGE 88, S. 203 (254).
[496] BVerfG, a.a.O.

sammlung mit der vom BVerfG betonten individuellen Handlungsfreiheit[497], deren Absicherung das Recht auf informationelle Selbstbestimmung gerade dient, unvereinbar ist, hat dieses selbst mehrfach hervorgehoben[498].
Zusammenfassend ist festzuhalten: Den vom BVerfG zum Grundrecht auf informationelle Selbstbestimmung aufgestellten Grundsätzen und daraus abgeleiteten Erfordernissen wurde im BZRG nur in unzureichender Weise Rechnung getragen. Es fehlt insbesondere an allgemein verbindlichen, von einer konkreten Norm abgelösten Grundsätzen, die den Umgang mit den aus dem Zentralregister gewonnenen Informationen sowohl für Private als auch für Behörden festschreiben und diesen klare Vorgaben auch für Löschungsfristen hinsichtlich der gewonnenen Informationen machen. Der Gefahr einer „Vorratshaltung" von Daten wird nicht in angemessener Weise vorgebeugt. Insofern entsprechen die Regelungen des BZRG vor allem nicht der „positiven" Seite des Grundrechts auf informationelle Selbstbestimmung, nämlich der Schutzpflicht-Komponente: In Anbetracht der Tatsache, dass der Staat durch die Speicherung und Verbreitung strafrechtlich relevanter Daten selbst etwaige Missbrauchs-Gefahren erst schafft, kann er sich auf den bloßen Verweis auf privatrechtliche Unterlassungs- und Schadensersatzansprüche nicht beschränken. Vielmehr ist er gehalten, auch seinerseits durch die Normierung von Straf- oder jedenfalls Ordnungswidrigkeiten-Tatbeständen für einen Schutz des Betroffenen zu sorgen.

(2) Einträge zur Schuldunfähigkeit, § 11 BZRG

Auf die Probleme, die § 11 BZRG in Anbetracht des Grundrechts auf Resozialisierung aufwirft, wurde oben[499] bereits hingewiesen. Doch auch den Anforderungen der informationellen Selbstbestimmung genügt die Praxis der Speicherung von Schuldunfähigkeits-Vermerken nicht.
Den das BVerfG geht davon aus, dass für die von einer Datenerhebung und –speicherung Betroffenen grundsätzlich nachvollziehbar sein müsse, welche Daten wo und aufgrund welcher Vorkommnisse über ihn vorgehalten werden, um nicht stets befürchten zu müssen, sein Gesprächspartner wisse womöglich mehr über ihn als er selbst annimmt. Denn dies führe zu nicht hinnehmbaren Beeinträchtigungen der Handlungsfreiheit – in dem Bestreben, bloß nicht aufzufallen und nicht zuviel von sich preiszugeben, verzichte der Einzelne dann womöglich auf solches Handeln, das ihm von Verfassungs wegen garantiert ist, das also in letzter Konsequenz eigentlich erwünscht ist[500]. Somit errichtet das BVerfG für eventuelle Einschränkungen dieses Rechts hohe Hürden. Diese gründen letztlich in der Erkenntnis, dass der Einzelne „eine sich innerhalb der sozialen Gemeinschaft entfaltende, auf Kommunikation angewiesene Persönlichkeit" darstellt. Nur aus überwiegenden Belangen des Allgemeininteresses sind daher rechtmäßige Eingriffe in das Recht auf informationelle Selbstbestimmung denkbar[501]. Daraus zieht das BVerfG sodann im Weiteren die Konsequenz, dass die gesetzliche Ermächtigungsgrundlage dem Gebot der Normenklarheit zu entsprechen habe. Voraussetzungen und Umfang der Beschränkungen müssen

---

[497] BVerfGE 65, S. 1 (42).
[498] BVerfGE 65, S. 1 (46); BVerfGE 100, S. 313 (360).
[499] Vgl. 2.cc. (2).
[500] Vgl. BVerfGE 65, S. 1 (42 f.); s. auch BVerfGE 100, S. 313 (359).
[501] BVerfGE 65, S. 1 (44).

sich daraus für den Bürger deutlich erkennbar ergeben[502]. In seiner *Entscheidung zum G10-Gesetz* hat das BVerfG diese Anforderungen noch weiter nach oben geschraubt und darüber hinaus verlangt, dass der Betroffene auch die Möglichkeit haben muss, von der Datensammlung und –speicherung Kenntnis zu nehmen. Denn ohne eine solche Kenntnis könnten die Betroffenen weder die Unrechtmäßigkeit der Erfassung und Kenntnisnahme der erhobenen Daten noch etwaige Rechte auf Löschung oder Berichtigung geltend machen[503]. diese Aussagen beziehen sich zwar unmittelbar nur auf die Überwachung von Fernmeldekontakten und deren Rechtmäßigkeit in Anbetracht des Art. 10 GG. Deren Bedeutung ergibt sich jedoch auch für das Recht auf informationelle Selbstbestimmung schon aus der Feststellung des Senats, die Verpflichtung zur Kenntnis-Verschaffung stelle ein „spezifisches Datenschutzrecht[504]" dar.

Nimmt man vor diesem Hintergrund § 11 Abs. 1 BZRG in den Blick, liegt auf der Hand, dass er diesen Anforderungen nicht genügt.

Denn unter welchen Voraussetzungen Einträge nach § 11 BZRG zustande kommen, ist oben[505] bereits aufgezeigt worden. Sie begründen schon für sich genommen auch die Verfassungswidrigkeit des § 11 BZRG in datenschutzrechtlicher Hinsicht: Wenn nämlich ein Großteil der hier vermerkten Einträge aus singulären Ereignissen (Trunkenheit, Krankheit usw.) herrührt, werden hier Daten gesammelt und jahrzehntelang gespeichert, deren Bedeutung für die Allgemeinheit gleich Null ist. Insofern dient dieser Eingriff in das Recht auf informationelle Selbstbestimmung aus verfassungsdogmatischer Sicht bereits keinem legitimen Zweck, gegen den das Individualinteresse auf Datenschutz abgewogen werden könnte. Die Registrierung solcher Vorkommnisse stellt also für sich genommen bereits einen Verfassungsverstoß dar.

Wenn sich aber tatsächlich ein längerfristige Störung ermitteln lässt, also das im Grundsatz durchaus legitime Registrierungsinteresse des § 11 BZRG[506] zu bejahen ist, verstößt dieser dennoch gegen das Recht auf informationelle Selbstbestimmung. Denn von einer Vielzahl mangels hinreichenden Tatverdachts eingestellten Strafverfahren erfährt der Betroffene überhaupt nichts, eine entsprechende Benachrichtigung erfolgt gem. § 170 Abs. 2 S. 2 StPO auch nur in den dort besonders vorgesehenen Fällen. Die Frage, ob eine entsprechende Unterrichtung wegen der „Subjektstellung des Beschuldigten" nicht immer erforderlich wäre[507], wofür in Anbetracht der aktuellen datenschutzrechtlichen Judikatur des BVerfG einiges spricht, soll an dieser Stelle nicht beurteilt werden. Jedenfalls wenn das Verfahren im Hinblick auf die Schuldunfähigkeit des Beschuldigten (§ 20 StGB) nach § 170 Abs. 2 StPO eingestellt wird, ist es angesichts der gravierenden Folgen eines Eintrags nach § 11 BZRG[508] unumgänglich, diesen davon in Kenntnis zu setzen. Denn nur so hat er – wie das BVerfG zutreffend betont – die Möglichkeit, sich gegen einen derartigen Eintrag überhaupt zur Wehr zu setzen. Denn das Recht auf informationelle Selbstbestimmung läuft dann von vorn-

[502] BVerfGE 65, S. 1 (44); aufgegriffen und bestätigt in BVerfGE 100, S. 313 (360).
[503] BVerfGE 100, S. 313 (361).
[504] BVerfG a.a.O.
[505] 2.cc. (2).
[506] Dass es solche bei längerfristigen und tiefgreifenden Störungen geben kann, soll hier nicht in Abrede gestellt werden; vgl. dazu auch BVerfG StV 1991, S. 556 (556).
[507] Gillmeister, StraFO 1996, S. 115.
[508] Zu ihnen bereits oben 2.cc.(2).

herein leer, wenn die Betroffenen über die Speicherung ihrer Daten überhaupt nichts wissen.
Nur unter den hier genannten Voraussetzungen, die in dem von ihr zu entscheidenden Fall erfüllt waren, hält die 3. Kammer des 2. Senats des BVerfG Eintragungen nach § 11 BZRG für mit dem GG vereinbar[509]. Ob sich § 11 BZRG in dieser Weise noch verfassungskonform auslegen lässt, wie vom BVerfG anlässlich jener Entscheidung erwogen, scheint allerdings fraglich. Denn wenn, wie das BVerfG dies in seiner neuesten Rechtsprechung immer wieder betont, gerade dort klare und für den Bürger nachvollziehbare Regelungen getroffen werden müssen, wo grundrechtlich abgeschirmte Freiräume bedroht sind, lässt sich § 11 BZRG nicht retten, indem man gleich mehrere von Verfassungs wegen zwingend gebotene Voraussetzungen in ihn hineininterpretiert[510].
Für diese Einschätzung spricht im Übrigen, dass das Bundesjustizministerium bereits vor über zehn Jahren einen Gesetzentwurf erarbeitet hatte, der darauf abzielte, diese Mängel jedenfalls tendenziell zu beheben[511]. Offenbar entspricht eine derartige Novellierung des BZRG jedoch nicht dem Zeitgeist. Statt den Grundrechten der Bürger in angemessener Weise Rechnung zu tragen, die Registrierungen also in der hier vorgeschlagenen Weise zu begrenzen und eine solche Begrenzung auch verfahrensrechtlich abzusichern, hat sich der Gesetzgeber dazu entschlossen, durch eine Erweiterung der Eintragungspflicht für Sexualstraftaten einen neuen, verfassungsrechtlich äußerst fragwürdigen Komplex in das BZRG einzufügen[512] [513]

(3) Das Verwertungsverbot gem. § 51 BZRG

Auch im Hinblick auf das Verwertungsverbot aus § 51 BZRG setzen sich bei der Untersuchung unter dem Gesichtspunkt der informationellen Selbstbestimmung die Probleme fort, die bereits oben hinsichtlich des Grundrechts auf Resozialisierung erkennbar wurden.
Im Kern geht es darum, inwieweit § 51 BZRG dazu zwingt, nach Ablauf der Aufnahme- bzw. Tilgungsfristen auch solche Informationen über die infrage stehende Vorstrafe zu löschen, die in anderen Datensammlungen als dem Zentralregister enthalten sind, und was insofern für Informationen über Freisprüche und Verfahrens-Einstellungen zu gelten hat. Davon berührt sind auch Fragen, die mit den im Folgenden[514] noch zu untersuchenden Regelungen über Strafregistrierung außerhalb des BZRG zu tun haben. Diese müssen – ohne den dortigen Ausführungen zu weit vorgreifen zu wollen – zum Teil schon an dieser Stelle mit erörtert werden, da sie in einem unmittelbaren Zusammenhang mit § 51 BZRG stehen.

---

[509] BVerfG StV 1991, S. 556 (556).
[510] Mit Recht kritisch zur verfassungskonformen Auslegung als Methode daher auch Sachs, Verfassungsrecht II, Grundrechte, A 4, Rn. 59, der betont, dass deren Grenze jedenfalls stets dann erreicht sei, wenn der unzweideutige Wortlaut der Norm dieser zuwider laufe.
[511] Vgl. die Darstellung bei Kalf, StV 1991, S. 580 (583), dessen Kritik an diesem Entwurf (ebenda, S. 583 f.) in Anbetracht des hier Ausgeführten nicht überzeugen kann.
[512] Dazu bereits oben 2.cc. (3).
[513] Zu dem von der Bundesregierung im Januar 2001 beschlossenen Entwurf eines Vierten Gesetzes zur Änderung des Bundeszentralregistergesetzes (BR-Drs. 15/01, S. 1-13), der insbesondere eine Änderung des § 11 BZRG vorsieht, vgl. Fn. 333.
[514] Dazu noch unten IV. und V.

Das wird bereits durch einen Problemkreis verdeutlicht, auf den *Riegel* 1979 geraume Zeit vor dem Volkszählungsurteil aufmerksam gemacht hat[515]:
Dabei geht es um die Frage, in welchem Verhältnis das Verwertungsverbot aus § 51 BZRG (= § 49 BZRG a.F.) und die Auskunftsverweigerungspflicht des Zentralregisters aus § 45 Abs. 2 S. 2 BZRG (= § 43 BZRG a.F.) zu der Informationssammlungs- und –mitteilungspflicht des Bundeskriminalamtes (BKA) aus § 2 BKAG stehen, m.a.W., ob die Pflichten nach § 2 BKAG auch für solche Daten gelten, die einer im Zentralregister bereits getilgten Verurteilung zugrunde lagen.
Riegel geht davon aus, dass es ein praktisches Bedürfnis der Strafverfolgungsbehörden gebe, zur Erfüllung polizeilicher Aufgaben darauf zurückzugreifen. Rein kriminologisch und pragmatisch sei nicht zu bestreiten, dass das Studium von oder zumindest die Auskunft aus früheren (u.U. Jahrzehnte zurückliegenden) Akten entscheidende Hinweise für die konkrete Aufgabenerfüllung geben könne. Bei der Behandlung dieser Problematik müsse allerdings unterschieden werden zwischen der reinen über die Tilgungsreife hinaus gehenden Aufbewahrung (§ 2 Abs. 1 Nr. 1 BKAG a.F. = § 2 Abs. 2 Nr. 1 BKAG n.F.) einerseits und der Unterrichtung (§ 2 Abs. 1 Nr. 2, 7 BKAG a.F. = § 2 Abs. 2 Nr. 2 BKAG n.F.) der Strafverfolgungsbehörden andererseits, und weiter zwischen Akten, die mit Verurteilungen endeten einerseits und solchen mit Einstellungen und Freisprüchen andererseits.
Denn für letztere gelte § 51 BZRG von vornherein nicht, da sein Resozialisierungsanliegen davon nicht betroffen werde[516]. Deren Aufbewahrung sei somit so lange rechtmäßig, als ihre Kenntnis für die polizeiliche Aufgabenerfüllung unerlässlich sei, z. B. weil bei der betroffenen Person die Wiederholungsgefahr noch bejaht werden könne. Zwar dürften schon bei der Aufbewahrung die Fristen des BZRG nicht gänzlich unbeachtet bleiben, denn es sei nur Sinn ihrer Aufbewahrung, eines Tages doch wieder verwertet werden. Dennoch bedeute dies keinen „Zwang zu sklavischer Berücksichtigung" der Fristen des BZRG, da diese schließlich nur die Resozialisierung des abgeurteilten Täters im Auge hätten. Demgegenüber folge die Aufbewahrung der Akten zum Zwecke der vorbeugenden Verbrechensbekämpfung, also letztlich der Gefahrenabwehr, „Eigengesetzlichkeiten gegenüber dem Anliegen des BZRG und auch der Strafverfolgung", die nicht unbeachtet bleiben dürften.
Was Akten über getilgte Verurteilungen angehe, ergebe sich aus § 49 BZRG a.F. (= § 51 BZRG n.F.) keine Verpflichtung anderer Behörden, diese dann zu vernichten, wenn der Eintrag im Zentralregister tilgungsreif ist. Denn solche Regelungen fänden sich – im Gegensatz zu den Tilgungsbestimmungen des BZRG – in der StPO oder dem BKAG gerade nicht. Die bloße Aufbewahrung dieser Akten sei auch deshalb sinnvoll, um ggf. nachteilige Gerüchte zugunsten des Betroffenen auszuräumen. Daher sei die Frage nach der Aufbewahrung solcher Akten für die Polizei wiederum nach den allgemeinen Kriterien zur Führung und Aufbewahrung von Kriminalakten zu beantworten – dafür wiederum könnten die vorherigen Ausführungen zur Aufbewahrung von Akten über Freisprüche und Einstellungen entsprechend herangezogen werden. Das betreffe insbesondere die notwendige Differenzierung zwischen Gefahrenabwehr

---

515 Riegel, JR 1979, S. 48 ff.

516 Riegel, a.a.O., S. 49. Demgegenüber bezeichnet Riegel, Datenschutz, S. 64 das BZRG selbst (auch) als eines „der ältesten stärker ausformulierten bereichsspezifischen Datenschutz- und Datenverarbeitungsgesetz[e]".

und Strafverfolgung[517].
Im Weiteren befasst sich *Riegel* dann mit der Frage, ob und inwieweit – über die bloße *Aufbewahrung* der Akten hinaus – auch eine *Auskunftserteilung* daraus zulässig ist.
Auf Akten über Einstellungen und Freisprüche sei § 49 BZRG a. F. (= § 51 BZRG n.F.) zwar nicht anwendbar; die Grundgedanken des BZRG in Verbindung mit den allgemeinen datenschutzrechtlichen Gesichtspunkten seien aber gleichwohl zu berücksichtigen. Daraus folge, dass zwischen Auskünften im Rahmen einer aktuellen Strafverfolgung einerseits und im Rahmen der vorbeugenden Verbrechensbekämpfung andererseits unterschieden werden müsse. Das BKA dürfe also nur Auskünfte aus Akten erteilen, die, wäre es zu einer Verurteilung gekommen, mittlerweile § 49 BZRG a.F. (= § 51 BZRG n.F.) unterfielen, solange dies der Gefahrenabwehr bzw. der vorbeugenden Verbrechensbekämpfung diene. Aber auch insofern werde man eine Auskunft nur dann dulden können, wenn es sich um besonders schwerwiegende Fälle handele[518].
Für die Auskunftserteilung innerhalb der Polizeibehörden müsse die Trennlinie noch folgendermaßen präzisiert werden: Bei dem Übergang von der vorbeugenden Verbrechensbekämpfung (Gefahrenabwehr) zur konkreten Strafverfolgung sei die Auskunftserteilung so lange zulässig, bis der Betroffene für die Polizei als Straftäter infrage komme. Alles andere sei unrealistisch, denn sonst wäre die vorbeugende Verbrechensbekämpfung zu einem großen Teil überflüssig. Doch sei nochmals zu betonen, dass eine Auskunft dann nicht in Betracht zu ziehen sei, wenn die Täterschaft von vornherein kriminalistisch feststehe, denn dann liege schließlich von Anfang an eine konkrete Strafverfolgung vor.
Fraglich sei angesichts der engen Durchbrechungen des grundsätzlichen Verwertungsverbots aus § 49 BZRG a.F. (= § 51 BZRG n.F.) in §§ 49 Abs. 2, 50 BZRG a.F. (= §§ 51 Abs. 2, 52 BZRG n.F.), ob darüber hinaus weitere Verwertungsmöglichkeiten anerkannt werden könnten. Dagegen spreche zunächst § 50 Abs. 1 Nr. 1 BZRG a.F. (= § 52 Abs. 1 Nr. 1 BZRG n.F.), der bestimmte Ausnahmen zu Zwecken der Gefahrenabwehr zulasse und wie jeder Ausnahmetatbestand restriktiv zu interpretieren sei mit der Folge, dass jene Ausnahmen auf die wirklich besonderen Fälle erheblicher Gefährdungen der öffentlichen Sicherheit und Ordnung zu beschränken seien. Dieser „pauschalen Betrachtungsweise“ seien jedoch abgesehen von den „unbestreitbaren polizeilichen faktischen Notwendigkeiten“ folgende Erwägungen entgegen zu halten[519]:
Zum einen sei § 2 BKAG (a.F.) das gegenüber § 49 Abs. 1 BZRG (a.F.) neuere Gesetz, ohne dass jener irgend einen Hinweis darauf enthalte, „die Bestimmungen des BZRG blieben unberührt“ o.ä. Dies könne dafür sprechen, dass § 2 BKAG (a.F.) durch die Bestimmungen des BZRG nicht beschränkt würde, diesen gegenüber also Vorrang genieße[520]. Ferner sei der Begriff des „Rechtsverkehrs“ in § 49 BZRG a.F. (=

---

517 Riegel, a.a.O.
518 Riegel, a.a.O., S. 50.
519 Riegel, a.a.O.
520 Dieses Argument könnte – wenn es überzeugend wäre, dazu noch sogleich – auch heute noch durchgreifen, denn zwar sind sowohl das BZRG als auch das BKAG mittlerweile novelliert worden, allerdings datiert die Neufassung des BZRG vom 21. September 1984, wohingegen das BKAG erst 1997 erneuert wurde. Eine entsprechende Abstimmung des BKAG auf das

§ 51 BZRG n.F.) dahin gehend zu verstehen, dass damit keine behördeninternen Vorgänge gemeint seien, sondern ausschließlich der „nach außen" gerichtete Verkehr, der die Verhinderung einer Wiedereingliederung des Betroffenen „echt" in sich berge, wie etwa der Eintrag im Führungszeugnis oder die Auskunft der Polizeibehörden an Dritte. § 2 BKAG bezwecke aber keine „Kenntnis ‚nach draußen' ". Alles in allem gelte also, dass die Akten, solange sie nur (internen) Vorgängen und Untersuchungen im Rahmen der Gefahrenabwehr dienten, § 51 BZRG zum Trotz weiter verwendet werden dürften. Erst wenn es um die Strafverfolgung gehe, wobei der Strafprozess selbstverständlich zum Rechtsverkehr gehöre, greife § 51 BZRG durch und mache eine Mitteilung über Akteninhalte unmöglich[521].

Die Auffassung *Riegels* kann – jedenfalls vor dem Hintergrund des heutigen Diskussionsstandes – nicht unwidersprochen bleiben. Zunächst ist darauf hinzuweisen, dass insbesondere die Inkongruenz von § 45 Abs. 2 BZRG einerseits und § 2 BKAG andererseits nicht ohne weiteres in der Weise zulasten des Betroffenen aufgehoben werden kann, dass die Kompetenzen des BKA zur Mitteilung tilgungsreifer Straftaten weiter gefasst werden als diejenigen der Registerbehörde. Denn verstößt ein Mitarbeiter der Registerbehörde bewusst gegen das Auskunftsverbot des § 45 Abs. 2 BZRG, macht er sich gem. §§ 203, 353 b StGB strafbar; dem BKA würden auf diese Weise also weiter gehende Kompetenzen eingeräumt als der Registerbehörde, deren eigentliche Hauptaufgabe die Verwaltung der Vorstrafen ist. Diese Kompetenzverteilung und ihre strafrechtliche Sanktionierung dient schließlich der verfahrensrechtlichen Absicherung des informationellen Selbstbestimmungsrechts. Sie können also nicht ohne weiteres durch weit gefasste, unspezifische Generalermächtigungen wie § 2 BKAG infrage gestellt werden. Damit ist ein weiterer Kritikpunkt angesprochen, der noch schwerer wiegt – wobei man *Riegel* zugute halten muss, dass seine Überlegungen zu einer Zeit vor dem Volkszählungs-Urteil des BVerfG stammen. Der Verweis auf „unbestreitbare kriminologische und pragmatische Notwendigkeiten" und die „Eigengesetzlichkeit" der Gefahrenabwehr kann nicht dazu führen, dass der Staat ohne weiteres in Grundrechte der Bürger eingreifen darf. Diese Belange müssen schon in eine gesetzliche Ermächtigungsgrundlage gegossen werden. Denn nur so können auch die schutzwürdigen Interessen der Betroffenen angemessen berücksichtigt werden. Es ist mit der Lehre vom Vorbehalt des Gesetzes, wie ihn die Rechtsprechung des BVerfG in neuerer Zeit im Datenschutzrecht interpretiert, unvereinbar, diese Datenaufbewahrung auf Vorrat, die einen schwerwiegenden Eingriff in das Recht auf informationelle Selbstbestimmung darstellt, mit „pragmatischen Notwendigkeiten" zu rechtfertigen. Wenn man diesen Weg beschreiten wollte, ließe sich für jede Maßnahme der Exekutive eine Rechtfertigung finden, denn ganz ohne Sinn und Zweck wird diese selten tätig werden.

Die „Aktenhortung" könnte somit nur dann zulässig sein, wenn sie zu spezifisch bestimmten Zwecken erfolgt, die der Gesetzgeber im Einzelnen festzulegen hätte. Insofern kann § 2 BKAG mit seinen Auskunfts- und Informationspflichten sicher nicht genügen, den spezielleren § 51 BZRG zu verdrängen. Dass dieser bereits aus rechtsstaatlichen Gründen auch auf solche Verfahren anzuwenden ist, die mit einer Einstel-

---

BZRG sucht man nach wie vor vergeblich.

[521] Riegel, a.a.O., S. 52 f.

lung oder einem Freispruch geendet haben, ist oben[522] bereits nachgewiesen worden; auf diese Ausführungen kann hier Bezug genommen werden. Insofern kann die Unterscheidung von Akten mit und ohne Verurteilung, wie *Riegel* sie vorschlägt, keinen vertretbaren Weg darstellt.

Dies gilt umso mehr, wenn man das BZRG tatsächlich als bereichsspezifisches Datenschutzgesetz begreift. Denn dann hat es mit dem Resozialisierungsgedanken als Erklärung für das Verwertungsverbot eben nicht mehr sein Bewenden, vielmehr dient es bei diesem Verständnis auch der informationellen Selbstbestimmung. Und diese ist bei Freisprüchen und Verfahrenseinstellungen genauso sehr berührt wie bei Verurteilungen – und zwar in besonderem Maße bei denjenigen Verfahren, die nach § 170 Abs. 2 StPO eingestellt wurden, denn hier weiß der Betroffene oftmals nicht einmal etwas davon, dass jemals ein Verfahren gegen ihn geführt wurde.

Der entscheidende Einwand gegen die Ausführungen *Riegels* liegt aber in seiner Unterscheidung der Aktensammlung für präventive Polizeizwecke einerseits und repressive Zwecke andererseits, der er im Hinblick auf ihre Zulässigkeit die ausschlaggebende Bedeutung beimisst. Zwar bildet diese Zweiteilung der Polizeiaufgaben[523] nach wie vor den entscheidenden Anknüpfungspunkt für die Beurteilung der Rechtmäßigkeit polizeilichen Einschreitens in kompetenzieller Hinsicht – während die Gefahrenabwehr klassischerweise die Domäne der Innenverwaltung darstellt, fällt die Strafverfolgung den Justizbehörden zu, sodass der Abgrenzung der verschiedenen Tätigkeitsfelder auch eine rechtsstaatliche Bedeutung zukommt[524]. Die Trennung des präventiven vom repressiven Polizeihandeln stellt aber in der Praxis ein schwieriges Probleme dar: Denn wenn zur Aufgabe der Gefahrenabwehr auch die Beseitigung gegenwärtiger und die Verhinderung zukünftiger Verstöße gegen Straftatbestände zählt (vgl. etwa § 1 Abs. 1 S. 1 und 2 NW PolG; § 1 Abs. 5 BGSG), ist die Strafverfolgung regelmäßig zugleich Störungsbeseitigung. Vor allem wenn es um die Wiederholungsgefahr bei Straftaten geht, sind Strafverfolgung und Gefahrenabwehr identisch. Mit Recht weist *Gusy* darauf hin, äußerlich sei in aller Regel nicht erkennbar, ob der jeweilige Beamte gerade strafverfolgend oder gefahrenabwehrend handele. Der entscheidende Unterschied liege dann nur noch in seiner Absicht, er allein wisse, ob seine Maßnahmen (auch/ maßgeblich) durch den strafprozessual erforderlichen Anfangsverdacht (§ 152 Abs. 2 StPO) motiviert sei oder nicht[525]. Dieser Umstand ist aber entscheidend dafür, welche Rechtsgrundlagen für das weitere polizeiliche Handeln anzuwenden sind, nämlich diejenigen der StPO oder diejenigen der jeweiligen Polizeigesetze der Länder, die tendenziell weiter reichende Eingriffsbefugnisse bereit halten. So lange es also gelingt, den Anlass polizeilichen Eingreifens im Ungewissen zu lassen, befinden sich die Handelnden in einer Position, in der er zwischen dem Verfolgungs- und Präventionsaspekt hin- und herwandern und sich dann jeweils auf den weiteren gesetzlichen Eingriffstatbestand berufen kann. Präventionsmaßnahmen können dann zugleich der Strafverfolgung, Verfolgungsmaßnahmen der Prävention nutzbar gemacht werden[526].

---

[522] Vgl. 2.e.cc.(6).

[523] Vgl. dazu: Denninger, in: Lisken/ Denninger, Handbuch des Polizeirechts, Abschnitt E, Rn. 138 ff.

[524] S. etwa Denninger, a.a.O., Rn. 139 f.

[525] Gusy, Polizeirecht, Rn. 150.

[526] Gusy, a.a.O., Rn. 151 a.E.

Mit dieser Überlegung hat sich das entscheidende Problem der Auffassung *Riegels* herauskristallisiert: In aller Regel wird es unmöglich sein, von vornherein festzulegen, dass bestimmte sehr lange verwahrte Kriminalakten ausschließlich der *vorbeugenden* Verbrechensbekämpfung, damit der Gefahrenabwehr dienen. So steht, wie *Riegel* selbst einräumt[527], die präventive Verbrechensbekämpfung der repressiven immer nahe und kann diese auch vorbereiten. Dies zeigt sich insbesondere dann, wie *Riegel* ebenfalls selbst erkennt[528], wenn sich gegen den zunächst nur präventiv Überwachten schließlich ein Anfangsverdacht einer neuen Straftat bildet. Wie soll dann praktisch verfahren werden? Soll der betreffende Polizeibeamte in dem Moment, in dem ihm der Gedanke kommt, es bestehe Anlass, gegen den Betroffenen strafrechtliche Ermittlungen einzuleiten, abrupt die Akten zuklappen, deren Inhalt vergessen und ohne dieses Wissen weiter ermitteln? Dass diese Verfahrensweise nicht nur unpraktikabel, sondern mit juristischen Mitteln überhaupt nicht überprüfbar ist, dürfte kaum infrage zu stellen sein.
Spätestens aus dieser Erkenntnis folgt aber, dass die Unterscheidung von präventiver und repressiver Polizeitätigkeit bei der Behandlung und Verwertung der Kriminalakten genauso wenig tragfähig ist wie diejenige zwischen Akten über Verurteilungen und solchen über Einstellungen und Freisprüche. § 51 BZRG führt vielmehr dazu, dass diese generell nicht mehr verwahrt und verwertet werden dürfen, weil für die betroffenen Bürger überhaupt keine Möglichkeit besteht, hinreichend sicher zu beurteilen, wann, wie und von wem diese Akten zu welchen Zwecken benutzt werden. Ein solcher Zustand ist mit den Erfordernissen, die das BVerfG dem Grundrecht auf informationelle Selbstbestimmung in verfahrensrechtlicher Hinsicht entnimmt, unvereinbar.
Daran ändert auch die Auffassung *Riegels* nichts, bei der behörden-internen Aktenverwaltung und –weitergabe handele es sich nicht um einen „Rechtsverkehr" im Sinne des § 51 BZRG. Denn diese Sichtweise bedeutet tendenziell einen Rückfall in die Impermeabilitätstheorie, die die verschiedenen Institutionen der öffentlichen Verwaltung als einheitlichen „Block" begriff, der als einheitliches Gebilde dem Bürger gegenüber trete[529]. Dieses Verständnis ist aber seit langem überholt. Es ist vielmehr anerkannt, dass zumindest im zwischenbehördlichen, teilweise sogar im innerbehördlichen Verkehr Rechtsbeziehungen bestehen; die Zusammenarbeit verschiedener Hoheitsträger ist im Laufe der Zeit immer weiter verrechtlicht worden. Diese Entwicklung war auch der Fortschreibung der Grundrechtsdogmatik und ihrer Prägung durch das BVerfG geschuldet. Dies zeigt sich auch im Datenschutzrecht. Denn je mehr Träger hoheitlicher Gewalt Zugriff auf Informationen über die Bürger haben, desto mehr wächst die Gefahr für diesen, dass er die Wege der Informationen nicht mehr nachvollziehen kann, und dass am Ende eine derart umfassende Information staatlicher Stellen über den Bürger vorhanden ist, wie sie das BVerfG mit seiner Rechtsprechung zum Recht der informationellen Selbstbestimmung gerade verhindern wollte. Deshalb ist mittlerweile auch der Datenaustausch zwischen verschiedenen Trägern hoheitlicher Gewalt verrechtlicht worden; spätestens dadurch, dass er Grundrechte der Bürger tangiert, ist der behörden-interne Verkehr zum „Rechtsverkehr" geworden.

---

527 Vgl. Riegel, JR 1979, S. 48 (51).
528 Riegel, ebenda.
529 Dazu: Faber, Verwaltungsrecht, S. 28 ff.

Mit der Aktenverwaltung der öffentlichen Hand ist auch ein weiteres Problem auf der Schnittstelle zwischen § 51 BZRG und dem Recht auf informationelle Selbstbestimmung verbunden, mit dem sich das **BVerwG in einer Entscheidung vom 30. Juni 1978**[530] auseinanderzusetzen hatte: Nachdem die Strafe eines Beamten im Zentralregister getilgt worden war, beantragte dieser bei seiner Dienstbehörde, alle Schriftstücke und sonstigen Angaben, die auf seine Bestrafung hindeuteten, aus seinen Personalakten zu entfernen, mindestens aber unleserlich zu machen. Diese beschränkte sich jedoch darauf, eine Auskunft aus dem Zentralregister zu den Akten zu nehmen, aus der sich ergab, dass dort keine Eintragungen über den Kläger vorhanden waren und auf dem ursprünglichen Strafregisterauszug zu vermerken „Die Strafe ist inzwischen getilgt". Der weiter gehende Antrag wurde seitens der Behörde abgelehnt, Widerspruch, Klage und Berufung dagegen blieben ohne Erfolg, das BVerwG hielt auch die dagegen gerichtete Revision für unbegründet. Denn bei objektiver Betrachtung seien diejenigen Teile der Personalakte des Klägers, die Hinweise auf dessen Verurteilung enthielten, mit deren Tilgung im Zentralregister nicht unrichtig geworden; diese habe lediglich zur Folge, dass er sich nach § 51 BZRG a.F. (=§ 53 BZRG n.F.) als unbestraft bezeichnen dürfe. Damit sei diese Situation mit einer Lage vergleichbar, in der bestimmte Bestandteile zu Unrecht in die Akte hinein gelangt seien. Bei diesen habe es das BVerwG jedoch als ausreichendes Korrektiv betrachtet, wenn der entsprechende Eintrag mit einem berichtigenden Vermerk versehen werde. Ein Entfernungsanspruch sei dagegen stets mit der Erwägung abgelehnt worden, das Gebot, die Lückenlosigkeit des historischen Geschehensablaufs zu sichern und das darauf fußende Prinzip der Vollständigkeit der Personalakten rechtfertigten es, einen derartigen Vorgang grundsätzlich bei den Akten zu belassen. Ausnahmen davon erkenne das BVerwG nur bei Vorgängen an, die der Sache nach schon vorn vornherein nicht in eine Personalakte gehörten und die überdies dazu geeignet seien, dem Beamten Nachteile zuzufügen[531].

Auch die entsprechende disziplinarrechtliche Regelung[532], derzufolge bestimmte Disziplinarvorgänge nach Ablauf der disziplinarrechtlichen Tilgungsfrist aus den Personalakten zu entfernen und zu vernichten sind, könne auf den zu entscheidenden Sachverhalt nicht sinngemäß angewandt werden. Denn deren Sinn erschöpfe sich darin, die ihrer Natur nach nur vorübergehenden Pflichtenmahnungen des Beamten nicht über einen bestimmten (Tilgungs-) Zeitraum nachwirken zu lassen. Es lasse sich ihr kein darüber hinaus reichender, die Personalakten-Führung insgesamt bestimmender Rechtsgedanke entnehmen.

Mit Recht habe das Berufungsgericht entschieden, das Tilgungsbegehren des Klägers finde in § 49 BZRG a.F. (= § 51 BZRG n.F.) keine Rechtsgrundlage. Denn ihrem Wortlaut nach begründe diese Vorschrift eine bloß Unterlassenspflicht. Daraus lasse sich auch im Wege der Auslegung kein Handlungsgebot entnehmen. Abgesehen davon, dass an dieser Möglichkeit bereits methodische Zweifel bestünden, gehe der Zweck des § 49 BZRG a.F. (= § 51 BZRG n.F.) lediglich dahin, die volle Wiedereingliederung des Bestraften in die Gesellschaft herbei zu führen und zu verhindern,

---

[530] BVerwGE 56, S. 102 ff. Vgl. dazu die zutreffende Anmerkung Wieses in DVBl 1978, S. 1003 ff.

[531] BVerwG, a.a.O., S. 104.

[532] Vgl. § 119 BDO und die entsprechenden landesrechtlichen Bestimmungen, z.B. § 110 NW DO.

dass getilgte Vorstrafen zur Sprache gebracht würden und dadurch eine wieder gewonnene Existenz durch das Aufgreifen längst gesühnter Taten in Gefahr gerate. Dieser Gedanke setze weder sachlogisch noch zu seiner praktischen Verwirklichung voraus, dass neben der Tilgung im Zentralregister auch sämtliche weitere schriftliche Hinweise auf die Verurteilung beseitigt werden. Denn beachte derjenige, der von der Tat und der im Zentralregister bereits getilgten Verurteilung Kenntnis habe, das Vorhalte- und Verwertungsverbot, dann werde das Ziel des § 49 BZRG a.F. (= § 51 BZRG n.F.) erreicht, ohne dass zu der Tilgung im Zentralregister noch ergänzende Maßnahmen, wie etwa die Tilgung von Hinweisen in der Personalakte, hinzukommen müssten[533].

Im Kern gehe es der Revision daher darum, das Verwertungsverbot aus § 49 BZRG a.F. (= § 51 BZRG n.F.) dadurch abzusichern, dass – aus Unkenntnis über die Verurteilung – niemand mehr Gelegenheit habe, gegen diese Bestimmung zu verstoßen. Damit aber werde eine Ergänzung des Vorhalte- und Verwertungsverbotes erstrebt, die von Wortlaut und Zweck des § 49 BZRG a.F. (= § 51 BZRG n.F.) nicht mehr gedeckt sei[534].

Diese Entscheidung ist in der Literatur nur bei *Götz/ Tolzmann* auf Zustimmung gestoßen. Es sei darin eine Problematik angesprochen, die vom Regelungsbereich des BZRG nicht erfasst werden könne. Ein derartiges Entfernungsgebot müsse vielmehr in den jeweiligen Spezialgesetzen unter Abwägung der spezifischen Sach- und Interessenlage geregelt werden[535].

Demgegenüber hat *Wiese*[536] erhebliche Einwände gegen die Richtigkeit dieses Urteils vorgebracht: Er kritisiert insbesondere, das BVerwG habe bei der Lösung des Falles die verfassungsrechtliche Dimension der Problematik vollkommen ausgeblendet. Vielmehr gehe es zu Unrecht von einem „absoluten und unreflektierten Gebot der Lückenlosigkeit des historischen Geschehensablaufs" und einem darauf fußenden Prinzip der Vollständigkeit der Personalakte aus[537].

Suche man nach einer angemessenen Bewältigung der hier in Rede stehenden Problematik, müsse man sich zunächst den Sinn der Personalakte und des Vollständigkeitsprinzips vor Augen halten. Letzteres solle sicher stellen, dass der Dienstherr sämtliche den Beamten in seinem Dienstverhältnis betreffenden Vorgänge zu den Personalakten nehme, damit diese ihre Aufgabe als Instrument der Personalführung sinnvoll erfüllen könnten. Der Vollständigkeitsgrundsatz sei insofern also niemals Selbstzweck; er gelte stets nur so weit, als damit sonstige beamtenrechtliche Grundsätze verfolgt und durchgesetzt werden könnten und müssten[538].

Ferner hat *Wiese* bereits geraume Zeit vor Erlass des Volkszählungs-Urteils auf die datenschutzrechtliche Relevanz der Aufnahme und des Verbleibs von Zentralregister-Auszügen in Personalakten hingewiesen. Gegenüber dem Interesse des Beamten an einer Geheimhaltung derartiger Informationen müsse stets ein Bedürfnis des Staates für deren Aufbewahrung und damit ihre Nutzungsmöglichkeit geltend gemacht werden

---

533 BVerwGE 56, S. 102 (105 ff.).
534 BVerwG, a.a.O., S. 107 f.
535 Götz/ Tolzmann, BZRG, § 51, Rn. 52.
536 Wiese, DVBl 1978, S. 1003 ff.; ablehnend auch Rebmann, NJW 1983, S. 1513 (1519). Vgl. auch Rebmann/ Uhlig, BZRG, § 51, Rn. 24 f.
537 Wiese, a.a.O., S. 1003.
538 Wiese, a.a.O., S. 1004.

können; nur dann sei in Erwägung zu ziehen, jenes Geheimhaltungsinteresse zurücktreten zu lassen. Wenn aber aus § 119 BDO folge, dass nicht einmal ein staatliches Interesse daran besteht, dass Verfehlungen des Beamten registriert bleiben, die unmittelbar mit dem Dienstverhältnis verknüpft seien, müsse dies erst recht für solche Taten gelten, die damit gar nichts zu tun hätten. Dass in dem konkret vom BVerwG zu entscheidenden Fall die aktenführende Behörde kein legitimes Interesse an der Aufbewahrung der Informationen über die Straftat gehabt hätten, zeige sich schon daran, dass sie die Straftat nicht daran gehindert hatte, den Kläger in das Beamtenverhältnis auf Probe und schließlich auf Lebenszeit zu berufen. Demgegenüber bestehe – der Geheimhaltungspflicht der Personalakte zum Trotz – durch die bloße Existenz der personenbezogenen Daten über seine Vorverurteilung die Möglichkeit ihrer missbräuchlichen Verwendung, selbst wenn diese einen Verstoß gegen § 51 BZRG darstellen sollte. Damit gehe stets auch eine Gefährdung des Beamten einher. Daraus folge, dass bei der Abwägung der – hier ohnehin nicht ersichtlichen – Interessen des Dienstherrn an der Vollständigkeit der Personalakten einerseits und des auf das Persönlichkeitsrecht des Beamten (Art. 2 Abs. 1 i.V.m. Art. 2 Abs. 1 GG) gestützten Interesses an der Löschung oder Unkenntlichmachung der betreffenden Unterlagen letzterem der Vorrang eingeräumt werden müsse. Denn die Existenz nicht verwertbarer Informationen in den Personalakten könne sonst z.B. dazu führen, dass bei einer Besprechung über die weitere Verwendung eines Beamten darauf hingewiesen werde, dass „da noch die Geschichte mit ... war", die aber nicht mehr verwertet werden dürfe. Dann sei zwar dem Buchstaben des Gesetzes genügt, zugleich aber nach dem Satz „semper aliquid haeret" der Sinn des Gesetzes vereitelt[539].

Es ist erstaunlich, dass angesichts dieser zutreffenden Ausführungen dem zitierte Urteil des BVerwG immer noch gefolgt wird - insbesondere angesichts der Tatsache, dass sowohl der Landes- als auch der Bundesgesetzgeber mittlerweile tätig geworden sind und für Zentralregisterauszüge in Personalakten von Beamten eine grundsätzlich dreijährige Tilgungsfrist zur Entfernung und Vernichtung vorgeschrieben hat, vgl. § 90e Abs. 2 S. 1 BBG; § 56e Abs. 2 S. 1 BRRG; § 101f Abs. 2 S. 1 NBG; § 102e NW LBG i.V.m. NW TilgVO. Angesichts dessen kann man sich fragen, warum diese Problematik an dieser Stelle überhaupt noch besprochen wird. Sie bleibt jedoch für die privaten Arbeitsverhältnisse von Gesetzes wegen ungelöst, sodass die Diskussion für die Arbeiter und Angestellten nach wie vor relevant ist.

Es ist mit *Wiese* davon auszugehen, dass der Rechtsgedanke des § 51 BZRG dazu führen muss, dass – genauso wie im Beamtenrecht – nach Ablauf der Tilgungsfrist die überalterten Zentralregisterauszüge aus der Personalakte auszuheften und zu vernichten sind[540]. Diese Pflicht ergibt sich unmittelbar aus der Verfassung. Denn wenn das Grundrecht auf informationelle Selbstbestimmung verlangt, dass personenbezogene Daten nur zweckgebunden aufbewahrt werden dürfen, Informationen über getilgte bzw. nicht mehr in ein Führungszeugnis aufnahmefähige Verurteilungen jedoch gem. § 51 BZRG ohnehin nicht mehr verwertet werden dürfen, ergibt sich daraus notwendig eine Pflicht zur Vernichtung solcher Registerauszüge. Auch die Argumentation des BVerwG, § 51 BZRG begründe nur eine Unterlassenspflicht (im Hinblick auf die Verwertung der Information), nicht aber eine Handlungspflicht (im Hinblick auf die

[539] Wiese, a.a.O., S. 1005 f.
[540] Vgl. zum Problem BAG NJW 1978, S. 124.

Vernichtung der Information), läuft insofern leer: Die verfahrensrechtliche Komponente des Grundrechts auf informationelle Selbstbestimmung begründet diese unmittelbar, sodass letztlich dahin stehen kann, ob § 51 BZRG entsprechend zu interpretieren ist, oder ob ein unmittelbarer Rückgriff auf die Verfassung zu erfolgen hat.

(4) Auskunft aus dem Register an andere Staaten gem. § 57 BZRG

§ 57 BZRG regelt die Erteilung von Registerauskünften an Stellen eines anderen Staates sowie an über- und zwischenstaatliche Stellen. Es handelt sich dabei um internationale Rechtshilfe[541]. Die Regelung unterscheidet zwei Fälle der Auskunftserteilung, nämlich einerseits die Auskunft „nach den hierfür geltenden Gesetzen und Vereinbarungen" einerseits (S. 1) und andererseits diejenige, für die „solche Vorschriften fehlen" (S. 2).

Als Vorschriften im Rahmen des Satzes 1 sind insbesondere das Internationale Rechtshilfegesetz (IRG) und das Europäische Rechtshilfeübereinkommen (EuRHÜbK) von Bedeutung. Letzteres bestimmt in Art. 13 Abs. 1, dass die Justizbehörden des ersuchten Staates *in Strafsachen* in demselben Umfang Auskünfte an die Justizbehörden des ersuchenden Staates erteilen wie sie dies an Behörden ihres eigenen Staates tun würden. Demnach ist eine Erteilung von Auskünften aus dem Zentralregister an Vertragsstaaten des EuRHÜbK dann zulässig, wenn sie in derselben Weise auch an deutsche Strafverfolgungsbehörden erteilt werden dürften. Nach Art. 13 Abs. 2 EuRHÜbK ist die Übermittlung von Registerauskünften in *nichtstrafrechtlichen* Angelegenheiten insoweit zulässig, als dies in dem ersuchten Staat erlaubt ist. Soweit es also um Auskünfte aus dem Zentralregister an Vertragsstaaten des EuRHÜbK geht, richtet sich die Auskunftserteilung für sämtliche Angelegenheiten nach § 57 S. 1 BZRG i.V.m. Art. 13 EuRHÜbK.

Im Übrigen richten sich Auskünfte in *Strafsachen* nach dem IRG. Es handelt sich bei der Mitteilung über im Zentralregister eingetragene Verurteilungen um „sonstige Rechtshilfe" im Sinne des § 59 Abs. 1 IRG. Der Umfang derjenigen Auskünfte, die erteilt werden können, richtet sich nach § 59 Abs. 3 IRG: Er muss sich in demjenigen Rahmen halten, der auch für deutsche Gerichte und Behörden untereinander verbindlich wäre. Rechtsgrundlage für Mitteilungen aus dem Zentralregister in Strafsachen ist dann also § 57 S. 1 BZRG i.V.m. § 59 IRG.

Der Anwendungsbereich des § 57 S. 2 BZRG bleibt somit sehr eingeschränkt. Für ihn verbleiben nur die Fälle, in denen Stellen solcher Staaten, die das EuRHÜbK nicht unterzeichnet haben, um Auskünfte in nicht-strafrechtlichen Angelegenheiten bitten, sofern nicht auch mit ihnen spezielle Abkommen bestehen[542]. Als Beispiele nennen *Götz/ Tolzmann* in diesem Zusammenhang Anfragen von fremdenpolizeilichen Dienststellen oder Einwanderungsbehörden[543].

Die Pauschalverweisungen in § 57 BZRG entsprechen jedoch nicht mehr dem aktuellen datenschutzrechtlichen Standard [544]. Zwar führt die Rückverweisung aus dem EuRHÜbK und dem IRG auf das BZRG dazu, dass jedenfalls, was die grundsätzliche Frage der Erteilung einer Auskunft in das Ausland betrifft, die in Deutschland gelten-

---

541 Rebmann/ Uhlig, BZRG, § 57, Rn. 1.

542 Vgl. die bei Götz/ Tolzmann, BZRG, § 57, Rn. 22 Genannten. Umfassend – allerdings auf den Stand von 1985 – die Übersicht bei Rebmann/ Uhlig, BZRG, Anhang T2, S. 812 ff.

543 Götz/ Tolzmann, a.a.O., Rn. 23.

544 Vgl. Götz/ Tolzmann, a.a.O., § 57, Rn. 5 f., 23; s. auch Riegel, Datenschutz, S. 158.

den Standards nicht zulasten des Betroffenen unterlaufen werden können. Somit fließen alle Mängel, die an der Auskunftserteilung innerhalb Deutschlands festzustellen sind, auch in die internationalen Mitteilungen ein. Ferner entsteht noch ein zusätzliches Problem: Es fehlt an einer dem § 17 Abs. 2 BDSG entsprechenden Regelung, die die ins Ausland übermittelten Daten unter den Vorbehalt des deutschen „ordre public" stellt, also dafür Sorge trägt, dass die mitgeteilten Informationen tatsächlich nur für den spezifischen Zweck ihrer Anforderung verwertet werden dürfen. Diesem Gedanken kommt in Anbetracht der Tatsache, dass das BVerfG im *G-10-Urteil* vor kurzem noch einmal auf die Unzulässigkeit der „Datenhortung" zu unbestimmten Zwecken hingewiesen hat, besondere Bedeutung zu. Zu Recht heben *Götz/ Tolzmann* demnach hervor, dass es für die von § 57 S. 2 BZRG erfassten Fälle an einer dem § 41 Abs. 4 S. 2 BZRG entsprechenden Regelung, die die Zweckbindung der Auskunftserteilung festlegt[545], fehlt.

Des Weiteren fehlt es auch an einer verfahrensmäßigen Absicherung der Auskunftserteilung ins Ausland. Insbesondere müsste im Sinne des § 17 Abs. 3 BDSG festgelegt werden, dass die übermittelnde Stelle die Verantwortung für die Übermittlung der Daten aus dem Zentralregister trägt. Denn nur so hat der Betroffene die Möglichkeit, sich effektiv gegen die Datenübermittlung zur Wehr zu setzen, also Unterlassungsansprüche durchzusetzen, und im Falle der Verletzung seiner schutzwürdigen Interessen ggf. auch Schadensersatz geltend zu machen. Auch fehlt es an Vorkehrungen dagegen, dass über den internationalen Datenaustausch bestimmte Informationen an deutsche Behörden zurück laufen, die ihnen unmittelbar nicht erteilt werden dürften. Darin dürfte im Rahmen der zunehmenden Tendenz zum Aufbau europäischer Polizeibehörden ein nicht unerhebliches Risiko für den Betroffenen liegen. In der Literatur wird zu Recht kritisiert, dass es auf europäischer Ebene nach wie vor an einem Datenschutz-Konzept fehle, das diesen Namen auch verdiene. Zwar sei dessen Notwendigkeit im Rahmen der fortschreitenden Verflechtung innerhalb der Europäischen Gemeinschaft seit langem anerkannt, vor allem auch im Zusammenhang mit dem Ausbau des Binnenmarktes und der Liberalisierung des Personenverkehrs. Jedoch werden wichtige Grundsätze des nationalen Datenschutzrechts beim ausländischen Empfänger der Daten regelmäßig nicht in demselben Umfang oder überhaupt nicht anerkannt wie in Deutschland. Ein insofern erforderlicher Konsens auf europäischer Ebene, der den in Deutschland üblichen Standard zugrunde legen würde, liegt aber noch in weiter Ferne[546]. Die Diskussion um die Kompetenzen von EUROPOL habe alle Schwächen der bloß auf nationaler Ebene agierenden Datenschutzinstitutionen verdeutlicht. Schließlich sollten die an EUROPOL zu übermittelnden bzw. dort zu speichernden personenbezogenen Daten auch Angaben über „Art und Weise des Lebens, der rassischen Herkunft, der politischen und religiösen Überzeugungen sowie der sexuellen Gewohnheiten" umfassen; Grundrechtsrelevanz im Hinblick auf das Recht zur informationellen Selbstbestimmung könne der ins Auge gefassten Tätigkeit von EUROPOL mithin nicht abgesprochen werden[547].

Der bloße Verweis des § 57 BZRG auf die entsprechenden, „hierfür geltenden Geset-

---

[545] Götz/ Tolzmann, a.a.O., Rn. 6.
[546] Riegel, Datenschutz, S. 198 ff.
[547] Kutscha, in: Lange, Staat, Demokratie und Innere Sicherheit in Deutschland, S. 355 (364 f.).

ze und Vereinbarungen" kann also für sich genommen nicht ausreichend sein, will man nicht Gefahr laufen, dass der „bereichsspezifische Datenschutz" des BZRG auf dem Wege der Internationalisierung der Strafverfolgung ausgehebelt wird. Für das Verhältnis von EUROPOL und Zentralregister kann demnach nichts anderes gelten als für das oben bereits erörterte Problem, wie lange und zu welchen Zwecken die Akten des BKA verwendet werden dürfen. Denn aus der Perspektive des Betroffenen ist es gleichgültig, von welcher Institution und von welcher staatlichen Ebene seine Rechte bedroht werden.

Wenn also die internationale Dimension der Strafverfolgung und Gefahrenabwehr immer größere Bedeutung gewinnt, gilt dies – jedenfalls soweit das Zentralregister davon betroffen ist – auch für § 57 BZRG. Insofern wäre es nicht nur wünschenswert, sondern von Verfassungs wegen geboten, dass diese Norm an die aktuellen Erfordernisse des Datenschutzes angepasst wird. Da kaum davon auszugehen ist, dass den Belangen des Registrierten aufseiten der Auskunft begehrenden Stelle in ausreichendem Maße entsprochen wird oder zumindest diese Gefahr besteht, muss das BZRG selbst die verfahrensrechtlichen Einzelheiten der Auskunft festschreiben.[548]

III. Die Strafverfahrensregister gem. §§ 474 ff. StPO

1. Einführung

Datenschutz ist keine Erfindung der gegenwärtigen Auseinandersetzung mit der Registrierung und Verarbeitung von Daten. Schon zu Beginn der 1960er Jahre kam in den Vereinigten Staaten eine Diskussion über die Frage auf, ob und inwieweit die Fortschritte in der Datenverarbeitung nicht nur neue Chancen bieten, sondern für die davon betroffenen Bürger auch Gefahren bergen. Diese schwappte binnen kurzer Zeit auch nach Deutschland und führte bereits 1970 zur Verabschiedung des weltweit ersten Datenschutzgesetzes in Hessen. 1977 trat die Erstfassung des BDSG in Kraft[549]. Seitdem sind die Risiken der Informationstechnologie nicht geringer geworden[550]. Mit Recht meint *Riegel*, noch nie habe eine bestimmte Technik das öffentliche und private Leben so beeinflusst und werde es aller Voraussicht nach auch weiterhin tun, wie dies

---

[548] Wie bereits in Fn.332 angedeutet, soll nunmehr mit dem 4. BZRGÄndG (BR-Drs. 15/01, S. 1-13) der Versuch unternommen werden, den Anforderungen des Volkszählungsurteils gerecht zu werden. Neben einer Novellierung des § 11 BZRG ist auch eine Neufassung des § 57 BZRG geplant. Diese soll der aus datenschutzrechtlichen Gründen gebotenen Präzisierung der Voraussetzungen für eine Auskunftserteilung aus dem BZR an ausländische sowie über- und zwischenstaatliche Stellen dienen. § 57 S. 1 BZRG-E soll nicht mehr auf die „ hierfür geltenden Gesetze", sondern auf die „hierfür geltenden völkerrechtlichen Verträge verweisen. Gemäß § 57 Abs. 2 BZRG-E steht die Erteilung von Registerauskünften an ausländische Stellen im vertragslosen Bereich wie bisher im Ermessen des Bundesministeriums für Justiz. § 57 Abs. 2 S. 2 BZRG-E sieht die Übernahme der gem. § 17 Abs. 4 BDSG bestehenden Hinweispflicht auf die Zweckbindung bereichsspezifisch für das BZRG vor. § 57 Abs. 2 S. 3 BZRG-E sieht ferner vor, dass Auskünfte im vertragslosen Bereich nicht erteilt werden, wenn dadurch schutzwürdige Interessen des Betroffenen beeinträchtigt würden. Das Gesetz nennt als Regelbeispiel dafür ein nicht angemessenes Datenschutzniveau im Empfängerland. Schließlich übernimmt § 57 Abs. 4 BZRG-E den in § 17 Abs. 3 BDSG aufgestellten Grundsatz, dass die Verantwortung für die Datenübermittlung in das Ausland stets die übermittelnde inländische Stelle trage. f

[549] Vgl. den kurzen Überblick bei Gola/ Schomerus, BDSG, Einleitung, Anm. 1.

[550] Vgl. etwa Vogelgesang, Grundrecht, S. 27 ff.

bei der Informationstechnologie der Fall sei[551].

Die größte Bedeutung kommt dem *Volkszählungs-Urteil*[552] insofern zu, als es die Grundsätze des Datenschutzes endgültig zum juristischen Gemeingut erhoben hat[553]. Wenig erstaunlich ist daher das Ausmaß der „nicht enden wollenden Diskussion um die Folgen des Volkszählungs-Urteils[554]". Durchgesetzt hat sich mittlerweile die Erkenntnis, dass das informationelle Selbstbestimmungsrecht nur im überwiegenden Allgemeininteresse und auch nur auf gesetzlicher Grundlage eingeschränkt werden darf[555]. Nicht nur die polizeilichen Forderungen nach einer Ausweitung des eigenen Zuständigkeitsbereichs und der Bewahrung des status quo[556] machten es daher erforderlich, die aktuellen Formen der Datenverarbeitung ebenso auf eine gesetzliche Grundlage zu stellen wie neue Erkenntnisquellen. Der Gesetzgeber berücksichtigte diese Erfordernisse zunächst bei der Novellierung der Landes-Polizeigesetze[557]; im Übrigen räumte die Rechtsprechung ihm einen zunächst (scheinbar) unbegrenzten Übergangszeitraum dafür ein, adäquate Regelungen zu schaffen[558]. Ohne die Diskussion wieder aufnehmen zu wollen, ob dieser Zeitraum bereits Anfang der 1990er Jahre oder erst jetzt abgelaufen ist, oder ob er sogar noch andauert – jedenfalls für den Bereich des strafrechtlichen Ermittlungsverfahrens wurden mit dem VerbrechensbekämpfungsG[559], dem JuMiG[560] und schließlich mit dem StVÄG 1999[561] mittlerweile entsprechende Vorschriften geschaffen. Man kann die mit dieser Konzeption des Datenschutzes verknüpfte Normenflut[562] beklagen; mangels akzeptabler Alternativlösungen[563] und mit Blick auf die Gesetzgebungs- und Rechtsprechungspraxis ist diese aber wohl hinzunehmen. Denn viel größere Bedeutung kommt zwei anderen Fragen zu: Zum einen kritisiert *Gusy*, dass nicht selten der Eindruck erweckt worden sei, „dass jede Art von Verrechtlichung zugleich einen Gewinn an Freiheit und Datenschutz darstelle, ohne dass noch auf den Inhalt der Regelungen geachtet wurde[564]" – eine Erkenntnis, die sich auch anhand der gegenwärtigen Diskussion um §§ 474 ff. StPO (n.F.) wiederum bestätigt[565]. Ohne die Gesamtregelung grundsätzlich anzweifeln zu wollen[566], sollen aber einige Bestimmungen des Achten Buches der StPO in

---

551 Riegel, Datenschutz, S. 1.
552 Dazu oben C.II.3.b.
553 So auch die Einschätzung von Riegel, a.a.O.
554 Gusy, Polizeirecht, Rn. 184.
555 Gola/Schomerus, BDSG, § 1, Anm. 3.4., Riegel, Datenschutz, S. 8.
556 Dazu: Gusy, Polizeirecht, Rn. 184.
557 Zu den entsprechenden Regelungen im NW PolG vgl. Gusy, a.a.O., Rn. 180 ff.
558 Dazu nur Bäumler, in: Lisken/ Denninger, Handbuch des Polizeirechts, Abschnitt J, Rn. 50 ff.; Gola/ Schomerus, BDSG, § 1, Anm. 4.1. mit umfass. Nachw.; Riegel, Datenschutz, S. 12 f., zu den Regelungen in der StPO S. 67 ff.
559 Vom 28. Oktober 1994, BGBl. I, S. 3186.
560 Vom 18. Juni 1997, BGBl. I, S.1430.
561 Vom 02. August 2000, BGBl. I, S. 1253.
562 Gola/ Schomerus, BDSG, § 1, Anm. 3.5.
563 Ansätze bei Gola/ Schomerus, a.a.O. Eingehend Vogelgesang, Grundrecht, S. 159 ff., 162 ff, s. auch Starck, in: v. Mangoldt/ Klein/ Starck, GG, Art. 2, Rn. 112.
564 Gusy, Polizeirecht, Rn. 184.
565 Vgl. Brodersen, NJW 2000, S. 2536 ff.; Hilger, NStZ 2001, S. 15 ff. Kritisch jedoch Wollweber, NJW 2000, S. 3623 f.
566 Übertrieben Kestel, StV 1997, S. 266 ff., dazu mit z.T. berechtigter Kritik Kalf ebenda, S.

Frage gestellt werden.
Zum anderen blieb die bisher geführte Diskussion zu sehr auf Fragen des Datenschutzes beschränkt. Dabei wurde übersehen, dass auch zu anderen verfassungsrechtlich verbürgten Mindestgarantien enge Verbindungen bestehen, insbesondere zum Grundrecht auf Resozialisierung. Mit Blick auf das BZRG ist stets betont worden, dass dieses nicht nur einen gerechten Ausgleich zwischen dem Resozialisierungsinteresse des Einzelnen und dem Informationsbedürfnis der Allgemeinheit herbeiführen wolle; vielmehr sei das BZRG auch eines der ersten Datenschutz-Gesetze gewesen[567]. Umgekehrt bestehen aber auch wichtige Querverbindungen zwischen dem Achten Buch der StPO und dem Resozialisierungs-Anliegen, vor allem, wenn man bedenkt, dass auch Privatpersonen Akteneinsicht aus Strafverfahrensakten erteilt werden kann (§ 475 StPO).

2. Die Strafverfahrensdateien gem. §§ 474 ff. StPO – Der Stand der Diskussion
In Rechtsprechung und Literatur herrschte über die Notwendigkeit einer gesetzlichen Ausgestaltung strafverfahrensrechtlicher Register spätestens seit dem Volkszählungs-Urteil Einigkeit. Dabei ging es allem darum, dessen Anforderungen an die Ausgestaltung staatlicher Datenverwaltung Rechnung zu tragen[568] und den Justizpraktikern lag viel daran, für einen verbesserten Informationsaustausch zwischen den einzelnen Staatsanwaltschaften zu sorgen, um auf diese Weise effektiver arbeiten zu können[569]. Dass eine solche Vernetzung der Strafverfolgungsbehörden in Anbetracht des Grundrechts auf informationelle Selbstbestimmung nur auf gesetzlicher Grundlage errichtet werden konnte, war die zwingende Folgerung aus der Tatsache, dass die Rechtsprechung bereits für die vorhandenen Namenskarteien einzelner Staatsanwaltschaften eine gesetzliche Grundlage gefordert hatte[570].
So erscheint es wenig erstaunlich, dass die Errichtung des länderübergreifenden Strafverfahrensregisters zunächst in §§ 474 ff. StPO a.F. bei den Praktikern auf Zustimmung gestoßen ist[571]; auch in Bezug auf die Normierung der Akteneinsichtsrechte und der Dateiregistrierung nach §§ 474 ff., 483 ff. StPO n.F. herrscht im Wesentlichen Zufriedenheit[572]. Im Folgenden soll ein kurzer Überblick über den bisherigen Meinungsstand gegeben werden, wobei auch auf einige kritische Anmerkungen einzugehen ist.

a. Der Standpunkt *Kestels*
Das länderübergreifende Strafverfahrensregister nach §§ 492 ff. StPO n.F. (= §§ 474 ff. StPO a. F.) ist bei *Kestel* auf große Vorbehalte gestoßen[573]. Er kritisiert zunächst

---

610 ff.
[567] Dazu Götz/ Tolzmann, BZRG, § 1, Rn. 17 ff.; Rebmann/ Uhlig, Einleitung, Rn. 71 ff.
[568] Vgl. Hoffmann, ZRP 1990, S. 55 (57); Lemke, NStZ 1995, S. 484 (484).
[569] Hoffmann, a.a.O., S. 55 ff.; Rebmann/ Schoreit, NStZ 1984, S. 1 ff.; Schoreit DRiZ 1987, S. 85 ff.
[570] Vgl. OLG Frankfurt/ Main NJW 1989, S. 47 ff.; OLG Frankfurt/ Main StV 1995, S. 349ff. S. auch VG Hamburg StV 1989, S. 524 f.
[571] Kalf, StV 1997, S. 610 ff.; König/ Seitz, NStZ 1995, S. 1 (5); Lemke, NStZ 1995, S. 484 ff.; s. auch Kleinknecht/ Meyer-Goßner, StPO, § 474, Rn. 1 einerseits, Rn. 3 andererseits.
[572] S. Brodersen, NJW 2000, S. 2536 ff.; Hilger, NStZ 2001, S. 15 ff.
[573] Kestel, StV 1997, S. 266 ff.

die Heimlichkeit des Datenaustausches; vonseiten der Strafverfolgungsbehörden werde der Betroffene darauf in aller Regel nicht hingewiesen, dadurch bleibe ihm die Möglichkeit vorenthalten, dagegen gem. §§ 23 ff. EGGVG um Rechtsschutz nachzusuchen – nicht selten wisse er weder etwas über die Speicherung seiner Daten noch über deren Weitergabe; in den Fällen des § 170 Abs. 2 StPO wisse er oftmals nicht einmal, dass überhaupt ein Strafverfahren gegen ihn anhängig gewesen ist[574].
Zudem laufe die Übermittlungsbefugnis aus § 474 Abs. 4 StPO (a.F. = § 494 Abs. 4 StPO n.F.) der prozessualen Waffengleichheit diametral zuwider. Letztere setze voraus, dass der Beschuldigte wisse, gegen wen er seine Verteidigung zu richten habe; nur dann könne er seine Rechte effektiv wahrnehmen. Wenn er jedoch Gefahr laufe, dass seine Daten an die Nachrichtendienste weitergegeben würden, und diese Behörden aufgrund dessen begännen, selbstständig gegen ihn zu ermitteln, ebne die für ihn nicht mehr durchschaubare Datenspeicherung noch eine weitere geheime, für ihn ebenfalls nicht mehr kontrollierbare Datenerhebung. Wenn nun ein auf dieser „Datenflut" basierendes Ermittlungsverfahren und im Anschluss daran eine Anklage über den Betroffenen „hineinbreche", sei es für ihn nahezu ausgeschlossen, sich angemessen dagegen zu verteidigen. Schließlich stehe der Staatsanwaltschaft auf diesem Wege auch die gesamte nicht unbeträchtliche Logistik der Nachrichtendienste zur Verfügung, wogegen der Angeklagte auf verlorenem Posten stehe; vor allem, da das Akteneinsichtsrecht aus § 147 StPO angesichts dieser Geheimhaltung leer laufe. Die auf den ersten Blick sehr strenge Regelung in § 474 Abs. 4 StPO (a.F. = § 494 Abs. 4 StPO n.F.) enthalte eine „geheimdienstliche Einbruchstelle", die für den Betroffenen äußerst weit reichende Folgen nach sich ziehen könne.
Auch die in § 476 Abs. 2 S. 2 StPO (a.F. = § 494 Abs. 2 S. 2 StPO n.F.) niedergelegte Regelung hält *Kestel* für problematisch, denn sie verkehre den Sinngehalt des Freispruchs in sein Gegenteil. Dieser diene nämlich eigentlich dazu, der Außenwelt, allen voran der Staatsanwaltschaft, zu dokumentieren, dass der Betroffene unschuldig ist, bzw., dass er mangels Schuldnachweises jedenfalls als Unschuldiger zu behandeln sei. Das Stigma der rechtlichen Missbilligung, das seinerseits Vorurteile und Ausgrenzung in dem sozialen Umfeld hervorrufe, werde ihm gegenüber den Strafverfolgungsbehörden aufgedrückt, die kraft ihrer Aufgabe sehr empfänglich für derartige Stigmatisierungen seien. In der fortdauernden Speicherung nach § 476 Abs. 2 S. 2 StPO (a.F. = § 494 Abs. 2 S. 2 StPO n.F.) sei die konkludente Annahme eines Restverdachts zu sehen – genau dies verstoße in grober Weise gegen das Institut der Unschuldsvermutung[575].
Seine Bedenken sieht *Kestel* noch dadurch untermauert, dass es gerade Sinn und Zweck der Unschuldsvermutung sei, die Strafverfolgungsorgane dazu zu veranlassen, dem Beschuldigten möglichst unvoreingenommen entgegenzutreten. Dies könne bezweifelt werden, wenn der Betroffene, obwohl rechtskräftig freigesprochen, von den Staatsanwaltschaften als alter Bekannter identifiziert werde, zumal wenn es u.U. um den Haftgrund der Wiederholungsgefahr gehe. Hinzu komme, dass der Mitzieh-Effekt (§ 476 Abs. 2 S. 3 StPO a.F. = § 494 Abs. 2 S. 2 StPO n.F.) dem Verhältnismäßigkeits-Grundsatz entgegenstehen könne. Denn das Register erfasse auch Kleinkriminalität; es stünden sich dann das rechtsstaatliche Interesse etwa an der Verfolgung

[574] Kestel, a.a.O., S. 267.
[575] Kestel, a.a.O., S. 268.

eines Ladendiebstahls und ein gravierender Grundrechts-Eingriff gegenüber. Schließlich sei zumindest daran zu denken gewesen, eine dem § 51 BZRG entsprechende Regelung in die StPO einzufügen, damit der freigesprochene Bürger sich voll auf die ihm zur Seite stehende Unschuldsvermutung verlassen könne, weil sich wenigstens ein Verwertungsverbot schützend vor seine Daten stelle.
Der freigesprochene Bürger verlasse den Gerichtssaal und wähne sich als unbescholtener Bürger – während er in der Verfahrensdatei immer noch mit einem Restverdacht erfasst werde[576].

b. Die Auffassung *Kalfs*
Den Überlegungen *Kestels* ist *Kalf* entgegengetreten[577]. *Kalf* betont, staatliches Handeln müsse keineswegs in jedem Stadium des Strafverfahrens von Offenheit geprägt sein. Das Ermittlungsverfahren sei in der StPO bewusst so ausgestaltet, dass den Strafverfolgungsbehörden ein Informationsvorsprung zukomme. Diese Regelungen seien auch verfassungsrechtlich unbedenklich, denn die StPO gestalte insofern den Verfassungs-Grundsatz der Gewährleistung einer funktionstüchtigen Strafrechtspflege aus. Bei offenen Ermittlungen sei die Strafverfolgung in der Regel zum Scheitern verurteilt, der Staat könne demnach seine verfassungsrechtliche Verpflichtung zur Aufklärung von Straftaten meist nur durch ein Handeln erfüllen, das dem Beschuldigten vorher nicht angekündigt werde. Dessen Belange blieben dadurch gewahrt, dass man ihm nachträglich durch die Möglichkeit der Anrufung eines Gerichts Rechtsschutz gewähre; im Übrigen gewährleisteten die Verwertungsverbote in weiteren Fällen die Rechtmäßigkeit staatlichen Handelns[578].
Auch die Kritik *Kestels* an § 494 Abs. 4 StPO greife zu kurz. Dieser lasse Auskünfte an die drei inländischen Nachrichtendienste zu. Diesen würden jedoch nur die Personendaten des Beschuldigten, die zuständige Strafverfolgungsbehörde und das Aktenzeichen mitgeteilt. Weitergehende Daten betreffend Tatzeit, Tatvorwurf, Einleitung und Erledigung des Verfahrens blieben den Strafverfolgungsbehörden für Zwecke des Strafverfahrens vorbehalten. Bereits daraus lasse sich kaum die Befürchtung herleiten, die Nachrichtendienste würden gleich nach Auskunftserlangung in die Strafverfolgung mit einbezogen. Die Dienste dürften schon deshalb nicht eingreifen, weil die Strafverfolgung als solche nicht zu ihren Aufgaben zähle, sie sich bei der Informationsbeschaffung vielmehr auf wenige staatsgefährdende Aktivitäten zu beschränken hätten. Die „normale Strafverfolgung" könne der Auskunftserteilung zum Trotz nicht

---

576 Kestel, a.a.O., S. 269.
577 Kalf, StV 1997, S. 610 ff.; ablehnend auch Wolter, in: SK-StPO, § 474, Rn. 8.
578 Diesen Argumenten wird man grds. folgen können und müssen. In der Tat überspannt Kestel die Anforderungen an die „Offenheit staatsanwaltlicher Ermittlungstätigkeit". Allerdings geht auch Kalfs Argumentation fehl, wenn er sich auf den Standpunkt stellt, es sei „keinesfalls kritikwürdig", wenn der Beschuldigte von der Auskunftserteilung aus dem Strafverfahrensregister nicht benachrichtigt werde (a.a.O., S. 611). Denn es besteht kein Anlass, den Beschuldigten **nach Abschluss** der Ermittlungen nicht über die Einzelheiten der Untersuchungen zu informieren – jedenfalls wenn dem sonstige Belange nicht widerstreiten. Insbesondere spricht nichts dagegen – außer vielleicht kostenrechtlichen Erwägungen, die hier entscheidend gewesen sein dürften – den (ehemals) Beschuldigten über seine Eintragung in das Verfahrensregister zu informieren, damit er die Möglichkeit hat, sich dagegen (nachträglich) zur Wehr zu setzen. Denn nur so ist Kalfs eigene Argumentation tragfähig.

mit nachrichtendienstlichen Mitteln unterstützt werden. Schließlich erhielten die Nachrichtendienste nicht über jedes anhängige Verfahren automatisch Auskunft, sondern nur aufgrund einer Einzelanfrage, die sie – zweckgebunden – im Rahmen ihrer Aufgaben zu stellen befugt seien (§ 18 Abs. 3 BVerfSchG, § 8 Abs. 3 BNDG; § 10 Abs. 2 MADG)[579].
Alles in allem stelle die Gesetz gewordene Variante des Strafverfahrensregisters die einzig praktikable Möglichkeit dar. Die notwendige Kontrolle der Registerauskunft führe der Bundesbeauftragte für den Datenschutz gem. § 24 BDSG in regelmäßigen Abständen durch, ggf. gem. § 21 BDSG auch auf Antrag des Betroffenen[580].

c. Die Ansicht *Wolters*

Im Rahmen der bisherigen Auseinandersetzung um das staatsanwaltschaftliche Strafverfahrensregister nimmt *Wolter* eine vermittelnde Position ein[581].
Er hält – trotz seiner grundsätzlichen Zustimmung zum Register[582] – vor allem § 477 StPO (a.F. = § 495 Abs. 1 StPO n.F.) für misslungen, denn dieser umschreibe das Auskunftsrecht des Betroffenen mit seiner grundsätzlichen Bezugnahme auf § 19 BDSG nicht hinreichend. Zudem werde der Rechtsschutz des Betroffenen dadurch verkürzt, dass dieser nicht von der Datenspeicherung unterrichtet werden müsse[583] – es entspreche dem Recht auf informationelle Selbstbestimmung, wenn darin zumindest eine Benachrichtigungspflicht der Behörden bei einer Speicherung in einer automatisierten Datei aufgenommen würde[584]. Schließlich sei das Auskunftsrecht des Betroffenen die „magna charta des Datenschutzes", die es ihm überhaupt erst ermögliche, weitere Rechte auf Berichtigung, Sperrung oder Löschung von Daten geltend zu machen und ggf. auch gerichtlich durchzusetzen. Nur so könne der Bürger feststellen (lassen), wer was wann und bei welcher Gelegenheit über ihn wisse[585].
Im Übrigen wendet sich *Wolter* auch gegen § 476 Abs. 2 S. 2 StPO (a.F. = § 494 Abs. 2 S. 2 StPO n.F.): Es spreche für sich, dass danach manche Daten für immer gespeichert bleiben könnten – selbst wenn das Verfahren nach § 170 Abs. 2 StPO wegen nachweislicher Nicht-Schuld oder mit Blick auf ein endgültiges Prozesshindernis eingestellt worden sei[586].

d. Die Meinung *Brodersens*

Brodersen befasst sich vor allem mit den durch das StVÄG 1999 in die StPO eingefügten Bestimmungen[587]. Im Hinblick auf das Auskunftsrecht öffentlicher Stellen nach § 474 Abs. 2 S. 1 StPO betont er, das Gesetz fordere keine Abwägung der beteiligten

---

579 Kalf, a.a.O., S. 611 f.
580 Kalf, a.a.O., S. 612. Wobei zu dem Verweis auf § 21 BDSG anzumerken ist, dass nicht ersichtlich ist, wie der Betroffene einen entsprechenden Antrag stellen soll, wenn er um die Speicherung seiner Daten in dem Strafverfahrensregister gar nicht weiß.
581 Wolter, in: SK-StPO, § 474, Rn. 10; § 477, Rn. 2, 6; ders., ZStW 107 (1995), S. 793 (802, 838 f.).
582 Wolter, in: SK-StPO, § 474, Rn. 6 ff.
583 Wolter, in: SK-StPO, § 474, Rn. 10; ders., ZStW 107 (1995), S. 793 (838).
584 Wolter, in: SK-StPO, § 477, Rn. 2; s. auch dens., ZStW 107 (1995), S. 793 (839).
585 Wolter, in: SK-StPO, a.a.O., unter Bezugnahme auf BVerfGE 65, S. 1 (43).
586 Wolter, ZStW 107 (1995), S. 793 (802).
587 Brodersen, NJW 2000, S. 2536 ff.

Interessen – bereits wenn die Auskunft für die Tätigkeit der anfragenden Stelle erforderlich erscheine, könne diese erteilt werden. Dadurch werde die Entscheidungsfindung über die Auskunftserteilung in der Praxis erheblich erleichtert. Es leuchte auch ein, dass etwa bei der Verleihung von Orden nicht erst die Mitteilung der letztendlichen Verurteilung, sondern bereits die Anhängigkeit eines Ermittlungsverfahrens von Interesse sein könne[588]. Für die Akteneinsicht und Auskünfte an Private genüge – abgesehen von § 477 Abs. 3 StPO – schon das Vorliegen eines berechtigten Interesses; die vom Bundestag ursprünglich vorgesehene engere Formulierung, wonach ein rechtliches Interesse erforderlich gewesen wäre, sei (gerade) nicht Gesetz geworden[589].
Hinsichtlich der Speicherung von Verfahrensdaten in den Datensammlungen einzelner Staatsanwaltschaften nach §§ 483 ff. StPO hebt Brodersen hervor, dass gem. § 489 Abs. 5 StPO zwar die Möglichkeit bestehe, die nach § 484 StPO für Zwecke künftiger Strafverfahren gespeicherten Daten, für die in § 489 Abs. 4 StPO bestimmte Aussonderprüffristen vorgesehen sind, bereits nach kürzeren Fristen zu löschen. Hierfür werde jedoch kaum Anlass bestehen; auch im Falle des § 32 Abs. 3 BKAG, dem § 489 IV, V StPO nachgebildet sei, seien die Daten für Zwecke künftiger Strafverfahren häufig (eher) länger zu speichern[590]. Schließlich befasst er sich noch mit § 491 Abs. 2 StPO. Dieser enthalte gegenüber § 19 BDSG bereichsspezifische Einschränkungen, die über § 495 Abs. 2 StPO auch für das zentrale Strafverfahrensregister Geltung beanspruchen könnten. Er erlaube in größerem Umfang als § 19 Abs. 4 bis 6 BDSG, eine Auskunft bereits ohne Begründung abzulehnen. Insbesondere sei – im Gegensatz zu § 19 Abs. 4 BDSG a.E. – keine Abwägung dahingehend erforderlich, ob das Interesse des Betroffenen an der Auskunftserteilung (im Hinblick auf übergeordnete Interessen der Allgemeinheit) zurücktreten muss[591].

e. Der Standpunkt *Wollwebers*

Diese Ausführungen sind bei *Wollweber* auf Kritik gestoßen[592]. Er meint zunächst, der Ansicht *Brodersens*, es bestehe im Rahmen des § 489 Abs. 4 StPO kein Anlass zu einer Abkürzung der Aussonderungsprüffristen, könne nicht gefolgt werden. Auch wenn dessen von § 32 Abs. 3 S. 2 BKAG abweichender Wortlaut prima facie zu der Annahme verleiten könne, das StVÄG 1999 habe diese Fristen nicht als Höchst-, sondern als Regelfristen konzipiert, die die speichernde Stelle – wenn überhaupt – nur ausnahmsweise zu Gunsten des Betroffenen unterschreiten müsse, spreche gegen eine derartige Interpretation jedoch, dass sich das StVÄG bei der Ausgestaltung der Prüffristen ganz bewusst eng an die Parallelnorm des § 32 BKAG angelehnt habe[593]. Hinzu komme, dass zwar eine Speicherung für „Zwecke künftiger Strafverfahren" gem. § 484 Abs. 2 StPO eine Negativprognose über den Täter in der Weise voraussetze, dass Grund für die Annahme bestehen müsse, dass weitere Strafverfahren gegen den Beschuldigten zu führen sein werden – es fehle aber im Gegensatz zu § 81g StPO jede Aussage darüber, welches Gewicht der solchen Verfahren zugrunde

---

588 Brodersen, a.a.O., S. 2450 f.
589 Brodersen, a.a.O., S. 2451.
590 Brodersen, a.a.O.
591 Brodersen, a.a.O., S. 2451 f.
592 Wollweber, NJW 2000, 3623 ff.
593 Wollweber, a.a.O., S. 3624.

liegende Tatvorwurf haben müsse. Daher liege es nahe, entsprechend dem § 32 Abs. 3 S. 2 BKAG, der auf „Art und Schwere des Sachverhalts" abhebt, durch die Errichtungsanordnung kürzere, nach Deliktskategorien gestufte Prüffristen festzulegen.
Des Weiteren wendet sich *Wollweber* dagegen, bei Auskünften an Nicht-Verfahrensbeteiligte gem. § 491 Abs. 2 StPO auf eine Interessenabwägung im Sinne des § 19 Abs. 4 BDSG a.E. zu verzichten. Im Hinblick auf eine Zusammenschau etwa mit dem strukturell vergleichbaren § 406 e Abs. 2 StPO müsse vielmehr das Geheimhaltungsinteresse der Strafverfolgungsbehörden zu dem Auskunftsinteresse des Betroffenen ins Verhältnis gesetzt und gewichtet werden; es bedürfe einer umfassenden Güterabwägung nach adäquaten Qualitätsmaßstäben[594].

f. Eigene Stellungnahme

aa. Strafverfahrensdateien und Grundrecht auf Resozialisierung

Entsprechend der bereits oben[595] im Hinblick auf die Regelungen des BZRG praktizierten Vorgehensweise sollen nun im Folgenden einzelne Bestimmungen des Achten Buches der StPO daraufhin untersucht werden, ob und inwieweit sie mit dem Grundrecht auf Resozialisierung in Einklang stehen. Dabei wird auch auf die oben dargestellte Auseinandersetzung im Einzelnen einzugehen sein.

(1) Das Akteneinsichtsrecht zugunsten „öffentlicher Stellen" nach § 487 Abs. 2 i.V.m. § 474 Abs. 2 StPO

Gem. § 474 Abs. 2 Nr. 3 StPO ist eine Auskunft an solche Stellen zulässig, denen gem. § 14 EGGVG Mitteilung über eine Verurteilung in derselben Sache gemacht werden dürfte.
§ 14 EGGVG kann aber, jedenfalls was das Resozialisierungs-Anliegen des Betroffenen angeht, bereits als konzeptionell misslungene Vorschrift angesehen werden[596]. Denn es fehlt an einer Abstimmung dieser Vorschrift auf die Tilgungs- und Auskunftsregelungen des BZRG, insbesondere auf die in §§ 41, 61 BZRG vorgesehenen Einschränkungen. Der Gesetzentwurf der Bundesregierung zu § 14 Abs. 2 EGGVG hatte noch vorgesehen, diesem Problem dadurch entgegenzuwirken, dass die Verwendung der Erkenntnisse zum Nachteil des Betroffenen durch solche Empfänger, die aus dem Zentralregister keine unbeschränkte Auskunft erhalten, grundsätzlich einem Zustimmungsvorbehalt zugunsten der obersten Bundes- oder Landesbehörde nach Maßgabe des § 43 BZRG unterliegen sollte. Damit sollte sichergestellt werden, dass die Resozialisierung des Betroffenen nicht durch eine Umgehung des § 41 BZRG in Gefahr gerät[597]. Entsprechende Regelungen enthalten § 33 Abs. 5 S. 1 BGSG[598] und § 10 Abs. 5 BKAG[599].
Auf Vorschlag des Bundesrates ist § 14 Abs. 2 EGGVG aber wieder gestrichen worden. Dies war mit dem drohenden Verwaltungsaufwand begründet worden; hinzu komme, dass die Verwertung von Erkenntnissen nach Rechtskraft nicht weitergehenden Einschränkungen unterliegen dürfe als vor dem rechtskräftigen Abschluss des

---

594 Wollweber, a.a.O., S. 2624 f.
595 Vgl. C.II.2.e.cc.
596 Vgl. Wollweber, NJW 1997, S. 2488 (2490).
597 BT-Drs. 13/ 4709, S. 23.
598 Hierzu: Laskowski, in: Fischer/ Hitz/ Laskowski/ Walter, BGSG, § 33, Rn. 9.
599 Hierzu Ahlf, in: Ahlf/ Daub/ Lersch/ Störzer, BKAG, § 10, Rn. 30.

Verfahrens[600].
Eine derartige Argumentation ist in Anbetracht des verfassungsrechtlich abgesicherten Rehabilitationssstatus' des Betroffenen so nicht haltbar. Zum einen kann die Grundrechtsbindung des Gesetzgebers (Art. 1 Abs. 3, 20 Abs. 3 GG) nicht aus rein fiskalischen Erwägungen unterlaufen werden. Macht man sich die Begründung des Bundesrates – wie die Bundesregierung dies schließlich getan hat – zu Eigen, reicht Grundrechtsschutz immer nur so weit, wie der Staat diesen finanzieren kann. Dass diese Erwägungen bei der Diskussion um die grundrechtlichen Schutz- und Förderpflichten stets eine Rolle gespielt haben, ist bekannt[601]; dass sie nun aber auch für die negatorischen Grundrechtswirkungen maßgebliche Bedeutung erlangen sollen, ist neu. Noch abwegiger erscheint das zweite Vorbringen: Abgesehen davon, dass man sicherlich darüber diskutieren kann, ob die umfassenden Auskunftsmöglichkeiten *vor* Verfahrensabschluss im Hinblick auf die Verwendungsbeschränkungen des BZRG und auf die immerhin bestehende Möglichkeit einer Verfahrenseinstellung z.B. nach § 170 Abs. 2 StPO nicht schon für sich genommen ausgesprochen fragwürdig sind, kann dies jedoch kein Grund dafür sein, die Systematik des BZRG nun auch noch durch die Verbreitung grundsätzlich nicht mitteilungsfähiger Verurteilungen endgültig zu unterlaufen[602].
Diese missliche Inkongruenz der Mitteilungsmöglichkeiten aus dem Zentralregister und des § 14 EGGVG wird nunmehr noch in das Auskunftsrecht aus § 474 StPO hineingetragen. Alle soeben angesprochenen Einwände setzen sich hier fort. Die Konsequenzen dieser abstrakt gefassten und nicht ganz leicht zu durchschauenden Regelungen werden mit Blick auf § 14 Abs. 1 Nr. 4, 5 EGGVG für den Betroffenen aber zu fühlbaren Konsequenzen führen: Obwohl die Staatsanwaltschaft gem. § 160 Abs. 2 StPO dazu verpflichtet ist, auch die für den Betroffenen entlastenden Umstände zu ermitteln und sich im Laufe des Ermittlungsverfahrens herausstellen kann, dass der Beschuldigte zu Unrecht einer strafbaren Handlung verdächtigt worden ist, läuft dieser Gefahr, dass gegen ihn bereits disziplinarische oder arbeitsrechtliche Maßnahmen eingeleitet werden, die sich ausschließlich auf einen Anfangsverdacht stützen. Es bedarf nur wenig Phantasie, wie leicht auf diese Weise Bewerbungen auf gehobene Positionen im Öffentlichen Dienst durch letztlich unhaltbare Verdächtigungen sabotiert, zumindest jedoch verzögert werden können. Dafür, dass solche Befürchtungen nicht völlig „aus der Luft gegriffen" sind, spricht bereits, dass in Parallelgesetzen (BKAG, BGSG) offenbar die Notwendigkeit erkannt worden ist, solchen Mitteilungen vorzubeugen.
Unabhängig davon, wie das Ermittlungsverfahren im Einzelnen ausgeht, steht fest, dass § 474 Abs. 2 Nr. 3 StPO – gerade mit Blick auf den in Bezug genommenen § 14 EGGVG – mit den aus dem Grundrecht auf Resozialisierung ableitbaren Erfordernissen unvereinbar ist: Wird das Verfahren eingestellt – wobei an dieser Stelle dahin stehen soll, ob nach §§ 153 ff. StPO oder nach § 170 Abs. 2 StPO– sieht sich der Betroffene durch die Mitteilung bereits der Gefahr ausgesetzt, dass sein öffentliches Ansehen und sein berufliches Weiterkommen Schaden nehmen[603], also ent-

[600] BT-Drs. 13/ 4709, S. 42 f.
[601] Sachs, Verfassungsrecht II, Grundrechte, A 4, Rn. 22 ff.
[602] Kritisch auch Wollweber, NJW 1997, S. 2488 (2490).
[603] Dazu, dass bereits die bloße Anhängigkeit eines Ermittlungsverfahrens für den Betroffenen nicht unerhebliche Risiken birgt, bereits oben C.II.2.e.cc.(6)

sozialisiert zu werden, obwohl er kein oder nur geringes Unrecht verwirklicht hat. Führt das Ermittlungsverfahren aber schließlich zu einer Anklage und einer Verurteilung, können bereits im Vorverfahren Informationen nach außen gelangt sein, die nach den Bestimmungen des BZRG überhaupt nicht hätten mitgeteilt werden dürfen. Das dem BZRG zugrunde liegende Resozialisierungsziel, die von dem Gesetzgeber getroffene Abwägung der Belange des Einzelnen und der Allgemeinheit, kann also durch die Auskünfte nach § 474 Abs. 2 StPO schon im Vorfeld zunichte gemacht werden. Sollte das Ermittlungsverfahren tatsächlich zu einer auch nach dem BZRG mitteilungsfähigen Verurteilung führen, sind keine Gründe ersichtlich, warum nicht die Auskunft aus dem Zentralregister ausreichen sollte. Ist man der Ansicht, darauf nicht verzichten zu können, hätte es im Interesse des Betroffenen nahe gelegen und würde ohne Zweifel die verfassungsnähere Lösung darstellen, wenn man § 474 Abs. 2 Nr. 3 StPO in der Weise auf die Bestimmungen des BZRG abgestimmt hätte, dass eine entsprechende Auskunft nur dann infrage kommt, wenn die Staatsanwaltschaft eine Strafe erwartet, die zu einer Mitteilungsfähigkeit nach dem BZRG führen würde[604].

Die hier angesprochene Problematik wird noch dadurch verschärft, dass – wie *Brodersen* hervorhebt[605] – keine Abwägung der beteiligten Interessen stattfindet. Einziges vermeintlich einschränkendes Kriterium ist die „Erforderlichkeit" der Auskunft, wobei sich die Frage stellt, wer darüber entscheidet, ob die Auskunft zur Aufgabenerfüllung „erforderlich" ist. Anhaltspunkte dafür lassen sich den Gesetzesmaterialien jedenfalls nicht entnehmen. Es ist zu befürchten, dass die „Erforderlichkeit" einer Auskunft im Hinblick auf eine umfassende Vorbereitung der darauf gestützten Entscheidung im Zweifel stets bejaht wird. Auch wenn diese Regelung „die Entscheidungsfindung über die Auskunftserteilung in der Praxis erleichtern dürfte[606]", kann sie in Anbetracht der Grundrechte des Betroffenen nicht überzeugen. Abgesehen davon, dass Entscheidungen auf dem hier behandelten Gebiet nicht von Arbeitserleichterungen durch die Praxis geprägt sein sollten, also kein Erfordernis dahingehend ersichtlich ist, die Staatsanwaltschaft von einer sorgfältigen Prüfung der beteiligten Belange zu befreien und ihr quasi einen „Persilschein" zur Verbreitung für den Einzelnen brisanter Informationen zu erteilen, lässt diese Regelung das Übermaßverbot völlig außer Acht. Zwar trifft es zu, dass das hier berührte Grundrecht aus Resozialisierung nicht uneingeschränkt gilt[607]; jedoch bleibt jede Einschränkung an den Verhältnismäßigkeits-Grundsatz gebunden. Wollte man die dem § 474 StPO zugrunde liegende „Arbeitserleichterung für die Praxis" als geeignet ansehen, Grundrechten der Bürger bereits von vornherein Grenzen zu ziehen, wäre es – wiederum – um die Grundrechtsbindung des einfachen Gesetzgebers schlecht bestellt. Die Rechte des Betroffenen könnten nur noch insoweit Geltung beanspruchen, wie der Gesetzgeber dies – aus welchen Erwägungen auch immer – zulässt. Die von Verfassungs wegen gebotene Einzelfallentscheidung und das damit verbundene Erfordernis einer sorgfältigen Abwägung der beteiligten Interessen kann nicht durch eine pauschale Vorab-Entscheidung des Ge-

[604] Nur ergänzend sei an dieser Stelle darauf hingewiesen, dass auch § 14 EGGVG um einen Vorbehalt zu ergänzen wäre, dass eine Übermittlung nur dann zulässig ist, wenn sie den Regelungen des BZRG nicht zuwider läuft. Solche Regelungen enthalten § 33 Abs. 5 S. 1 BGSG und § 10 Abs. 5 BKAG, s. oben.

[605] Vgl. oben 2.d.

[606] Vgl. Brodersen, oben 2.d.

[607] S. oben C.II.2.

setzgebers ersetzt werden.
Zusammenfassend ist also festzuhalten: Das Auskunftsrecht des § 474 Abs. 2 Nr. 3 StPO ist mit dem Grundrecht auf Resozialisierung nicht vereinbar. Es führt dazu, dass das maßgeblich dem BZRG zugrunde liegende Resozialisierungskonzept bereits ausgehebelt ist, bevor es überhaupt zu einer gerichtlichen Entscheidung gekommen ist. Es ent-sozialisiert schon, bevor die Re-Sozialisierung überhaupt greifen kann.

(2) Das Akteneinsichts- und Auskunftsrecht Privater nach § 487 Abs. 2 i.V.m. § 475 StPO

Nach § 475 StPO genügt für die Auskunftserteilung an Private bereits deren „berechtigtes" Interesse an einer Mitteilung – deren ursprünglich diskutierte Anbindung an die Absicherung einer formalen Rechtsposition hat genauso wenig Eingang in den Gesetzestext gefunden wie ein vorhergehendes Anhörungsrecht des Beschuldigten.
Dadurch wird eine Vielzahl von Problemen aufgeworfen, die sich in Anbetracht der fehlenden Abstimmung dieser Vorschrift auf die Regelungen des BZRG ergeben:
Wie verhält sich ein solcher Auskunftsanspruch zu §§ 32, 53 BZRG? Wenn der Beschuldigte in dem anschließenden Strafverfahren zu weniger als 90 Tagessätzen verurteilt worden ist, würde der (künftige) Arbeitgeber davon nichts erfahren, der Verurteilte wäre berechtigt, sich als unbestraft zu bezeichnen. Wenn nun der (künftige) Arbeitgeber die Möglichkeit hat, bereits im Ermittlungsverfahren bestimmte Auskünfte nach § 475 StPO einzuholen, laufen die entsprechenden Bestimmungen des BZRG von vornherein leer. Und ein „berechtigtes" Interesse wird man dem Arbeitgeber an einer solchen Auskunft in aller Regel kaum absprechen können.
Weiterhin ist nicht ersichtlich, wie mit den Auskünften nach § 475 StPO im Weiteren zu verfahren ist, vor allem, wenn gem. § 475 Abs. 2 StPO Akteneinsicht gewährt worden ist und der Empfänger der Akten diese Gelegenheit genutzt hat, daraus Ablichtungen herzustellen. Ist es zulässig, diese ggf. zu den Personalakten zu nehmen? Wie lange dürfen entsprechende Hinweise darin verbleiben? Muss der Beschuldigte auf die Frage nach anhängigen Strafverfahren wahrheitsgemäß antworten, selbst wenn die denkbare Verurteilung in den Anwendungsbereich des § 53 BZRG fiele? Hier wird die oben bereits erörterte Frage der Reichweite des § 53 BZRG wieder aktuell. Besteht nicht die Gefahr, dass etwa § 30 Abs. 5 BZRG ausgehebelt wird, indem Akteneinsicht im Rahmen solcher Strafverfahren beantragt wird, die nach Abschluss nur in ein Behörden-Führungszeugnis eintragungsfähig wären? Diese Problematik verschärft sich noch dadurch, dass gem. § 475 Abs. 1 StPO selbst die sonst stets erforderliche Einschaltung eines Rechtsanwaltes unterbleiben und die Auskunft unmittelbar an eine Privatperson erteilt werden kann, und dass gem. § 477 Abs. 5 StPO auch Abschriften aus Akten überlassen werden können. Es ist keineswegs sicher, dass im privaten Bereich solche Abschriften nicht eine ähnlich diskriminierende und stigmatisierende Wirkung zukommen kann, wie einem nicht eintragungsfreien Privat-Führungszeugnis.
Betrachtet man die Regelungen des BZRG als einfach-gesetzliche Ausprägung des verfassungsrechtlich gewährleisteten Resozialisierungs-Anspruchs, kann es nicht angehen, dass ein Großteil der darin getroffenen Schutzbestimmungen nunmehr über Auskunftsrechte bereits im Vorverfahren unterlaufen werden kann. *Haffke*[608] hatte

[608] S. oben C.II.e.bb..

bereits den Regelungen des BZRG die „Festschreibung eines Vorurteils" angelastet. Ein ähnlicher Vorwurf trifft § 475 StPO. Das Auskunftsrecht Privater setzt den Betroffenen der Gefahr aus, all jenen Ressentiments ausgesetzt zu werden, denen durch die – im Einzelnen noch verbesserungsfähige – Schutz-Systematik des BZRG vorgebeugt werden sollte. § 475 StPO ist ähnlich wie § 474 Abs. 2 StPO für den hoheitlichen Bereich dazu geeignet, den Resozialisierungsbemühungen schon im Vorverfahren den „Todesstoß" zu versetzen.
Es erscheint zweifelhaft, ob – abgesehen von den Befugnissen des Verletzten nach § 406 d ff. StPO, namentlich § 406 e StPO – überhaupt Interessen Privater bestehen, die eine Einsichtnahme in die Ermittlungsakten der Staatsanwaltschaft erforderlich machen würden. Wenn man eine solche Notwendigkeit bejaht, erschiene es zumindest angezeigt, die Voraussetzungen des § 475 StPO weiter zu präzisieren, insbesondere sollte eine Anknüpfung an rechtliche Interessen unerlässlich sein. Denn auch hier kommt man nicht umhin, eine Abwägung zwischen den Interessen des Privaten und des Beschuldigten zu treffen – angesichts der Tatsache, dass für letzteren viel auf dem Spiel steht, müssen erstere schon gewichtige Gründe anführen können. Dem Verdikt der Verfassungswidrigkeit könnte § 475 StPO nur dadurch entgehen, dass man Abs. 1 S. 2 derart verfassungskonform auslegt, dass die Auskunft jedenfalls dann versagt werden muss, wenn der soziale Integrationsstatus des Betroffenen und damit das Anliegen, das jedes Resozialisierungsbemühen verfolgt, in Gefahr gerät. Dann stellt sich jedoch die Frage, wann dieser Integrationsstatus nicht betroffen ist, und ob – nimmt man Abs. 1 S. 2 ernst – es nicht die bessere Lösung gewesen wäre, ein generelles Auskunfts- und Akteneinsichtsrecht für Privatpersonen von vornherein auszuschließen.

(3) Die Einschränkung der Informationsübermittlung nach § 477 Abs. 3 StPO
Schließlich scheint auch § 477 Abs. 3 StPO aus rehabilitationsrechtlicher Perspektive missglückt. Danach werden Auskünfte an Privatpersonen bei Freisprüchen und Verurteilungen, die *nicht* in ein Behörden-Führungszeugnis aufzunehmen sind, nur bei besonderem rechtlichen Interesse erteilt, und wenn schutzwürdige Belange des Betroffenen nicht entgegenstehen.
In den hier geregelten Fällen ist überhaupt nicht ersichtlich, dass ein Privat-Interesse an Auskünften besteht. Das Resozialisierungs-Interesse müsste wohl - anknüpfend an die soeben zu § 475 StPO geäußerte Überlegung – einer Auskunft stets als „schutzwürdiger Belang" entgegenstehen. Darüber hinaus ist fraglich, mit welchem Recht an Privatpersonen Auskünfte über Verfahren gegeben werden, die bei einer Verurteilung nicht einmal in ein Behörden-Führungszeugnis Aufnahme finden könnten, also nicht einmal als erforderlich angesehen werden, um hoheitliche Aufgaben im Allgemeininteresse angemessen wahrnehmen zu können.
Auch an dieser Stelle ist zu kritisieren, dass das ursprünglich vorgesehene vorherige Anhörungsrecht des Beschuldigten gestrichen worden ist. Dies erscheint umso bedenklicher, als es geboten wäre, diesem Gelegenheit zu geben, seine Belange zu äußern, damit überhaupt sinnvoll bestimmbar ist, ob und inwieweit ein schutzwürdiges Interesse an der Auskunfts-Versagung bestehen kann. M.a.W.: Das Anhörungsrecht wäre die verfahrensrechtliche Absicherung dafür, dass der Betroffene seinen Resozialisierungs-Anspruch angemessen durchsetzen kann. Vor allem aus verfahrensrechtlicher Perspektive fällt auf, dass es an einer wirksamen Absicherung des Betrof-

fenen gegen einen Missbrauch der aus den Akten gewonnenen Daten fehlt. Das Gesetz beschränkt sich in § 477 Abs. 5 S. 1, 3 StPO darauf festzulegen, dass die erlangten Informationen nur zweckgebunden verwendet werden dürfen, und dass Privatpersonen darauf hinzuweisen sind. Angemessen wäre es, auch hier für sanktionsrechtliche Absicherungen der Zweckbindung zu sorgen, also entsprechende Ordnungswidrigkeiten- oder Straftatbestände zu schaffen, etwa nach dem Vorbild der §§ 43, 44 BDSG[609].

(4) Die Speicherung von Verfahrenseinstellungen nach §§ 484, 489 Abs. 2 Nr. 2 i.V.m. Abs. 4 Nr.1, 3 StPO

Ein weiteres Problem ergibt sich aus §§ 484 Abs. 1 i.V.m. Abs. 2, 489 Abs. 2 Nr. 2 i.V.m. Abs. 4 S. 3 StPO, und zwar insbesondere im Hinblick auf die Verfahrenseinstellungen nach § 153a StPO. Diese Verfahrenseinstellungen dürfen, sofern nicht infolge weiterer Eintragungen der Mitzieh-Effekt nach § 489 Abs. 6 S. 1 StPO greift, mindestens drei Jahre in der Datei gespeichert bleiben. Auch dabei handelt es sich im Übrigen nur um eine sog. „Aussonderungs-Prüffrist", sodass dem zuständigen Staatsanwaltschaft auch die Möglichkeit zur Verfügung steht, dieses Verfahren, einschließlich weiterer Informationen im Sinne des § 484 Abs. 2 StPO, noch darüber hinaus zu speichern. Der Mitzieh-Effekt nach § 489 Abs. 6 S. 1 StPO birgt insofern ein weiteres Risiko für den Betroffenen, als danach vollkommen unbegründete Verdächtigungen, die zu Verfahren führen, die alsbald nach § 170 Abs. 2 StPO eingestellt werden, dafür sorgen können, dass der Eintrag erst dann gelöscht wird, wenn für alle Einträge die Löschungsvoraussetzungen vorliegen. Da ein Verfahren nach § 170 Abs. 2 StPO aber immer nur vorläufig eingestellt wird[610], es also sozusagen ewig sowohl in den einzelnen Dateien bei den Staatsanwaltschaften[611], als auch im Zentralregister gespeichert werden kann, folgt daraus, dass sich dies über den Mitzieh-Effekt[612] dahingehend auswirkt, dass auch die Einstellungen nach § 153a StPO ewig gespeichert bleiben. Ob dies vom Gesetzgeber so überhaupt gewollt ist, soll an dieser Stelle dahin stehen; das Gesetz lässt diese Konsequenzen immerhin zu.
Bereits oben[613] ist darauf hingewiesen worden, dass die Praxis in einer Verfahrenseinstellung nach § 153a StPO in aller Regel einen Strafersatz erblickt. Auch wenn der Beweis der Schuld dadurch nicht erbracht wurde, bleibt darin doch ein gewisser Vorwurf gegen den Betroffenen enthalten. Dem entspricht die Praxis der Staatsanwaltschaften, in Strafsachen die Akten von gem. § 153a StPO eingestellten Verfahren auch dann noch beizuziehen, wenn die Tat bereits recht lange zurückliegt, um daraus ggf. Rückschlüsse zu ziehen und sie zum Zwecke der Beweisführung und Überzeugungsbildung zu verwenden. Da dies selbst dann geschieht, wenn bei einer Verurteilung schon § 51 BZRG greifen würde, wurde oben[614] vorgeschlagen, § 51 BZRG auch auf die Verfahrenseinstellungen nach § 153a StPO anzuwenden.

---

609 Vgl. zu dieser Problematik im Zusammenhang mit dem BZRG oben C.II.2.b. und c.
610 Dazu m.w.N. nur Kleinknecht/ Meyer-Goßner, StPO, § 170, Rn. 9.
611 Denn eine *Einstellung* wegen „erwiesener Unschuld" kennt § 484 Abs. 2 S. 2 StPO gerade nicht.
612 Für das länderübergreifende Verfahrensregister ist er in § 494 Abs. 2, 3 StPO geregelt.
613 Vgl. C.II.2.e.cc.(6).
613 Vgl. C.II.2.e..cc.(6).
614 Vgl. C.II.2.e.cc.(6).

Diese bedenkliche Vorgehensweise wird noch dadurch verschärft, dass Daten zu Einstellungen nach § 153a StPO über die staatsanwaltlichen Dateien, insbesondere aber über das länderübergreifende Verfahrensregister[615] nun noch leichter erreichbar sind als zuvor, in den Fällen, in denen der Mitzieh-Effekt greift, mitunter jahrzehntelang. Dies erscheint umso bedenklicher, als sich nicht wenige Beschuldigte nur deshalb mit einer Verfahrenseinstellung nach § 153a StPO einverstanden erklären, weil sie die nur bedingt abschätzbaren Risiken einer Hauptverhandlung scheuen, nicht so sehr, weil sie mit einer „Ersatzsanktion" für eine Straftat einverstanden sind, deren Voraussetzungen sie gar nicht als erfüllt ansehen[616]. Dass dies so ist, wird auch von der Rechtsprechung selbst anerkannt: So beschied das OLG Frankfurt/ Main einen Beschwerdeführer, der die Wiederaufnahme eines nach § 153a StPO abgeschlossenen Strafverfahrens mit der Begründung erstrebte, ihm seien Zweifel in Hinblick darauf erwachsen, ob er sich zum Zeitpunkt seiner Einwilligung in die Verfahrenseinstellung nach § 153a StPO aus Rechtsgründen überhaupt strafbar gemacht haben könnte, mit der Feststellung, insofern unterscheide er sich keineswegs von allen anderen Beschuldigten, die sich entschlössen, sich dem Risiko einer Verurteilung – sei es auch tatsächlichen oder rechtlichen Gründen – dadurch zu entziehen, dass sie einer Vorgehensweise nach § 153a StPO zustimmten und bestimmte Auflagen oder Weisungen erfüllten[617]. *Dahs* weist zutreffend auf die „Rettungsanker"-Funktion des § 153a StPO in sehr schwierigen oder langwierigen Verfahren hin; letztlich liege eine derartige Einstellung oftmals in dem Interesse aller Beteiligten – gerade auch des Gerichts oder der Staatsanwaltschaft – , weil sich so scheinbar kaum aufzulösende tatsächliche oder verfahrensrechtliche Schwierigkeiten relativ unkompliziert erledigen ließen[618]. Gibt es jedoch derartige außergesetzliche Motive, die zu einer Beendigung des Strafverfahrens nach § 153a StPO Anlass geben können, ist offensichtlich, dass sich der Beweiswert des diesbezüglichen Aktenmaterials pauschalen Aussagen von vornherein entzieht, und dass es wenig geeignet ist, ohne weiteres zulasten des Beschuldigten verwertet zu werden[619].

Die erleichterte „Verfügbar-Machung" der mit einer Einstellung nach § 153a StPO beendeten Vorgänge läuft demnach dem Resozialisierungsgedanken in nicht unerheblichem Ausmaß zuwider. Denn all die Beweggründe, die oben bereits für eine entsprechende Anwendung des § 51 BZRG auf solche Einstellungen aufgeführt worden sind, lassen sich auch für den hier infrage stehenden Kontext heranziehen, handelt es sich bei der Registrierung und Weitergabe derartiger Daten doch um die verfahrensrechtliche Absicherung des Unrechts – sowohl die Datensammlungen einzelner Staatsanwaltschaften als auch diejenige des Zentralen Verfahrensregisters leisten der Verwertung solcher Daten weiter Vorschub. Das negative Stigma der § 153a-Einstellung kann nahezu unbegrenzt zulasten des Betroffenen verwertet werden.

[615] Dazu noch unten unter bb.(8).
[616] Vgl. dazu oben C.II.2.e.cc.(6).
[617] OLG Frankfurt am Main NJW 1996, S. 3353 (3354).
[618] Dahs, NJW 1996, S. 1192.
[619] Vgl. auch Wollweber, NJW 1997, S. 2488 (2489).

bb. Strafverfahrensregister und Grundrecht auf informationelle Selbstbestimmung

Wie bereits oben in der Einleitung angedeutet, war es ein Anliegen des Gesetzgebers bei der Einfügung bzw. Neuregelung des Achten Buchs der StPO, den von dem BVerfG im Volkszählungs-Urteil aufgestellten Erfordernissen des Grundrechts auf informationelle Selbstbestimmung Rechnung zu tragen. Im Folgenden ist zu untersuchen, ob und inwieweit ihm dies gelungen ist, oder ob er nicht der Fehlvorstellung erlegen ist, dass jede Verrechtlichung zugleich einen Gewinn an Freiheit und Demokratie darstellt, ohne dass es noch auf den Inhalt der Regelungen ankäme[620].

(1) Vorbemerkung: Die Diskussion um die Speicherung und Verwendung von Daten im Strafverfahren

Seit dem Volkszählungs-Urteil des BVerfG war in Rechtsprechung und Literatur anerkannt, dass die Speicherung und Verwendung von Daten über Personen, gegen die ein Strafverfahren anhängig gewesen ist, einer gesetzlichen Grundlage bedarf.
Riegel beschreibt die vorgefundene Situation wie folgt: Landauf landab hätten sich die Staatsanwaltschaften seit vielen Jahren der Zentralen Namenskartei als Registratur- und Hinweismittel für abgeschlossene wie für laufende Verfahren bedient. Die überwiegend manuell geführten Karteien hätten sich im Wesentlichen auf die für die Aktenführung und den Verfahrensstand relevanten Grunddaten beschränkt und seien von jeder Staatsanwaltschaft selbstständig geführt worden. Eine Zusammenlegung der Karteien mehrerer Staatsanwaltschaften habe sich bei manueller Führung schon aus praktischen Erwägungen verboten: Sie wäre zu unübersichtlich geworden[621]. Doch wie überall habe die EDV auch auf diesem Sektor weit größere und faktisch schier unermessliche Sprünge ermöglicht. Daher habe man die Karteien automatisiert, und für die Staatsanwaltschaften einzelner OLG-Bezirke nach und nach miteinander vernetzt[622] - ohne jedoch eine gesetzliche Grundlage dafür zu schaffen, an der es selbst für die manuellen Karteien fehlte.
Das OLG Frankfurt war bereits mit Beschluss vom 14. Juli 1988 zu dem Ergebnis gekommen, die Speicherung personenbezogener Daten in den bei den Staatsanwaltschaften geführten Zentralen Namenskarteien entbehre einer gesetzlichen Grundlage und sei infolgedessen rechtswidrig[623]: Das Grundrecht auf informationelle Selbstbestimmung gewährleiste die Befugnis des Einzelnen, grds. selbst zu entscheiden, wann und innerhalb welcher Grenzen persönliche Lebenssachverhalte offenbar werden. dieses sei zwar nicht grenzenlos gewährleistet; Einschränkungen bedürften jedoch einer verfassungsmäßigen gesetzlichen Grundlage, aus der sich Voraussetzungen und Umfang der Beschränkung klar und für jeden Bürger erkennbar ergäben, und die dem rechtsstaatlichen Gebot der Normenklarheit entspreche. Bei seinen Regelungen habe der Gesetzgeber den Grundsatz der Verhältnismäßigkeit zu beachten und *organisatorische und verfahrensrechtliche Vorkehrungen zu treffen, die der Gefahr einer Verletzung des Persönlichkeitsrecht entgegenwirkten*[624].

---

[620] Vgl. Gusy, Polizeirecht, Rn. 184.
[621] Riegel, Datenschutz, S. 67.
[622] Riegel, a.a.O., S. 68.
[623] OLG Frankfurt/ Main NJW 1989, S. 47 ff.
[624] OLG Frankfurt/ Main a.a.O., S. 48 unter Bezugnahme auf BVerfGE 65, S. 1, 42 f., 44. Hervorhebung nicht im Original.

In Anbetracht dessen habe es zum damaligen Zeitpunkt keine ausreichende gesetzliche Ermächtigungsgrundlage für die Speicherung und Aufbewahrung personenbezogener Daten in den Zentralen Namenskarteien der Staatsanwaltschaften gegeben. Insbesondere könnten letztere nicht auf § 152 StPO gestützt werden, weil dieser unter keinem Zweckgesichtspunkt den verfassungsrechtlichen Anforderungen an eine gesetzliche Ermächtigungsgrundlage für die Einschränkung des Grundrechts auf informationelle Selbstbestimmung gerecht werde. Diese Vorschrift enthalte keine dem Gebot der Normenklarheit genügende bereichsspezifische Regelung für die Speicherung und Aufbewahrung von personenbezogenen Daten durch die Staatsanwaltschaft: Die Norm lasse nicht erkennen, unter welchen Voraussetzungen personenbezogene Daten überhaupt gespeichert werden dürften. Es fehle eine Regelung, die die Verwendung der Daten auf den gesetzlichen Zweck begrenze. § 152 StPO biete auch keinen ausreichenden Schutz gegen Zweckentfremdung, der nur durch konkrete Weitergabe und Verwertungsverbote zu gewährleisten sei. Schließlich seien auch keine Aufklärungs-, Auskunfts- und Löschungspflichten normiert, wobei eine Regelung über die höchstzulässige Aufbewahrungsdauer besonders dringlich scheine[625].
Daraus könne aber noch nicht geschlossen werden, dass einem Antrag auf Löschung solcher Daten stattzugeben sei. Vielmehr sei dem Antragsteller zuzumuten, den gesetzlosen Zustand noch für eine gewisse Übergangszeit hinzunehmen; diese sei dem Gesetzgeber zu gewähren, um ihm ausreichend Zeit für die Beratung und den Erlass der erforderlichen gesetzlichen Vorschriften zu geben. Denn dass das Grundrecht auf informationelle Selbstbestimmung in allen Bereichen öffentlicher Verwaltung nur durch ein bestimmten Anforderungen genügendes Gesetz eingeschränkt werden dürfe, sei eine auf gewandeltem Verfassungsverständnis beruhende Erkenntnis, die sich erst allmählich durchsetze. Dies gelte auch für den Gesetzgeber, der sich mit Blick auf den Schutz persönlicher Daten in einer schwierigen und zeitaufwendigen Anpassungsphase befinde. Unter diesen Umständen könne dem Gesetzgeber nicht angelastet werden, dass er noch keine ausreichende gesetzliche Grundlage für die Speicherung und Aufbewahrung personenbezogener Daten in einer Zentralen Namenskartei der Staatsanwaltschaft geschaffen habe. Allerdings sei diese Übergangsfrist zu begrenzen. Als geeigneter Anknüpfungspunkt komme das Ende der (damals) laufenden Legislaturperiode des Deutschen Bundestags im Jahre 1990 infrage. Eine noch längere Fristsetzung erscheine nach derzeitigen Erkenntnissen unter Berücksichtigung der schon geleisteten gesetzgeberischen Vorarbeiten nicht erforderlich. Im Übrigen müsse auch der dem heutigen Verfassungsverständnis nicht mehr entsprechende Zustand auf einen angemessenen Zeitraum begrenzt werden[626].
Diese Argumentationslinie hatte sich auch in der übrigen Rechtsprechung durchgesetzt[627].
Jedoch hatte der Deutsche Bundestag ein entsprechendes Gesetz bis zum Ablauf der Legislaturperiode 1990 nicht geschaffen, sodass die Löschung der Daten in den staatsanwaltlichen Namenskarteien eigentlich die logische Folge hätte sein müssen. *Scholderer* meinte dazu in einem 1989 veröffentlichten Beitrag, in dem er zunächst die Zubilligung der Übergangsfrist infrage gestellt hatte: Wenn auch die Einräumung

---

625 OLG Frankfurt/ Main a.a.O.
626 OLG Frankfurt/ Main a.a.O., S. 50 f.
627 Vgl. VG Frankfurt am Main NJW 1987, S. 2248 f.; VG Hamburg StV 1989, S. 524 f.

dieser Frist hic et nunc zur Wirkungslosigkeit des Senatsbeschlusses des OLG Frankfurt/ Main führe, mache dies für den Zeitpunkt nach deren Ablauf die Brisanz der Entscheidung aus. Anknüpfend an den 17. Tätigkeitsbericht des Hessischen Datenschutzbeauftragten sah er eine Löschung aller Daten im Zuständigkeitsbereich der Generalstaatsanwaltschaft Frankfurt/ Main als unausweichlich an, sollte der Gesetzgeber keine entsprechende Regelung geschaffen haben[628].
Die meisten Gerichte waren jedoch nicht bereit diese Konsequenz zu ziehen und verlängerten den dem Gesetzgeber zustehenden „Übergangsbonus" immer wieder[629]. Dabei griffen sie auf immer weniger tragfähige Argumente zurück. Neben dem zu Beginn der 1990er Jahre verwendeten Hinweis auf die Überlastung des Gesetzgebers durch den umfangreichen Neuregelungsbedarf im Gefolge der deutschen Einheit[630], versuchte das OLG Frankfurt/ Main sowohl sich als auch den Gesetzgeber wieder von denjenigen Grundsätzen und Fristen zu befreien, die es sechs Jahre zuvor errichtet hatte: Es fehle zwar nach wie vor eine gesetzliche Grundlage für die entsprechenden Speicherungen, und an deren Erfordernis halte der Senat auch nach wie vor fest. Jedoch habe der Gesetzgeber schon mit den Vorarbeiten zu einer entsprechenden Regelung begonnen. Des Weiteren sei mit der Speicherung auch kein allzu schwerer Grundrechtseingriff aufseiten des Betroffenen verbunden: Die Kartei beschränke sich ausschließlich auf die für die Aktenführung relevanten Grunddaten, nämlich die persönlichen Identifizierungsdaten des Betroffenen, sowie Aktenzeichen, einschlägige bzw. vermutete Delikte und Bearbeitungshinweise usw. Hierbei handele es sich um Sachverhalte, die – soweit er vernommen wurde – dem Betroffenen in der Regel bekannt seien, zudem sei die Kartei nach wie vor örtlich begrenzt. Daraus zog der Senat folgenden Schluss: „Insgesamt ist demnach die potentielle Gefährdung des informationellen Selbstbestimmungsrechts des Einzelnen und die Eingriffsintensität relativ gering einzuschätzen[631]." Darüber hinaus vertrat der Senat die Auffassung, dass die künftige gesetzliche Regelung die Speicherung der „vorliegend in Rede stehenden Daten" im Hinblick auf das vorrangige Interesse an einer effektiven Strafverfolgung nicht für unzulässig erklären kann. Mit Blick darauf, dass die Datenspeicherung auch dem Beschuldigten selbst dienen könne, der Eingriff in sein informationelles Selbstbestimmungsrecht nicht allzu gravierend ausfalle und die Namenskartei für eine effektive Strafverfolgung unerlässlich sei, erscheine es vertretbar, bei zügiger Weiterverfolgung des jetzigen Gesetzesvorhabens der Länder (noch) nicht von einem Ablauf der Übergangsfrist auszugehen[632].
Dieses Urteil war bereits 1994 wenig überzeugend. Zu Recht ist darauf hingewiesen worden, dass man einen Grundrechtseingriff nicht beseitigen kann, indem man ihn verharmlost, und bei einer Güter- und Interessenabwägung der Funktionstüchtigkeit der Strafverfolgung den Vorrang einräumt. Denn dies läuft dies der Rechtsprechung des BVerfG zuwider, für die es „unter den Bedingungen der automatisierten Daten-

---

628 Scholderer, NStZ 1989, S. 585 (586).
629 S. OLG Frankfurt/ Main, NJW 1995, S. 1102; OLG Karlsruhe, NStZ 1994, S. 52; OLG Stuttgart, NStZ 1993, S. 354.
630 OLGe Karlsruhe und Stuttgart, jew. a.a.O. Kritisch dazu mit Recht Krehl, NJW 1995, S. 1072 (1073).
631 OLG Frankfurt/ Main NJW 1995, 1102 (1103).
632 OLG Frankfurt/ Main, a.a.O., S. 1104.

verarbeitung kein ‚belangloses Datum' mehr" gibt[633]. Auch erscheint die Übernahme der Figur der „hypothetischen Kausalität" in das Datenschutzrecht nicht vertretbar: Das OLG stellt sich auf den Standpunkt, wenn der Gesetzgeber die Materie regelt, wäre sie zulässig, er könnte sie nicht verbieten, also ist sie zulässig. Wäre dem so, liefen die Wesentlichkeitslehre und alle weiteren Gesetzesvorbehalte von vornherein leer – alles was Gesetz sein könnte, wäre rechtmäßig, ohne dass noch eines erforderlich wäre.
Das AG Wolfratshausen hatte daher 1994 den „Übergangsbonus" richtigerweise als abgelaufen betrachtet und das Akteneinsichtsrecht Dritter mangels gesetzlicher Ermächtigung abgelehnt[634]. *Krehl* hebt in diesem Zusammenhang hervor, das AG habe in doppelter Hinsicht richtig entschieden: Zum einen habe es den grundrechtlichen Belangen des hier Betroffenen Rechnung getragen, zum anderen habe es auch eine politisch richtige Entscheidung getroffen- nur indem die Gerichte die Untätigkeit des Gesetzgebers tatsächlich sanktionierten, könne dieser sich überhaupt gezwungen sehen, datenschutzrechtliche Regelungen zu erlassen[635]. Bereits 1992 hatte *Riegel* den Übergangsbonus als „längst abgelaufen" bezeichnet.
Dennoch hatte das „berühmte Warten auf Godot[636]" erst am 02. August 2000, also zwölf Jahre nach dem ersten Beschluss des OLG Frankfurt am Main und über 16 ½ Jahre nach dem Volkszählungs-Urteil des BVerfG ein Ende. Angesichts dieser Vorbereitungszeit erscheint es angemessen, große Erwartungen im Hinblick auf die Qualität des in den §§ 474 ff. StPO normierten Datenschutzes zu hegen.

(2) Das (Akten-)einsichtsrecht zugunsten öffentlicher Stellen nach § 487 Abs. 2 i.V.m. § 474 Abs. 2 StPO

Schon gleich zu Beginn des Achten Buches erhalten diese Erwartungen einen ersten „Dämpfer". Erblickt man in dem Grundrecht auf informationelle Selbstbestimmung vor allem eine Absicherung des Persönlichkeits- und Selbstbestimmungsrechts des Einzelnen, auch im Sinne der Verhinderung selbst mittelbarer Beeinträchtigungen der Handlungsfreiheit, kann die in § 474 Abs. 2 StPO getroffene Auskunftsregelung nicht überzeugen. Denn angesichts der vielfältigen Mitteilungsmöglichkeiten über den (mittelbar) in Bezug genommenen § 14 EGGVG hat der Beschuldigte nach einer gewissen Zeit keineswegs mehr Klarheit darüber, „wer bei welcher Gelegenheit was von ihm weiß". Der Informationsaustausch erfolgt hier in aller Regel ohne eine entsprechende Unterrichtung des Betroffenen, sodass diejenigen Personen, die in einem besonderen Verhältnis zum Staat stehen, sich genötigt sehen könnten, ihre Verhaltensweisen so anzupassen, dass es von vornherein nicht zur Einleitung eines Ermittlungsverfahrens kommt, bzw., dass dieses Risiko zumindest deutlich verringert werden kann. Vor allem der Verzicht auf grundrechtlich besonders geschützte Verhaltensweisen, wie z. B. die Teilnahme an Demonstrationen, scheint dazu gut geeignet. Solche Gefahren wollte das BVerfG mit der Anerkennung des Rechts auf informationelle Selbstbestimmung jedoch gerade vorbeugen. Zwar ist anerkannt, dass auch dieses Recht nicht schrankenlos gewährleistet ist, durch überwiegende Interessen der

---

[633] So – unter Berufung auf BVerfGE 65, S. 1 (45) – auch Staechelin, StV 1995, S. 351 (352).
[634] AG Wolfratshausen NJW 1994, S. 2774.
[635] Krehl, NJW 1995, S. 1072 (1073 f.).
[636] Dieser Vergleich stammt von Staechelin, StV 1995, S. 351 (351).

Allgemeinheit kann es also eingeschränkt werden. Insofern muss aber der Grundsatz der Verhältnismäßigkeit gewahrt bleiben. Und an dieser Stelle findet man das nächste Defizit des § 474 Abs. 2 StPO. Der von *Brodersen* als Erleichterung der praktischen Arbeit besonders hervorgehobene Verzicht auf eine Abwägung der beteiligten Interessen erweist sich erneut als entscheidendes Manko[637]. Hier setzt sich eine bedenkliche Entwicklung fort, die bereits mit dem JuMiG im Jahre 1997 begonnen hatte: Mit Recht beanstandete *Wollweber*, dass alle durch dieses Gesetz getroffenen Regelungen eine Abwägungsformel verwendeten, nach der eine Mitteilung nur dann unterbleibe, wenn die schutzwürdigen Belange des Betroffenen das öffentliche Interesse an der Mitteilung überwiegen[638]. Daraus folgt, dass eine Mitteilung grundsätzlich immer zulässig ist, es sei denn, es überwiegt (ausnahmsweise) das Interesse des Betroffenen daran, dass die Mitteilung unterbleibt. Demgegenüber war das BVerfG im Volkszählungs-Urteil von dem entgegengesetzten Ansatzpunkt ausgegangen: Ihm zufolge brauchte das Grundrecht auf informationelle Selbstbestimmung nur einem „überwiegenden Allgemeininteresse" zu weichen. Daraus aber ergibt sich: Eine Mitteilung ist grundsätzlich stets unzulässig, es sei denn, es überwiegt (ausnahmsweise) das Interesse der Allgemeinheit daran, dass die Mitteilung erfolgt. Der Gesetzgeber hat also bereits im JuMiG das Regel-Ausnahme-Verhältnis des Datenschutzes auf den Kopf gestellt. Das ist nicht bloß „kritisch zu vermerken" und sollte nicht nur „bedenklich stimmen"[639]; denn wenn man den Ansatzpunkt des BVerfG, dass es um die Abschirmung der persönlichen Handlungsfreiheit, insbesondere im Bereich grundrechtsrelevanter Tätigkeiten geht, ernst nimmt, müssten diese Normen als verfassungswidrig verworfen werden.

Es war aber bis dato – soweit ersichtlich –noch niemand bereit, diesen Schluss zu ziehen. So ist es wenig erstaunlich, dass der Gesetzgeber mit dem StVÄG 1999 dann noch einen Schritt weitergegangen ist und auf eine Abwägung der beteiligten Interessen nunmehr ganz verzichtet. Dass das Eingrenzungskriterium der „Erforderlichkeit" der Mitteilung insofern kaum eine angemessene Kompensation enthält, ist oben[640] bereits dargelegt worden. Diese Flucht in die Verwendung unscharfer Generalklauseln wird besonders deutlich im Hinblick auf § 474 Abs. 2 Nr. 2 StPO, der eine Informationsübermittlung zur „Aufgabenerfüllung" der öffentlichen Stelle zulässt. Es liegt auf der Hand, dass damit die durch die Anerkennung des Grundrechts auf informationelle Selbstbestimmung beabsichtigte Zweckbindung der vom Staat erlangten, gespeicherten und verwalteten Informationen der Definitionsmacht der beteiligten „öffentlichen Stellen" preisgegeben wird. Der Gesetzgeber delegiert der Wesentlichkeitslehre zum Trotz die Entscheidung über das „Ob und Wie" grundrechtsrelevanten Staatshandelns auf die Exekutive bzw. auf die Staatsanwaltschaft[641]. Damit wird der Entscheidungsspielraum der Verwaltung durch die gesetzlichen Eingriffsbefugnisse aber nicht mehr eingeschränkt bzw. in eine bestimmte Richtung gesteuert, sondern erweitert. Denn die Ermächtigungsgrundlage lässt sich je nach Interessenlage flexibel anwenden bzw. auslegen. Mit Recht hebt *Kutscha* hervor, auf diese Weise führten die

---

637 Vgl. dazu – im Zusammenhang mit dem Grundrecht auf Resozialisierung – bereits oben C.III.2.f.aa.(1)

638 Wollweber, NJW 1997, S. 2488 (2488).

639 So aber Wollweber, a.a.O.

640 Vgl. aa.(1).

641 Vgl. Riegel, DÖV 1994, S. 814 (819).

bereichsspezifischen Regelungen im Ergebnis zu einer Entgrenzung, statt zu einer Beschränkung informationeller Staatstätigkeit[642]. Damit aber gilt auch für das Verhältnis von § 474 StPO und informationeller Selbstbestimmung wiederum das oben[643] bereits für die Resozialisierung Festgestellte: Das Grundrecht gilt nur noch so weit, wie die Verwaltung dies zulässt. Das Verhältnismäßigkeitprinzip als Gewährleistung des Kernbereichs grundrechtlicher Garantien wird faktisch außer kraft gesetzt – es erscheint kaum noch ein Fall denkbar, in dem die von einer öffentlichen Stelle angeforderte Information aus ihrer Perspektive nicht erforderlich für ihre Aufgabenerfüllung ist.

Damit verknüpft ist noch ein weiterer Problemkreis, der nicht nur den hier infrage stehenden § 474 StPO, sondern das gesamte Achte Buch der StPO betrifft: Es ist bereits darauf hingewiesen worden, dass grundrechtsbeschränkende Gesetze dem Gebot der Normenklarheit Rechnung tragen müssen. Vor allem im Zusammenhang mit dem Grundrecht auf informationelle Selbstbestimmung kommt diesem Postulat eine besondere Bedeutung zu[644]. Betrachtet man unter diesem Gesichtspunkt die §§ 474 ff. StPO, kann man eine Erkenntnis, die *Simitis* bereits 1994 in seinem Résumé der Gesetzgebungsgeschichte zehn Jahre nach dem Volkszählungsurteil gewonnen hatte, nur bestätigen: „Statt die Verarbeitung einzugrenzen und ihre Transparenz sicherzustellen, schreiben sie [*gemeint sind die bereichsspezifischen Datenschutzregelungen, p.s.*] die Erwartungen der verarbeitenden Stellen fest und verfallen im Übrigen in eine Sprache, die den Betroffenen die Möglichkeit nimmt zu erkennen, was mit ihren Daten geschehen soll[645].“ *Dronsch* brachte diesen Gedanken auf den Punkt und charakterisiert diesen Zustand treffend als „überregelte Regelungslosigkeit[646]“.

Ursprünglich beabsichtigte das BVerfG mithilfe der Durchsetzung des Gesetzesvorbehaltes im Datenschutzrecht, für den Betroffenen transparente Regelungen zu schaffen, aus denen sich möglichst klar ablesen lassen sollte, welche Verwendungsmöglichkeiten für die erhobenen Daten bestehen, insbesondere, wer von ihnen bei welcher Gelegenheit Kenntnis nehmen sollte bzw. dazu Gelegenheit erhielt. Zwar ist im Zusammenhang mit Art. 103 Abs. 2 GG mit Recht darauf hingewiesen worden, dass dem Bild des Bürgers, der die Gesetze kenne, lese und sich daraus eine eigene Anschauung dessen bilde, welches Verhalten erlaubt, und welches ihm bei Strafe verboten sei, eine aus heutiger Perspektive recht anachronistische Vorstellung zugrunde liege[647]. Wenn der Gesetzgeber aber durch den Rückgriff auf weite, in ihren Grenzen kaum erkennbare Generalklauseln, Entscheidungsspielräume zugunsten der Verwaltung öffnet, dann kann sich nicht nur der Bürger keine Anschauung mehr aus dem Gesetz darüber bilden, welche Datenverarbeitung zulässig oder unzulässig ist – nicht einmal der Gesetzgeber selbst kann dies, denn die Verwendungsentscheidung wird von der Exekutive jeweils erst im Einzelfall, bei der Anwendung des Gesetzes, getroffen. Damit ist vom Gebot der Normenklarheit nichts mehr übrig geblieben. Dieser Zustand wird noch dadurch verschärft, dass infolge der kaum noch zu überblickenden Detailregelungen in §§ 474 ff. StPO und ihrem Maß an Abstraktheit, sich der

---

642 Kutscha, in: Lange, Staat, Demokratie und Innere Sicherheit in Deutschland, S. 355 (360).
643 Vgl. oben aa.(1).
644 Dazu C.II.3.b.
645 Simitis, KritV 1994, S. 121 (127).
646 Dronsch, ZRP 1996, S. 206 (207).
647 Dazu Gusy JZ 1995, S. 782 (782); Ransiek, Gesetz und Lebenswirklichkeit, S. 13 ff., 19 ff.

Inhalt der Norm selbst dem mit der Sache befassten Juristen nicht mehr erschließt. Angesichts der Unbestimmtheit vieler Begriffe stellt sich im Weiteren die Frage, ob dies nach der Intention des Gesetzgebers überhaupt noch möglich sein soll, oder ob es nicht Ziel der an dem Gesetzgebungsverfahren Beteiligten war, mithilfe der „überregelten Regelungslosigkeit" den status quo des Informationsaustauschs im Vorverfahren möglichst unbeeinträchtigt von grundrechtlichen Bindungen und Beschränkungen festzuschreiben. Mit den Vorgaben des BVerfG aus dem Volkszählungs-Urteil wäre das in jedem Fall unvereinbar.

(3) Das Akteneinsichts- und Auskunftsrecht Privater nach § 487 Abs. 2 i.V.m. § 475 StPO

Die soeben gegen § 474 Abs. 2 StPO erhobenen Einwände gelten auch für § 475 StPO. Es ist schon oben darauf hingewiesen worden, dass das hier vorausgesetzte „berechtigte Interesse" an der Auskunftserteilung in kaum einem Fall von vornherein zu verneinen sein wird[648]. Damit sind aber dieselben Bedenken mit Blick auf das Gebot der Normenklarheit verbunden, die auch gegen § 474 Abs. 2 StPO erhoben werden können. Hinzu kommt bei § 475 StPO: Der mögliche Adressatenkreis nach § 475 StPO erteilter Auskünfte geht über denjenigen des § 474 Abs. 2 StPO noch hinaus – die Auswirkungen in dem persönlichen, insbesondere beruflichen Umfeld des Betroffenen sind ebenfalls bereits angesprochen worden. Damit geht aber auch eine besondere Gefährdung seiner Interessen aus datenschutzrechtlicher Perspektive einher, denn der Kreis derjenigen Personen, im Hinblick auf die er nicht weiß, was sie über ihn wissen, wächst proportional mit der Zahl der potenziellen Auskunftsberechtigten. Schließlich gilt auch hier, dass es an einer verfahrensmäßigen Absicherung des an Privatpersonen herausgegebenen Daten- bzw. Informationsmaterials gegen eine missbräuchliche Verwendung fehlt. Aus der Perspektive des Grundrechts auf informationelle Selbstbestimmung hätte es nahe gelegen, auch Straf- und Bußgeldvorschriften nach dem Vorbild der §§ 43, 44 BDSG in die StPO oder das StGB einzustellen. Inwieweit hier noch dem vom OLG Frankfurt aus dem Grundrecht auf informationelle Selbstbestimmung abgeleiteten Erfordernis entsprochen wird, „organisatorische und verfahrensrechtliche Vorkehrungen zu treffen, die der Gefahr einer Verletzung des Persönlichkeitsrechts entgegenwirken[649]", kann man bezweifeln. Im Grunde genommen stellt sich die Situation vor und nach Tätigwerden des Gesetzgebers aus der Sicht des Betroffenen nahezu identisch dar: Vor Einfügung des § 475 StPO war die Auskunftserteilung aus der Ermittlungsakte verfassungswidrig – nach seiner Einfügung hat sich daran nicht viel geändert.

(4) Datenverarbeitung in Strafverfahrensdateien nach § 484 StPO

Nachdem §§ 474, 475 StPO dem Grundrecht auf informationelle Selbstbestimmung einen „ersten Dämpfer" versetzt hatten, sieht dieses sich im Rahmen der Datenverarbeitung nach § 484 StPO weiteren zweifelhaften Einschränkungen ausgesetzt. Während gegen die nach § 483 StPO und § 484 Abs. 1 StPO zulässige Datenspeicherung keine Bedenken bestehen, weil nur diese eine effektive Arbeit mit dem Strafverfahrensregister ermöglicht, erscheint § 484 Abs. 2 StPO verfassungsrechtlich äußerst

---

[648] S. oben (2).
[649] Vgl. oben C.II.3.b.cc.

problematisch: Nach § 484 Abs. 2 S. 1 dürfen noch über die Registrierung nach Abs. 1 hinaus „weitere personenbezogene Daten von Beschuldigten und Tatbeteiligten" zum Zwecke künftiger Strafverfahren gespeichert werden, soweit dies erforderlich ist, weil „wegen der Art oder Ausführung der Tat, der Persönlichkeit des Beschuldigten oder Tatbeteiligten oder sonstiger Erkenntnisse Grund zu der Annahme besteht, dass weitere Verfahren gegen den Beschuldigten zu führen sind". Gem. S. 2 ist in den Fällen eines rechtskräftigen Freispruchs, einer unanfechtbaren Ablehnung der Eröffnung des Hauptverfahrens oder einer nicht nur vorläufigen Einstellung eine Speicherung für Zwecke künftiger Strafverfahren unzulässig, *wenn sich aus den Gründen der Entscheidung ergibt, dass der Betroffene die Tat entweder nicht, oder jedenfalls nicht rechtswidrig begangen hat. Hilger* merkt zur Interpretation des § 484 Abs. 2 S. 1 StPO an, es sei keineswegs ausreichend, dass weitere gegen den Beschuldigten zu führende Strafverfahren nicht ausgeschlossen werden könnten; es müsse vielmehr positiv festgestellt werden, dass Anhaltspunkte dafür vorliegen[650].

Mit dieser Erkenntnis ist allerdings nicht viel gewonnen. Denn ein weiteres Mal flüchtet sich der Gesetzgeber in weite, nur vage umschriebene Voraussetzungen der Datenspeicherung. Wo die Grenze verläuft zwischen positiven Anhaltspunkten für eine erneute Tatbegehung und ihrer bloßen Nicht-Ausschließbarkeit lässt sich nicht klar sagen, denn dass die bloße Möglichkeit einer weiteren Tatbegehung für sich genommen nicht ausreichen kann, ist eine Binsenweisheit: Diese lässt sich bei handlungsfähigen Personen selten sicher ausschließen, d.h., die von *Hilger* vorgeschlagene Einschränkung führt nur zu der selbstverständlichen Erkenntnis, dass eine Datenspeicherung allein aufgrund der Tatsache, dass gegen eine Person bereits strafrechtlich ermittelt worden ist, nicht infrage kommen kann. Über diesen Bereich hinaus verliert sich die gesamte Regelung im Undefinierbaren, im Einzelfall dürfte es an der Begründungskunst des an einer Speicherung nach § 484 Abs. 2 StPO interessierten Dezernenten bei der Staatsanwaltschaft liegen, eine weitere Zulässigkeit der Speicherung zu ermöglichen. Im Ergebnis können die Strafverfolgungsbehörden die Voraussetzungen des § 484 Abs. 2 StPO je nach eigenen Wünschen „herbeizaubern", oder es lassen. Damit setzt sich ein Trend in der Kriminalpolitik der vergangenen Jahre weiter fort, klare gesetzliche Verwendungsbestimmungen und –beschränkungen für staatlicherseits einmal erlangte Informationen immer weiter aufzulösen. Auch § 484 Abs. 2 StPO entspricht in dieser Weise – worauf Kutscha in anderem Zusammenhang schon aufmerksam gemacht hat – dem derzeitigen sicherheitspolitischen Zeitgeist; damit verknüpft ist aber der stillschweigende Abschied vom – verfassungsrechtlich vorgegebenen – Zweckbindungsgrundsatz[651].

Die bemerkenswerteste Regelung enthält in diesem Zusammenhang ohne Zweifel § 484 Abs. 2 S. 2 StPO. Er durchbricht einen Großteil des bis dato als gesichert betrachteten Erkenntnisstandes des materiellen Strafrechts wie auch des Strafverfahrensrechts. Um sich den Inhalt dieser Bestimmung tatsächlich vor Augen zu führen, soll er positiv formuliert werden: Danach ist es zulässig, selbst über § 484 Abs. 1 StPO hinausreichende Informationen über den Betroffenen im Sinne des Abs. 2 noch zwei Jahre lang weiter zu speichern, wenn das Gericht die Eröffnung des Hauptver-

---

[650] Hilger, NStZ 2001, S. 15 (17).

[651] Vgl. Kutscha, in: Lange, Staat, Demokratie und Innere Sicherheit in Deutschland, S. 355 (363).

fahrens rechtskräftig abgelehnt hat, er als unschuldig freigesprochen oder aus demselben Grund das Verfahren gegen ihn – nicht nur vorläufig – eingestellt worden ist. Eine weitergehende Datenspeicherung bleibt aber zulässig, wenn das Verfahren gem. § 170 Abs. 2 StPO mangels hinreichenden Tatverdachts eingestellt worden ist, und wenn die Tat gem. §§ 153, 153a StPO wegen geringer Schuld oder deshalb eingestellt worden ist, weil etwa eine Geldauflage das öffentliche Interesse an der schuldhaft begangenen Tat entfallen lässt. Gespeichert bleiben darüber hinaus – mit dem erweiterten Umfang des § 484 Abs. 2 S. 1 StPO - auch Freisprüche und mangels Tatnachweises eingestellte Verfahren. Denn § 484 Abs. 2 S. 2 StPO setzt insofern die positive Feststellung in den Entscheidungsgründen voraus, dass der Betroffene die Tat nicht oder nicht rechtswidrig begangen hat. Es bedarf also der Feststellung erwiesener Unschuld, um wenigstens nach Ablauf von zwei Jahren der Registrierung nach §§ 483 ff. StPO zu entgehen.
Besinnt man sich auf die Grundvoraussetzungen zurück, die das BVerfG für eine Datenspeicherung in seinem Volkszählungs-Urteil aufgestellt hat, setzt die Zulässigkeit der Registrierung personenbezogener Daten zunächst voraus, dass das öffentliche Interesse das Privatinteresse an der Löschung der Daten überwiegt[652]. Fraglich erscheint aber, welches öffentliche Interesse das Privatinteresse des Betroffenen überwiegt, wenn selbst die Strafverfolgungsbehörden bzw. das mit der Sache befasste Gericht zu dem Ergebnis gelangt sind, dass der Beschuldigte die ihm zur Last gelegte Tat überhaupt nicht begangen hat. Vielmehr ist angesichts der Tatsache, dass diese Daten bei etwaigen neuen (gerade auch vollkommen unberechtigten) Strafanzeigen dazu geeignet sind, den davon Betroffenen als vorbelastet zu behandeln, davon auszugehen, dass dieser ein vitales Interesse an der Löschung dieser Informationen hat. Aber nicht einmal dieses Interesse wäre erforderlich. Angesichts der Tatsache, dass eigentlich gar kein Interesse der Strafverfolgungsbehörden besteht, Belege für die Unschuld einer Person zu registrieren (weil diese ohnehin selbstverständlich ist), ist schon deswegen ein Überwiegen des öffentlichen Interesses undenkbar. Die Daten sind also – umgehend – zu löschen.
Noch mehr verwundert die dem § 484 Abs. 2 StPO zugrunde liegende Regelung, wenn man die Verfahrenseinstellungen nach § 170 Abs. 2 StPO ins Auge fasst. Diese erfolgen immer nur vorläufig, d.h., die Löschungspflicht nach § 484 Abs. 2 S. 2 StPO betrifft diese in keinem Fall, und zwar selbst dann nicht, wenn die Staatsanwaltschaft zu dem Ergebnis gelangt ist, dass der Betroffene die Tat unter keinen Umständen begangen hat bzw. begangen haben kann. Die Konsequenz ist, dass eine Verfahrenseinstellung nach § 170 Abs. 2 StPO selbst dann nahezu unbegrenzt gespeichert bleiben kann, wenn ein Eintrag über einen Freispruch, die Ablehnung der Eröffnung des Hauptverfahrens oder die endgültige Einstellung längst gelöscht werden mussten, obwohl beiden Verfahrenserledigungen dieselbe Erwägung zugrunde liegt: Die erwiesene Unschuld des Täters. In Anbetracht des Grundrechts auf informationelle Selbstbestimmung wäre es insofern naheliegend gewesen, zumindest auch für vorläufige Einstellungen nach § 170 Abs. 2 StPO die für die anderen Verfahrenserledigungen vorgenommene Unterscheidung zu übernehmen: Soweit sich aus den Gründen der

---

[652] Dass sich dieser Maßstab in der aktuellen Gesetzgebung keiner großen Beliebtheit erfreut, ändert nichts daran, dass er zu den verfassungsrechtlich verbindlichen Voraussetzungen der Datenregistrierung durch öffentliche Stellen gehört.

Entscheidung nach § 170 Abs. 2 StPO entnehmen lässt, dass der Beschuldigte die Tat nicht oder nicht rechtswidrig begangen hat, wäre der Eintrag nach bestimmten Fristen zu löschen.
Allerdings wäre auch diese Regelung noch nicht glücklich. Denn die gesetzliche Festschreibung von Freisprüchen und Verfahrenseinstellungen „erster und zweiter Klasse" bedeutet die legale Anerkennung einer Rechtsfigur, die bis dato von der Rechtsprechung verworfen wurde:
Ein freisprechendes Urteil ergeht entweder, wenn die Unschuld des Angeklagten erwiesen ist, oder wenn seine Schuld unter keinem rechtlichen Gesichtspunkt (positiv) festgestellt werden kann. So hebt *Meyer-Goßner* ausdrücklich hervor, jegliche Erläuterung des Freispruchs in der Urteilsformel sei nicht statthaft. Gegen die Unschuldsvermutung nach Art. 6 II EMRK verstoßende Zusätze wie „mangels Beweises", „mangels begründeten Tatverdachts", „wegen erwiesener Unschuld" etc. seien unzulässig[653]. Zwar stellt § 484 Abs. 2 S. 2 StPO auf die Urteilsgründe ab, diese haben im weiteren Verfahren aber grundsätzlich nur eine sehr eingeschränkte Relevanz und sollen dem Rechtsmittelgericht helfen, ein angegriffenes Urteil sinnvoll überprüfen zu können[654]. Entscheidende Bedeutung bisher aber stets nur der Tenorierung des Urteils beigemessen; nur auf einen belastenden Tenor kann der Verurteilte etwaige Rechtsmittel stützen. Deshalb hat dieser nie die Möglichkeit, einen Freispruch mit der Begründung anzugreifen, er sei – wie sich aus den Urteilsgründen ergebe – nur mangels Beweises, wegen Schuldunfähigkeit oder wegen Schuldausschlusses nach § 35 StGB freigesprochen worden[655]. Der BGH vertritt insofern die Auffassung, das Gericht dürfe in den Urteilsgründen die Entscheidung darüber offen lassen, ob der Angeklagte überhaupt tatbestandsmäßig und rechtswidrig handelte, und könne sich darauf zurückziehen, dass er jedenfalls schuldunfähig war[656]. Diesen Standpunkt begründet er u.a.[657] mit dem Argument, eine Unterscheidung zwischen verschiedenen Arten von Freisprüchen begründe die Gefahr, dass der Freispruch wegen nicht erwiesener Schuld entwertet und somit die Unschuldsvermutung infrage gestellt werde[658].
Wenn man diesen Gedanken im Zusammenhang mit § 484 Abs. 2 StPO aufgreift, ergibt sich, dass die Zulässigkeit der Datenspeicherung mit Kriterien verknüpft wird, die bisher im Rechtsverkehr keine Bedeutung erlangt haben und dies – mit Blick auf die Unschuldsvermutung – wohl zu Recht. Bestehen aber hinsichtlich der Unterscheidung von Freisprüchen erster und zweiter Klasse aus rechtsstaatlichen Erwägungen erhebliche Bedenken, kann diese auch die Zulässigkeit einer Datenspeicherung, vor allem ein entsprechendes überwiegendes staatliches Registrierungsinteresse, nicht begründen. Darüber hinaus ist zu bedenken, dass nicht ersichtlich ist, wie die Entscheidung über die Zulässigkeit einer Datenspeicherung nach § 484 Abs. 2 S. 2 StPO überhaupt getroffen werden soll, wenn nach der Rechtsprechung des BGH die Urteilsgründe keine Unterscheidung zwischen Freisprüchen mangels Vorliegens einer

---

[653] Kleinknecht/ Meyer-Goßner, StPO, § 260, Rn. 17; vgl. auch Engelhardt, in: KK-StPO, § 260, Rn. 25.
[654] Vgl. Roxin, Strafverfahrensrecht, § 48, Rn. 4 ff.
[655] BGHSt 7, S. 153; BGHSt 16, S. 374; BGH NJW 1979, S. 2053. Zusammenfassend m.w.N.: Kleinknecht/ Meyer-Goßner, StPO, vor § 296, Rn. 13.
[656] BGHSt 16, S. 374.
[657] Zu weiteren Gründen vgl. Roxin, Strafverfahrensrecht, § 51, Rn. 14.
[658] BGHSt 7, S. 153.

rechtswidrigen Tat einerseits, und wegen Schuldunfähigkeit andererseits zu treffen brauchen. Diese Bestimmung setzt also Anforderungen an die Begründung eines Urteils voraus, die die StPO selbst gar nicht aufstellt. Schon insofern wendet diese Bestimmung schlicht unpraktikable Differenzierungskriterien an. Wie der Betroffene so noch in die Lage versetzt werden soll, sich darüber zu informieren, wer was wann und bei welcher Gelegenheit über ihn weiß, wenn nicht einmal die speichernde Behörde dem Gesetzestext klare und umsetzbare Leitlinien für den Umgang mit Daten entnehmen kann, ist nicht nachvollziehbar. Ein weiteres Mal werden die Anforderungen des Volkszählungs-Urteils, deren Erfüllung die §§ 474 ff. StPO dienen sollten, eindeutig verfehlt.

(5) Gemeinsame Dateien nach § 486 StPO

Auch der zunächst recht unverdächtig erscheinende § 486 StPO bietet in datenschutzrechtlicher Hinsicht neuen „Zündstoff".

Denn danach besteht die Möglichkeit, die einzelnen Dateien nach §§ 483 bis 485 StPO in einer Datei zusammen zu fassen. Darüber hinaus kann dieses Register aber auch – ergänzend zu dem länderübergreifenden Verfahrensregister nach §§ 492 ff. StPO – auf Landesebene zentral für alle Staatsanwaltschaften gemeinsam errichtet werden[659]. D.h., die entscheidenden Informationen über einen (ehemals) Beschuldigten können bei der jeweiligen Staatsanwaltschaft nach § 484 StPO und zentral für ein ganzes Bundesland noch einmal nach § 486 Abs. 1 StPO und darüber hinaus noch in einer bundeseinheitlichen Datei nach § 492 StPO gespeichert werden. Dabei kann dann der Umfang der nach § 486 Abs. 1 StPO angelegten Zentraldatei denjenigen des § 486 Abs. 1 S. 1 StPO erreichen, sodass die Staatsanwaltschaften eines bestimmten Bundeslandes über die Datei nach § 486 StPO weitaus umfangreichere Informationen erhalten können als aus der bundesweiten Zentraldatei[660].

Insofern setzen sich die oben[661] bereits gegen § 484 Abs. 2 StPO erhobenen Bedenken noch weiter fort. Hervorgehoben werden soll hier ein weiterer Aspekt: Es erscheint fraglich, warum die Staatsanwaltschaften eines bestimmten Landes (Bsp. Bayern) über die landeseigene Datei nach § 486 StPO umfassendere Informationen über einen Täter erlangen können als die Staatsanwaltschaften eines anderen Landes aus dem Register nach § 492 StPO (Bsp. Nordrhein-Westfalen). Wenn die in letzterem Register gespeicherten Informationen für die Arbeit der nordrhein-westfälischen Staatsanwaltschaften ausreichend sind, fragt sich, warum die bayrischen Staatsanwaltschaften noch darüber hinausgehende Daten erhalten (können). Für die Doppelspeicherung in landesweiten Zentraldateien einerseits und in einer bundesweiten Zentraldatei andererseits ist ein sachlicher Grund mithin nicht ersichtlich. § 486 StPO schafft ohne erkennbaren Grund eine Legitimationsgrundlage für eine weitere Vervielfachung ohnehin bereits sehr problematischer und für den Betroffenen auch gefährlicher Daten.

(6) Die Löschung von Dateien nach § 489 StPO

Gem. § 489 Abs. 3 StPO ist ein Verfahren im Sinne des § 489 Abs. 2 Nr. 1 StPO, der

---

[659] Brodersen, NJW 2000, S. 2536 (2541).

[660] So ausdrücklich Brodersen, a.a.O.

[661] Vgl. oben (4).

seinerseits nur die Speicherung nach § 483 StPO betrifft, als erledigt anzusehen, wenn es von der Staatsanwaltschaft, oder im Falle der Erhebung der öffentlichen Klage, vom Gericht erledigt wurde. Bei nur vorläufiger Einstellung ist das Verfahren mit Eintritt der Verjährung als erledigt anzusehen. Mit Erledigung sind die Daten zu löschen.

Unabhängig von der Frage, welchen Erkenntnisgewinn die Legaldefinition des § 489 Abs. 3 S. 1 StPO bringt, der die Erledigung des Verfahrens als Erledigung durch Staatsanwaltschaft oder Gericht erklärt, findet sich hier jedoch ein Gesichtspunkt, der den Interessen des Betroffenen dienen könnte: Die vorläufigen Verfahrenseinstellungen nach § 170 Abs. 2 StPO sind dann zu löschen, wenn die Verfolgungsverjährung eingetreten ist. Insofern wird – zumindest ansatzweise – dem datenschutzrechtlichen Zweckbindungsgrundsatz dadurch Rechnung getragen, dass die Entscheidung nach § 170 Abs. 2 StPO bei der Speicherung nach § 483 StPO dann zu tilgen ist, wenn das Verfahren ohnehin nicht mehr weiterverfolgt werden kann, wenn also diese Einstellung dieselbe Wirkung wie eine endgültige Verfahrenseinstellung entfaltet.

Jedoch sind durch diese Beschränkung auf die Verfahrensregistrierung nach § 483 StPO wiederum mehr Fragen aufgeworfen als beantwortet. Wenn man sich im Rahmen des § 484 StPO schon nicht für die verfassungsnächste Lösung hat entscheiden können, also dafür, Verfahrenseinstellungen nach § 170 Abs. 2 StPO in diese Dateien überhaupt nicht aufzunehmen, dann stellt sich die Frage, warum die Verjährungslösung des § 489 Abs. 2 Nr. 1 i.V.m. § 489 Abs. 3 S. 3 StPO nicht auch darauf erstreckt wurde. Denn es ist kein sachlicher Grund dafür ersichtlich, dass gem. § 489 Abs. 4 S. 2 Nr. 3 StPO z.B. bei Entscheidungen gem. § 153a StPO nach drei Jahren erstmals zu prüfen ist, ob sie aus der Datei zu löschen sind, Einstellungen nach § 170 Abs. 2 StPO gem. § 489 Abs. 4 S. 2 Nr. 1 StPO aber mindestens zehn Jahre registriert bleiben können, auch wenn die zugrunde liegende (vermeintliche) Tat bereits seit Jahren verjährt ist. Ein legitimer Grund, der das Löschungsinteresse des Betroffenen dann noch überwiegen könnte, ist nicht gegeben.

Ein weiteres Problem ergibt sich insofern aus der in § 486 StPO vorgesehenen Möglichkeit, die Dateien nach §§ 483 bis 485 StPO in einer Zentraldatei zusammenzufassen. Dadurch wird nicht nur generell die Möglichkeit des Informationsflusses auf Landesebene erweitert und erleichtert. Vielmehr können damit auch die unterschiedlichen Löschungsregelungen bzw. Prüffristen des § 489 StPO unterlaufen werden. Denn in der Literatur wird diesbezüglich die Auffassung vertreten, dass bei Dateien, die mehreren Zwecken dienen, eine Löschung erst dann infrage komme, wenn sämtliche Zwecke entfallen seien[662]. Dann fragt sich aber, warum in §§ 483, 484 Abs. 1, 2 StPO überhaupt unterschiedliche Datei-Umfänge normiert worden sind. Wenn die Informationen gem. § 486 Abs.1 StPO ohnehin in einer einheitlichen Datei gespeichert werden können, und sämtliche Informationen erst nach Ablauf der letzten Frist zu löschen sind, werden Zweckbindung und Löschungs-(prüf-)fristen von vornherein ad absurdum geführt. Dass eine solche Speicherungs- und Verarbeitungspraxis nicht einmal ansatzweise Gemeinsamkeiten mit den Vorgaben des Grundrechts auf informationelle Selbstbestimmung aufweist, bedarf danach an dieser Stelle keiner weiteren Erläuterung.

---

[662] Brodersen, NJW 2000, S. 2536 (2541).

Im Übrigen erscheint auch das Institut der „Aussonderungsprüffrist“ keineswegs unproblematisch. Denn der Gesetzgeber drückt sich hier um eine klare Entscheidung über die Speicherfristen und überträgt diese – anders als etwa beim Zentralregister – auf die dafür zuständigen Behörden. Man fragt sich, was dabei noch von der Wesentlichkeitslehre übrig geblieben ist, wenn wesentliche für die Ausübung des Grundrechts auf informationelle Selbstbestimmung relevante Entscheidungen ohne weiteres auf die speichernde Stelle übertragen werden. Noch gravierender wird dies dadurch, dass der Gesetzgeber – wie auch bei der vergleichbaren Regelung in § 32 Abs. 3 BKAG[663] – nicht einmal klare Leitlinien aufgestellt hat, an denen sich die Entscheidung über die Löschung bzw. fortdauernde Speicherung der Informationen zu orientieren hat. Schon im Zusammenhang mit § 32 BKAG besteht nur die Möglichkeit, im Hinblick auf die „bekanntermaßen begrenzte Treffsicherheit der – hier *intuitiv* getroffenen – Wahrscheinlichkeitsaussage über das künftige Legalverhalten einer Person[664]“ auf entsprechende Verwaltungsvorschriften zurückzugreifen[665]. Für den Betroffenen ergibt sich daraus, dass über die möglichen Speicherungszeiten seiner personenbezogenen Daten wohl auch im Rahmen der §§ 484 ff. StPO intuitiv und ohne klare Vorgaben entschieden wird. Auch insoweit sucht man vergeblich nach Übereinstimmungen mit den Vorgaben des BVerfG zum Grundrecht auf informationelle Selbstbestimmung.

(7) Auskunftsrechte des Betroffenen und § 491 StPO

Die wohl problembeladenste Regelung im Zweiten Abschnitt des Achten Buchs findet sich in § 491 Abs. 1 StPO, wonach dem „Betroffenen“ entsprechend § 19 BDSG (auf Antrag) Auskunft zu erteilen ist. Bei unvoreingenommener Lektüre scheint an dieser Vorschrift wenig auszusetzen zu sein, ermöglicht sie es dem „Betroffenen“ doch vermeintlich, sich über etwaige Eintragungen in die Namenkarteien zu unterrichten. Die Vorschrift gilt jedoch nicht für Auskünfte an Private nach § 475 StPO und auch nicht für Verfahrensbeteiligte[666]. Noch deutlicher wird Hilger: Einen Anspruch auf Auskunft aus oder Einsicht in eine Datei z.B. der Staatsanwaltschaft regelt das Gesetz unbeschadet der Nutzungsbefugnisse gem. §§ 483 ff. StPO nicht. Er kann auch nicht ohne weiteres aus entsprechenden Vorschriften (§§ 147, 406e, 474, 475 StPO) hergeleitet werden. Die Dateien der Strafverfolgungsbehörden seien grundsätzlich „behördeninterne“ Unterlagen (wie z.B. die Handakten der Staatsanwaltschaft oder deren Generalakten)[667].

Kurz: Alle Dateien nach §§ 483 ff. StPO bleiben dem behördeninternen Informationsaustausch der Staatsanwaltschaften vorbehalten, und derjenige, dessen Daten dort gespeichert sind, hat keinerlei Möglichkeiten, sich über das Ob und Wie der Registrierung zu unterrichten.

Diese Lösung ist weder verfassungsrechtlich haltbar, noch sind die zu ihrer Rechtfertigung vorgebrachten Argumente auch nur ansatzweise plausibel. Bereits der Hinweis auf die bloß behördeninterne Registrierung und der Vergleich etwa zu den Handakten der Staatsanwaltschaften geht fehl. Zum einen enthalten die Handakten der Staats-

[663] Vgl. dazu noch unten unter IV.2.
[664] Störzer, in: Ahlf/ Daub/ Lersch/ Störzer, BKAG, § 32, Rn. 32; Hervorhebung nicht im Original.
[665] Störzer, a.a.O.
[666] BT-Drs. 14/1484, S. 35; Brodersen, NJW 2000, S. 2536 (2541).
[667] Hilger, NStZ 2001, S. 15 (18 mit Fn. 105).

anwaltschaften in aller Regel bloße Auszüge aus den Hauptakten. d.h., alle personenbezogenen Informationen der Handakten sind entweder in den Verfahrensakten enthalten, die dem Gericht bei Anklageerhebung übersandt werden, oder sie sind den übrigen Verfahrensbeteiligten auf andere Weise zugänglich[668]. Eine Ausnahme bilden nur die Auszüge aus der Namenskartei der Staatsanwaltschaft – aber um diese geht es hier schließlich gerade. Und soweit interne Arbeitsvermerke nur zu den Handakten genommen werden, findet dies seine Berechtigung wohl darin, dass diese für die weiteren Verfahrensbeteiligten nicht von Interesse sind, und – und das ist der in diesem Kontext eigentlich entscheidende Gesichtspunkt – dass die internen Arbeits- und Zuständigkeitsvermerke sowie etwaige Aktennotizen auch keine weitergehenden personenbezogenen Informationen enthalten, als diejenigen, die aus der Hauptakte bzw. dem Auszug aus der Namenskartei hervorgehen. Darüber hinaus deutet schon die Möglichkeit des § 486 StPO, also auch landesweite Karteien für mehrere Staatsanwaltschaften gemeinsam einzurichten, bereits darauf hin, dass es keineswegs mehr um die behördeninterne Datenverarbeitung geht, sondern dass auch zwischen verschiedenen Staatsanwaltschaften personenbezogene Daten ausgetauscht werden.
Aber auch im Übrigen handelt es sich bei den Datenspeicherungen nach §§ 483 ff. StPO unter keinem denkbaren Gesichtspunkt um interne Dateien. Denn was darunter zu verstehen ist, bestimmt sich nach § 1 Abs.3 Nr. 2 BDSG, der die eingeschränkte Anwendbarkeit des BDSG auf sog. „interne Dateien" regelt: Danach gehören dazu Handkarteien oder ähnliche Datensammlungen zum rein internen Gebrauch, insbesondere Adresskarteien von Geschäftsleuten u.ä., unter keinen Umständen jedoch automatisierte Dateien oder solche, die zur Übermittlung an Dritte bestimmt sind. Somit kommen für eine Speicherung in diesen internen Dateien von vornherein solche Daten nicht infrage, die aufgrund einer Rechtsvorschrift übermittelt werden müssen[669].
Schließlich wird das Auskunftsrecht des Betroffenen hinsichtlich der über ihn gespeicherten Daten als „fundamentales Datenschutzrecht" bezeichnet. Es ist Voraussetzung wie Bestandteil des Grundrechts auf informationelle Selbstbestimmung. Wenn der Betroffene nach dem Volkszählungs-Urteil grundsätzlich das Recht hat zu wissen, wer was wann und bei welcher Gelegenheit über ihn weiß und selbst über die Preisgabe und Verwendung seiner persönlichen Daten zu bestimmen, ist es zur Absicherung dieser Rechte unerlässlich, dass er sich überhaupt darüber informieren kann, ob Daten über ihn registriert sind. Zz Recht betont *Mallmann* daher, nur der Auskunftsanspruch ermögliche dem Betroffenen im Zusammenwirken mit der gebotenen Normentransparenz die Überprüfung, ob die speichernde Stelle rechtmäßig Daten zu seiner Person verarbeitet. Der Betroffene werde so in die Lage versetzt, von seinen weiteren Kontroll-, Abwehr- und Gestaltungsrechten Gebrauch zu machen. Das Auskunftsrecht ist die verfahrensrechtliche Voraussetzung des Grundrechts auf informationelle Selbstbestimmung[670].
Legt man diese Erkenntnisse den weiteren Überlegungen zugrunde, liegt auf der Hand, dass der Betroffene einen verfassungsrechtlich verbürgten Anspruch darauf hat, zumindest Informationen darüber zu erhalten, ob und in welchem Umfang über ihn Daten nach §§ 483 ff. StPO gespeichert sind. Denn anders kann er kaum überwa-

[668] Wie z.B. die Auskünfte aus dem Zentralregister.
[669] Gola/ Schomerus, BDSG, § 1, Anm. 6.3.
[670] Mallmann, in: Simitis/ Dammann/ Geiger/ Mallmann/ Walz, BDSG, § 19, Rn. 1.

chen, ob mit seinen Daten – gerade im Hinblick auf § 489 StPO – ordnungsgemäß verfahren wird und sich z. B. gegen eine übermäßige Verlängerung der Speicherung seiner Daten zur Wehr setzen. Auch überwiegende Belange des Gemeinwohls, die dafür sprechen würden, den Betroffenen nicht nur im Einzelfall, sondern generell von einer entsprechenden Unterrichtung auszuschließen, sind nicht ersichtlich, insbesondere vor dem Hintergrund, dass schließlich Dritten nach § 491 StPO Auskunft erteilt werden kann. Schließlich kann der Betroffene auch nicht auf seinen Auskunftsanspruch aus dem länderübergreifenden Register nach §§ 495 ff. StPO verwiesen werden, denn darin ist nur ein geringer Ausschnitt derjenigen Informationen registriert, deren Speicherung in einer gemeinsamen Daten nach § 486 StPO zulässig ist. Somit können aus dem Einsichtsrecht in das länderübergreifende Register höchstens ansatzweise Rückschlüsse auf Datenspeicherungen nach §§ 483 ff. StPO gezogen werden. Es wäre also von Verfassungs wegen dringend geboten, mindestens ein dem § 495 Abs. 1 StPO vergleichbares Auskunftsrecht zugunsten des (ehemals) Beschuldigten in den Zweiten Abschnitt des Achten Buchs aufzunehmen.

(8) Länderübergreifendes Verfahrensregister nach §§ 492 ff. StPO

Bei dem länderübergreifenden Verfahrensregister wiederholen sich zahlreiche Einwände, die bereits gegen die §§ 483 ff. StPO erhoben wurden. So stellte *Wolter* bereits 1995 fest, es spreche für sich, dass nach § 476 Abs. 2 S. 2 StPO (a.F. = § 494 Abs. 2 S. 2 StPO n.F.) manche Daten für immer gespeichert bleiben könnten – selbst dann, wenn das Verfahren gem. § 170 Abs. 2 StPO wegen nachweislicher Nichtschuld oder auch wegen eines endgültigen Prozesshindernisses eingestellt worden sei. Es widerstreite dem Recht auf informationelle Selbstbestimmung in seinem Kern, dass die Daten eines rechtskräftig Freigesprochenen noch für mindestens zwei Jahre festgehalten werden dürfen[671]. Dem ist uneingeschränkt zuzustimmen. Insofern soll an dieser Stelle auf die Ausführungen zu § 489 StPO verwiesen werden[672]; sie gelten für § 494 Abs. 2 StPO entsprechend.

Einige zusätzliche Schwierigkeiten sind mit § 495 StPO verbunden. Es ist zwar begrüßenswert, dass dem Beschuldigten – im Gegensatz zu den Dateien nach §§ 483 ff. StPO – überhaupt ein Auskunftsrecht aus dem länderübergreifenden Verfahrensregister eingeräumt wird. Allerdings ist die positive Entscheidung über das „Ob" der Auskunftserteilung auch schon der einzige positive Aspekt.

Denn durch die bloße Bezugnahme auf § 19 BDSG wird das Auskunftsrecht des Beschuldigten nicht hinreichend umschrieben. Gem. § 19 Abs. 4 BDSG unterbleibt die Auskunftserteilung z.B. dann, wenn die Erteilung der Auskunft die ordnungsgemäße Erfüllung der in der Zuständigkeit der speichernden Stelle liegenden Aufgaben gefährden würde, wenn die Auskunft die öffentliche Sicherheit und Ordnung gefährden würde, oder wenn die Daten im überwiegenden Interesse eines Dritten geheimgehalten werden müssen, und bei einer Abwägung der beteiligten Belange das Interesse des Auskunftsbegehrenden zurücktreten muss. Positiv zu vermerken ist in diesem Zusammenhang, dass den Anforderungen des Volkszählungs-Urteils hier dadurch angemessen Rechnung getragen wurde, dass das informationelle Selbstbestim-

---

671 Wolter, ZStW 107 (1995), S. 793 (802).

672 Vgl. oben (6).

mungsrecht nur dann zurückzutreten hat, wenn ein anderes Interesse überwiegt[673], und nicht schon dann Auskunft verweigert werden kann, wenn nicht das Interesse des Betroffenen deutlich überwiegt. Allerdings ist fraglich, ob angesichts der Brisanz der in dem länderübergreifenden Strafverfahrensregister gespeicherten Daten die Ausnahmetatbestände zu dem grundsätzlichen Auskunftsanspruch aus § 19 Abs. 1 BDSG eng genug umschrieben sind[674]. Denn auch in diesem Kontext wird der Registerbehörde ein relativ großer Ermessensspielraum dadurch eingeräumt, dass sie eine Auskunft aufgrund weit gefasster Generalklauseln („ordnungsgemäße Erfüllung der in der Zuständigkeit der speichernde Stelle liegenden Aufgaben", „Gefährdung der öffentlichen Ordnung") verweigern kann. Es wäre die Aufgabe des Gesetzgebers gewesen, im Interesse einer eindeutigen Regelung des Auskunftsanspruches und in Erfüllung der Wesentlichkeitslehre die Umstände deutlicher und nachvollziehbarer zu umschreiben, bei deren Vorliegen die Registerbehörde eine Auskunft verweigern kann[675]. Die Bezugnahme auf die allgemein gehaltenen Regelungen in § 19 BDSG ermöglicht es der Behörde einmal mehr, mit einem großzügig bemessenen Spielraum über die Belange des Beschuldigten zu entscheiden. Insbesondere ist es zu bedauern, dass durch den Rückgriff auf den im Polizeirecht schon recht fragwürdigen, da klar kaum fassbaren, Begriff der „öffentlichen Ordnung[676]" zusätzliche Unsicherheiten in den Auskunftsanspruch „hineingetragen" werden. Man muss sich vor Augen halten, dass aufgrund dieses Vorbehalts – wenn man ihn ernst nimmt – eine Auskunftsverweigerung bereits dann möglich wäre, wenn daraus eine Bedrohung für diejenigen Sozialregeln drohte, die von einer großen Mehrheit als unerlässlich für das Zusammenleben angesehen werden[677]. M.a.W.: Der individuelle, abwehrrechtlich begründete Auskunftsanspruch des Einzelnen gilt nur so weit, wie die allgemeine Sozialanschauung es für richtig hält. Dies kann mit dem Sinn eines auf Staatsabwehr gerichteten Grundrechtsgehaltes nicht vereinbar sein. Denn einmal mehr würde das Grundrecht auf informationelle Selbstbestimmung nur dann eingreifen, wenn der Gesetzgeber, bzw. letztlich die überwiegende Sozialanschauung, dies zulässt.
Darüber hinaus fordert *Wolter*[678] mit Recht eine Verpflichtung der Registerbehörde, von sich aus den Registrierten über die Tatsache der Datenspeicherung zu unterrichten. Denn nur ein Auskunftsrecht ermöglicht es dem Betroffenen überhaupt, seine Rechte effektiv wahrzunehmen und ggf. um Rechtsschutz gegen die Datenspeicherung nachzusuchen, bzw. die Auskunft gerichtlich durchzusetzen[679].
Auch die Art und Weise der Auskunftserteilung kann nicht zufrieden stellen, wenn

---

673 Gola/ Schomerus, BDSG, § 19, Anm. 8.1.
674 So auch Wolter, in: SK-StPO, § 474, Rn. 10.
675 Beispiele hierfür gibt Wolter, ZStW 107 (1995), S. 793 (839).
676 Dazu Gusy, Polizeirecht, Rn. 98 ff., 102; Waechter, Polizei- und Ordnungsrecht Niedersachsen, Rn. 210 ff. Optimistischer und für eine Beibehaltung des Begriffs: Martens, in: Drews/ Wacke/ Vogel/ Martens, Gefahrenabwehr, S. 245 ff.
677 Vgl. zum Begriff nur Waechter, a.a.O., Rn. 210.
678 S. oben 2.c.
679 Dies müsste er wohl nach wie vor in dem Verfahren nach § 23 EGGVG bei dem zuständigen OLG tun. § 22 Abs. 1 S. 2 EGGVG schließt den Weg zu den OLGen nur dann aus, wenn Informationen tatsächlich – etwa an eine Strafverfolgungsbehörde – herausgegeben worden sind, betrifft aber nicht den Fall, dass der Beschuldigte überhaupt erst um Auskunft bzw. Löschung seiner Daten nachsucht; vgl. dazu im Einzelnen Katholnigg, Strafgerichtsverfassungsrecht, § 22 EGGVG, Rn. 4; § 23 EGGVG, Rn. 17.

man den Vergleich zur Auskunftserteilung aus dem Zentralregister zieht. So darf gem. § 30 Abs. 5 BZRG den Betroffenen Auskunft über ein Behördenführungszeugnis nur erteilt werden, indem er persönlich es bei einem Amtsgericht einsieht; damit soll vermieden werden, dass Dritte den Betroffenen nötigen, ein Behördenführungszeugnis vorzulegen und somit die Gefahr bestünde, dass die Beschränkung des Inhalts eines Führungszeugnisses gem. § 32 BZRG unterlaufen werden könnte[680]. Entsprechende datenschutzrechtliche Vorkehrungen fehlen im Rahmen des § 495 StPO vollständig. So könnte ein Arbeitgeber den Stellenbewerber dazu veranlassen, ihm eine Auskunft aus dem Strafverfahrensregister vorzulegen, die sich auf Ermittlungen hinsichtlich einer Straftat bezieht, die bei einer Verurteilung nicht in ein Führungszeugnis aufzunehmen wäre. Zu denken ist hier auch an Verfahrenseinstellungen gem. § 170 Abs. 2 StPO i.V.m. § 20 StGB[681]. Darauf, dass im Alltagsleben die bloße Anhängigkeit eines Ermittlungsverfahrens bereits ähnliche Konsequenzen mit sich bringt wie eine gerichtliche Entscheidung, ist bereits hingewiesen worden. Aus datenschutzrechtlicher Perspektive wäre es somit unerlässlich gewesen, auch verfahrensrechtliche Vorkehrungen dafür zu treffen, *wie* die Auskunft aus dem Register erfolgt.

IV. Straf(verfahrens-)registrierung nach BKAG und BGSG

Die Strafverfahrensregistrierung nach den entsprechenden Bestimmungen des BKAG und des BGSG unterscheidet sich in mehrfacher Hinsicht von derjenigen nach BZRG und StPO. Dies findet seinen Grund in erster Linie darin, dass es sich bei ihnen nicht um Justiz-, sondern um (Bundes-) Polizeigesetze handelt. Daraus wiederum folgen weitere Besonderheiten, die sich daraus ergeben, dass

- nach dem GG die Polizei eigentlich zur Landesverwaltungszuständigkeit gehört, jede Bundespolizei also Ausnahmecharakter haben muss,
- die Strafverfolgung Sache der Justizbehörden ist, die von der Polizei – insbesondere auch von den Bundespolizeien – nur unterstützt wird, die Sachleitungsbefugnis also nicht von ihr selbst wahrgenommen werden darf, und
- die Bundespolizeien insofern weitere Kompetenzen haben als die Landespolizeien, als ihnen auf dem Gebiet der Datenverwaltung Koordinationsfunktionen zukommen, die eine Datenspeicherung, -verwaltung und –weitergabe in größerem Umfang zulassen, als dies nach den Polizeigesetzen der Länder möglich ist.

In mancher Hinsicht versuchen BKAG und BGSG also im Kern unvereinbare Aspekte polizeilicher Tätigkeit miteinander in Einklang zu bringen, vor allem die Koordination von Landes- und Bundeszuständigkeiten und diejenige präventiver und repressiver Aufgaben[682]. Nur deshalb geraten die Datenverarbeitungsregeln in BKAG und BGSG überhaupt in den Blickpunkt dieser Arbeit: Denn während die Registrierung von Strafverfahren nur insofern Sache der Landespolizeien ist – vgl. etwa Art. 38 Abs. 2 S. 1 BayPAG; § 38 Abs. 1; § 24 Abs. 2 S. 1 NW PolG – als diese Zwecken der Gefahrenabwehr[683] dient, die Speicherung zur Strafverfolgungstätigkeit aber ausschließlich den

[680] Im Einzelnen dazu oben C.II.2.e.cc.(3).
[681] Zu der Problematik des Freispruches wegen Schuldunfähigkeit und § 11 BZRG s. oben bereits C.II. 2.e.cc.(2).
[682] Überblick dazu m.w.N.: Waechter, Polizei- und Ordnungsrecht Niedersachsen, Rn. 141 ff.
[683] Wobei allerdings zu beachten ist, dass auch insofern eine klare Grenzziehung dadurch verwässert wird, dass zur Gefahrenabwehr nach allen Polizeigesetzen der Länder auch die sog. „vorbeugende Straftatenbekämpfung" zählt; siehe dazu noch unten unter IV.2.

Staatsanwaltschaften obliegt, können die Bundespolizeibehörden die Daten sowohl zu präventiven als auch zu repressiven Zwecken speichern, nutzen und weitergeben. Ob und inwieweit dies überhaupt zulässig ist, ob der Gesetzgeber bei der Neufassung des BKAG und des BGSG das vom GG vorgegebene Kompetenzgefüge überhaupt gewahrt hat, ist in der Literatur nicht zu Unrecht angezweifelt worden[684]; dies kann hier aber dahin stehen. Im Folgenden wird es schwerpunktmäßig darum gehen, aus der Perspektive der Grundrechte des Einzelnen zu untersuchen, inwieweit die im BKAG und BGSG getroffenen Regelungen zur Registrierung von Strafverfahren damit vereinbar sind oder nicht. Dabei bleiben die Gefahrenabwehrgesetze der einzelnen Bundesländer grundsätzlich unberücksichtigt. Es wird sich allerdings nicht vermeiden lassen, zur Interpretation einiger Vorschriften auch auf diese einzugehen, da sich insbesondere das BGSG an demselben Musterentwurf orientiert wie die Ländergesetze. Ferner weicht der Aufbau dieses Abschnitts der Untersuchung von der bisherigen Vorgehensweise ab. Im Mittelpunkt steht das Recht auf informationelle Selbstbestimmung. Dies rechtfertigt sich aus der Überlegung, dass das zentrale Anliegen des Gesetzgebers bei der Neufassung von BKAG und BGSG – wie bei allen neuen Polizeigesetzen der vergangenen Jahre[685] – dahin ging, die vom BVerfG vor allem im Volkszählungs-Urteil aufgestellten Voraussetzungen für eine verfassungsgemäße staatliche Datenverwaltung tatsächlich zu verwirklichen[686].

1. Bundesgrenzschutzgesetz (BGSG)

Das StVÄG 1999 ist in erheblichem Umfang den Bestimmungen des BGSG von 1994 gefolgt, was dazu führt, dass zahlreiche Unzulänglichkeiten, die bereits im Rahmen der §§ 483 ff. StPO zu bemängeln waren[687], auch bei der Datenspeicherung nach den §§ 29 ff. BGSG in den Blick geraten:

So stellt sich zunächst die Frage, wann die **Datenregistrierung des § 29 Abs. 2 S. 1 BGSG** tatsächlich **„erforderlich"** ist. Führt man sich noch einmal die vom BVerfG im Volkszählungs-Urteil festgelegten Anforderungen an eine staatliche Datenregistrierung und –verarbeitung vor Augen, so legte es insbesondere einen Schwerpunkt auf den Grundsatz der Normenklarheit. Der Bürger soll dazu in der Lage sein, aus dem Gesetzestext zu entnehmen, welche Informationen der Staat unter welchen Voraussetzungen sammeln, registrieren und verarbeiten kann. Ob dies dadurch sichergestellt wird, dass er erfährt, dass der BGS nur die „erforderlichen" Daten registriert, kann bezweifelt werden. Denn –darauf hat *Kutscha* in anderem Zusammenhang richtigerweise hingewiesen[688] – es handelt sich bei dem Kriterium der „Erforderlichkeit" in Wahrheit um eine bloße Leerformel. Dass der Staat immer nur im „erforderlichen" Umfange in die Sphäre der Bürger eingreifen darf, folgt bereits aus dessen Bindung an den Grundsatz der Verhältnismäßigkeit, der das grundrechtsrelevante Handeln

---

[684] Vgl. jew. m.N.: Lisken, in: Lisken/ Denninger, Handbuch des Polizeirechts, Abschnitt C, Rn. 29 ff.; Lisken/ Lange, in: Lange, Staat, Demokratie und Innere Sicherheit in Deutschland, S. 151 (160 ff.).

[685] Riegel, NJW 1997, S. 3408 (3409).

[686] Gröpl, DVBl 1995, S. 329 (336); Laskowski, in: Fischer/ Hitz/ Laskowski/ Walter, BGSG, § 29, Rn. 3; Riegel, in: Erbs/ Kohlhaas, Strafrechtliche Nebengesetze, BKAG, Vorbemerkung, Rn. 9; ders., DÖV 1995, S. 317 (317).

[687] S. oben III.2.f.

[688] Kutscha, NJ 1994, S. 545 (548).

des Staates begrenzt[689]. Und dass die Strafverfahrens-Registrierung beim BGS das Grundrecht auf informationelle Selbstbestimmung tangiert, bedarf keiner weiteren Erörterung. Darüber hinaus beinhaltet der Begriff der „Erforderlichkeit" auch keine weitere Präzisierung des gesetzlichen Eingriffstatbestandes, als sich seine Interpretation im Rahmen der praktischen Tätigkeit der Sicherheitsbehörden immer an dem jeweiligen Interessenstandpunkt der datenverarbeitenden Stelle – hier des BGS – orientiert[690]. Es ist letztlich der Verwender der Daten, der über ihre Erforderlichkeit bestimmt – hält er sie nicht für erforderlich, wird er sie kaum speichern, denn an der Anlegung sog. „Datenfriedhöfe" haben die Behörden in aller Regel deshalb kein Interesse, weil sie die Nutzbarkeit von Dateien nur weiter komplizieren, indem sie das Auffinden tatsächlich wichtiger Daten erschweren[691]. Hinzu kommt, dass die Entscheidung über die „Erforderlichkeit" der weiteren Datenspeicherung vom BGS als Polizeibehörde selbstständig getroffen wird; der Staatsanwaltschaft ist es – ihrer Sachleitungsbefugnis auf dem Bereich repressiver Tätigkeit des BGS zum Trotz – nicht möglich, darauf in irgendeiner Weise kontrollierend einzuwirken oder auch nur davon Kenntnis zu nehmen. Es besteht insofern auch keine Möglichkeit, die Position des Bürgers wenigstens mittelbar durch die Kontrolle einer vom BGS organisatorisch getrennten Justizbehörde verfahrensmäßig zu verbessern. Es bleibt dabei, dass das Erfordernis der „Erforderlichkeit" der Datenspeicherung eine Leerformel ist, die eine vermeintliche Absicherung der Position des Betroffenen, eine Eingrenzung der Befugnisse des BGS vorspiegelt, de facto aber zur Disposition der speichernden Stelle steht.
Verschärft wird dieser Mangel dadurch, dass der BGS in § 29 Abs. 2 S. 3 BGSG dazu ermächtigt wird, noch über S. 1 und 2 hinausgehende Daten soweit zu speichern, als dies erforderlich ist, weil wegen der Art oder Ausführung der Tat, der Persönlichkeit des Betroffenen oder sonstiger Erkenntnisse Grund zu der Annahme besteht, dass weitere Strafverfahren gegen ihn wegen Straftaten im Sinne des § 12 Abs. 1 BGSG zu führen sein werden. Faktisch bietet diese Vorschrift eine Ermächtigung, alle Informationen zu registrieren, die der BGS aus seiner Perspektive benötigt. Denn irgendein Kriterium wird sich immer finden lassen, aufgrund dessen der Täter die infrage stehende Tat noch einmal begehen wird, vor allem in Anbetracht der besonderen Klientel, mit der sich der BGS auseinanderzusetzen hat. In aller Regel wird man es hier mit Tätern zu tun haben, die ohnehin am Rande der Gesellschaft stehen, die also im sprichwörtlichen Sinne „wenig zu verlieren haben". Zwar lässt sich gegen diese Argumentation einwenden, dass es schließlich legitim ist, wenn der Staat sich gegen permanente Verletzungen der in § 12 Abs. 1 BGSG genannten Taten abzusichern versucht, nur darf nicht übersehen werden, dass die Anerkennung dieses Bedürfnisses den Gesetzgeber nicht davon entbindet, klare Regeln darüber aufzustellen, welche Daten unter welchen Umständen gespeichert werden können. Besteht ein Bedürfnis, im Rahmen des Grenzschutzes mehr über die Täter zu registrieren, als nach § 29 Abs. 1 und 2 BGSG zulässig, ist es ohne weiteres die verfassungsnähere Lösung, den Katalog des § 29 Abs. 1 S. 2 BGSG zu erweitern, als sich in zweifelhafte,

---

689 Zur Ableitung des Verhältnismäßigkeits-Grundsatzes aus den Grundrechten vgl. v.Arnauld, JZ 2000, S. 276 (278 ff.).
690 Kutscha, NJ 1994, S. 545 (548).
691 Zu diesem Gedanken Limmer, BayVBl 1998, S. 663 (664).

nicht näher nachprüfbare Generalklauseln nach Art des § 29 Abs. 1 S. 3 BGSG zu flüchten – auch grenzpolizeiliche Sicherheitsbedürfnisse können das Grundrecht auf informationelle Selbstbestimmung nicht „suspendieren".

Schließlich ist auch die in **§ 29 Abs. 2 S. 4 BGSG** enthaltene Regelung wenig befriedigend, nach der die Speicherung von Daten immer dann **unzulässig ist, wenn der Beschuldigte rechtskräftig freigesprochen, die Eröffnung des Hauptverfahrens gegen ihn abgelehnt oder das Verfahren nicht nur vorläufig eingestellt worden ist und sich aus den Gründen der Entscheidung ergibt, dass er die Tat nicht oder nicht rechtswidrig begangen hat**. Diese Bestimmung entspricht § 484 Abs. 2 S. 2 StPO; die gegen diese Bestimmung vorgebrachten Einwände gelten hier entsprechend[692].

Gem. § 32 BGSG hat der BGS die Möglichkeit, die nach § 29 BGSG gespeicherten personenbezogenen Daten an Behörden des Polizeivollzugsdienstes und an andere öffentliche oder nicht-öffentliche Stellen zu übermitteln. Ergänzend bestimmt § 33 BGSG, unter welchen Voraussetzungen die Mitteilung zulässig ist; beide Vorschriften müssen also gemeinsam betrachtet werden.

Gem. **§ 33 Abs. 3 S. 1 BGSG** unterbleibt eine nach § 32 BGSG an sich zulässige Mitteilung dann, „wenn für den BGS erkennbar ist, dass unter Berücksichtigung der Art der Daten und ihrer Erhebung die **schutzwürdigen Interessen des Betroffenen das Allgemeininteresse an der Übermittlung überwiegen**". Diese auf den ersten Blick sehr bürgerfreundliche Bestimmung bleibt jedoch bei näherer Betrachtung weit hinter dem Standard zurück, den das BVerfG im Volkszählungs-Urteil festgelegt hatte: Während danach grundsätzlich jede Datenspeicherung zu unterbleiben hat und nur ausnahmsweise dann zulässig ist, wenn das öffentliche Interesse überwiegt, ist es hier so, dass grundsätzlich jede Speicherung zulässig ist und diese nur dann unterbleibt, wenn (sozusagen als Ausnahmefall) das Privatinteresse überwiegt. Diese Umkehrung des Verhältnismäßigkeits-Grundsatzes wurde oben[693] schon im Zusammenhang mit den §§ 484 ff. StPO bemängelt. Der Gesetzgeber ist offenbar dazu übergegangen, dem Volkszählungs-Urteil dadurch zu „entsprechen", dass er zwar formell ordnungsgemäße Eingriffsgrundlagen schafft[694], die materiellen Anforderungen jedoch in ihr Gegenteil verkehrt oder zumindest die „Abwägungsparameter" verschiebt.

Auch **§ 32 Abs. 4 Nr. 2 BGSG**, der eine **Übermittlung an nicht-öffentliche Stellen zulässt**, wenn dies **zur „Abwehr einer schwer wiegenden Beeinträchtigung der Rechte Einzelner" unerlässlich** ist, unterliegt erheblichen Bedenken. Darunter fallen z.B. die Öffentlichkeitsfahndung nach vermissten Personen oder die Preisgabe bestimmter Daten gegenüber solchen Personen, die Polizeibehörden bei ihrer Arbeit unterstützen, beispielsweise an einen Schlosser, der eine Wohnungstür öffnet, um den Polizeibeamten die Lebensrettung zu ermöglichen[695]. Gewiss kann die Datenübermittlung zu derartigen Zwecken nicht ernsthaft infrage gestellt werden. Allerdings

---

692 Dazu im Einzelnen oben III.2.f.aa.(4) sowie bb.(4).

693 Vgl. III.2.f.aa/bb.

694 Zu den Bestrebungen der Landesgesetzgeber, bei den neuen Gefahrenabwehr-Gesetzen nur formale Übereinstimmungen mit den Erfordernissen des Volkszählungs-Urteils zu schaffen, während im Übrigen die bisherige Praxis festgeschrieben oder sogar noch weitere Eingriffsmöglichkeiten normiert werden Riegel, DÖV 1994, S. 814 ff. (insb. 815). In der selben Weise scheint nunmehr auch der Bundesgesetzgeber zu verfahren.

695 Laskowski, in: Fischer/ Hitz/ Laskowski/ Walter, BGSG, § 32, Rn. 6.

stellt man sich im Sinne der Normenklarheit die Frage, warum der Gesetzgeber nicht – wie in § 35 StGB, an den diese Situation ohnehin erinnert – nicht bestimmte Rechtsgüter (Leben, Leib, Freiheit) normiert hat, zu deren Schutz ein Eingriff in das Recht auf informationelle Selbstbestimmung ohne weiteres akzeptiert werden könnte. Stattdessen wurde erneut eine Regelung geschaffen, die zwar im Kern ein durchaus zulässiges Ziel verfolgt, das niemand ernsthaft infrage stellen wird, die aber durch ihre generalklauselartige Formulierung eine genaue Einschätzung der tatbestandsmäßigen Voraussetzungen und der Folgen der Befugnisse mehr oder weniger unmöglich macht. Auch insofern bestätigt § 32 Abs. 4 BGSG die Einschätzung *Riegels* zu den novellierten Landes-Polizeigesetzen: „Aus den Bestimmungen der neuen Gesetze über Informationsverarbeitung kann der Bürger [...] weder Inhalt noch Umfang der Informationsverarbeitung einigermaßen genau abschätzen; das gilt insbesondere für das Schicksal weiter übermittelter Daten[696]."
Andererseits enthält **§ 33 BGSG** auch einige Bestimmungen, die den Rechten des Betroffenen in angemessener Weise Rechnung tragen. Gem. § 33 Abs. 3 S. 2 BGSG unterbleibt z.B. eine Übermittlung an öffentliche Stellen anderer Staaten sowie über- und zwischenstaatliche Organisationen dann, wenn dadurch **schutzwürdige Belange des Betroffenen beeinträchtigt werden**, insbesondere, weil im Empfängerland ein angemessener Datenschutz-Standard nicht gewährleistet ist. Eine Weitergabe von Daten kann demnach nur dann erfolgen, wenn auch im Ausland eine dem deutschen ordre public – unter den bisher geäußerten Vorbehalten - entsprechende Datenschutz-Sicherheit gewährleistet ist[697]. Insofern entspricht das BGSG den Anforderungen, die das BVerfG an die verfahrensmäßige Absicherung des Grundrechts auf informationelle Selbstbestimmung gestellt hat. Es kann nicht angehen, dass der Grundrechtsschutz des Betroffenen dadurch ausgehebelt wird, dass die Daten in ein Gebiet außerhalb des Geltungsbereiches des GG und des deutschen Datenschutz-Standards „exportiert" werden.
Vorbildlich geregelt wurde in **§ 33 Abs. 5 BGSG** die Abstimmung der Auskunftsrechte auf das BZRG. Indem dort ausdrücklich festgelegt wird, dass der **Kreis der Informationsberechtigten nicht über den im BZRG genannten Kreis hinaus erweitert werden darf**, und dass die **Verwertungsverbote nach §§ 51 f., 63 BZRG zu beachten** sind, wird sichergestellt, dass die Resozialisierung des Betroffenen nicht mittelbar über Auskünfte nach Maßgabe des BGSG infrage gestellt werden kann. Allerdings macht diese Bestimmung darauf aufmerksam, dass eine Parallelvorschrift in den §§ 484 ff. StPO fehlt. Gegenüber dem 1994 mit dem BGSG erreichten Standard der Datensicherheit bedeutete das StVÄG 1999 also einen erheblichen Rückschritt. Nach **§ 33 Abs. 6 BGSG** ist eine **Datenverwendung nur für den Zweck zulässig, zu dem die Daten übermittelt wurden oder hätten übermittelt werden dürfen**; insofern trägt das BGSG dem vom BVerfG formulierten Grundsatz der Zweckbindung im Datenschutzrecht also grundsätzlich in angemessener Weise Rechnung. Da das BGSG die Anwendung des BDSG nicht ausschließt[698], werden Verstöße gegen den Zweck-

696 Riegel, DÖV 1994, S. 814 (817).
697 Vgl. Laskowski, in: Fischer/ Hitz/ Laskowski/ Walter, BGSG, § 33, Rn. 6; vgl. auch Bäumler, in: Lisken/ Denninger, Handbuch des Polizeirechts, Abschnitt J, Rn. 575.
698 § 37 BGSG gilt ausschließlich für die präventiv-polizeiliche Tätigkeit des BGS, erfasst also die hier infrage stehende repressive Tätigkeit von vorn herein nicht; ferner bleibt § 43 BDSG auch in diesem Bereich anwendbar, vgl. Lakskowski, a.a.O., § 37, Rn. 4.

bindungs-Grundsatz nach § 43 Abs. 2 Nr. 2 BDSG auch strafrechtlich geahndet, sodass auch insofern eine flankierende Regelung zu dessen Absicherung vorhanden ist – denn § 43 BDSG greift immer dann ein, wenn kein eigener Straftatbestand in dem spezifischen Datenschutz-Gesetz vorhanden ist[699].
Auch wenn das oben bereits dargelegte Institut der **Aussonderungs-Prüffristen** hier ähnlichen Bedenken begegnet wie bei § 489 StPO[700], wird es im Gegensatz zu dieser Regelung aber dadurch entschärft, dass der **nach „Art und Schwere" des infrage stehenden Sachverhalts zu differenzieren** Gesetzgeber zumindest festgelegt hat, dass in der Errichtungsanordnung ist. Damit ist der Verordnungsgeber von vornherein daran gehindert, unabhängig von dem konkreten Sachverhalt die gesetzlich vorgesehenen Höchstfristen immer voll auszuschöpfen; es muss vielmehr bereits von Gesetzes wegen dem Übermaßverbot dadurch Rechnung getragen werden, dass die Länge der Prüffrist von der individuellen Tat abhängt.
Problematisch erscheint dagegen die Ersetzung der Löschung unzulässig gespeicherter oder nicht mehr erforderlicher Daten durch die **Sperrung nach Maßgabe von § 35 Abs. 5 bis 7 BGSG**. So ist klar, dass die Datenlöschung in Akten (Abs. 5) schwieriger ist als in Dateien. Daher sind in Akten die eigentlich zu löschenden Daten mit einem Sperrvermerk zu versehen; eine der Löschung entsprechende Vernichtung der Akte kann erst dann erfolgen, wenn die Akte in ihrer Gesamtheit zur Erfüllung von Aufgaben des BGS nicht mehr erforderlich ist. Gerechtfertigt wird diese Regelung mit dem Prinzip der „Aktenwahrheit, -klarheit und –vollständigkeit". Danach seien Teilaktenvernichtungen abzulehnen, weil man sonst Gefahr laufe, dass womöglich der gesamte Akteninhalt unverständlich wird[701]. M.a.W.: Das Grundrecht auf informationelle Selbstbestimmung gilt nur im Rahmen des Gebots der Aktenvollständigkeit.
Dieses Ergebnis kann nicht richtig sein[702]. Denn wenn die Vollständigkeit des Verwaltungsvorganges sozusagen als „Universalschranke" sämtlicher Grundrechte herangezogen werden könnte, müssten sich die dadurch geschützten Individualrechte stets dem allgemeinen Interesse beugen. Von einer effektiven verfahrensmäßigen Grundrechtssicherung könnte nicht mehr die Rede sein. Dem lässt sich auch nicht entgegen halten, die Sperrung sei gegenüber der Löschung der Daten gleichwertig und beinhalte demnach keine Schlechterstellung des Betroffenen[703]. Schon § 35 Abs. 7 BGSG

---

[699] Vgl. Ambs, in: Erbs/ Kohlhaas, Strafrechtliche Nebengesetze, § 43 BDSG, Rn. 1; Gola/ Schomerus, DSG, § 43, Anm. 2. A..A. sind Bergmann/ Möhrle/ Herb, BDSG, § 43, Rn. 7 die die Strafvorschrift des BDSG auf den von bereichsspezifischen Datenschutzgesetzten erfassten Bereichen nur dann für anwendbar halten, wenn jene ausdrücklich darauf verweisen. Krit. zu den Strafbestimmungen des BDSG Haft, NJW 1979. S. 1194 ff.; Tiedemann, NJW 1981, S. 945 ff.

[700] Wie z.B. der Frage, ob der Gesetzgeber nicht die Regelung wesentlicher Einzelheiten dem Verordnungsgeber überlässt.

[701] Vgl. Laskowski, in: Fischer/ Hitz/ Laskowski/ WAlter, BGSG, § 35, Rn. 8; allgemein: Ambs, in: Erbs/ Kohlhaas, Strafrechtliche Nebengesetze, § 20 BDSG, Rn. 5; Gola/ Schomerus, BDSG, § 20, Anm. 6.1.

[702] In diesem Sinne auch Weyer, NW DSG, § 19, Rn. 7, der darauf hinweist, die „Gnade des Vergessens" müsse auch für Akten gelten. Auch die in diesem Kontext regelmäßig in Bezug genommene Entscheidung BVerfG NJW 1983, S. 2135 (s. etwa Ambs, a.a.O.) kann daran nichts ändern. Weyer hebt mit Recht hervor, dass das BVerfG diesen Beschluss bereits sechs Monate vor dem Volkszählungs-Urteil gefasst hatte, sodass er als überholt gelten muss.

[703] So aber für das BKAG Störzer, in: Ahlf/ Daub/ Lersch/ Störzer, BKAG, § 32, Rn. 19.

zeigt, dass bei gesperrten Daten doch noch einige Nutzungsmöglichkeiten erhalten bleiben.
Aber auch zwei weitere Erwägungen bestätigen den „ersten Eindruck“: Zum einen dürfte es im Zeitalter des Computers keine größeren Schwierigkeiten mehr darstellen, Vorgänge von Beginn an so anzulegen, dass bestimmte Seiten der Akte bei Eintritt der Löschungsreife vollständig entnommen werden können, also dort bestimmte personenbezogene Informationen getrennt von bestimmten Sachverhaltsschilderungen darzustellen. Auf diese Weise könnte relativ problemlos sichergestellt werden, dass der verbliebene Teil der Akte auch nach der Entfernung bestimmter Informationen noch sinnvoll als Arbeitsgrundlage dienen kann. Es ist nicht verständlich, mit welcher Rechtfertigung das Prinzip der Aktenvollständigkeit ausgerechnet für den hier in Rede stehenden datenschutzrechtlich geprägten Bereich als unantastbar hervorgehoben wird, während es in anderen Rechtsgebieten ohne weiteres anerkannt ist, dass dieses Prinzip im Interesse anderweitiger Ziele durchbrochen werden kann. So schreibt z. B. das Beamtenrecht ausdrücklich vor, dass bestimmte Bestandteile der Personalakte zu entfernen sind, wenn sie für den Beamten ungünstige Informationen beinhalten (vgl. etwa § 90e BBG; § 119 BDO; § 102e NW LBG i.V.m. NW TilgungsVO; § 119 NW DO). Auch ist in der Rechtsprechung anerkannt, dass dem Betroffenen ein Entfernungsanspruch zustehen kann, wenn Akten oder Teile davon rechtswidrig angelegt oder weiter geführt worden sind[704].
Das Prinzip der Aktenvollständigkeit ist den Rechten des Einzelnen nicht von vornherein übergeordnet, sondern bedarf – als übergeordnetes Allgemeininteresse – der Abwägung mit den Individualinteressen des Einzelnen, vor allem, wenn diese Grundrechtsschutz genießen. Nur wenn diese Individualrechte – ausnahmsweise[705] – überwogen werden, müssen sie zurücktreten. Der bloße Hinweis auf ein vermeintlich übergeordnetes Universalprinzip kann diese Abwägung nicht ersetzen.
§ 35 Abs. 6 S. 1 Nr. 3 BDSG wird von diesem Einwand noch deutlicher getroffen. Nach dieser Vorschrift unterbleiben sowohl die **Löschung (von Dateien) als auch die Vernichtung (von Akten)**, wenn diese **„nicht oder nur mit unverhältnismäßigem Aufwand“ möglich** sind,. Dies wird mit wirtschaftlichen Erwägungen begründet, die dem Datenschutzrecht schließlich nicht fremd seien, wie z.B. § 9 S. 2 BDSG beweise[706]. Zutreffend weist *Ambs* jedoch darauf hin, dass in diesem Kontext die Frage des Aufwandes nicht losgelöst von der Empfindlichkeit der Daten für den Betroffenen betrachtet werden dürfte[707]. Es soll – bildlich gesprochen – durch diese Bestimmung sichergestellt werden, dass nicht „mit Kanonen auf Spatzen geschossen werden muss[708].“ Dies entbindet natürlich nicht von der Pflicht, diese Kanonen gegebenenfalls doch auszupacken, wenn größere Gefahren drohen. § 9 S. 2 BDSG bedeutet nicht einen generellen Sparsamkeits-Vorbehalt für die Anwendung und Ausübung der datenschutzrechtlichen Bestimmungen. M.a.W.: Der Gedanke des § 9 S. 2 BDSG greift ein, wenn für den Betroffenen verhältnismäßig unverfängliche Daten nur mit immensem Aufwand beseitigt werden können – z. B. das Bestehen eines Briefmarken-

---

704 Vgl. Gola/ Schomerus, BDSG, § 20, Anm. 6.1 mit Nachw.
705 Vgl. zum Regel-Ausnahme-Verhältnis von Grundrechtsgewährleistung und Grundrechtseingriff v.Arnauld, JZ 2000, S. 276 (279 f.).
706 So für das BKAG etwa Störzer, in: Ahlf/ Daub/ Lersch/ Störzer, BKAG, § 32, Rn. 19.
707 Ambs, in: Erbs/ Kohlhaas, Strafrechtliche Nebengesetze, § 9 BDSG, Rn. 2.
708 So: Gola/ Schomerus, BDSG, § 9, Anm. 2.1.

Abonnements bei der ehemaligen Deutschen Bundespost o.ä. Umgekehrt können aber für hochsensible Daten wie die Anhängigkeit von Strafverfahren etc. – auch sehr große Anstrengungen erforderlich sein, um den Betroffenen vor einer missbräuchlichen Verwendung der Daten zu schützen. Es liegt insofern nahe, den Rechtsgedanken des § 9 S. 2 BDSG für die Registrierung von Informationen nach dem BGSG von vornherein für unanwendbar zu halten; jedenfalls stellt auch er keinen vom individuellen Schutzinteresse des Betroffenen abgekoppelten Universalvorbehalt dar.

Schließlich bestehen auch gegen **§ 35 Abs. 7 2. Fall BGSG** erhebliche Bedenken, der die Nutzung gesperrter Daten auch dann zulässt, wenn dies **„zur Behebung einer bestehenden Beweisnot [...] unerlässlich ist"**. Dabei handelt es sich um eine Beschränkung des Datenschutzes, die bereits seit dem BDSG 1977 in nahezu allen allgemeinen und bereichsspezifischen Datenschutzgesetzen mitgezogen wird (vgl. etwa § 14 Abs. 2 S. 3 BDSG 1977; § 20 Abs. 6 Nr. 1 2. Fall BDSG 1990; § 32 Abs. 2 S. 3 BKAG; § 19 Abs. 2 S. 4 NW DSG; § 32 Abs. 5 S. 2 i.V.m. S. 1 Nr. 2 NW PolG). Allerdings bleibt bis heute ungeklärt, was damit inhaltlich gemeint ist. So ist *Bäumler* der Ansicht, gemeint sein „dürften" damit Fälle, in denen Zweifelsfragen zu klären sind, die mit der Speicherung zusammenhängen[709]. Ausführlicher hatte sich das OVG Münster in seinem Urteil vom 30. Juni 1987 mit der Bedeutung einer bestehenden „Beweisnot" im Zusammenhang mit § 11 Abs. 3 S. 2 NW MeldeG auseinanderzusetzen[710]. Auch das OVG kam zu dem Ergebnis, dass sich in den Materialien und Kommentierungen zu den verschiedenen datenschutzrechtlichen Vorschriften kaum Anhaltspunkte dafür finden lassen, wann von dem Bestehen einer Beweisnot auszugehen ist[711]. In Anlehnung an die – damals nur äußerst spärlich – vorhandenen Stellungnahmen in der Literatur, gelangt der Senat zu der Erkenntnis, der Begriff der „Beweisnot" sei tendenziell weit auszulegen. Denn den Regelungen des § 14 Abs. 2 S. 3 BDSG 1977 (nunmehr § 20 Abs. 6 Nr. 1 2. Fall) und des § 17 Abs. 2 S. 3 NW DSG (nunmehr § 19 Abs. 2 S. 4) müsse entnommen werden, dass die Alternative „Beweisnot" bloß einen Unterfall des dort weiter vorhandenen Auffangtatbestandes enthalte. Es handele sich um nichts anderes als um einen beispielhaft herausgehobenen Fall, in dem die weitere Nutzung bereits gesperrter Daten aus im überwiegenden Interesse der speichernden Stelle oder eines Dritten liegenden Gründen unerlässlich sei. Diese Voraussetzung liege nach der Vorstellung des Gesetzgebers ersichtlich dann vor, wenn die speichernde Stelle oder ein Dritter sonst in „Beweisschwierigkeiten" gerieten, insbesondere wenn ein Dritter Gefahr laufe, an der Durchsetzung ihm zustehender Rechte gehindert zu werden. Darin habe der Gesetzgeber zutreffend eine Situation gesehen, in der die Interessen an der Auskunftserteilung gegenüber dem Interesse an der Zurückhaltung der fraglichen Daten überwiegen[712].

Diese Entscheidung ist in der Literatur zu dieser Thematik mit Zustimmung zur Kenntnis genommen worden; demnach besteht weitgehende Einigkeit, dass eine Durchbrechung des Datenschutzes dann zulässig ist, wenn eine Tatsache oder ein Sachverhalt unaufklärbar ist, wobei es ohne Belang sein soll, ob es sich um ein gerichtliches,

---

709 Bäumler, in: Lisken/ Denninger, Handbuch des Polizeirechts, Abschnitt J, Rn. 746.
710 OVG Münster NJW 1988, S. 90 f.
711 Vgl. OVG Münster a.a.O., 90. Dort werden die verschiedenen Gesetzesmaterialien ohne jeden Erkenntnisgewinn nach und nach abgehandelt.
712 OVG Münster a.a.O., S. 91.

förmliches oder nicht-förmliches Verfahren handelt[713]. Bezeichnenderweise sollen die gesperrten Daten auch zur Behebung von Beweisschwierigkeiten in Strafverfahren zulässig sein[714].
Erstaunlich ist allerdings, wie konsequent das OVG Münster und mit ihm die gesamte Literatur das Volkszählungs-Urteil des BVerfG ignorieren. Noch dreieinhalb Jahre danach kommt die Begründung des OVG bei einer datenschutzrechtlich schwierigen Frage ohne jede Bezugnahme auf diese Entscheidung aus. Auch die Tatsache, dass diese Regelung erstmals 1977 in die Datenschutzgesetze Eingang fand, spricht nicht gerade dafür, dass sie auf die verfassungsgerichtlichen Vorgaben abgestimmt worden ist. Dieser Tradition folgend, meint *Laskowski* in seiner Kommentierung des § 35 Abs. 7 BGSG folgerichtig, die dort normierte Ausnahme der Behebung einer Beweisnot umfasse Sachverhalte von Zivil-, Straf- und Verwaltungsverfahren[715]. Doch all das kann nicht überzeugen. Es ist vielmehr davon auszugehen, dass das aus dem BDSG 1977 herrührende „Fossil" der „Beweisnot" mit den Anforderungen des Grundrechts auf informationelle Selbstbestimmung unvereinbar ist. Die Erwägungen des OVG Münster zu der Güter- und Interessenabwägung zwischen den Interessen desjenigen, dessen gesperrte Daten preisgegeben werden sollen und den Beweisinteressen eines Dritten geht offensichtlich von falschen „Abwägungsparametern" aus. Dies dürfte dadurch bedingt sein, dass es – wie bereits angesprochen – auf das Grundrecht auf informationelle Selbstbestimmung, dessen Schutz die Datensperrung letztlich dient, überhaupt nicht eingeht. Es stellt vielmehr selbst fest, dass die Gesetzesmaterialien überhaupt keinen sinnvollen Anhaltspunkt dafür bieten, welches Interesse mit dem Ausnahmefall der „Beweisnot" eigentlich geschützt werden soll. Dies hält es aber nicht davon ab, für eine extensive Interpretation dieser Ausnahme zu plädieren. Dabei übersieht es, dass bereits die Entscheidung für eine bloß Datensperrung (damit gegen die Löschung) schon eine solche zulasten des Betroffenen war. Bereits aus bestimmten Praktikabilitätserwägungen[716] musste das Löschungsinteresse des Betroffenen hinter das öffentliche Interesse zurücktreten, die Daten nur zu sperren. Nun soll nochmals bei den bereits gesperrten Daten das Geheimhaltungsinteresse zurücktreten, obwohl bei optimalem Grundrechtsschutz diese Daten längst nicht mehr vorhanden wären – und dabei soll die Ausnahme noch extensiv interpretiert werden.
Es kann sicherlich Situationen geben, in denen auch auf gesperrte Daten noch zugegriffen werden muss – z.B. wenn es um die Aufklärung besonders schwerer Straftaten oder um die Abwehr erheblicher Gefahren für hochwertige Rechtsgüter geht. Niemand wird sich dagegen wenden, wenn Entführungsfälle o.ä. auch mit gesperrten Daten lösbar sind, und wenn auf diese Art und Weise Leib und Leben gerettet werden können. Jedoch trägt diesem Interesse § 35 Abs. 7 Fall 3 BGSG bereits Rechnung. Weitere Ausnahmefälle, die sich insofern bei einer Abwägung mit dem Grundrecht auf informationelle Selbstbestimmung rechtfertigen ließen, sind kaum vorstellbar. Insbesondere ist es fragwürdig, wenn ohne weiteres die Behebung einer Beweisnot im

---

[713] Bergmann/ Möhrle/ Herb, BDSG, § 20, Rn. 87; Gola/ Schomerus, BDSG, § 20, Anm. 7.3; Schaffland/ Wiltfang, BDSG, § 20, Rn. 10; Weyer, NW DSG, § 19, Rn. 5. S. auch Stähler, NW DSG, § 19, Rn. 18. Einschränkend Dammann, in: Simitis/ Dammann/ Mallmann/ Reh, BDSG 1977, § 14, Rn. 59 f.
[714] Bergmann/ Möhrle/ Herb, a.a.O.
[715] Laskowski, in: Fischer/ Hitz/ Laskowski/ Walter, BGSG, § 35, Rn. 12.
[716] Vgl. dazu § 35 Abs. 5, 6 BGSG; § 20 Abs. 3 BDSG.

Strafverfahren mit gesperrten Daten für lösbar gehalten wird – es mangelt hier an jeder Abstimmung dieses Gedankens mit den §§ 41, 51 f., 61, 63 BZRG, wie sie das BGSG im Übrigen für eine zulässige Übermittlung rechtmäßig gespeicherter Daten vorsieht. Will man jenen Standpunkt ernst nehmen, wäre es möglich, in Strafverfahren gesperrte Daten in größerem Umfange zu übermitteln als ordnungsgemäß gespeicherte. Das gilt für ein Querschnittsgesetz wie das BDSG erst recht, da es hier an einer Abstimmung auf spezielle Datenschutzgesetze (und als ein solches wird man das BZRG wohl ansehen müssen) fehlt.

2. Bundeskriminalamtsgesetz (BKAG)

Im Rahmen der Datenspeicherung des BKA erweist sich bereits die Erweiterung des Kreises der speicherungsfähigen Daten in **§ 8 Abs. 2 BKAG** als datenschutzrechtlich problematisch, da hier ebenfalls mit dem Kriterium der **„Erforderlichkeit"** weiterer Datenspeicherung gearbeitet wird. Darauf, dass es sich dabei um eine beliebig ausfüll- und begründbare Leerformel handelt, die bereits deshalb verzichtbar ist, weil sie keine weiteren Eingrenzungen mit sich bringt, ist oben[717] im Zusammenhang mit dem BGSG bereits hingewiesen worden. Dementsprechend erweisen sich die in der Literatur insoweit gehandelten Eingrenzungskriterien auch als schwer greifbar: Wie bei der „klassischen Prognose-Entscheidung" zu § 81b 2. Fall StPO werde im Rahmen des § 8 Abs. 2 BKAG eine „summarische Überprüfung aufgrund konkreter Anhaltspunkte und polizeilichen Erfahrungswissens ausreichend sein[718]." Im Sinne der hier vorgebrachten Kritik kann *Riegel* im Hinblick auf den Umfang der nach § 8 Abs. 2 BKAG speicherfähigen Daten „keine spezifische Begrenzung" erkennen. Diese könne sich nur aus allgemeinen Rechtsgrundsätzen, insbesondere dem Grundsatz der Verhältnismäßigkeit in Verbindung mit der Rechtsverordnung des Bundesinnenministers nach § 7 Abs. 6 BKAG und der Errichtungsanordnung nach § 35 BKAG ergeben[719]. Auch der Kreis der von Speicherungen möglicherweise betroffenen Personen wird gegenüber § 8 Abs. 1 BKAG erweitert: Während dort nur tatsächlich Beschuldigte erfasst werden, also diejenigen, gegen die bereits formell ein Ermittlungsverfahren eingeleitet worden ist, erfasst § 8 Abs. 2 BKAG sämtliche „Tatverdächtige". In der Literatur wird allerdings davor gewarnt, den Begriff des Tatverdächtigen nicht zu weit zu fassen, da ansonsten die Gefahr bestehe, dass dieser sozusagen als Auffang-Tatbestand die Systematik des § 8 BKAG insgesamt sprenge; *Riegel* misst daher den Ausführungsvorschriften und Errichtungsanordnungen die Aufgabe zu, insofern für Eingrenzungen zu sorgen[720].

Diese Versuche, den Umfang der nach § 8 Abs. 2 BKAG speicherbaren Daten und den davon betroffenen Personenkreis zu beschränken, verdienen sicherlich Zustimmung. Es stellt sich allerdings die Frage, ob es nicht erforderlich gewesen wäre, bereits im Gesetz selbst höhere Eingangsschwellen für Datenspeicherungen vorzusehen. Die Abkoppelung der – noch erweiterten – Speicherbefugnisse vom bloßen Anfangsverdacht, an den für sich genommen bereits nur verhältnismäßig geringe Anforderungen gestellt werden[721], und ihre weitere Vorverlagerung in den Bereich der sog.

---

[717] S. oben IV.1.

[718] Ahlf, in: Ahlf/ Daub/ Lersch/ Störzer, BKAG, § 8, Rn. 4.

[719] Riegel, in: Erbs/ Kohlhaas, Strafrechtliche Nebengesetze, § 8 BKAG, Rn. 5.

[720] Vgl. Ahlf, in: Ahlf/ Daub/ Lersch/ Störzer, BKAG, § 8, Rn.5; Riegel, a.a.O., Rn. 6.

[721] Kleinknecht/ Meyer-Goßner, StPO, § 152, Rn. 4; Roxin, Strafverfahrensrecht; § 37, Rn. 13.

Vorfeldermittlungen, erscheint bedenklich. Denn dadurch wird die bereits im Gefahrenabwehrrecht umstrittene Problematik der vorbeugenden Verbrechensbekämpfung[722] durch die Hintertür in das Feld repressiven Polizeihandelns hereingetragen. Den für repressives Polizeihandeln grundsätzlich erforderlichen Anfangsverdacht sprengen die neueren Polizeigesetze (vgl. § 1 Abs. 1 S. 2 NW PolG) und erlauben (präventiv ausgerichtetes) Polizeihandeln auch dann, wenn die genannten tatsächlichen Anhaltspunkte für die Begehung einer Straftat noch gar nicht vorliegen. Dadurch wird der polizeiliche Handlungsraum auf das „Vorfeld" traditioneller Strafverfolgung ausgeweitet[723]. Indem auch für grundrechtsrelevantes Polizeihandeln im repressiven Bereich derselbe Verdachts- (besser: Nicht-Verdachts-) Grad ausreichen soll, werden – über das vermeintlich unverfänglich Gefahrenabwehrrecht – nun auch im Strafverfahren die Grenzen des Anfangsverdachts aufgeweicht. Damit einher gehen diejenigen Bedenken, denen die vorbeugende Verbrechensbekämpfung ohnehin ausgesetzt ist, vor allem die fehlende Begrenzungsmöglichkeit durch den Verhältnismäßigkeits-Grundsatz: Denn steht die drohende Gefahr (hier: die drohende Straftat) noch gar nicht fest, kann auch ein geeignetes und erforderliches Mittel zu ihrer Abwehr (bzw. Ahndung) nicht bestimmt werden[724]. Bezogen auf die hier infrage stehende Problematik des § 8 Abs. 2 BKAG bedeutet dies: Solange für das BKA noch keine hinreichenden Anhaltspunkte für eine konkrete Tatbeteiligung einer bestimmten Person an einer bestimmten Tat gegeben sind, ist es auch nicht möglich zu bestimmen, ob die Datenregistrierung möglicherweise ein noch angemessenes Mittel zur Verfolgung der künftig zu begehenden Straftat darstellen wird. Insofern läuft auch der gut gemeinte Hinweis *Riegels* auf eine Begrenzung der Registrierung über den Verhältnismäßigkeits-Grundsatz von vornherein leer.

Als Fazit ist festzuhalten: Noch unbestimmter als in § 8 Abs. 2 BKAG kann einer Behörde eine Befugnis kaum zugewiesen werden. In der Praxis wird man allein auf das Verantwortungsbewusstsein der im BKA tätigen Beamten vertrauen müssen. Im Übrigen aber gilt, dass die Informationsaufgabe des BKA im Rahmen des § 8 Abs. 2 BKAG so weit reichen, wie dies dem BKA sinnvoll erscheint. Hier noch Gemeinsamkeiten zu suchen mit den Anforderungen, die das BVerfG im Volkszählungs-Urteil für staatliche Datenregistrierung aufgestellt hat[725], erweist sich wohl als aussichtsloses Unterfangen.

§ 8 Abs. 3 BKAG entspricht § 484 Abs. 2 S. 2 StPO und § 29 Abs. 2 S. 4 BGSG. Die dort erhobenen Bedenken lassen sich auch hier entsprechend heranziehen[726]. Nur ergänzend soll an dieser Stelle darauf verwiesen werden, dass § 484 Abs. 2 S. 2 StPO in der ursprünglichen Entwurfsfassung nicht so weitgehend ausgestaltet worden war wie § 8 Abs. 3 BKAG und erst im Laufe des Gesetzgebungsverfahrens beide Regelungen aufeinander abgestimmt wurden. Gerechtfertigt wurde der weiter greifende § 8 Abs. 3 BKAG damit, dass die Polizei im Gegensatz zur Justiz auch die Informationen aus den sog. „Freisprüchen zweiter Klasse" benötige, z. B. zu Zwecken der Prä-

---

[722] Vgl. dazu insbesondere Denninger, in: Lisken/ Denninger, Handbuch des Polizeirechts, Abschnitt E, Rn. 155 ff., insb. 163. S. auch Roxin, a.a.O., Rn. 14 m.w.N.

[723] Gusy, Polizeirecht, Rn. 187. Ausführlich: Weßlau, Vorfeldermittlungen.

[724] Denninger, in: Lisken/ Denninger, Handbuch des Polizeirechts, Abschnitt E, Rn. 163.

[725] Vgl. oben II.3.b.bb.

[726] Zu ihnen oben III.2.f.aa.(4) sowie bb.(4).

vention oder Eigensicherung[727]. Schon diese Einschätzung musste man nicht für überzeugend halten, da § 20 BKAG die Speichermöglichkeiten des § 8 BKAG ohne Einschränkung umfassend auf Strafverfolgungszwecke erweitert[728] und so die Zweckbindung der Informationen nach § 8 Abs. 3 BKAG an Präventionszwecke – wie von Ahlf vorgeschlagen- von vornherein schon mit dem Wortlaut des Gesetzes nicht vereinbar ist. Die nunmehr unveränderte Übernahme der Regelung des § 8 Abs. 3 BKAG in § 484 StPO zeigt die maßgeblichen Entwicklungslinien im Polizeirecht der vergangenen Jahre deutlich auf: Es gibt letztlich kaum Informationen, die nicht für sämtliche Sicherheitsbehörden – sei es im Bereich der Polizei oder im Bereich der Justiz – potenziell interessant wären. Es stellt sich ferner die Frage, wie die Regelung des § 8 Abs. 3 BKAG sinnvoll praktiziert werden soll: *Ahlf*[729] weist mit Recht darauf hin, dass schon faktische Voraussetzung für die Wirksamkeit des § 8 Abs. 3 BKAG die Mitteilung der maßgeblichen Entscheidungsgründe vonseiten der Justiz an das BKA ist. Gem. Art. 32 Abs. 2 S. 2 JuMiG ist allerdings ein gesondertes „Erfordern" der Gründe bei den Staatsanwaltschaften erforderlich, da die Zentralstelle nur einen Abdruck der Mitteilung der Staatsanwaltschaften/ Strafgerichte an das Zentralregister bekommt, der jene Gründe gerade nicht enthält.
Eine besonders bemerkenswerte Regelung enthält schließlich **§ 8 Abs. 5 BKAG**. Danach kann das BKA personenbezogene Daten „sonstiger Personen" in Dateien speichern, verändern und nutzen, **„soweit dies erforderlich ist, weil bestimmte Tatsachen die Annahme rechtfertigen, dass die Betroffenen Straftaten von erheblicher Bedeutung begehen werden."** Man sieht sich beim Lesen dieser Vorschrift zunächst einer gewissen Ratlosigkeit ausgesetzt. Denn welche Personen könnten dies noch sein, wenn sich § 8 BKAG ausdrücklich schon mit Beschuldigten und bloßen Verdächtigen befasst hat. Ein einfacher Ausweg aus dieser Ratlosigkeit findet sich bei *Riegel*: Dieser hält – zumindest theoretisch – jedermann für betroffen[730]. Die Begründung der Bundesregierung sieht in § 8 Abs. 5 BKAG eine Speichermöglichkeit für Daten sog. „künftiger Straftäter[731]". Wie sich bereits aus der Gesetzessystematik ergibt, ist für diese Personengruppe weder Voraussetzung, dass zu einem früheren Zeitpunkt bereits einmal ein Strafverfahren anhängig gewesen ist, noch dass überhaupt einmal irgendein Tatverdacht gegen sie bestand. Bei den „sonstigen Personen" handelt es sich somit um solche, die in der Vergangenheit weder Beschuldigte noch Tatverdächtige waren[732]. Voraussetzung für die Registrierung ihrer Daten ist nach *Ahlf* eine „kriminalistisch-kriminologische Prognose, wobei der Verweis auf ‚bestimmte Tatsachen' eine deutlich fundiertere Abwägung erfordere als bei § 8 Abs. 2 [BKAG][733]". Außerdem diene der Verweis auf Straftaten „mit erheblicher Bedeutung" und der Rückgriff auf das Prinzip der „Erforderlichkeit" der Datenspeicherung der Anhebung der Eingriffsschwelle[734].

---

[727] Ahlf, in: Ahlf/ Daub/ Lersch/ Störzer, BKAG, § 8, Rn. 6.
[728] Dazu Riegel, in: Erbs/ Kohlhass, Strafrechtliche Nebengesetze, § 20 BKAG, Rn. 3 f.; ders., NJW 1997, S. 3408 (3410).
[729] Ahlf, in: Ahlf/ Daub/ Lersch/ Störzer, BKAG, § 8, Rn. 6.
[730] Riegel, in: Erbs/ Kohlhaas, Strafrechtliche Nebengesetze, § 8 BKAG, Rn. 10.
[731] BT-Drs. 13/ 1550, S. 26.
[732] Ahlf, in: Ahlf/ Daub/ Lersch/ Störzer, BKAG, § 8, Rn. 12.
[733] Ahlf, a.a.O.
[734] Ahlf, a.a.O., Rn. 13.

Dass mit solchen Eingrenzungen in der Praxis nichts gewonnen ist, ist offensichtlich. Denn die Respektierung des Erforderlichkeits-Prinzips ist eine Selbstverständlichkeit jeder (grundrechts-) eingreifenden Staatstätigkeit. Darauf, dass es kaum geeignet ist, weitere Eingrenzungen zu leisten, vielmehr eine Leerfomel darstellt, ist oben[735] bereits hingewiesen worden. Straftaten von erheblicher Bedeutung sind sämtliche Verbrechen sowie alle weiteren in § 138 StGB, §§ 98a, 100a, 110a StPO genannten weiteren Taten; es muss sich „um ein Delikt handeln, das mindestens der mittleren Kriminalität zuzurechnen ist[736]". Darunter fallen selbst Eigentums- und Vermögensdelikte dieser Kriminalitätskategorie[737]. Nicht nachvollziehbar ist vor diesem Hintergrund die Auffassung *Ahlfs*, der Kritik an der Konturenlosigkeit dieses Begriffs für „wenig plausibel" hält[738]. Denn es sind keine Fälle denkbar, in denen einer Straftat von vornherein die Eignung zu einer solchen „von erheblicher Bedeutung" abgesprochen werden kann, insbesondere, wenn das BKA nur eine kriminalistisch-kriminologische Prognose über das Ausmaß der möglicherweise drohenden Tat anzustellen hat. Im Rahmen einer solchen Prognose-Entscheidung kann es schließlich durchaus angezeigt sein, die Schwelle zur Begehung einer solchen Tat nicht allzu niedrig anzusetzen, sodass auch ein Hausfriedensbruch die Vorstufe zu der Gefahr der Begehung einer Tat von erheblicher Bedeutung sein kann. Alles in allem wird durch eine Aufzählung dreier aneinandergereihter weitgehend inhaltsleerer, jedenfalls beliebig ausfüllbarer Begriffe tatsächlich keine Eingrenzung des Kreises speicherfähiger Daten und davon betroffener Personen geleistet. *Riegel* beanstandet dementsprechend zu Recht, dass § 8 Abs. 5 ebenso wenig wie das BKAG insgesamt eine Definition dessen enthalte, was denn mit Straftaten von erheblicher Bedeutung gemeint ist[739]. So gesehen hat auch § 8 Abs. 5 BKAG nicht viel gemeinsam mit den Anforderungen des BVerfG aus dem Volkszählungs-Urteil. Der Gesetzgeber legt weder für den Bürger erkennbar fest, unter welchen Voraussetzungen im Einzelnen eine Datenspeicherung zulässig und wer von dieser betroffen ist, noch sind klare Abwägungskriterien erkennbar, die das (überwiegende) öffentliche Interesse an der Datenspeicherung festlegen würden. Auch hier gilt, dass das Interesse des Bürgers an der Nicht-Registrierung seiner Daten beliebig interpretierbaren staatlichen Registrierungsinteressen zu weichen hat. Es gibt offenbar kein Datum mehr, das für den Staat nicht mehr von Belang ist, und demnach wird dem Volkszählungs-Urteil einmal mehr vermeintlich dadurch Rechnung getragen, dass die Zulässigkeit von Datenspeicherungen unbescholtener Bürger gleich an drei Voraussetzungen geknüpft werden, die aber ihrerseits eigentlich überhaupt kein Hindernis darstellen - § 8 Abs. 5 bleibt die „George-Orwell-Klausel" des BKAG. Widerstand und Unbehagen gegen derartige Regelungen lassen offenbar mit jeder neuen Bestimmung dieser Art nach. Während *Riegel* noch 1994 beanstandete, das BKAG gehe den vermeidbaren Weg der bisherigen sicherheitsbehördlichen Gesetzgebung in Bund und Ländern, in denen Generalklauseln und das Ziel der Absicherung der bisherigen Praxis überwiegen würden, und dabei bezweifelt, ob dies tatsächlich dem Recht auf informationelle Selbstbestimmung und den Intentionen des BVerfG entspricht[740],

---

[735] Vgl. IV.1.
[736] Ahlf, in: Ahlf/ Daub/ Lersch/ Störzer, BKAG, § 2, Rn. 30.
[737] Ahlf, a.a.O. unter Berufung auf BT-Drs. 13/ 1550, S. 21.
[738] Ahlf, a.a.O.
[739] Riegel, in: Erbs/ Kohlhaas, Strafrechtliche Nebengesetze, § 8, Rn. 11.
[740] Riegel, NJW 1997, S. 3408 (3411).

begnügt er sich in seiner vier Jahre später vorgelegten Kommentierung des § 8 Abs. 5 BKAG bereits damit festzustellen, der Kreis der von Datenspeicherungen Betroffenen werde „wenigstens" durch das Erfordernis der Straftat von erheblicher Bedeutung begrenzt[741].

§ 8 Abs. 6 BKAG knüpft an die entsprechenden Vorschriften über die erkennungsdienstliche Behandlung bestimmter Personen zu Zwecken der Gefahrenabwehr bzw. der Strafverfolgung nach anderen Bestimmungen des Bundes- oder Landesrechts an (vgl. etwa § 81 b 2. Fall StPO; § 14 Abs. 1 Nr. 2 NW PolG; § 16 AsylVerfG, §§ 77 Abs. 2, 79 AusländerG). Er enthält also keine selbstständige Ermächtigungsgrundlage für eine Datenerhebung durch das BKA, sondern vielmehr nur eine **Bestimmung über die weitere Verarbeitung der aufgrund anderer Vorschriften bereits erhobenen Daten durch das BKA**[742]. Mit Blick auf § 8 Abs. 6 S. 1 Nr. 1 BKAG kritisiert vor allem *Riegel*, es sei bedenklich, dass darin von Strafverfahren, damit von Straftaten schlechthin gesprochen werde, also keinerlei Eingrenzung erkennbar sei für diesen „doch bedeutsamen Eingriff, der eben nicht nur in der Anfertigung der Unterlagen, sondern mindestens ebenso in deren weiterer Nutzung liegt[743]". Er hebt weiterhin hervor, diese Kritik gelte ebenso für Regelungen, die die Anfertigung erkennungsdienstlicher Unterlagen unter solchermaßen weiten Voraussetzungen gestatten, vgl. § 14 Abs. 1 Nr. 2 NW PolG[744]. Als Zwischenergebnis ist also festzuhalten: Ein weiteres Mal hat der Gesetzgeber bei dem BKAG die Chance verpasst, jedenfalls auf Bundesebene eine Bestimmung zu schaffen, die nicht nur die aktuelle Praxis und die umfassenden Registrierungsbestrebungen fest- und fortschreibt wie dies sämtliche Ländergesetze getan haben, sondern eigene Akzente zu setzen, die der Bedeutung des Rechts auf informationelle Selbstbestimmung weiter entgegen kämen. Vielmehr wurde erneut eine schon landesrechtlich missglückte Regelung auch in das Bundesrecht übernommen.

Vor dem Hintergrund des § 14 Abs. 1 Nr. 2 NW PolG hat vor allem auf die nicht ausreichende Zweckbestimmung der erkennungsdienstlichen Datenerhebung im Gefahrenabwehrrecht aufmerksam gemacht[745]: Er stellt zunächst fest, eine präzise gefasste Bestimmung darüber, unter welchen Umständen und zu welchen Zwecken die Speicherung und Verarbeitung der nach § 14 Abs. 1 Nr. 2 NW PolG erhobenen Daten zulässig sei, fehle. Es lasse sich aus §§ 23, 24 Abs. 1 NW PolG allenfalls ableiten, dass deren Verwendung nicht schon zu jedem polizeilichen Zweck, sondern nur zu demjenigen zulässig sei, zu dem sie bereits erlangt wurden[746]. Die nach § 14 Abs. 1 Nr. 2 NW PolG erhobenen Daten dürfen demnach nur zu den dort genannten Zwecken verwendet werden. Daraus habe die Rechtsprechung bisher den Schluss gezogen, als Grenze der Aufbewahrung habe die Erreichung des Speicherzwecks zu gelten[747]. Speicherzweck ist in dem hier infrage stehenden Kontext die „vorbeugende Bekämpfung von Straftaten". Unabhängig davon, ob man die Tätigkeit des Erkennungsdienstes vor diesem Hintergrund als „antizipierte Strafverfolgung" oder als

---

[741] Riegel, in: Erbs/ Kohlhaas, Strafrechtliche Nebengesetze, § 8 BKAG, Rn. 11.
[742] Riegel, a.a.O., § 8 BKAG, Rn. 13 f.
[743] Riegel, a.a.O., § 8 BKAG, Rn. 15.
[744] Riegel, a.a.O.
[745] Gusy, VerwArch1993, S. 441 ff.
[746] Gusy, a.a.O., S. 444.
[747] Gusy, a.a.O., S. 445 unter Berufung auf BVerwG NJW 1983, S. 772 (773).

„Straftatenprävention“ versteht[748], steht fest, dass die erkennungsdienstlich gewonnenen Daten umso effektiver eingesetzt werden können, je mehr Datenmaterial der Polizeibehörde zur Verfügung steht: „Für einen Erkennungsdienst in diesem Sinne ist Informationsoptimierung demnach identisch mit Informationsmaximierung[749].“ Wer Informationsmaximierung betreiben wolle, müsse tunlichst viele Datensätze erheben – also möglichst viele Personen erkenungsdienstlichen Maßnahmen unterziehen – und umgekehrt möglichst wenige Datensätze löschen, also möglichst viele Datensätze möglichst lange aufbewahren. Rechtliche Beschränkungen der Abnahme oder Aufbewahrung erkennungsdienstlicher Unterlagen verwirklichten nicht den Zweck des § 14 Abs. 1 S. 2 NW PolG, sondern stünden diesem vielmehr tendenziell entgegen.
Demnach könne der Zweck der Speicherung eines erkennungsdienstlichen Datensatzes nur bei solchen Personen wegfallen, die verstorben, endgültig und unwiderruflich ausgewandert oder aus Alters- oder Krankheitsgründen an einer erneuten Straftatbegehung gehindert seien. Die Geltendmachung des Löschungsanspruchs sei also praktisch ausgeschlossen – ein derartiger Vernichtungsanspruch stünde lediglich auf dem Papier[750].
Ferner sei zu berücksichtigen, dass es gesicherte Daten über die Frage, ob und innerhalb welchen Zeitraums eine Person, gegen die einmal ein Ermittlungsverfahren geführt worden sei, später erneut in ein solches Verfahren verwickelt werde, nicht gebe – insofern sei Straftatenprävention prinzipiell notwendig gegenüber jedermann zu prinzipiell jeder Zeit[751].
Diese Probleme spiegeln sich grundsätzlich in **§ 8 Abs. 6 BKAG** wider. Zwar ist die zeitliche Dimension der Speicherung wenigstens nach Maßgabe des **§ 32 BKAG**[752] etwas eingegrenzt; inhaltlich weist diese Bestimmung aber ähnlich unklare Konturen auf wie § 14 Abs. 1 Nr. 2 NW PolG. Denn auch und gerade dem BKA muss tendenziell an Informatiosmaximierung gelegen sein – gerade vor dem Hintergrund seiner Aufgabe, als Zentralstelle zur Koordination der Arbeit der Länderpolizeien beizutragen.
Ferner kann das vom BKA zu sammelnde und zu verwaltende Datenmaterial in qualitativer Hinsicht durch den Verhältnismäßigkeits-Grundsatz[753] ebensowenig erfolgreich beschränkt werden wie im Gefahrenabwehrrecht der Länder. Es ist schon darauf hingewiesen worden, dass dieser im Bereich der Vorfeldermittlungen schon deshalb leerlaufen muss, weil hier die Abwägungsparameter noch nicht bestimmt werden können. Womöglich ist ja gerade der Täter eines Hausfriedensbruchs ein potentieller Mörder, vielleicht begeht er die Tat nie wieder, vielleicht kommt es nach zwei oder drei Jahren erneut zu einer solchen Tat. Sichere Prognosen sind, wie oben dargelegt, nicht möglich. Ist der Täter tatsächlich ein potenzieller Mörder, wird niemand daran zweifeln, dass die Registrierung des Hausfriedensbruchs zur Verfolgung des Mordes oder zur Verhinderung weiterer Morde verhältnismäßig ist. Doch stellt sich die Frage, ob dies auch dann noch gilt, wenn er später nur einen zweiten Hausfriedensbruch begeht – und wie steht es um den mit der Registrierung verbundenen erheblichen Eingriff in

[748] Dazu im Einzelnen m.w.N. Gusy, a.a.O., S. 449 ff.
[749] Gusy, a.a.O., S. 452.
[750] Gusy, a.a.O., S. 452 f.
[751] Gusy, a.a.O., S. 455.
[752] Dazu noch unten.
[753] So aber Riegel, in: Erbs/ Kohlhaas, Strafrechtliche Nebengesetze, § 8 BKAG, Rn. 15.

das informationelle Selbstbestimmungsrecht, wenn die Tat ein Einzelfall war? Anhand welcher Kriterien soll sich hier im Vorhinein eine am Verhältnismäßigkeitsgrundsatz ausgerichtete kriminalistisch-kriminologische Prognose-Entscheidung orientieren? Hinzu kommt, dass hier zwei Rechtsgüter miteinander in Konflikt geraten, denen das BVerfG beiden einen hohen Verfassungsrang beimisst: Das Persönlichkeitsrecht sowie das öffentliche Interesse an der Verfolgung, Aufdeckung und gerechten Ahndung von Straftaten[754]. Zwar entbindet das Zusammentreffen zweier hochrangiger Rechtsgüter weder die Rechtsprechung noch die Exekutive davon, für den Einzelfall nach einer gerechten Lösung dieser Konfliktlage zu suchen. Jedoch ist für eine solche Entscheidung die Unterstützung des Gesetzgebers erforderlich; dieser ist angesichts der vom BVerfG im Volkszählungs-Urteil aufgestellten Anforderungen gehalten, selbst zumindest eine Vorentscheidung zu treffen. In diesem Sinne geht *Gusy*[755] davon aus, dass in diesem Zusammenhang anzutreffende Divergenzen in der Rechtsprechung ihre Ursache darin finden, dass die Gerichte bei ihrer Tätigkeit aus dem Gesetz keine oder nur unzureichende Anhaltspunkte gewinnen könnten. Daher sei bei der Abwägung des individuellen Interesses an der Nicht-Speicherung mit dem staatlichen Strafverfolgungsinteresse „weniger Erkenntnis als vielmehr demokratische Entscheidung gefragt"[756]. Es ist zu bedauern, dass der Gesetzgeber dieser Entscheidung auch im Rahmen des BKAG erneut ausgewichen ist und durch die Anknüpfung an durch die Exekutive beinahe beliebig ausfüllbare Rechtsbegriffe dieser erneut weite Ermessensspielräume zugebilligt hat, die mit den Anforderungen der Verfassung in ihrem Ausmaß kaum vereinbar sein dürften.

Auf einen weiteren sehr problematischen Aspekt der Registrierungstätigkeit des BKA hat *Riegel* im Zusammenhang mit **§ 20 BKAG** aufmerksam gemacht. Die dort vorgenommene **Umwidmung der Daten nach § 8 BKAG für Zwecke der Strafverfolgung** stellt grundsätzlich keine Besonderheit des Bundespolizeirechts dar; auch insofern orientiert sich das BKAG an den entsprechenden Regelungen in den Gefahrenabwehrgesetzen der Länder, vgl. z.B. § 39 Abs. 3 NGefAG. Für das BKAG ergibt sich allerdings daraus eine Besonderheit, dass es nach **§ 3 BKAG** auch **Informationen ausländischer Sicherheitsbehörden speichert und verarbeitet**. Diese werden ohne Rücksicht darauf erfasst, ob sie auch nach innerstaatlichem Recht hätten erhoben, geschweige denn verarbeitet werden dürfen[757]. Insofern droht zunächst eine Aushöhlung des deutschen Datenschutzstandards auf dem Umweg über die Einbeziehung ausländischer Erkenntnisse. Gerade im Rahmen der Informationsverarbeitung auf europäischer Ebene bestehen erhebliche Mängel auch mit Blick auf die Kontrolle der speichernden Stellen. Zwischen den einzelnen Mitgliedsländern und den zentralen europäischen Sicherheitsbehörden besteht nicht einmal Klarheit darüber, in welchem Umfang der jeweils andere Partner überhaupt Datenschutz betreibt, in manchen Fällen versuchen nationale Behörden, die Datenkontrolle gänzlich zu unterbinden bzw. zu verhindern; es bestehen nicht einmal faktische Kontrollmöglichkeiten. Diese Probleme werden noch dadurch verschärft, dass auch die entsprechenden Rechtsgrundlagen auf europäischer Ebene vollkommen unzulänglich ausgestaltet wurden, sodass

[754] Gusy, VerwArch 1993, S. 441 (463 f.)
[755] Gusy, a.a.O., S. 441.
[756] Gusy, a.a.O., S. 466.
[757] Riegel, in: Erbs/ Kohlhaas, Strafrechtliche Nebengesetze, § 20 BKAG, Rn. 5.

Vollzugsdefizite zulasten der Bürger weniger überraschend als vielmehr zwingende Folge schlecht gemachter Rechtsnormen sind[758].

Am Rande ist noch auf folgenden Punkt einzugehen: Mit Recht ist auf einen wichtigen **Unterschied zwischen § 20 BKAG einerseits und z. B. § 29 Abs. 2 BGSG** andererseits hingewiesen worden: Nach § 20 BKAG ist die Datenverarbeitung *ausschließlich* gestattet für „Zwecke künftiger Strafverfahren". Damit werden sowohl die Gefahrenabwehr i.e.S. als auch die vorbeugende Straftatbekämpfung von vornherein aus dem Anwendungsbereich der Umwidmungsregelung herausgenommen[759]. M.a.W.: Daten im Sinne des § 20 BKAG dürfen ohne weiteres eingesetzt werden zur *Verfolgung* jedweder Straftat, unabhängig von ihrem Schweregrad – andererseits ist ihre Verwertung selbst zur Abwehr schwerster Straftaten nicht zulässig. Es stellt sich die Frage, inwieweit eine solche Bestimmung für sich in Anspruch nehmen kann, sinnvolle Regelungen zu treffen.

Schließlich lassen sich auch Einwände gegen die Bestimmungen über die Löschung der personenbezogenen Daten durch das BKA erheben. Zweifelhaft erscheint zunächst **§ 32 Abs. 2 S. 1 Nr. 3 BKAG**, wonach an die Stelle der Löschung die **Sperrung** tritt, wenn die Datenlöschung **„wegen der besonderen Art der Speicherung nicht oder nur mit unverhältnismäßigem Aufwand"** möglich ist. *Störzer* meint, diese Regelung sei auch im Hinblick auf das Recht des Betroffenen auf informationelle Selbstbestimmung durchaus akzeptabel, weil die Schutzwirkung des Löschens diejenige des Sperrens „nicht wesentlich" übersteige[760]. Dass dies schon mit Blick auf die nach wie vor mögliche Verwendung gesperrter Daten nicht zutrifft, ist, ist schon oben[761] dargelegt worden, ebenso wie der Umstand, dass der wirtschaftliche Aufwand der Datenlöschung nicht losgelöst von der Sensibilität der infrage stehenden Informationen betrachtet werden darf. Die insofern zum BGSG getroffenen Aussagen gelten hier entsprechend.

Auch die Verwendung gesperrter Daten unter dem Aspekt der **Behebung einer Beweisnot** ist anhand derselben Maßstäbe zu beurteilen wie beim BGSG[762] – die zur Erläuterung dieses Begriffs angeführten Beispiele erweisen sich hier genauso wenig gehaltvoller wie in anderen Rechtsgebieten[763].

Die zulässige Dauer der Datenspeicherung ist im BKAG ähnlich geregelt wie in §§ 484 ff. StPO und im BGSG – sie wird anhand sog. **Aussonderungs-Prüffristen** bestimmt, die gem. **§ 34 Abs. 1 Satz 1 Nr. 8 BKAG** in einer Errichtungsanordnung festzulegen sind. Solange also kein Grund besteht, die Fortdauer der Speicherung anlässlich einer Einzelfallbearbeitung zu prüfen, wird der entsprechende Datensatz dem zuständigen Sachbearbeiter nach Ablauf der jeweiligen Aussonderungs-Prüffrist zur Entscheidung vorgelegt[764]. Problematisch an dieser Vorgehensweise erscheint aus der Perspektive des Datenschutzes, dass dem Sachbearbeiter von Gesetzes wegen keine Kriterien vorgegeben sind, nach denen er seine Anordnung auszurichten hat. Das Prüfverfahren ist – zumindest für den hier in Rede stehenden Bereich – ebenfalls

---

758 Eingehend dazu Riegel, a.a.O., § 3, Rn. 48 m.w.N.

759 Riegel, in: Erbs/ Kohlhass, Strafrechtliche Nebengesetze, § 20 BKAG, Rn. 3.

760 Störzer, in: Ahlf/ Daub/ Lersch/ Störzer, BKAG, § 32, Rn. 19.

761 Dazu IV.1.

762 Dazu IV.1.

763 Vgl. Störzer, in: Ahlf/ Daub/ Lersch/ Störzer, BKAG, § 32, Rn. 26.

764 Störzer, a.a.O., Rn. 28.

nicht gesetzlich vorgeschrieben, sondern ergibt sich allein aus internen Richtlinien. Diese verlangen – *Störzer* zufolge – *verschiedentlich* die Anordnung, die Gründe für die „Hochdatierung" aktenkundig zu machen[765].
Fraglich erscheint, ob es in Anbetracht des Grundrechts auf informationelle Selbstbestimmung nicht erforderlich wäre, eine solche Entscheidung stets aktenkundig zu machen und die Gründe in einem Aktenvermerk darzulegen. Denn die Fortdauer der Speicherung stellt immerhin eine Vertiefung des schon bestehenden Grundrechtseingriffs dar und ist insofern auch rechtfertigungsbedürftig – jedenfalls wenn man mit dem BVerfG von der Annahme ausgeht, dass der Bürger grundsätzlich keine Datenregistrierung hinzunehmen hat und dieses Interesse nur dann zurückzutreten hat, wenn das Speicherungsinteresse überwiegt. Diese Rechtfertigung des Grundrechtseingriffs kann verwaltungsintern, vonseiten des Betroffenen selbst, vor allem aber durch die Gerichte nur dann überprüft werden, wenn die Gründe für die Hochdatierung überhaupt dargelegt und damit auch nachprüfbar sind[766]. Hinzu kommt, dass ähnlich wie im Rahmen des § 8 Abs. 6 BKAG – wenn es um das „Ob" der Speicherung geht – auch bei § 32 Abs. 3 S. 1 BKAG Kriterien fehlen, an denen sich die Entscheidung über die Fortdauer der Speicherung zu orientieren hat. Wenn *Störzer* in diesem Zusammenhang meint, Kriterium für die Aufrechterhaltung der Speicherung sei die Erforderlichkeit der Kenntnis dieser Daten für die Aufgabenerfüllung[767], bleibt der Erkenntnisgehalt dieser Aussage genauso bescheiden wie im Zusammenhang mit der „Erforderlichkeit" der Datenregistrierung nach § 8 Abs. 2 BKAG. Ferner kann hier das Geltung beanspruchen, was *Gusy* schon in anderem Kontext – nämlich zur Zweckbindung von Daten bei § 14 NW PolG – festgestellt hatte. Wenn man eine Speicherung dermaßen erlangter Daten zu jedem polizeilichen Zweck zulasse, führe dies zu einer faktisch unbegrenzten Speicherungsdauer. Denn die Gesamtheit der polizeilichen Zwecke bestehe so lange fort, wie es die Polizei gebe, sodass die Datenspeicherung so lange zulässig bleibe, bis die Polizei insgesamt fortfalle, nur: Die Polizei insgesamt falle nie fort[768]. Dieser Gedanke lässt sich auch auf die These von der „Erforderlichkeit" der Speicherung ohne weiteres anwenden. Denn irgendein Erfordernis für die Datenspeicherung wird es so lange geben, wie das BKA besteht. Insofern ist darauf zu verweisen, dass sich jede Datenbank umso effektiver nutzen lässt, desto umfangreicher das dort gespeicherte Datenmaterial ist. Um also zu einer Begrenzung und damit zu einer Nicht-Verlängerung der Speicherfrist zu gelangen, kann diese Entscheidung nicht nur an den Belangen der speichernden Stelle ausgerichtet werden. Es bedarf vielmehr einer Abwägung mit den Belangen des Betroffenen, die im Verfassungsrecht mit hohem Rang ausgestattet sind[769]. Unabhängig von der bereits oben[770] in anderem Zusammenhang kritisierten Entscheidung des Gesetzgebers bei der Abwägung des Interesses an einer effektiven Strafverfolgung mit dem Recht auf informationelle Selbstbestimmung geht es hier (sozusagen eine Stufe vor-

765 Störzer, a.a.O.
766 Vgl. zu solchen Überprüfungen VGH Kassel DVBl 1996, S. 570 ff.(für das BKAG a.F.); OVG Münster DVBl 1999, S. 1228 f. (für § 14 NW PolG); OVG Schleswig NJW 1999, S. 1418 f. (für §§ 189, 196 SchlHVwG).
767 Störzer, in: Ahlf/ Daub/ Lersch/ Störzer, BKAG, § 32, Rn. 32.
768 Gusy, VerwArch 1993, S. 441 (444).
769 Vgl. Gusy, a.a.O., S. 463.
770 Vgl. IV.1. sowie III.2.f.

her) noch darum, bei den Sicherheitsbehörden ein Bewusstsein dafür zu schaffen, dass es überhaupt ein Privatinteresse gibt, das mit dem Strafverfolgungsinteresse in Beziehung zu setzen ist. Denn wer wie *Störzer* argumentiert, orientiert seine Entscheidung ausschließlich am Sicherheitsinteresse, ohne dem Privatinteresse Bedeutung zuzumessen[771].

Will man dem Grundrecht des Einzelnen auf informationelle Selbstbestimmung aber an dieser Stelle zum Durchbruch verhelfen, wären vonseiten des Gesetzgebers zwei Entscheidungen erforderlich: Zunächst müsste klar gestellt werden, dass die Belange des registrierten Bürgers überhaupt zu berücksichtigen sind; in einem zweiten Schritt wären dann die Abwägungsparameter zu bestimmen, anhand derer die beiden Rechtsgüter miteinander in Beziehung zu setzen sind. Dem Gesetzgeber ist zwar zuzugestehen, dass er in § 32 Abs. 3 S. 2 BKAG a.E. immerhin zum Ausdruck gebracht hat, dass auch Gesichtspunkte der Verhältnismäßigkeit bei der Prüfentscheidung zu berücksichtigen sind. Wenn man aber die Kommentierung des Gesetzes in den Blick nimmt, tritt die dort gefundene Formulierung Missverständnissen und dem Bestreben, den Sicherheitsinteressen einseitigen Vorrang zuzugestehen, aber nicht entgegen. Insofern hätte es nahe gelegen, die in Richtlinien bereits festgelegten Verlängerungskriterien wie Gewalttäter, Serientäter, Triebtäter usw.[772] auch in das Gesetz, ggf. in Form der auch sonst vom Gesetzgeber oftmals eingesetzten Regel-Beispieltechnik, aufzunehmen. Dadurch und durch eine Verpflichtung, die auf Tatsachen gestützte Prognoseentscheidung auch aktenkundig zu machen, könnte die „bekanntermaßen begrenzte Treffsicherheit der – hier intuitiv getroffenen – Wahrscheinlichkeitsaussage über das künftige Legalverhalten einer Person[773]" sicher erhöht und justiziabel ausgestaltet werden.

Schließlich weist das BKAG insofern eine Besonderheit auf, als die Löschung und Sperrung personenbezogener Daten in Akten einerseits und in elektronischen Dateien andererseits – überwiegend gleichartigen Problemstellungen zum Trotz – in zwei getrennten Vorschriften geregelt wird. Die Differenzierung wird damit gerechtfertigt, dass es sich bei den elektronischen Dateien regelmäßig um sog. Verbunddateien handelt, an denen also Sicherheitsbehörden außerhalb des BKA selbst beteiligt sind, während das BKA in Bezug auf seine Akten als allein zuständige Behörde handelt[774]. Bemerkenswert aus datenschutzrechtlicher Hinsicht erscheint vor allem **§ 33 Abs. 2 S. 2 BKAG**, wonach die **Akte insgesamt erst dann zu vernichten ist, wenn sie als solche zur Aufgabenerfüllung des BKA nicht mehr benötigt wird.** Zuvor sind eigentlich löschungspflichtige Daten lediglich zu sperren. Gerechtfertigt wird diese Regelung wiederum mit dem auch sonst[775] viel beschworenen Grundsatz der Aktenvollständigkeit – schon im Hinblick auf diesen komme die Entfernung einzelner Angaben oder Teile der Akte nicht infrage[776]. Dies hat zur Folge, dass die Rechtsposition des Betroffenen schwächer ausgeprägt ist, wenn seine Daten in einer Akte niedergelegt sind, als wenn sie in einer Datei gespeichert wären. Man kann versuchen, diese Unter-

---

[771] Vgl. zu diesen beiden Aspekten staatlichen Datensammelns in anderem Kontext Gusy, VerwArch 1993, S. 441 (445).

[772] Dazu: Störzer, in: Ahlf/ Daub/ Lersch/ Störzer, BKAG, § 32, Rn. 32.

[773] Störzer, a.a.O.

[774] Riegel, in: Erbs/ Kohlhaas, Strafrechtliche Nebengesetze, § 32 BKAG, Rn. 1.

[775] Vgl. dazu oben IV.1.

[776] Störzer, in: Ahlf/ Daub/ Lersch/ Störzer, BKAG, § 33, Rn. 9.

scheidung mit „unterschiedlichen Gefährdungspotentialen" von Datei einerseits und Akte andererseits zu begründen – ob dieses Argument in einem Zeitalter noch tragfähig ist, in dem man Akten EDV-mäßig erfassen und verwalten und so ebenso leicht auffinden kann wie Computerdateien, soll hier dahin stehen. Es ist aber oben[777] bereits dargelegt worden, dass der Grundsatz der „Vollständigkeit der Akte" keinen Universalvorbehalt gegenüber nahezu sämtlichen Grundrechten darstellt, sondern dass er seinerseits an grundrechtlichen Garantien zu messen ist und dann hinter diese zurückzutreten hat, wenn er zu seinen Gunsten nicht den Schutz überwiegender verfassungsrechtlich fundierter Interessen in die Waagschale werfen kann. Beispiele gibt es dafür beispielsweise aus dem Beamtenrecht in ausreichender Zahl.
Ungeachtet dieser Kritik am Gesetzestext und seiner Interpretation soll nicht verschwiegen werden, dass das BKA in seiner praktischen Tätigkeit keineswegs jede Akte hortet, die es erreichen kann. So wurden dort im Jahre 1998 151.495 Kriminalakten bearbeitet, von denen 128.352 (= 84,72 %) „ausgesondert", also: vernichtet wurden; diese Vernichtung erfolgte in 125.355 Fällen (97,66 %) anhand der „IT-Listen", also durch Aussonderung nach Ablauf der Aussonderungs-Prüffrist[778]. Jedoch zwingen der Gesetzestext und seine Interpreten nicht zu einer solchen Verfahrensweise. Eine möglichst rechtsstaatsnahe Verwaltungspraxis liegt einmal mehr in den Händen verantwortungsbewusster Beamter. Solange diese ihre Tätigkeit in korrekter Weise ausüben, muss unmittelbar kein Anlass zu Sorge bestehen. Bedenklich ist aber ein Gesetzgebungsprinzip, das sozusagen präventiv, Handlungsspielräume und Handlungsvarianten bereits in einem Zeitpunkt eröffnet, in dem sie noch nicht einmal von der Praxis benötigt, geschweige denn ausgeschöpft werden. Auf einen solchen Trend in der Kriminalpolitik hat *Backes* bereits 1986 in anderem Zusammenhang hingewiesen[779]: Sorge bereiten müssen nicht so sehr die zurzeit bestehenden Verhältnisse, sondern die Aufgabe von Grenzen, die ursprünglich gezogen wurden, weil in ihnen der Missbrauch immer schon latent angelegt ist.
Zu der auch im Rahmen der Akten möglichen Verwendung gesperrter Daten „zur Behebung einer bestehenden Beweisnot" (**§ 33 Abs. 4 BKAG**) kann an dieser Stelle auf die Ausführungen zu den entsprechenden Regeln in anderen Bestimmungen verwiesen werden[780].

3. Zusammenfassende Bemerkung

Genauso wie das staatsanwaltschaftliche Strafverfahrensregister spiegeln auch die Bestimmungen zur Straf(verfahrens)registrierung in BGSG und BKAG einen Trend der Sicherheitsgesetzgebung der letzten Jahre deutlich wider. Im Zweifel wird der Staatsaufgabe „Sicherheit" der Vorrang eingeräumt vor einem möglichst effektiven und rechtsstaatlich eigentlich gebotenen Schutz der Grundrechte der Bürger[781]. Damit soll nicht infrage gestellt werden, dass der Staat berechtigt und verpflichtet ist, Kriminalität effektiv und mit modernen Methoden zu bekämpfen und seine Bürger vor strafrechtlich relevanten Übergriffen möglichst frühzeitig zu beschützen. Jedoch hat er,

---

[777] Dazu IV.1.
[778] Zahlen bei Störzer, in: Ahlf/ Daub/ Lersch/ Störzer, BKAG, § 32, Rn. 19.
[779] Backes, KritV 1986, S. 315 (324).
[780] Vgl. oben IV.1. und III.2.f.
[781] Zum Phänomen aus der Perspektive von vor über 15 Jahren: Backes, KritV 1986, S. 315 (337 ff.).

auch wenn es im demokratischen Rechtsstaat für den Gesetzgeber grundsätzlich keine von außen an ihn herangetragenen Grenzen gibt, immanente Grenzen zu beachten – nämlich diejenigen, um deretwillen er überhaupt besteht, diejenigen, die die Verfassung ihm zieht. Insofern besteht Anlass zur Sorge, da Sicherheitsgesetzgebung und Sicherheitsbehörden diesen Grenzen in den vergangenen Jahren immer weniger Raum gelassen und sie bis zum Äußersten ausgenutzt und zum Teil auch überschritten haben. Als Beispiel dafür soll hier nur folgendes genannt werden: Während die Bürger über die Anwendung des § 19 BDSG im Regelungsbereich des BGS und BKA (vgl. § 37 BGSG[782] und § 37 BKAG[783]) in die nach diesen Gesetzen errichteten Dateien Einsicht nehmen können und somit in die Lage versetzt werden, von den Eintragungen Kenntnis zu nehmen und sich gegen sie ggf. auch gerichtlich zur Wehr zu setzen, ist eine solche Möglichkeit im Rahmen der §§ 484 ff. StPO bereits nicht mehr vorgesehen[784].

V. Straf(verfahrens)registrierung nach § 81g StPO/ § 2 DNA-IFG

Weitaus größere Aufmerksamkeit als z.B. das Strafverfahrensregister nach §§ 484 ff. StPO oder die Speicherungsmöglichkeiten nach BKAG und BGSG hat die Feststellung der DNA von Straftätern und ihre Speicherung nach § 81 g StPO und § 2 DNA-IFG gefunden. Dafür dürften vielfältige Gründe ursächlich sein. Zunächst gingen der Errichtung der DNA-Datei zahlreiche in den Medien dargestellte Sexualverbrechen, insbesondere an Kindern und Jugendlichen voraus, die in der Bevölkerung große Sorge und Entsetzen auslösten. Der Gesetzgeber sah sich vor diesem Hintergrund gezwungen, die verbesserten Aufklärungsmöglichkeiten der DNA-Untersuchung auch im Strafverfahren zu nutzen und über die Registrierung der DNA überführter Straftäter die Strafverfolgung zu erleichtern und effektiver zu gestalten. So ging es dem Gesetzgeber bei der Schaffung des DNA-IFG insbesondere um eine schnellere Täteridentifizierung und damit bessere Aufklärung vor allem von Sexualdelikten[785]. Durch das überstürzte Gesetzgebungsverfahren unterliefen allerdings einige Fehler. Zwar hat der Gesetzgeber diese durch das „Gesetz zur Änderung des DNA-IFG“ vom 02. Juni 1999[786] mittlerweile zum Großteil behoben. Da im Rahmen der Diskussion um diese Mängel in Rechtsprechung und Literatur aber auch sonstige problematische Aspekte des DNA-IFG aufgedeckt wurden, wird darauf im Folgenden[787] noch kurz einzugehen sein. Mittlerweile liegen bereits zwei Kammerentscheidungen des BVerfG zu § 81 g StPO/ § 2 DNA-IFG vor, deren Inhalt zunächst darzulegen ist[788]. Anschließend werden die aus grundrechtlicher Perspektive problematischen Aspekte im Einzelnen aus-

---

[782] Dazu die Erläuterung bei Laskowski, in: Fischer/ Hitz/ Laskowski/ Walter, BGSG, § 37, Rn. 3 f.

[783] Dazu die Erläuterungen von Störzer, in: Ahlf/ Daub/ Lersch/ Störzer, BKAG, § 37, Rn. 2 f., 6 und von Riegel, in: Erbs/ Kohlhaas, Strafrechtliche Nebengesetze, § 37 BKAG, Rn. 3, der § 19 BDSG als „besonders wichtige“ Regelung hervorhebt, die gem. § 37 BKAG ausdrücklich anwendbar bleibt.

[784] Vgl. oben III..2.f.bb.(7).

[785] Vgl. nur Rogall, in: SK-StPO, § 81 g, Rn. 1 unter Hinweis auf den Entwurf des DNA-IFG in BT-Drs. 13/ 10791, S. 4.

[786] BGBl. I S. 1242

[787] Unten 2.b.

[788] Unten 1.a.

geführt[789].

1. Grundrechte und DNA-Datei – Der Stand der Diskussion

a. Rechtsprechung des BVerfG

Mit **Beschluss vom 14. Dezember 2000** hatte die 3. Kammer des Zweiten Senats des **BVerfG** die grundsätzliche Vereinbarkeit von § 81 g StPO und § 2 DNA-IFG mit dem GG festgestellt[790].

Zunächst sei der Bundesgesetzgeber auf der Grundlage des Art. 74 Abs. 1 Nr. 1 GG zuständig gewesen, diese Bestimmungen zu erlassen, weil es sich dabei um Regelungen handele, die das gerichtliche Verfahren in Strafsachen beträfen. Dem Text des GG ließen sich keine Anhaltspunkte dahingehend entnehmen, dass Gegenstand jener Kompetenznormen nicht auch zukünftige Strafverfahren sein könnten, denn entscheidend sei insofern der sachliche Gehalt des Gesetzes, nicht jedoch sein zeitlicher Anknüpfungspunkt[791]. Beurteile man die Kompetenzfrage demnach anhand des Zieles und der Rechtsfolgen vom Gesetzgeber getroffener Maßnahmen, so sei von der Feststellung, Speicherung und (zukünftigen) Verwendung des DNA-Identifizierungsmusters nach § 2 DNA-IFG und § 81 g StPO (allein) das Strafverfahren betroffen, weil derartige Maßnahmen die Beweisführung in künftigen Strafverfahren erleichtern sollten. Auch der Regelungszusammenhang dieser Materie mit §§ 81 e, 81 f StPO verdeutliche – ungeachtet des Umstandes, dass ein Teil davon in einem Spezialgesetz geregelt wurde –, dass inhaltlich ein strafprozessuales Gesetzeswerk vorliege. Die Funktion, künftige Straftaten abzuwehren, komme diesen Vorschriften weder ihrem Wortlaut zufolge noch nach ihrem Sinn und Zweck zu. Wenn sie aber ausschließlich der Beweisbeschaffung zur Verwendung im Strafverfahren dienten, seien sie dem Strafverfahrensrecht zuzuordnen. Folglich könne die entsprechende Gesetzgebungskompetenz des Bundes ohne weiteres unmittelbar aus Art. 74 Abs. 1 Nr. 1 GG hergeleitet werden[792].

Auch inhaltlich bestünden keine Einwände gegen § 2 DNA-IFG und § 81 g StPO: Der absolut geschützte Kernbereich der Persönlichkeit, der seinen Schutz unmittelbar aus Art. 1 Abs. 1 GG herleite, und in den daher auf der Grundlage eines Gesetzes nicht eingegriffen werden dürfe, sei von der hier infrage stehenden Regelung nicht berührt. Dies gelte jedenfalls solange sich die von dem Gesetzgeber geschaffene Eingriffsgrundlage ausschließlich auf den nicht-codierten, zu etwa 30 Prozent aus Wiederholungseinheiten bestehenden Anteil der DNA beziehe, ausschließlich der Identitätsfeststellung in einem künftigen Strafverfahren diene und das bei dem Täter entnommene Genmaterial nach der Bestimmung des DNA-Identifizierungsmusters vernichtet werde. Entscheidend sei nämlich, dass durch dieses Feststellungsverfahren Rückschlüsse auf persönlichkeitsrelevante Merkmale wie Erbanlagen, Charaktereigenschaften oder Krankheiten des Betroffenen, also die Erstellung eines Persönlichkeitsprofils, nicht ermöglicht werde[793].

Allerdings bedeute die Feststellung, Speicherung und (künftige) Verwendung des DNA-Identifizierungsmusters einen Eingriff in das durch Art. 2 Abs. 1 i.V.m. Art. 1 Abs.

---

789 Unten 2.a-g.

790 BVerfG,NStZ 2001, S. 328 ff; auch in: www.bverfg.de; Az.: 2 BvR 1741/ 99.

791 BVerfG a.a.O., Rn. 45.

792 BVerfG a.a.O., Rn. 46.

793 BVerfG a.a.O., Rn. 48.

1 GG verbürgte Grundrecht auf informationelle Selbstbestimmung. Grundsätzlich folge daraus die Befugnis des Einzelnen, selbst zu entscheiden, wann und innerhalb welcher Grenzen persönliche Lebenssachverhalte offenbart würden. Diese Verbürgung dürfe nur im überwiegenden Interesse der Allgemeinheit und unter Beachtung des Grundsatzes der Verhältnismäßigkeit durch Gesetz oder aufgrund eines Gesetzes eingeschränkt werden; die Einschränkung dürfe dabei nicht weiter gehen als es zum Schutz öffentlicher Interessen unerlässlich sei[794].

Diesem Schrankenvorbehalt trügen § 81 g StPO und § 2 DNA-IFG in ausreichender Weise Rechnung. Denn die Bestimmungen bezweckten die Erleichterung der Aufklärung künftiger Straftaten von erheblicher Bedeutung und dienten damit einer an rechtsstaatlichen Garantien ausgerichteten Rechtspflege, der ein hoher Rang zukomme[795]. Die Bestimmungen genügten auch den rechtsstaatlichen Erfordernissen der Normenklarheit und Justiziabilität, das gelte auch für die Anknüpfung der dort vorgesehenen Maßnahmen an „Straftaten von erheblicher Bedeutung", da der Inhalt dieses Begriffs mit den herkömmlichen juristischen Methoden näher bestimmt werden könne. Denn nach überwiegender Auffassung müsse eine Straftat von erheblicher Bedeutung mindestens dem Bereich der mittleren Kriminalität zuzurechnen sein, den Rechtsfrieden empfindlich stören und dazu geeignet sein, das Gefühl der Rechtssicherheit der Bevölkerung erheblich zu beeinträchtigen. Dabei grenzten die in der Vorschrift genannten Regelbeispiele den unbestimmten Rechtsbegriff noch weiter ein. Es komme in diesem Zusammenhang nicht auf die Wahrscheinlichkeit der Spurensicherung durch bestimmte Arten von Straftaten an; diese sei vielmehr anhand des jeweils in Rede stehenden Einzelfalls unter dem Gesichtspunkt der Erforderlichkeit der Maßnahme zu bestimmen[796].

Die in § 81 g StPO/ § 2 DNA-IFG geregelte vorsorgliche Beweisbeschaffung verstoße auch nicht gegen das Übermaßverbot. Sie knüpfe an eine vorausgegangene Verurteilung des Betroffenen wegen einer Straftat an und setze die auf bestimmte Tatsachen gestützte Prognose voraus, dass gegen ihn künftig erneut Strafverfahren wegen derartiger Taten zu führen sein werden. Dadurch würden die entsprechenden Maßnahmen auf besondere Fallgestaltungen beschränkt. Das Interesse des Betroffenen an einem effektiven Schutz seiner Grundrechte werde durch den Richtervorbehalt gem. §§ 81 g Abs. 3 i.V.m. § 81 a Abs. 2 StPO berücksichtigt, der eine gerichtliche Beurteilung des Einzelfalles gewährleiste[797].

Dem Rehabilitierungsinteresse des Einzelnen gegenüber der Gefahr sozialer Abstempelung werde dadurch hinreichend Rechnung getragen, dass Maßnahmen nach § 2 DNA-IFG an die Tilgungsfristen des Zentral- und Erziehungsregisters anknüpften; im Hinblick auf gem. § 2 DNA-IFG oder gem. § 81 g StPO gespeicherte Daten sorge § 33 Abs. 2 Nr. 2 BKAG dafür, dass die Daten zu sperren seien, wenn bei der Einzelfallbearbeitung festgestellt werde, dass ihre Kenntnis zur Erfüllung der dem BKA obliegenden Aufgaben nicht mehr erforderlich sei[798]. Schließlich verhinderten die in § 81

---

794 BVerfG a.a.O., Rn. 49 unter Bezugnahme auf BVerfGE 65, S. 1 (43, 44) und BVerfGE 67, S. 100 (143).

795 BVerfG a.a.O., Rn. 50 unter Berufung auf BVerfGE 77, S. 65 (76) und BVerfGE 80, S. 367 (375).

796 BVerfG a.a.O., Rn. 51 f.

797 BVerfG a.a.O., Rn. 53.

798 BVerfG a.a.O., Rn. 54.

g Abs. 2 StPO festgeschriebene Zweckbindung und das Gebot der Vernichtung des bei dem Betroffenen entnommenen Zellmaterials dessen Missbrauch, z. B. durch Untersuchungen im codierten Bereich der DNA[799].

Was die einzelfallbezogene Anwendung der § 81 g StPO bzw. § 2 DNA-IFG durch den Richter anbetrifft, hob das BVerfG zunächst hervor, dass der damit verbundene Eingriff in das Grundrecht auf informationelle Selbstbestimmung eine ausreichende Sachaufklärung voraussetze, der insbesondere die Beiziehung der verfügbaren Straf- und Vollstreckungsakten, des Bewährungsheftes und zeitnahe Auskünfte aus dem Zentralregister vorauszugehen hätten. Des Weiteren müssten auf dieser Grundlage die entscheidungsrelevanten Umstände gegeneinander abgewogen werden, wobei immer eine auf den Einzelfall bezogene Entscheidung erforderlich sei; eine bloße Wiedergabe des Gesetzeswortlautes genüge unter keinen Umständen[800].

Dabei habe das erkennende Gericht folgende Grundsätze zu beachten:

Zunächst bestehe keine Bindung an die von dem urteilenden Gericht angestellten Erwägungen hinsichtlich der Frage, ob eine Strafaussetzung zur Bewährung infrage kommt oder nicht. Denn das Gericht, das die Maßnahmen nach § 81 g StPO/ § 2 DNA-IFG anordne, entscheide aufgrund eines anderen Beurteilungsmaßstabs und spreche eine andersartige Rechtsfolge aus als das Gericht, das über die Strafaussetzung zu befinden habe. Deshalb fehle es auch an einer Bindung an die Gefährlichkeitsprognose im Rahmen einer vorangegangenen Entscheidung über die Anordnung einer Maßregel[801]. Allerdings könne das erkennende Gericht seine Gefahrenprognose an ähnlichen Kriterien orientieren, die auch im Zusammenhang einer Entscheidung über die Strafaussetzung zur Bewährung von Bedeutung sein können wie Rückfallgeschwindigkeit, der Zeitablauf seit der früheren Tatbegehung, das Verhalten des Betroffenen während der Bewährungszeit bzw. ein Straferlass, die Motivationslage des Täters bei der früheren Tatbegehung sowie seine (heutigen) Lebensumstände und seine Persönlichkeit. Dabei müsse das Gericht allerdings den gegenüber der Entscheidung über die Strafzumessung veränderten Prognose-Maßstab im Auge behalten – in Anbetracht dessen könne die Bejahung der Wiederholungsgefahr nach Maßgabe des § 81 g StPO/ § 2 DNA-IFG auch dann gerechtfertigt sein, wenn zuvor die Strafe zur Bewährung ausgesetzt worden war. Allerdings bestehe stets ein erhöhter Begründungsbedarf, wenn die Grund-Tendenz des zweiten Erkenntnisses von den der Strafzumessung zugrunde liegenden Erwägungen abweiche[802].

Schließlich erkannte das BVerfG auch keinen Widerspruch zwischen Maßnahmen nach § 81 g StPO/ § 2 DNA-IFG einerseits und dem Grundrecht des Betroffenen auf Resozialisierung, und zwar auch dann nicht, wenn es um Fälle eines längeren Straf- oder Maßregel-Vollzugs geht. Denn Straftaten von erheblicher Bedeutung, insbesondere solche gegen Leib und Leben, die der DNA-Identifizierung zugängliche Spuren entstehen ließen, könnten auch während des Vollzugs von Strafen und Maßregeln oder während einer im Zeitpunkt der Anordnung der Maßnahme nicht vorhersehbaren Vollzugsunterbrechung begangen werden[803].

In ihrem **Beschluss vom 15. März 2001** hatte sich die 3. Kammer des Zweiten Se-

---

[799] BVerfG a.a.O., Rn. 55.
[800] BVerfG a.a.O., Rn. 57.
[801] BVerfG a.a.O., Rn. 58.
[802] BVerfG a.a.O., Rn. 59.
[803] BVerfG a.a.O., Rn. 68.

nats des **BVerfG** erneut mit § 2 DNA-IFG auseinanderzusetzen; sie nahm vier Verfassungsbeschwerden zur Entscheidung an, weil dies gem. §§ 93 b, 93 a Abs. 2 lit. b) BVerfGG zur Durchsetzung der Grundrechte der Beschwerdeführer angezeigt war[804]. Dabei beanstandete die Kammer die Anwendung des § 2 DNA-IFG durch die Fachgerichte als mit dem Grundrecht auf informationelle Selbstbestimmung unvereinbar. Es ging Im Einzelnen um folgende Fälle:

Der **Beschwerdeführer zu 1.** war unter dem 08. Mai 1989 vom AG Lüdenscheid wegen eines im Februar 1986 begangenen Diebstahls in einem besonders schweren Fall zu einer Freiheitsstrafe von sechs Monaten zur Bewährung verurteilt worden; die Strafe war nach Ablauf der Bewährungszeit mit Wirkung vom 17. Juni 1992 erlassen worden. In den Jahren 1981 bis 1985 war der Beschwerdeführer lt. Zentralregisterauszug wegen gemeinschaftlichen schweren Diebstahls, Anstiftung zur Körperverletzung und versuchter Nötigung in Erscheinung getreten; in den Jahren 1991 und 1997 wurde er wegen fahrlässiger Trunkenheit im Straßenverkehr verurteilt. Das **AG Lüdenscheid** ordnete mit **Beschluss vom 03. Juli 2000** die Entnahme einer DNA-Probe bei dem Beschwerdeführer mit der Begründung an, bei dem 1986 begangenen Diebstahl handele es sich um eine Katalogtat im Sinne des § 2 DNA-IFG und mithin um eine Tat von erheblicher Bedeutung, zumal der Beschwerdeführer einschlägig vorbestraft gewesen sei. Der daraus folgenden Negativ-Prognose stehe insbesondere nicht entgegen, dass die Strafe zur Bewährung ausgesetzt worden sei, denn an die im Rahmen des § 2 DNA-IFG zu treffende Prognose-Entscheidung seien im Gegensatz zu derjenigen bei der Frage, ob die Verbüßung einer Freiheitsstrafe zur Bewährung ausgesetzt werden könne, keine zu strengen Anforderungen zu stellen. Das LG Hagen verwarf die dagegen gerichtete Beschwerde unter Hinweis darauf, eine konkrete Wiederholungsgefahr müsse für die Negativ-Prognose nicht bestehen, es sei nicht vorauszusetzen, dass von dem Betroffenen in Zukunft rechtswidrige Taten zu erwarten seien. Es genüge vielmehr ein Anfangsverdacht dahingehend, dass er künftig in den Kreis der Beschuldigten einbezogen werden könnte. Letzten Endes sei der Grundsatz der Verhältnismäßigkeit gewahrt, weil die Registrierung für den Beschwerdeführer auch positive Konsequenzen zeitige, als mit dem DNA-Identifizierungsmuster auch ein Entlastungsbeweis geführt werden könne, der ihn ggf. frühzeitig aus dem Kreis der potenziell Beschuldigten ausscheiden könne[805].

Der an einer psychischen Erkrankung leidende **Beschwerdeführer zu 2.** wurde wegen dreier in den Jahren 1995 und 1997 begangener Körperverletzungen zu Geldstrafen verurteilt. Im Jahre 1999 wurde ein Verfahren wegen versuchter gefährlicher Körperverletzung mit Blick auf seine Schuldunfähigkeit eingestellt. Ohne Anhörung des Beschwerdeführers ordnete das **AG Bielefeld** auf Antrag der Staatsanwaltschaft mit **Beschluss vom 11. Juli 2000** die Entnahme einer Zellprobe zur DNA-Feststellung gem. § 2 DNA-IFG an. Aufgrund der von ihm begangenen und abgeurteilten Straftaten und des eingestellten Verfahrens wegen einer Katalogtat im Sinne des § 2 DNA-IFG bestehe Grund zu der Annahme, dass gegen ihn auch künftig Strafverfahren wegen einschlägiger Taten zu führen sein würden. In seiner dagegen gerichteten Beschwerde wandte der Betroffene u.a. ein, er habe seine Lebensführung seit Bege-

[804] BVerfG, NJW 2001, S. 2320 ff; auch in: www.bverfg.de; Az.: 2 BvR 1841/00.

[805] AG Lüdenscheid, Beschluss vom 03. Juli 2000, Az.: 6 Gs 469/ 00; LG Hagen, Beschluss vom 30. August 2000, Az.: 43 Qs 107/ 00, wiedergegeben bei BVerfG a.a.O., Rn. 2 ff.

hung dieser Taten geändert und sich deshalb seit einem Jahr straffrei geführt. Das LG Bielefeld verwarf die Beschwerde mit Beschluss vom 08. September 2000 unter Bezugnahme auf die vom AG angeführten Gründe und mit Hinweis darauf, dass Maßnahmen nach § 2 DNA-IFG auch dann zulässig seien, wenn der Betroffene wegen einer Katalogtat nur deshalb nicht verurteilt worden sei, weil bei ihm die Schuldunfähigkeit nicht auszuschließen sei[806].

Der **Beschwerdeführer zu 3.** wurde 1993 vom AG Germersheim wegen unerlaubten Anbaus und Erwerbs von Betäubungsmitteln zu einer Geldstrafe verurteilt; im Oktober 1994 folgte eine Verurteilung durch das LG Landau/ Pfalz wegen versuchter unerlaubter Einfuhr von Betäubungsmitteln in nicht geringer Menge in Tateinheit mit unerlaubtem Handeltreiben mit Betäubungsmitteln in nicht geringer Menge zu einer Freiheitsstrafe von zwei Jahren mit Bewährung. Nach den Feststellungen des LG war der Beschwerdeführer, der zu jenem Zeitpunkt noch im Hause seiner Eltern lebte und diese unterstützte, im Jahre 1992 arbeitslos geworden. Während dieser Zeit begann er, Haschisch und Marihuana zu konsumieren, das er bei einem Drogenhändler erwarb. Dieser veranlasste ihn, nachdem der Beschwerdeführer versehentlich sein Auto beschädigt hatte und nicht in der Lage war, für den Schaden finanziell aufzukommen, als „Wiedergutmachung" in den Niederlanden für ihn Drogen zu erwerben, was jedoch misslang. Das LG Landau/ Pfalz begründete in seinem Urteil die Annahme eines minderschweren Falles damit, dass der Beschwerdeführer geständig war, Aufklärungshilfe nach § 31 Abs. 2 BtMG geleistet und das Geschäft quasi unter den Augen der Polizei stattgefunden hatte. Zudem sei es nur um „weiche Drogen" gegangen und der Beschwerdeführer sei ausschließlich auf Verlangen des Drogenhändlers tätig geworden.

Nach Anhörung des Beschwerdeführers ordnete das **AG Kandel** mit **Beschluss vom 10. Juli 2000** die Entnahme von Körperzellen und die Identifizierung der DNA an. Das Gericht begründete seine Entscheidung damit, bei der letzten Tat habe es sich um eine solche aus dem mittleren Kriminalitätsbereich gehandelt, die den Rechtsfrieden empfindlich störe und geeignet sei, das Gefühl der Rechtssicherheit der Bevölkerung erheblich zu beeinträchtigen. Es fehlten greifbare Anhaltspunkte dafür, dass es sich bei der Anlasstat um eine einmalige Entgleisung gehandelt habe. Gegen diesen Beschluss legte der Betroffene unter Hinweis darauf Beschwerde ein, dass er seit 1994 zur Drogenszene keinen Kontakt mehr habe, mittlerweile in einem festen Beschäftigungsverhältnis stehe und sein soziales Umfeld verändert habe. Die Beschwerde wurde von dem LG Landau/ Pfalz mit Beschluss vom 25. Oktober 2000 verworfen[807].

Der **Beschwerdeführer zu 4.** war am 14. November 1996 vom AG Crailsheim wegen Diebstahls im besonders schweren Fall zu einer zur Bewährung ausgesetzten Freiheitsstrafe von zehn Monaten verurteilt worden; nach Ablauf der Bewährungszeit wurde die Strafe mit Beschluss vom 27. Dezember 2000 erlassen. Zugrunde lag der Verurteilung eine Tat, bei der der Beschwerdeführer 250,--DM aus einem Spielautomaten entwendet hatte. Aufgrund dieser Verurteilung ordnete das **AG Ulm/ Donau** mit **Beschluss vom 12. Oktober 2000** die Entnahme von Körperzellen zur Identifizie-

---

[806] AG Bielefeld, Beschluss vom 11. Juli 2000, Az.: 9 Gs 2312/ 00; LG Bielefeld, Beschluss vom 08. September 2000, Az.: Qs 286/ 00 III, wiedergegeben bei BVerfG a.a.O., Rn. 8 ff.

[807] AG Kandel, Beschluss vom 10. Juli 2000, Az.: Gs 65/ 00; LG Landau/ Pfalz, Beschluss vom 25. Oktober 2000, Az.: 1 Qs 138/ 00, wiedergegeben bei BVerfG a.a.O., Rn. 13 ff.

rung der DNA an, weil der Beschwerdeführer wegen einer Katalogtat im Sinne des § 81 g StPO verurteilt worden sei. Wegen der Art der Tat, ihrer Ausführung und der Persönlichkeit des Beschwerdeführers bestehe Grund zu der Annahme, dass auch künftig gegen ihn Strafverfahren wegen Katalogtaten zu führen sein würden. Die dagegen gerichtete Beschwerde verwarf das LG Ulm/ Donau unter dem 23. November 2000 u.a. damit, dass wegen des verhältnismäßig geringen Eingriffs der Zellentnahme in die körperliche Unversehrtheit und der Sicherung der praktischen Handhabbarkeit des Identitätsfeststellungsverfahrens keine allzu hohen Anforderungen an die negative Gefahrprognose gestellt werden dürften. Ein besonderer Grad an Wahrscheinlichkeit werde von § 2 DNA-IFG insofern nicht vorausgesetzt[808].
Die 3. Kammer des Zweiten Senats *hielt sämtliche Beschlüsse für mit dem Grundrecht auf informationelle Selbstbestimmung nicht vereinbar.*
Zwar werde dieses Grundrecht – wie die Kammer mit Beschluss vom 14. Dezember 2000 festgestellt habe – durch § 2 DNA-IFG in verhältnismäßiger Weise beschränkt, zumal diese Bestimmung die Erleichterung der Aufklärung künftiger Straftaten von erheblicher Bedeutung bezwecke und mithin einer an rechtsstaatlichen Garantien ausgerichteten Rechtspflege diene, der ein hoher Rang zukomme. Allerdings seien die Gerichte bei der Anwendung und Auslegung des § 2 DNA-IFG gehalten, Bedeutung und Tragweite des Rechts auf informationelle Selbstbestimmung hinreichend Rechnung zu tragen. Voraussetzung der Feststellung, Speicherung und Verwendung des DNA-Identifizierungsmusters sei zunächst, dass der Betroffene im Vorfeld der Anordnung einer solchen Maßnahme eine Straftat von erheblicher Bedeutung begangen habe, wobei allerdings auch das Vorliegen einer solchen Anlasstat nicht von einer Einzelfallprüfung hinsichtlich der tatsächlichen Erheblichkeit dieser Tat entbinde. Ergebe sich schon aus den Gründen der Verurteilung, dass Art und Ausführung der begangenen Tat vom Regelfall abwichen, sei das nunmehr erkennende Gericht zumindest gehalten, sich bei seiner eigenen Entscheidung damit im Einzelnen auseinanderzusetzen[809].
Des Weiteren setze die aufgrund der Anlasstat zu treffende Prognose-Entscheidung von Verfassungs wegen voraus, dass das Gericht die Sachlage in hinreichendem Umfange aufklärt, insbesondere durch Beiziehung der verfügbaren Straf- und Vollstreckungsakten, des Bewährungsheftes und zeitnaher Auskünfte aus dem Zentralregister. Vor dem Hintergrund eines so aufgeklärten Sachverhalts müsse der Richter nunmehr die für die Entscheidung bedeutsamen Umstände in nachvollziehbarer Weise miteinander abwägen. Dabei sei eine auf den jeweiligen Einzelfall bezogene Entscheidung erforderlich, die auf schlüssigen, verwertbaren und in der Entscheidung nachvollziehbar dokumentierten Tatsachen beruhe und so die richterliche Annahme der Wahrscheinlichkeit künftiger Straftaten von erheblicher Bedeutung belege. Dazu reiche vor allem die bloße Bezugnahme auf den Wortlaut des Gesetzes nicht aus[810].
Diese Erwägungen zugrunde gelegt, werde der *Beschwerdeführer zu 1.* durch die angegriffenen Beschlüsse in seinem Grundrecht auf informationelle Selbstbestimmung verletzt. Diese ließen außer Acht, dass das bloße Vorliegen einer Katalogtat

---

[808] AG Ulm/ Donau, Beschluss vom 12. Oktober 2000, Az.: 5 Gs 1440/ 00; LG Ulm/ Donau, Beschluss vom 23. November 2000, Az.: II Qs 2128/ 00, wiedergegeben bei BVerfG a.a.O., Rn. 22 ff.
[809] BVerfG a.a.O., Rn. 31.
[810] BVerfG a.a.O., Rn. 32.

nicht zwingend auf das Vorliegen einer Straftat von erheblicher Bedeutung schließen lasse. Im Hinblick auf die im unteren Bereich liegende Strafe und deren Aussetzung zur Bewährung habe Anlass bestanden, die Annahme einer Ausnahme von den Regelvermutung des § 81 g StPO zu untersuchen. Die Entscheidung des AG enthalte keinerlei Anhaltspunkte für eine derartige Prüfung. Auch die Negativ-Prognose sei nicht in tragfähiger Weise begründet worden, insbesondere fehle es an einer auf den Einzelfall bezogenen Prüfung, die nicht durch allgemeine Erwägungen zu den (generellen) Anforderungen an eine Prognose-Entscheidung ersetzt werden könne. Insofern hätte eine Auseinandersetzung damit stattfinden müssen, dass die Anlasstat im Zeitpunkt der Entscheidung bereits sehr lange zurück gelegen habe und dass die Strafe seinerzeit zur Bewährung ausgesetzt und mittlerweile ganzerlassen worden ist. Ferner sei es mehr als zehn Jahre nach der letzten Verurteilung erforderlich gewesen, eine eingehende Würdigung der Persönlichkeit des Beschwerdeführers vorzunehmen, um nachvollziehbar darzulegen, warum auch heute noch Anlass zu der Annahme bestehe, dass gegen ihn erneut Strafverfahren wegen Taten von erheblicher Bedeutung zu führen sein werden. Auch die Ansicht des LG, es genüge, dass der Beschwerdeführer möglicherweise in den Kreis der Verdächtigen einer Katalogtat einbezogen werden könne, werde den Anforderungen des Verfassungsrechts nicht gerecht. Die Ermächtigungsgrundlage setze voraus, dass ein in der Person des Täters liegender Anlass bestehe, künftig Strafverfahren gegen ihn zu führen; dieses Erfordernis könne nicht dadurch ersetzt werden, dass – sozusagen aus der Perspektive der Strafverfolgungsbehörden – auch der Betroffene (wie theoretisch jeder andere) in den Kreis der Verdächtigen mit einbezogen werden könne. Im Übrigen werde der Grundrechts-Eingriff auch nicht dadurch kompensiert, dass mithilfe des DNA-Identifizierungsmusters auch ein Entlastungsbeweis geführt werden könne[811].
Auch der *Beschwerdeführer zu 2.* habe mit Recht eine Verletzung des Grundrechts auf informationelle Selbstbestimmung gerügt. Die Begründung des Beschlusses des AG Bielefeld erschöpfe sich im Wesentlichen in Hinweisen auf die Vorverurteilungen des Täters und auf den Verdacht einer Katalogtat. Dabei habe das AG versäumt zu überprüfen, ob im konkreten Fall nicht eine Ausnahme von der Regelvermutung der Katalogtat als „Tat von erheblicher Bedeutung“ infrage komme. Dies habe bereits aufgrund des Umstandes nahe gelegen, dass die gefährliche Körperverletzung im Versuchsstadium stecken geblieben sei, und dass der Betroffene an einer psychischen Krankheit leide. Letzterer Aspekt biete genügenden Anlass zu einer auf den Einzelfall bezogenen Erörterung. Auch die Negativ-Prognose des AG sei schon deshalb fehlerhaft, weil es davon abgesehen habe, die psychische Erkrankung des Betroffenen und seine mittlerweile geänderten Lebensumstände im Einzelnen aufzuklären. Schließlich ließen auch die Ausführungen des LG Bielefeld nicht erkennen, dass es sich ernsthaft um eine Berücksichtigung der spezifischen Lebenssituation des Beschwerdeführers bemüht habe. Insbesondere sei zu beanstanden, dass die Kammer es unterlassen habe, die Akten aus dem gegen den Beschwerdeführer bei dem AG Bielefeld geführten Betreuungsverfahren zur weiteren Sachaufklärung beizuziehen, obwohl dies ohne größere Bemühungen möglich gewesen wäre. Insgesamt sei festzustellen, dass auch das LG die Bedeutung des grundrechtlichen Eingriffs durch die Anordnung der DNA-Analyse und die damit verbundenen Aufklärungs- und Begründungspflichten verkannt

[811] BVerfG a.a.O., Rn. 36 f.

habe[812].
Die Verfassungsbeschwerde des *Beschwerdeführers zu 3.* müsse durchdringen, weil das AG Kandel versäumt habe, im Einzelnen darzulegen, warum die von dem Beschwerdeführer begangenen Verstöße gegen das BtMG Straftaten von erheblicher Bedeutung darstellen. Zwar sei es zutreffend, dass Verbrechen nach der Regelvermutung des § 81 g StPO eine solche Tat darstellten; allerdings gäben die Umstände des hier zu entscheidenden Falles Anlass, eine andere Beurteilung vorzunehmen. Die abweichende Beurteilung des verurteilenden LG, das einen minderschweren Fall der entsprechenden Verbrechenstatbestände bejaht habe, habe es zumindest erforderlich gemacht, die davon abweichende Beurteilung anhand konkreter Tatsachen im Einzelnen zu begründen. Die formelhaften und pauschalisierenden Wendungen des AG könnten eine auf den Einzelfall bezogene Prüfung nicht ersetzen. Z.B. werde die Tatsache, dass durch die Tat der Rechtsfrieden erheblich gestört worden sei, nur in den Raum gestellt, aber nicht nach den Umständen des konkreten Falles begründet. Auch die Gefahrenprognose des AG sei verfehlt, weil jede Auseinandersetzung mit den Aspekten fehle, die im hier zu entscheidenden Fall gegen die Wiederholungsgefahr sprächen. Auch für die Annahme des AG, es fehlten greifbare Anhaltspunkte dafür, dass es sich bei den Anlasstaten um eine einmalige Entgleisung gehandelt haben könnte, sei bei der vorliegenden Sachlage nicht begründet. Da der Beschluss des LG Landau/ Pfalz lediglich die Gründe der amtsrichterlichen Entscheidung in Bezug nehme, leide er an denselben Fehlern und könne vor dem Verfassungsrecht keinen Bestand haben[813].
Schließlich genügten auch die gegenüber dem *Beschwerdeführer zu 4.* ergangenen Beschlüsse nicht den verfassungsrechtlichen Anforderungen.
Genau wie die anderen angegriffenen Entscheidungen entbehre auch diejenige des AG Ulm/ Donau einer einzelfallbezogenen Sachprüfung und beschränke sich darauf, den Wortlaut des Gesetzes wiederzugeben und darauf zu verweisen, dass die Tat des Beschwerdeführers im Zentralregister noch nicht getilgt sei. Angesichts des geringen Schadens (250,--DM), der milden Strafe und ihrer Aussetzung zur Bewährung habe es jedoch nahe gelegen zu überprüfen, ob eine Abweichung von der Regelvermutung des § 81 g StPO infrage komme. Auch die Prognose-Entscheidung habe einer genaueren Untersuchung bedurft, da die Verurteilung des Beschwerdeführers bereits mehr als vier Jahre zurückgelegen und der Erlass der zur Bewährung ausgesetzten Strafe unmittelbar bevorgestanden habe. Das LG habe in seiner Beschwerde-Entscheidung versäumt, sich mit der Frage auseinanderzusetzen, ob hier ausnahmsweise keine Tat von erheblicher Bedeutung vorliege und verkannt, dass mit den Maßnahmen nach § 2 DNA-IFG nicht nur ein Eingriff in die körperliche Unversehrtheit, sondern auch ein solcher in das Recht auf informationelle Selbstbestimmung verbunden sei. Wenn es pauschal darauf verweise, dass angesichts dessen keine allzu hohen Anforderungen an die Gefahrprognose zu stellen seien, verdeutliche dies, dass es sich der Bedeutung des durch die Feststellung, Speicherung und Verwendung des DNA-Identifizierungsmusters berührten Grundrechts nicht bewusst gewesen sei[814].

---

[812] BVerfG a.a.O., Rn. 39 ff.
[813] BVerfG a.a.O., Rn. 43 ff.
[814] BVerfG a.a.O., Rn. 46 ff.

b. Rechtsprechungsübersicht

Noch bevor das BVerfG zur Verfassungsmäßigkeit des § 81 g StPO bzw. des § 2 DNA-IFG Stellung genommen hatte, mussten sich die Strafgerichte mit der Frage beschäftigen, welche Anforderungen an die Entnahme des DNA-Identifizierungsmusters und seine Registrierung im Einzelnen zu stellen sind. Im Mittelpunkt der Diskussion stand dabei zunächst die Frage, welches Gericht für die Anordnung nach § 2 DNA-IFG zuständig sei – das (ehemals) erkennende Gericht, die Strafvollstreckungskammer oder der Untersuchungsrichter; es wurde sogar erwogen, dass die Verwaltungsgerichte zuständig seien. Dabei war allerdings von Beginn an klar, dass der Gesetzgeber davon ausgegangen war, dass die Anordnung durch den Ermittlungsrichter zu erfolgen hat; mittlerweile wurde dieses Problem gelöst, indem durch das Änderungsgesetz zum DNA-IFG in § 2 Abs. 2 DNA-IFG ausdrücklich auf die Kompetenz des Untersuchungsrichters verwiesen wird. Vor diesem Hintergrund kann man auf den ersten Blick einen Teil der zu § 81 g StPO/ § 2 DNA-IFG veröffentlichten Rechtsprechung für mittlerweile überholt halten; eine genauere Betrachtung zeigt jedoch, dass einige Entscheidungen Erwägungen enthalten, die für die Interpretation der § 81 g StPO/ § 2 DNA-IFG und deren Vereinbarkeit mit der Verfassung wichtige Anhaltspunkte bieten und somit eine exemplarische Darstellung rechtfertigen.

Ferner kommt den nachfolgend dargestellten Gerichtsentscheidungen eine weitere Bedeutung zu: Sie vermitteln zumindest ausschnittsweise einen Eindruck davon, in welchen Fällen Staatsanwaltschaften eine DNA-Identifizierung beantragen, und Gerichte diesen Anträgen stattgeben. Vor diesem Hintergrund lassen sich die Bedenken viel besser formulieren, die einer im Ansatz begrüßenswerten Neuerung im Einzelfall entgegenstehen (können).

Im Übrigen liegen auch einige Entscheidungen vor, die sich hauptsächlich mit den inhaltlichen Anforderungen an die Untersuchungsanordnung befassen, also mit der Frage einer Straftat von erheblicher Bedeutung, den Voraussetzungen einer Negativ-Prognose und der Verhältnismäßigkeit einer solchen Maßnahme. Insofern beschränken sich die Ausführungen nicht immer auf unzureichende Begründungen, wie sie der Entscheidung des BVerfG vom 15. März 2001 zugrunde liegen.

Einen in diesem Zusammenhang bemerkenswerten **Beschluss** hatte das **LG Münster** unter dem **18. Januar 1999** gefasst[815]. Es ging dabei noch um die – mittlerweile durch die Änderung des Gesetzes aus dem Weg geräumte – Problematik der Zuständigkeit für die Anordnung von Maßnahmen nach § 2 DNA-IFG. Das LG stellte sich zunächst auf den Standpunkt, § 2 DNA-IFG a.F. würde keine Zuständigkeit des Ermittlungsrichters begründen. Denn § 2 DNA-IFG diene der *Gefahrenabwehr*, weil er Erkenntnisse für künftige Strafverfahren sichern wolle, was nicht Regelungsmaterie der StPO sei, sodass folgerichtig auch die Vorschrift nicht in die StPO aufgenommen worden sei. Seien aber Gegenstände des Strafverfahrens nicht betroffen, könne es ohne eine ausdrückliche Zuweisung der Zuständigkeit eine solche des Ermittlungsrichters nicht geben. Denn genau wie bei § 81 b S. 1 2. Alt. StPO handele es sich bei § 81 g StPO, auf den § 2 DNA-IFG Bezug nehme, um einen Fremdkörper in der StPO. Insoweit sei die Rechtswegzuweisung zu den ordentlichen Gerichten (Ermittlungsrichter) in § 81 g StPO eher atypisch, zumal für § 81 b S. 1 2. Alt. StPO aner-

[815] LG Münster StV 1999, S. 141ff.

kannt sei, dass gegen die dort geregelten erkennungsdienstlichen Maßnahmen Rechtsschutz vor dem VG zu suchen sei. Vor diesem Hintergrund sei für § 2 DNA-IFG eine eindeutige gesetzliche Regelung der verfahrensrechtlichen Abläufe zu erwarten gewesen.
Die Bedenken gegen diese unbestimmte und unvollständige Regelung würden noch dadurch verstärkt, dass der eigentliche Gesetzeszweck des DNA-IFG[816] mit den in § 81 g StPO geregelten Maßnahmen nur unzureichend erreicht werden könne, der Betroffene aber in einer Datei geführt werde, bei der schon die Aufnahme in die Datei einen „schwerstwiegenden Eingriff" darstelle. Daneben sei zu berücksichtigen, dass das Gesetz überhaupt keine Einschränkung erkennen lasse, in welchem Umfange die DNA-Befunde verformelt werden sollten, bzw., wieviel Informationen über die DNA des Betroffenen das DNA-Identifizierungsmuster enthalten dürfe. Es sei zu befürchten, dass eine unübersehbare Vielzahl von Informationen aus der DNA gesammelt werden müsse, um tatsächlich eine Identifizierung leisten zu können. Denn mithilfe der zurzeit gängigen DNA-Analysemethoden könne lediglich ermittelt werden, dass die verdächtige Person mit – wenn auch extrem hoher – Wahrscheinlichkeit eine bestimmte Spur gelegt habe. In keinem Fall sei aber eine sichere Überführung des Täters ohne weitere, von dem DNA-Identifizierungsmuster unabhängig gewonnene Erkenntnisse möglich. Eine Identifizierung, von der das Gesetz wohl ausgehe und wie ein Fingerabdruck sie ermögliche, sei so lange nicht denkbar, wie sich die DNA-Analyse nicht auf größere, möglicherweise sämtliche Bereiche der DNA erstrecke, „woran auch die irreführende Betitelung des Gesetz nicht zu ändern" vermöge. Die Bedeutung der DNA-Datei erschöpfe sich daher darin, Auskunft darüber zu geben, dass die gespeicherte Person wegen einer ähnlichen Straftat bereits verfolgt oder verurteilt worden sei; solche Informationen sollten jedoch – wie die Tilgungsfristen des Zentralregisters belegten – gerade nicht unbegrenzt gespeichert werden.
Angesichts dieser Sachlage, bei der einerseits in die Grundrechte des Betroffenen in erheblicher Weise und für lange Zeit eingegriffen werden solle, bei der andererseits jedoch der Umfang des Eingriffs – nämlich die Verformelung des gewonnenen DNA-Codes – nicht durch das Gesetz begrenzt sei, könne aus der unklaren Formulierung des § 81 g Abs. 3 StPO mit seinem Verweis auf §§ 81 a Abs. 2, 81 f StPO nicht geschlossen werden, auch für die Anordnung der Maßnahmen nach § 2 DNA-IFG sei der Ermittlungsrichter zuständig. Die Bedeutung und Schwere der Eingriffe verlange nach eindeutigen Regelungen, an denen es bisher für Fälle des § 2 DNA-IFG fehle.
Vor diesem Hintergrund ordnete das LG an, dass die dem Betroffenen entnommene Speichelprobe ebenso zu vernichten sei wie die beim LKA gewonnenen Erkenntnisse zur Feststellung des DNA-Identifizierungsmusters; zudem seien seine Daten aus der beim BKA geführten DNA-Analysedatei zu entfernen.
Demgegenüber hatte der **BGH** bereits mit **Beschluss vom 31. März 1999** klargestellt, dass für Maßnahmen nach § 81 g StPO der Ermittlungsrichter bei dem AG zu entscheiden habe, in dessen Bezirk die Entnahme der Körperzellen erfolgen solle[817]. Die Zellentnahme in Altfällen stütze sich zwar ausschließlich auf § 2 DNA-IFG und damit auf eine Norm außerhalb der StPO, zudem erfolge sie außerhalb eines (kon-

---

[816] Gemeint ist wohl die Erleichterung der Aufklärung künftiger Straftaten, was in dem Beschluss jedoch nur im Gesamtkontext deutlich wird.
[817] BGH StV 1999, S. 302 f.

kret) anhängigen Strafverfahrens und diene der Beweissicherung erst in künftigen Strafverfahren. Es handele sich dabei aber nur scheinbar um eine rein präventive Maßnahme der vorbeugenden Verbrechensbekämpfung. Denn richterliche Untersuchungshandlungen nach § 2 DNA-IFG stellten sich – da ihr Ziel die Beweissicherung in künftigen Strafverfahren sei – als Strafverfolgungsmaßnahmen im weiteren Sinne dar. Es handele sich um eine Art „Annex-Entscheidung" im Anschluss an ein bereits abgeschlossenes Strafverfahren und darüber hinaus verlange die richterliche Entscheidung nach § 81 g StPO, die § 2 DNA-IFG in Bezug nehme, eine Gefahrenprognose, die *strafrichterliche*[818] Erfahrungen voraussetze.
Inhaltlich befassen sich die meisten der bisher veröffentlichen Entscheidungen mit den Anforderungen, die an eine Straftat von erheblicher Bedeutung sowie an die Prognose-Entscheidung über die Wiederholungsgefahr zu stellen sind:
So hatte das **LG Koblenz** in einem **Beschluss vom 19. Januar 1999**[819] die Auffassung vertreten, bei Verstößen gegen das BtMG seien Maßnahmen nach § 2 DNA-IFG in keinem Fall vom Verhältnismäßigkeits-Grundsatz gedeckt. Denn beim Handel mit Betäubungsmitteln sei schon angesichts des Deliktstypus nicht damit zu rechnen, dass der Täter im Zusammenhang mit einer künftigen Straftat Identifizierungsmaterial am Tatort hinterlassen werde. Demnach schieden Maßnahmen nach dem DNA-IFG bei Verstößen gegen das BtMG – wie zum Beispiel der gemeinschaftlichen Einfuhr von Betäubungsmitteln oder dem Handeltreiben mit Betäubungsmitteln in nicht geringer Menge – grundsätzlich aus. Daran ändere auch der Umstand nichts, dass der Betroffene mittlerweile erneut wegen Handeltreibens mit Betäubungsmitteln verurteilt worden sei[820].
Demgegenüber stellte das **LG Bautzen** in seinem **Beschluss vom 20. Januar 2000**[821] zunächst fest, die Aussetzung einer Strafe zur Bewährung schließe eine Anordnung nach § 2 DNA-IFG nicht grundsätzlich aus. Denn der Betroffene befinde sich bereits wegen des dringenden Tatverdachts weiterer Straftaten von erheblicher Bedeutung erneut in Untersuchungshaft. Auch wenn dies die Aussetzung des Strafrestes einer bereits verwirkten Strafe nach § 57 Abs. 1 StGB nicht hindere, begründe ein solcher Tatverdacht doch die im Rahmen des § 2 DNA-IFG erforderliche Negativ-Prognose. Ferner sei die Anordnung der Entnahme von Körperzellen bei Betäubungsmittel-Delikten keineswegs mit Blick darauf unverhältnismäßig, dass der Täter dabei typischerweise kein „Identifizierungsmaterial" am Tatort hinterlassen werde, wie dies etwa bei einer Anstiftung oder Delikten wie Meineid oder Verleumdung regelmäßig anzunehmen sein werde. Vielmehr bestünden durchaus Anhaltspunkte für die Annahme, dass bei Taten gegen das Betäubungsmittelgesetz derartige Spuren aufgefunden werden könnten. Denn aufgrund des breiten Anwendungsbereichs, den die DNA-Analyse mittlerweile einnehme, genüge schon ein minimales Spuren-Aufkommen. Der auch für erstinstanzliche Verfahren zuständigen Kammer seien aus eigener Anschauung Verfahren bekannt, in denen ein Tatnachweis ohne die sich auf minimale Spurenaufkommen stützende DNA-Analyse nicht möglich gewesen wäre. Dafür seien u.a. folgende Fallkonstellationen denkbar:

---

818 Hervorhebung im Original.
819 LG Koblenz StV 1999, S. 141.
820 So auch: AG Kaiserslautern StV 2000, S. 72 f.
821 LG Bautzen NJW 2000, S. 1207 f.

- Die Polizei erlange Kenntnis von einem Rauschgifthandel, komme jedoch zu spät zum Tatort und finde dort Zigarettenkippen mit Speichel-Anhaftungen oder Haare der Täter vor,
- es würden Gegenstände beschlagnahmt, die zum Rauschgift-Transport gedient hätten – insofern seien Spuren in Tatfahrzeugen, aber auch an Koffern, Taschen, Beuteln denkbar, in denen das Rauschgift transportiert worden sei,
- selbst anhand getragener Kleidungsstücke oder bei der Rauschgift-Übergabe verwendeter Gummihandschuhe könne die DNA-Analyse das entscheidende Beweismittel liefern.

Insofern könne gesagt werden, dass bei dem hier zu entscheidenden Fall des Handeltreibens mit Betäubungsmitteln die DNA-Analyse in vielen denkbaren Fallkonstellationen zur Tataufklärung beitragen könne. Im Übrigen müsse berücksichtigt werden, dass künftig mit einer noch weitergehenden Verfeinerung der DNA-Analysemethoden und einem noch breiteren Spektrum dieser Untersuchungs- und Aufklärungsmethode zu rechnen sei. Dieser Überlegung räume die Kammer besonderes Gewicht ein, weil die infrage stehende Zell-Entnahme schließlich der Identitätsfeststellung in künftigen Strafverfahren diene.

Das **LG Zweibrücken**[822] hatte sich 1999 mit einem Fall zu befassen, in dem das AG gegen die Beschwerdeführerin auf Antrag der Staatsanwaltschaft die Entnahme einer Zellprobe zur DNA-Analyse angeordnet hatte. Diese war sechs Jahre zuvor wegen Brandstiftung in Tateinheit mit Versicherungsbetrug zu einer Freiheitsstrafe von einem Jahr und neun Monaten mit Bewährung verurteilt worden. Auf die dagegen gerichtete Beschwerde hob das LG die Anordnung mit **Beschluss vom 09. März 1999** wieder auf: Es handele sich zwar bei der von der Verurteilten begangenen Brandstiftung um eine erhebliche Straftat nach § 81 g StPO. Jedoch fehle es an der Wiederholungsgefahr. Diese sei dann zu bejahen, wenn wegen der Art oder Ausführung der Tat, der Persönlichkeit des Betroffenen oder sonstiger Erkenntnisse zu der Besorgnis Anlass bestehe, dass der Verurteilte künftig von Strafverfolgung wegen einer Tat von erheblicher Bedeutung betroffen sein wird. Eine solche Gefahrenprognose sei unter Berücksichtigung der Umstände des Einzelfalles zu treffen, wobei einschlägige Vorstrafen entscheidende Bedeutung hätten. Im Übrigen vertrat die Kammer in Anlehnung an *Senge*[823] die Auffassung, dass auf die von der Rechtsprechung zu §§ 63, 64 StGB entwickelten Grundsätze zurückgegriffen werden könne. Vor diesem Hintergrund könne die in dem amtsrichterlichen Beschluss angenommene Wiederholungsgefahr nicht bejaht werden. Denn der Verurteilung lag ein Fall zugrunde, in dem die Beschwerdeführerin das von ihr und ihrem Ehemann betriebene Freizeit-Center in Brand gesetzt habe, um aufgrund dessen die Versicherungssumme zu erhalten. Dazu sei es aufgrund des Umstandes gekommen, dass beide sich in erheblichen wirtschaftlichen Schwierigkeiten befunden hätten. Im Übrigen sei die Beschwerdeführerin jedoch zur Tatzeit nicht vorbestraft gewesen und auch sonst strafrechtlich nicht in Erscheinung getreten. Allein ihre noch aus der Tat herrührende erhebliche Schuldenlast sei für sich genommen nicht Anlass genug, eine Wiederholungsgefahr zu bejahen. Es fehle an jedem Anhaltspunkt dafür, dass die Beschwerdeführerin besonders gefährlich sei oder einen Hang zu Straftaten aufweise. In Anbetracht dessen sehe die Kammer kei-

---

822 LG Zweibrücken StV 1999, S. 303.
823 Senge, in: KK-StPO, § 81 g, Rn. 5.

nen Grund für die Annahme, dass gegen sie künftig erneut Strafverfahren wegen eines ähnlichen Delikts zu führen sein würden.
Das **LG Nürnberg-Fürth** hob mit **Beschluss vom 02. November 1999** die amtsgerichtliche Anordnung der Entnahme von Zellmaterial und die Anordnung einer DNA-Analyse auf[824]: Beschwerdeführer war ein zum Zeitpunkt der Tat im September 1992 22- jähriger. Dieser war unter dem 08. März 1994 vom LG wegen gefährlicher Körperverletzung in zwei Fällen zu einer Gesamt-Freiheitsstrafe von zwei Jahren und neun Monaten verurteilt worden. Nach Verbüßung der Hälfte der Strafe wurde die Rest-Strafe vom OLG im Beschwerdeverfahren zur Bewährung ausgesetzt, die nach Ablauf der Bewährungszeit durch Beschluss des LG erlassen wurde. Der Betroffene hatte sich – wie im Urteil des LG festgestellt – aus mangelnder persönlicher Reife und einem in einem Beziehungskonflikt wurzelnden Erregungszustand zu der Tat hinreißen lassen. Im Zeitpunkt der Tat war er nicht vorbestraft, er hatte sich im Vollzug einwandfrei geführt und sich auch in der Folgezeit nichts mehr zu Schulden kommen lassen. Daraus lasse sich schlussfolgern, dass sich seine Persönlichkeit in den letzten sechs Jahren positiv entwickelt habe, und dass ein Reifedefizit nicht mehr zu befürchten sei. Hinzu komme, dass er mittlerweile geheiratet habe, einer geregelten Arbeit nachgehe, und dass seine Ehefrau ein Kind von ihm erwarte. Aus alledem ergebe sich, dass er mittlerweile wieder sozial integriert und demnach nicht zu erwarten sei, dass er künftig wieder straffällig werde.
Ähnlich wie das BVerfG in seinem Beschluss vom 15. März 2001 hat das **LG Frankenthal** in seinem **Beschluss vom 21. März 2000**[825] das Verhältnis einer Strafaussetzung zur Bewährung durch das verurteilende Gericht und der Annahme der Wiederholungsgefahr beurteilt: Dort wurde ersterer eine gewisse Indizwirkung für die Ablehnung letzterer beigemessen: Das verurteilende AG sei davon ausgegangen, die Strafvollstreckung habe angesichts des Eindrucks der Untersuchungshaft auf den bis dato nicht vorbestraften Angeklagten und der günstigen Sozialprognose zur Bewährung ausgesetzt werden können. Aus dem Urteil ließen sich weder mit Blick auf die Feststellungen zur Tat noch zur Person des Täters Umstände entnehmen, die die Annahme einer künftigen einschlägigen Straffälligkeit wahrscheinlich scheinen ließen. Anhaltspunkte dafür, dass sich die Sozialprognose nicht bestätigt habe, lägen nicht vor.
Folgenden Fall hatte im **April 2000** das **LG Bremen** zu beurteilen[826]: Der Beschwerdeführer war im Februar 1991 durch Urteil des LG wegen schwerer räuberischer Erpressung in Tateinheit mit versuchter schwerer räuberischer Erpressung sowie schweren Raubes – begangen im Oktober und November 1990 – zu einer Gesamtfreiheitsstrafe von vier Jahren verurteilt worden. Beide Taten hat der damals schwer kokain- und heroinabhängige Beschwerdeführer unter den Voraussetzungen des § 21 StGB begangen. Die Kammer stellte in ihren Entscheidungsgründen fest, der Angeklagte gehöre nicht zu den „typischen Gewalttätern". Im Zeitpunkt der Taten war er nur gering vorbestraft. Obwohl es im Strafvollzug zu einem Fall unerlaubten Betäubungsmittel-Besitzes kam, hat das LG im Januar 1993 der Zurückstellung der Straf-

[824] LG Nürnberg-Fürth StV 2000, S. 71 f. Ähnliche Fälle liegen den Entscheidungen LG Tübingen StV 2000, S. 114 und LG Hannover StV 2000, S. 303 zugrunde. Auch hier hoben das LGe die nicht weiter begründete Entnahme- und Untersuchungs-Anordnungen der AGe auf.
[825] LG Frankenthal StV 2000, S. 303.
[826] LG Bremen StV 2000, S. 303 f.

vollstreckung gem. § 35 BtMG für die Dauer einer Therapie zugestimmt. Die Therapie hat der Beschwerdeführer im Januar 1994 regulär beendet, woraufhin das LG durch Beschluss die Verbüßung des Strafrests zur Bewährung ausgesetzt hat; nach Ablauf der Bewährungszeit war die Strafe im Juni 1997 erlassen worden. Seit seiner Haftentlassung arbeitete der Beschwerdeführer durchgängig als LKW-Fahrer und lebt in einer festen Partnerschaft; neue Straftaten wurden nicht bekannt. Auf Antrag der Staatsanwaltschaft hatte das AG die Entnahme einer Zellprobe und deren molekulargenetische Untersuchung angeordnet.
Diesen Beschluss hob das LG mit der Begründung auf, angesichts seiner Lebensführung in den vergangenen Jahren bestehe kein Grund zu der Annahme, der Beschwerdeführer werde künftig wegen einschlägiger Straftaten in Erscheinung treten. Seine Straftaten lägen mehr als neun Jahre zurück, die Drogentherapie sei vor mehr als sechs Jahren mit Erfolg abgeschlossen worden. Demgegenüber könne die bloße Feststellung, bei einer Tatbegehung aufgrund einer Drogenabhängigkeit sei die Rückfallgefahr auch dann nicht auszuschließen, wenn derzeit ein Zustand der Drogenfreiheit erreicht sei, die erforderliche Negativprognose nicht begründen.
Demgegenüber verwarf das **LG Ingolstadt** mit **Beschluss vom 15. November 1999** eine gegen die amtsrichterliche Anordnung gem. § 2 DNA-IFG gerichtete Beschwerde[827]: Der Beschwerdeführer war im September 1999 wegen Misshandlung von Schutzbefohlenen in sechs Fällen zu einer Gesamtfreiheitsstrafe von acht Monaten verurteilt worden – das AG setzte die Vollstreckung dieser Strafe zur Bewährung aus. Das LG geht davon aus, dass durch die DNA-Datenerhebung zwar in das grundgesetzlich geschützte Recht auf informationelle Selbstbestimmung eingegriffen werde. Dies stehe jedoch bei Erhebung polizeilich relevanter Daten einem Straftäter nicht in demselben Umfang zu wie einem unbescholtenen Bürger. Denn durch die Begehung der Straftat habe der Täter den Behörden selbst den Anlass und damit die Rechtfertigung für die Erhebung persönlicher Daten gegeben, soweit sie zur eindeutigen Identifizierung seiner Person, aber auch zur Verhinderung künftiger Straftaten notwendig und geeignet seien. Demnach seien im Falle des Beschwerdeführers die Voraussetzungen erfüllt, unter denen dieser Grundrechts-Eingriff gerechtfertigt werden könne: Zunächst handele es sich bei der abgeurteilten Straftat um eine solche von erheblicher Bedeutung, wie sich eindeutig aus der zwischenzeitlich in das DNA-IFG eingefügten Anlage mit der numerischen Aufzählung derjenigen Straftatbestände ergebe, bei denen eine DNA-Analyse zulässig sei. Ferner sei die Wiederholungsgefahr hier nicht deshalb ausgeschlossen, weil das AG die Strafe gegen den Beschwerdeführer zur Bewährung ausgesetzt habe. Diese Überlegung folge aus dem Umstand, dass gem. § 2 DNA-IFG eine nachträgliche Datenerhebung auch dann zulässig sei, wenn es wegen erwiesener oder nicht auszuschließender Schuldunfähigkeit usw. gar nicht zu einer Verurteilung gekommen ist. Denn sonst laufe man Gefahr, dass der – auf Bewährung – verurteilte Straftäter „besser wegkomme" als derjenige, der strafrechtlich überhaupt nicht verurteilt worden ist.
Die Aussetzung der Strafe zur Bewährung hindere auch nicht die Bejahung der Wiederholungsgefahr, denn § 56 StGB liege ein anderer Beurteilungsmaßstab zugrunde als § 81 g StPO. Der unterschiedliche Prüfungsrahmen beider Normen finde seine Rechtfertigung in dem jeweils verschiedenen Regelungszweck: Soweit es um die

[827] LG Ingolstadt NJW 2000, S. 749 ff.

Verhängung einer (angemessenen) Strafe gehe, stehe die Ahndung bereits begangenen Unrechts zur Debatte. Bei der DNA-Anlalyse nach § 81 g StPO handele es sich dagegen um präventive Maßnahmen zum Zwecke der Identitätsfeststellung in künftigen Strafverfahren. Der unterschiedlichen Zielrichtung entsprechend könnten somit die beiden Prognose-Entscheidungen nicht dadurch vermengt werden, dass die Voraussetzungen des § 56 StGB und diejenigen des § 81 g StPO gleichgestellt würden. Hinzu komme der Charakter des § 81 g StPO als Norm der Gefahrenabwehr. In diesem Sinne sei er Gesetzgeber davon ausgegangen, dass der Begriff der Gefahr im weitesten Sinne zu verstehen sei. Es sei aus den übrigen Gesetzesmaterialien nicht ersichtlich, dass diese explizit zu § 3 DNA-IFG mitgeteilte Rechtsauffassung des Gesetzgebers nicht auch für das Gesetzeswerk insgesamt Geltung beanspruchen könne.

In diesem Sinne steht das **LG Göttingen** auf dem Standpunkt[828], es seien im Rahmen der § 81 g StPO/ § 2 DNA-IFG „keine allzu hohen Anforderungen an die Gefahrenprognose zu stellen". Es könnten und müssten weder die Persönlichkeit des Betroffenen in einer Sozialprognose in einer dem § 56 StGB entsprechenden Weise gewürdigt noch Ermittlungen hinsichtlich seiner aktuellen Lebensumstände angestellt werden. Einen besonderen Grad an Wahrscheinlichkeit verlange § 81 g StPO nicht. Das LG zieht insofern eine Parallele zur Rechtsprechung des BVerwG bei erkennungsdientlichen Maßnahmen: Danach bedeutet die Erwartung, dass der Verurteilte auch ohne die Einwirkung des Strafvollzuges künftig keine Straftaten mehr begehen wird, nicht, dass sichere Gewähr für künftig straffreies Leben besteht. Es reiche aus, dass die Wahrscheinlichkeit künftigen straffreien Verhaltens größer sei als diejenige erneuter Strafbarkeit. Eine jeden Zweifel ausschließende Gewissheit könne nicht verlangt werden, weil die Vorschrift des § 56 Abs. 1 StGB sonst entgegen ihrem kriminalpolitischen Zweck auf einen zu engen Bereich von Fällen beschränkt bleibe. Die Notwendigkeit der Sicherung von Unterlagen für Zwecke des Erkennungsdienstes sei aber bereits dann zu bejahen, wenn nach den gesamten Umständen des Falles begründete Anhaltspunkte dafür bestünden, dass der Betroffene künftig oder andernorts gegenwärtig strafrechtlich in Erscheinung treten werde und deswegen mit guten Gründen in den Kreis potenzieller Beteiligter an einer strafbaren Handlung einbezogen werden könne[829]. Demnach vertritt das LG Göttingen die Auffassung, im Rahmen der Prognose-Entscheidung nach § 81 g StPO genüge es, dass die Art oder Ausführung der Anlasstat und die Persönlichkeit des Verurteilten oder andere Umstände im Einzelfall Grund zu der Annahme gäben, dass der Verurteilte zum Kreis der potenziell Verdächtigen einer zukünftigen, noch aufzuklärenden Straftat gehören kann und das Ergebnis der molekulargenetischen Untersuchung dann zur Überführung oder Entlastung des Betroffenen beitragen wird. Schließlich sei noch darauf zu verweisen, dass die Stellung relativ geringer Anforderungen an die Prognose-Entscheidung auch nicht gegen den Grundsatz der Verhältnismäßigkeit verstoße. Denn mit der Abnahme der DNA-Probe sei kein erheblicher Eingriff in die körperliche Unversehrtheit verbunden. Und da die DNA-Identifizierungsmuster des Betroffenen ausschließlich beim BKA gespeichert werden dürften, sei die Anordnung auch im Hinblick auf das Grundrecht auf informationelle Selbstbestimmung verhältnismäßig, selbst wenn die Wiederho-

[828] LG Göttingen NJW 2000, S. 751 f.
[829] BVerwGE 66, S. 192 (200 f.).

lungsgefahr zum Zeitpunkt der Entscheidung nicht als besonders groß einzuschätzen sei.

Ob und inwieweit diese von der Rechtsprechung herausgearbeiteten Leitlinien bei der Anwendung des § 2 DNA-IFG bzw. § 81 g StPO mit den Grundrechten der Betroffenen, vor allem der vor diesem Hintergrund entwickelten Auffassung des BVerfG[830] vereinbar sind, wird noch im Einzelnen[831] zu untersuchen sein.

c. Stellungnahmen in der Literatur

Auch in der Literatur wird die Diskussion um § 2 DNA-IFG bzw. § 81 g StPO ausführlich und kontrovers geführt. Im Folgenden sollen einige für den bisherigen Meinungsstand repräsentative Stellungnahmen dargelegt werden:

aa. Die Auffassung Paeffgens

Kritisch setzt sich *Paeffgen* mit § 81 g StPO auseinander[832]. Die darin festgeschriebene Datenspeicherung sieht er als „symptomatisch für den Umgang mit einmal erhobenen Daten und die Risiken einer extensiven Informationssammlung wie auch für das zunehmende Sich-Verschleifen von Repression und Prävention in einem umfassenden Gefüge der Sicherheit'" an. Die Norm diene eigentlich der Vorsorge für künftige Strafverfolgung, also der Prävention im herkömmlichen Sinne. Man schaue schon gar nicht mehr auf die dubiose Bundeskompetenz für dieses klassisch-polizeiliches Tun. Ferner seien die Möglichkeiten der späteren Verwendung „listigerweise" in der StPO selbst erst gar nicht zu finden; diese fänden sich vielmehr versteckt in § 3 DNA-IFG, der die Speicherung und Verarbeitung der Daten beim BKA nach dem BKAG als zulässig erkläre. Insoweit laufe die Norm parallel zu § 81 b StPO. Indem jedoch § 3 S. 3 DNA-IFG erkläre, Auskunftsersuchen blieben nicht auf Strafverfahren beschränkt, sondern auch möglich zur (allgemeinen) Gefahrenabwehr und zur internationalen Rechtshilfe, sei das vom BVerfG einmal hochstilisierte Zulässigkeits-Erfordernis der Zweckbindung zu einem „amöbenhaften Gebilde" verkümmert[833]. Wenn man aber eine derartige (Daten-) „Permeabilität" erst einmal zugelassen habe, gebe es bald kein Halten mehr. Denn es werde stets rationale Gründe für derartige Nutzen-Erweiterungen geben. Die bis zur Grenze des Kernbereichs des Rechts alles relativierende Verhältnismäßigkeit erlaube grundsätzlich, beinahe jeden Eingriff zu legitimieren, solange das zu verteidigende Rechtsgut genug Gewicht besitze. Halte man dies für hinnehmbar, dürfe man es bei der „Neu-Instrumentierung" der Daten nicht mit der ursprünglichen Rechtfertigung bewenden lassen, mit der sie einst erhoben wurden. Insbesondere müsse über den konkreten Eingriff[834] die (daraus resultierende) schlichte Existenz der Datenbestände als abstrakte Gefährdung des Persönlichkeitsrechts begriffen werden. Da die bisher bestehenden Normen (§§ 81 b, 81 g StPO) keine allzu hohen Eingriffsschwellen aufwiesen, liege darin ein erhebliches Risikopotenzial – insbesondere durch privaten Zugriff auf Datenbestände. Dem jedoch zeige sich der

---

[830] Dazu oben 1.a.

[831] S. unten 2.a-g.

[832] Paeffgen, StV 1999, S. 625 (626 f.).

[833] Paeffgen, a.a.O., S. 626.

[834] Gemeint ist die bloße Daten*erhebung* als solche.

Staat bis heute nicht einmal ansatzweise gewachsen[835].

bb. Die Ansicht Benfers

Benfer macht vor allem auf zwei problematische Aspekte des § 81 g StPO aufmerksam[836]: Zum einen gebe § 81 g StPO den Strafverfolgungsbehörden (erleichterte) Möglichkeiten für die Aufklärung solcher Straftaten an die Hand, die ein wegen bestimmter Delikte bereits überführter Straftäter künftig wahrscheinlich begehen wird. Dies stellt – *Benfer* zufolge – einen klassischen Fall der sog. „Vorsorge für die Verfolgung von Straftaten" dar, wie sie in den Polizeigesetzen der Länder geregelt ist (vgl. § 1 Abs. 1 S. 2 NW PolG; § 1 Abs. 1 S. 3 NGefAG)[837]. Obwohl es bei dem insofern vergleichbaren § 81 b 2. Fall StPO einhellige Meinung sei, dass dieser dem Recht der Gefahrenabwehr zuzurechnen ist, werde darauf mit Blick auf § 81 g StPO wohl kaum jemand kommen.

Zum anderen hebt *Benfer* die Bedeutung der molekulargenetischen Untersuchung und Datenspeicherung für das Grundrecht auf informationelle Selbstbestimmung hervor. Während dies bei Maßnahmen nach § 81 a StPO regelmäßig nur marginal tangiert werde (z.B. bei der Feststellung der BAK im Tatzeitpunkt), erhielten die Strafverfolgungsbehörden bei einem Vorgehen nach § 81 g StPO sozusagen den Schlüssel zum Kern der Persönlichkeit des Betroffenen. Wenn man schon das Recht habe, selbst zu bestimmen, ob die eigene Stimme auf Tonband aufgezeichnet werde und was mit dieser Aufnahme geschehe, müsse auch und gerade das DNA-Identifizierungsmuster unter dem Schutz der Verfassung stehen. Denn mithilfe der molekulargenetischen Analyse könnten die Erbinformationen des Menschen entschlüsselt werden; damit einher gehe eine wesentlich weiter gehende Beeinträchtigung der subjektiven Rechte des Betroffenen als dies bis dato möglich gewesen sei, und darin liege zumindest prinzipiell auch eine Verletzung des unantastbaren Persönlichkeitsbereiches. Dies könne nur solange vermieden werde, als die Untersuchung auf den nicht codierten Bereich beschränkt bleibe. Aus der (potenziellen) Grundrechtsrelevanz dieser Analysetechnik folgert *Benfer*, dass sie nur aufgrund eines Gesetzes erfolgen dürfe, und dass auch der einzelne Grundrechtseingriff dem Verhältnismäßigkeits-Grundsatz zu genügen habe. Dabei müsse dann auch der Gedanke Berücksichtigung finden, dass niemand für sich das Recht in Anspruch nehmen könne, nicht als Täter einer schweren Straftat überführt zu werden.

cc. Die Meinung von Markwardt/ Brodersen

In ihrem Beitrag zur Problematik des § 81 g StPO befassen sich *Markwardt/ Brodersen* mit der sog. „Prognoseklausel", also mit der Frage, unter welchen Umständen eine Wiederholungsgefahr bejaht werden kann, die Voraussetzung für die Entnahme, Analyse und Speicherung der DNA bei einem Straftäter ist[838]. Die Anforderungen an diese Prognose-Entscheidung bestimmen sich ihrer Auffassung nach anhand einer Güterabwägung, in die einerseits die Tiefe des Eingriffs in das Persönlichkeitsrecht aufseiten des von der Feststellung Betroffenen und andererseits Gewicht und Wahr-

---

[835] Paeffgen, a.a.O., S. 627.
[836] Benfer, StV 1999, S. 402 ff.
[837] Benfer, a.a.O., S. 402 mit Fn. 3.
[838] Markwardt/ Brodersen, NJW 2000, S. 692 ff.

scheinlichkeit der potenziellen Rechtsgutsbeeinträchtigung einzustellen sind. Sie gehen davon aus, die Prognose-Entscheidung im Rahmen des § 81 g StPO sei anhand anderer Maßstäbe vorzunehmen als diejenige bei § 56 Abs. 1 StGB: Insofern verweisen (auch) sie auf die unterschiedlichen Zielrichtungen der Strafaussetzung zur Bewährung einerseits und der DNA-Speicherung nach § 81 g StPO i.V.m. § 8 BKAG andererseits. Ähnlich wie das LG Göttingen[839] ziehen sie die Rechtsprechung des BVerwG zu § 81 b 2. Fall StPO zur Interpretation heran: Während es bei § 56 Abs. 1 StGB ausreichend sei, dass die Wahrscheinlichkeit künftig straffreien Verhaltens größer sei als diejenige erneuter Strafbarkeit und das Risiko einer Fehlprognose mitunter auch (bewusst) in Kauf genommen werden könne, sei die Erhebung erkennungsdienstlicher Unterlagen in Vorsorge für die künftige Aufklärung von Straftaten bereits dann zu bejahen, wenn begründete Anhaltspunkte dafür bestünden, dass der Betroffene künftig erneut straffällig werde. Diese Rechtsprechung des BVerwG könne für den hier in Rede stehenden Kontext übernommen werden. Denn es komme hinzu, dass sich § 81 g StPO auch in der Weise von § 56 StGB unterscheide, als dieser künftige Straf*taten* zum Maßstab nehme, wohingegen bei jenem bereits künftige Straf*verfahren* betroffen seien. Im Gegensatz zu der rein zukunftsgerichteten Prognose des § 56 StGB komme bei § 81 g StPO insofern auch eine in der Vergangenheit liegende Tat infrage, die lediglich erst zu einem späteren Zeitpunkt aufgeklärt werde – gerade bei der DNA-Identitätsfeststellung sei dies nicht selten der Fall[840].

Was den Inhalt der selbstständigen Prognose im Rahmen des § 81 g StPO angehe, seien folgende Kriterien zur Grundlage der Entscheidung zu machen: In Bezug auf „Art und Ausführung" könne zunächst an die Schwere der begangenen Tat angeknüpft werden. Sie sei schon deshalb ein wesentliches Indiz, weil die vom Täter aufgebrachte kriminelle Energie auch bei einem Einzeldelikt Anhaltspunkte dafür biete, dass dieser erneut einschlägige Taten begehen werde; bei schweren Sexual- und Gewalttaten müssten demnach keine weiteren Kriterien hinzukommen, um eine Maßnahme nach § 81 g StPO zu veranlassen. In diesem Kontext seien auch das Vor- und Nachtatverhalten von Belang. Hinsichtlich der „Persönlichkeit des Täters" sei die aus der Tat sprechende Gesinnung ebenso zu berücksichtigen wie eine offenbar niedrige Hemmschwelle, seine „kriminelle Karriere", die Häufigkeit seines Auftretens – auch „nur" als Tatverdächtiger/ Beschuldigter ohne Verurteilung - , die Zeiträume zwischen den einzelnen Taten, Hinweise auf sein soziales Umfeld und damit seine beruflichen und privaten Lebensumstände und Bindungen sowie etwaige Vorstrafen. Als „sonstige Erkenntnisse" kämen kriminalistisch bzw. kriminologisch anerkannte Erfahrungssätze infrage, wie etwa das sog. „Steigerungsverhalten" (vom Exhibitionisten zum Vergewaltiger).

Ferner sei zu beachten, dass § 81 g StPO in doppelter Hinsicht eine qualifizierte Tat voraussetze, sowohl die Anlasstat als auch die zu erwartende Tat müssten eine solche „von erheblicher Bedeutung" sein. Weder der Straftatenkatalog in der Anlage zu § 2 c DNA-IFG noch die in § 81 g StPO genannten Regelbeispiele seien insofern abschließend zu verstehen; es ließen sich dem Gesetz keine Straftatbestände entnehmen, bei denen die Negativprognose stets ausgeschlossen sei. Nach dem Zweck der Vorschrift sei aber davon auszugehen, dass die Entnahme von Körperzellen und de-

---

839 Vgl. oben bb.

840 Markwardt/ Brodersen, NJW 2000, S. 692 (694). Hervorhebungen im Original.

ren molekulargenetische Untersuchung nur dann zulässig sein könne, wenn bei künftig aufzuklärenden Taten mit entsprechenden Tatortspuren zu rechnen sei. Dies sei allerdings nur in seltenen Fällen (sicher) auszuschließen. Selbst die in der Gesetzesbegründung genannten (Ausnahme-) Tatbestände wie § 187 StGB passten nicht in allen Fällen, denn schließlich sei es denkbar, dass der Verleumder eine Briefmarke auf den verleumderischen Brief mit seinem Speichel befestige. Im Übrigen gelte dies für alle Schreibtischtäter, also insbesondere für Wirtschaftskriminelle oder die Hintermänner der Betäubungsmittelkriminalität, aber auch die Anstifter zu allen erdenklichen Straftaten von erheblicher Bedeutung. Hinzu komme in diesem Zusammenhang, dass in aller Regel nicht sicher prognostiziert werden könne, in welcher Beteiligungsform der Betroffene eine künftige Tat begehen werde. Einen Erfahrungssatz, dass jemand, der eine Anstiftung begehe, stets nur als Anstifter auftrete, gebe es nicht[841].
Entscheidend komme es ohnehin nur darauf an, dass bei der künftig zu begehenden Tat Körperzellen abgesondert würden; ob dies auch bei der Anlasstat geschehen sei, sei ohne Belang. Daher leuchteten Entscheidungen[842], die auf die Spurenlegung bei letzterer abstellten, von vornherein nicht ein. Insbesondere gehe die Berufung jener Beschlüsse auf den Wortlaut des § 81 g StPO – „wegen einer der vorgenannten Straftaten" – fehl, da diese Formulierung weniger auf die Identität von Anlass- und Prognosetat, als vielmehr darauf abstelle, dass beide Taten solche „von erheblicher Bedeutung" sein müssten[843].

2. Eigene Anmerkungen

Im Rahmen einer kritischen Stellungnahme zu den § 81 g StPO und § 2 DNA-IFG ist zunächst etwas klarzustellen: Grundsätzlich ist die vom Gesetzgeber 1998 geregelte Entnahme, Untersuchung und Speicherung von DNA-Identifizierungsmustern zu begrüßen. Zum einen wurde damit ein unsicherer Rechtszustand beendet, währenddessen die – allgemein als unverzichtbar erachtete – DNA-Analyse zur Identitätsfeststellung eines Straftäters ohne klare gesetzliche Regelung auskommen musste und ausschließlich auf § 8 BKAG gestützt wurde[844]. Zum anderen stellt die DNA-Analyse in der Tat ein äußerst effektives Mittel dar, um schwerste Straftaten verhältnismäßig schnell aufzuklären. Insofern ist dem BVerfG zuzustimmen, wenn es das gesetzgeberische Anliegen, die Aufklärung künftiger Straftaten von erheblicher Bedeutung zu erleichtern, als Ausprägung einer an rechtsstaatlichen Grundsätzen ausgerichteten Rechtspflege versteht und diesem einen hohen Rang beimisst. Es wäre in einem Rechtsstaat nicht zu akzeptieren, wenn nicht alle verfügbaren und mit den Grundrechten des Täters vereinbaren Mittel ausgenutzt würden, um schwerste Straftaten aufzuklären und den Täter einer gerechten Strafe zuzuführen.
Dass eine derart effektive Maßnahme zur Strafverfolgung zu Recht zugelassen und im Einzelnen rechtlich ausgestaltete wurde, kann daher nicht infrage gestellt werden[845].
Problematisch erscheint aber die **praktische Anwendung von § 81 g StPO und § 2**

---

841 Markwardt/ Brodersen, a.a.O., S. 695.
842 Wie LG Koblenz StV 1999, S. 141; LG Berlin NJW 200, S. 752.
843 Markwardt/ Brodersen, NJW 2000, S. 692 (695 f.).
844 Vgl. Ahlf, in: Ahlf/ Daub/ Lersch/ Störzer, BKAG, § 8, Rn. 15 ff.
845 Überzogen erscheint daher die Kritik des LG Münster (StV 1999, S. 141 ff., oben 1.b.), dazu sogleich a.

DNA-IFG. Nicht ohne Grund wurden oben[846] einige von der Rechtsprechung entschiedene Fälle ausführlich geschildert: Dies geschah mit dem Hintergedanken, dem Leser einen Eindruck davon zu vermitteln, wie leichtfertig die Entnahme, Analyse und Speicherung der DNA-Identifizierungsmuster durch die Gerichte angeordnet wurden[847]. Beunruhigend ist angesichts dessen auch die Überlegung, dass die Gerichte schließlich nur auf Antrag der Staatsanwaltschaft tätig wurden. Es verwundert, in welchen Fällen und mit welcher Härte ein der Gerechtigkeit und Objektivität verpflichtetes Rechtspflege- und Justizorgan[848] der Registrierung von (ehemaligen) Straftätern nachgeht. Man führe sich in diesem Zusammenhang nur noch einmal die dem Beschluss des BVerfG vom 15. März 2001 zugrunde liegenden Fälle vor Augen[849].
Im Folgenden soll versucht werden, unter Zugrundelegung der beiden richtungsweisenden Beschlüsse des BVerfG die Gesamtproblematik der Datensammlung und – speicherung nach § 81 g StPO und § 2 DNA-IFG darzustellen und einige Vorschläge zur praktischen Handhabung dieser Bestimmungen zu liefern. Dabei wird zunächst das Grundrecht auf informationelle Selbstbestimmung im Mittelpunkt stehen. Soweit davon auch das (Grund-) Recht auf Resozialisierung betroffen ist, finden sich dazu am Ende noch ergänzende Überlegungen.

a. Grundsätzliches / Einordnung der Datenspeicherung im Strafverfahrensrecht?

In der Diskussion um § 81 g StPO/ § 2 DNA-IFG wurde immer wieder die Frage aufgeworfen, ob es sich dabei um Strafverfahrens- oder nicht vielmehr um Gefahrenabwehrrecht handelt.
In zahlreichen Entscheidungen ist immer wieder die Rede davon, § 81 g StPO diene „Präventionszwecken[850]". Dieser Standpunkt wird vor allem vom LG Münster vertreten, das § 2 DNA-IFG deshalb dem Recht der Gefahrenabwehr zuordnet, weil er Erkenntnisse für künftige Strafverfahren sichern wolle. Dies sei gerade nicht Regelungsmaterie der StPO[851]. Bemerkenswert ist in diesem Zusammenhang auch die Auffassung des LG Ingolstadt, bei der DNA-Analyse nach § 81 g StPO handele es sich um präventive Maßnahmen zum Zwecke der Identitätsfeststellung in künftigen Strafverfahren; § 81 g StPO diene der Gefahrenabwehr im weitesten Sinne – noch mehr als diese These verwundert jedoch die Begründung: Dass die DNA-Datei der Gefahrenabwehr diene, lasse sich den Gesetzesmaterialien zu § 3 DNA-IFG entnehmen, und es seien keine Anhaltspunkte dafür ersichtlich, dass diese Rechtsauffassung nicht auch für das DNA-IFG insgesamt Geltung beanspruchen könne[852].
Diese beiden Standpunkte können nicht richtig sein. Der Beschluss des LG Ingolstadt erscheint schon deshalb zweifelhaft, weil es offenkundig – im Gegensatz zum LG

---

846 Vgl. 1.a und b.
847 Schon an dieser Stelle soll eingeräumt werden, dass der Grund für diese Entwicklung auch in der großen Arbeitsbelastung einiger Richter liegen kann, dazu Kamann, StV 1999, S. 10 f.
848 S. nur Kleinknecht/ Meyer-Goßner, StPO, § 160, Rn. 14.
849 Vergleichbare Fälle scheiterten vor dem LG Zweibrücken (StV 1999, S. 303) und dem LG Nürnberg-Fürth (StV 2000, S. 71 f.). Vgl. zu beiden Entscheidungen oben 1.b.
850 Vgl. LG Berlin NJW 1999, S. 302; AG Landau/ Pfalz NJW 1999, S. 302; AG Bremen, NStZ-RR 1999, S. 179 ff.
851 LG Münster StV 1999, S. 141 ff., s. oben 1.b.
852 LG Ingolstadt NJW 2000, S. 749 ff., s. oben 1.b.

Münster – nichts Problematisches darin sah, dass es vermeintlich Gefahrenabwehrrecht anwandte. Die Bezugnahme ausgerechnet auf § 3 DNA-IFG lässt die Entscheidung allerdings beinahe skurril erscheinen: Denn § 3 DNA-IFG normiert die – unter verfassungsrechtlichen Gesichtspunkten nicht unproblematische – Umwidmung der nach § 81 g StPO bzw. § 2 DNA-IFG zu Zwecken der Strafverfolgung erhobenen Daten für Zwecke der (allgemeinen) Gefahrenabwehr und der internationalen Rechtshilfe[853]. Dass § 3 DNA-IFG damit nach Auffassung des Gesetzgebers (auch) der Gefahrenabwehr dient, ist offensichtlich. In dieser Ausnahmeregelung nun jedoch einen allgemeinen Rechtsgrundsatz zu erblicken und damit die Grund-Normen (§ 2 DNA-IFG bzw. § 81 g StPO) dahingehend zu interpretieren, (auch) sie dienten der Gefahrenabwehr, stellt die Gesamtsystematik des DNA-IFG auf den Kopf. Denn wäre die Auffassung des LG Ingolstadt zutreffend, müsste man zu dem Schluss kommen, dass § 3 S. 4 DNA-IFG überflüssig ist, denn dann würden § 2 DNA-IFG/ § 81 g StPO bereits zur Datenspeicherung für Zwecke der Gefahrenabwehr berechtigen. Der Versuch, den Charakter dieser Bestimmungen mithilfe einer Umwidmungsregelung näher zu bestimmen, muss von vornherein zum Scheitern verurteilt sein.

Der Beschluss des LG Münster erscheint ähnlich missglückt, denn es ist in der Rechtsprechung des BVerfG anerkannt, dass für die Zuordnung eines Gesetzes zu einem bestimmten Kompetenzbereich nicht sein (zeitlicher) Anknüpfungspunkt (also: Strafverfolgung in der Gegenwart oder in der Zukunft) ausschlaggebend ist, sondern ausschließlich sein Regelungsgegenstand. Von Bedeutung ist allein die inhaltliche Ausgestaltung der Norm[854]. Nach dem klaren Wortlaut der Norm und auch nach der Intention des Gesetzgebers dienen § 81 g StPO und § 2 DNA-IFG aber ausschließlich dem Zweck, die Beweisführung in künftigen Strafverfahren zu erleichtern. Ferner weist das BVerfG zu Recht auf den Umstand hin, dass die Registrierung des DNA-Identifizierungsmusters eines potenziellen Straftäters nicht dazu geeignet ist, die Begehung der Straftat abzuwehren. Die Kenntnis der Strafverfolgungsbehörden von der Identität eines Täters bietet kaum eine Garantie dafür, dass dieser davon absieht, weitere Taten zu begehen. Die Datenspeicherung kann demnach nur darauf gerichtet sein, die Überführung des Täters zu beschleunigen – eben dies ist aber eine klassische Aufgabe des Strafprozesses.

Rogall gelangt daher mit Recht zu dem Ergebnis, bei § 81 g StPO handele es sich um „genuines Strafprozessrecht“. Den Kern der Problematik trifft seine Feststellung, diese Bemerkung gelte für „überhaupt alle Maßnahmen, deren Zweck in der Vorsorge für später zu führende Strafverfahren durch Bereitstellung von Informationen über mögliche Täter liegt.“ Unter verfassungsrechtlichen Kompetenzgesichtspunkten seien diese in erster Linie dem Strafverfahrensrecht und nicht etwa dem Polizeirecht zuzuordnen [855]. Damit erweist sich die oben[856] bereits angedeutete Problematik der „vorbeugenden Verbrechensbekämpfung“ (vgl. § 1 Abs. 1 S. 2 NW PolG und § 1 Abs. 1 S. 3 NGefAG) in diesem Zusammenhang auch im Hinblick auf Kompetenzgesichtspunkte

[853] Dazu noch unten e.

[854] Ausführungen dazu finden sich bereits im 2. und 4. Band der amtlichen Entscheidungssammlung, vgl. BVerfGE 2, S. 213 (221); BVerfGE 4, S. 60 (67 ff.); BVerfGE 68, S. 319 (327 f.).

[855] Rogall, in: SK-StPO, § 81 g, Rn. 1.

[856] Vgl. IV.1. und 2.

als sehr schwierig. Richtig verstanden dürfte es weniger § 81 g StPO[857] sein, der im Strafverfahrensrecht falsch platziert ist. Vielmehr gehört die sogenannte „vorbeugende Verbrechensbekämpfung" eigentlich nicht in die Polizeigesetze der Länder, sondern in die StPO:
Die damit verbundene Problematik kann hier erneut[858] nur angedeutet werden: Mit Recht wird darauf hingewiesen, das Strafverfahrensrecht biete keine Legitimation zur Festlegung von Ermittlungsmaßnahmen, um strafbare Handlungen bereits vorbeugend abzuwehren. Die präventive Wirkung des Strafrechts beschränke sich – sozusagen mittelbar – auf seine Existenz und die Gewissheit seiner Anwendung bei strafprozessual erwiesenem strafbaren Verhalten. Somit könnten weder die Eingriffsbefugnisse des Ermittlungs- noch diejenigen des Hauptverfahrens für die unmittelbare Straftatenbekämpfung genutzt werden. Auch die „Verdachtssuche" im „Vorfeld" tatsächlicher Anhaltspunkte für ein strafbares Verhalten könne niemals in die Kompetenz der Strafverfolgungsorgane fallen, solange Aufgabe der StPO die Wahrheitssuche im Hinblick auf die konkrete Anwendung des StGB und (noch) nicht die „operative Beseitigung der Kriminalität schlechthin" sei[859]. Nur deshalb dürfte die vorbeugende Straftatenbekämpfung schließlich in den Polizeigesetzen der Länder gelandet sein. Dieser Standort ändert aber nichts daran, dass die Einleitung eines strafrechtlichen Ermittlungsverfahrens nicht nur eine mögliche Folge, sondern das eigentliche Ziel der mit der „Vorbeugenden Bekämpfung von Straftaten" umschriebenen Tätigkeit ist[860] und dass der richtige Standort dafür die StPO wäre, soweit sie unter den oben genannten Prämissen überhaupt zulässig ist[861].
Für den hier in Rede stehenden Zusammenhang ergeben die angestellten Überlegungen Folgendes: Der strafprozessuale Charakter der § 81 g StPO/ § 2 DNA-IFG kann nicht ernsthaft infrage gestellt werden. Die Bestimmungen dienen nicht der Gefahrenabwehr, sondern der Strafverfolgung.

b. Grundlegende Anforderungen an die Entscheidung über eine DNA-Analyse

Die Praxis schenkte der Tatsache, dass die richterliche Anordnung nach § 81 g StPO/ § 2 DNA-IFG für den Betroffenen einen grundsätzlich rechtfertigungsbedürftigen Eingriff in das Grundrecht auf informationelle Selbstbestimmung darstellt, zunächst wenig Aufmerksamkeit. Zwar wies das LG Münster[862] auf den „schwerstwiegenden Grundrechtseingriff" hin, versäumte jedoch, diesen Standpunkt weiter zu substantiieren. Im Übrigen urteilten zahlreiche Gerichte auf der Linie der ursprünglich zu § 81 a StPO mitgeteilten Rechtsauffassung des Gesetzgebers, grundrechtlich relevant sei höchstens der Eingriff in die körperliche Integrität, nicht so sehr die spätere Auswertung des gewonnenen Materials bzw. die Speicherung der darauf basierenden Erkenntnisse[863]. Dabei wurde der Umstand übersehen, dass bereits das bloße Datensammeln einen Eingriff in den Schutzbereich des Rechts auf informationelle Selbstbestimmung dar-

---

[857] Dasselbe gilt für § 2 DNA-IFG.
[858] S. bereits oben IV.
[859] Lisken/ Denninger, in: dies, Handbuch des Polizeirechts, Abschnitt D, Rn. 25.
[860] Rachor, ebenda, Abschnitt F, Rn. 93.
[861] Vgl. Backes, KritV 1986, S. 315 (331 f.); Rachor, a.a.O.
[862] Vgl. oben 1.b.
[863] Dazu nur Wellbrock, in Taschke/Breidenstein, Die Genomanalyse im Strafverfahren, S. 217 ff.

stellt und damit grundrechtliche Relevanz aufweist. Gerade die – unspezifische – Anhäufung von Daten „auf Vorrat" hält das BVerfG für unvereinbar mit der Verfassung[864]. Mit Recht weist *Paeffgen* daher darauf hin, das bloße „Haben" von Daten, die schlichte Existenz der Datenbestände stelle stets eine abstrakte Gefährdung des Persönlichkeitsrechts dar[865].
Als exemplarisch für ein diesbezügliches mangelndes Problembewusstsein kann der Beschluss des LG Göttingen[866] angesehen werden, der die Verhältnismäßigkeit der Maßnahme schon deshalb bejahen will, weil die Abnahme der DNA-Probe keinen erheblichen Eingriff in die körperliche Unversehrtheit darstelle. Obwohl die Leitlinien des Volkszählungs-Urteils mittlerweile als „Allgemeingut[867]" betrachtet werden, war es im Wesentlichen wiederum das BVerfG, das dessen Erfordernissen auch im Rahmen der DNA-Identitätsfeststellung zum Durchbruch verhelfen musste. Es ist erstaunlich, wie schnell Teile von Literatur und Rechtsprechung im „Alltagsgeschäft" das Bewusstsein für verfassungsrechtlich abgeschirmte Lebensbereiche verlieren. Dies erstaunt umso mehr, als die Speicherung des DNA-Identifizierungsmusters einen klassischerweise am Grundrecht auf informationelle Selbstbestimmung zu messenden Bereich darstellt. So hat es das BVerfG in seinen beiden oben[868] dargelegten Entscheidungen auch nur wenige Zeilen gekostet, die Einschlägigkeit des Grundrechts zu erläutern.
Es ist bereits darauf hingewiesen worden, dass im Kontext des Rechts auf informationelle Selbstbestimmung der verfahrensrechtlichen Komponente der Grundrechte eine besondere Bedeutung beizumessen ist. Oftmals geht es gar nicht so sehr um die Frage des „Ob" der Datenspeicherung. Diejenigen Fälle, in denen der Staat für die von ihm erstrebte Datenspeicherung keinen verfassungsrechtlich tragfähigen Grund geltend machen kann, sind eher die Ausnahme[869]. Demgegenüber stellt die Regelung der Bedingungen, unter denen die Daten erhoben und weiterverarbeitet werden dürfen, in aller Regel das größere Problem dar. Daher betont das BVerfG in beiden hier in Rede stehenden Beschlüssen, dass der ordnungsgemäße Vollzug der gesetzlichen Bestimmungen den eigentlichen „Prüfstein" der DNA-Identitätsfeststellung darstellt.
Wenn man sich Sinn und Zweck der § 81 g StPO/ § 2 DNA-IFG vor Augen hält, zur Aufklärung schwerster Straftaten beizutragen, kann den Ausführungen des BVerfG nur zugestimmt werden. Insofern stellen die gesetzlichen Ermächtigungsgrundlagen ohne Zweifel eine verhältnismäßige, insbesondere einem legitimen Zweck verpflichtete Einschränkung des Grundrechts auf informationelle Selbstbestimmung dar.
Wenig befriedigend ist angesichts dieses Ergebnisses die schon mehrfach angesprochene Entscheidung des LG Münster: Selbst in seiner Ursprungsfassung bestimmte § 2 DNA-IFG i.V.m. § 81 g StPO die Voraussetzungen, unter denen die Entnahme und Analyse einer DNA-Probe zulässigerweise durchgeführt werden konnte, hinreichend klar. Die von den Fachgerichten verlangte „verfassungskonforme Auslegung" einfachen Gesetzesrechts hätte das LG also dazu führen können (bzw. müssen), die Anordnung nach § 2 DNA-IFG zu treffen, soweit – nach ordnungsgemäßer Ermittlung

[864] Vgl. nur BVerfGE 65, S. 1 (46).
[865] Vgl. Paeffgen, oben 1.b.
[866] Oben 1.b. am Ende.
[867] Riegel, Datenschutz bei den Sicherheitsbehörden, S. 1.
[868] Vgl. 1.a.
[869] Vgl. die Gedanken Paeffgens, oben 1.c.aa.

des Sachverhalts – die vom Gesetz geforderten Voraussetzungen erfüllt gewesen wären. Anstatt dessen wandte das LG Münster die Gesetzesnorm nicht nur nicht an, sondern verfügte darüber hinaus – ohne ersichtliche Rechtsgrundlage – die Löschung des festgestellten DNA-Identifizierungsmusters. Eine derartige Vorgehensweise ist mit der Bindung der Gerichte an Recht und Gesetz gem. Art. 20 Abs. 3 GG unvereinbar. Denn daraus folgt ohne weiteres die Pflicht, die Anordnungen des Gesetzes zu befolgen und sonst in ihrer Wirksamkeit zu respektieren[870]. Wäre das LG nach sachgerechter Prüfung des § 2 DNA-IFG tatsächlich zu dem Ergebnis gelangt, dass dieser – dem klaren Willen des Gesetzgebers zum Trotz – für einen Eingriff in das Grundrecht des Betroffenen auf informationelle Selbstbestimmung unvereinbar ist, hätte es das Verfahren aussetzen und die Entscheidung des BVerfG über die Verfassungsmäßigkeit der Norm im Wege der Richtervorlage nach Art. 100 Abs. 1 GG i.V.m. §§ 80 ff. BVerfGG einholen müssen. Das BVerfG hat dazu in einem schon im ersten Band der amtlichen Entscheidungssammlung veröffentlichten Entscheidung ausgeführt, die Monopolisierung der konkreten Normenkontrollentscheidung für förmliche Gesetze beim BVerfG solle verhüten, dass sich jedes Gericht ohne weiteres über den Willen des konstitutionellen Gesetzgebers hinwegsetze. Auf diese Weise solle dessen Autorität gewahrt werden[871]. Damit wird Rücksicht genommen auf die (unmittelbar) demokratische Legitimation des Gesetzgebers, dessen Tätigkeit ausschließlich durch ein Gericht kontrolliert werden darf, das selbst die Qualität eines Verfassungsorgans aufweist[872]. Über diese Grundsätze hat sich das LG Münster jedoch ohne weiteres hinweggesetzt.

Angesichts dessen könnte man denjenigen Recht geben, die „vom unmöglichen Zustand des Strafrechts[873]" bzw. Strafprozessrechts[874] sprechen. Offensichtlich hat die Verwirrung mittlerweile auch die Praxis erfasst. Es werden grundgesetzliche Vorgaben ignoriert, zum Teil sogar ganze Gesetze. Es lassen sich allerdings anhand der Vorgaben des BVerfG, aber auch mithilfe fachgerichtlicher Entscheidungen, brauchbare Kriterien für einen sachgerechten Umgang mit § 81 g StPO und § 2 DNA-IFG entwickeln:

Auszugehen ist dabei von dem Gedanken, dass das Grundrecht auf informationelle Selbstbestimmung eine Ausgestaltung des DNA-Identitätsfeststellungs*verfahrens* verlangt, die eine ausreichende Beteiligung des Betroffenen ermöglicht. Dieser muss sich zu den für die Entnahme-Anordnung relevanten Umständen äußern können, das Gericht hat diese Äußerung in seine Überlegungen mit einzubeziehen. Darüber hinaus ist das Gericht gehalten, eine auf den Einzelfall bezogene Prognose abzugeben. Diese kann nicht durch die pauschale Feststellung ersetzt werden, es seien keine allzu hohen Anforderungen an die Gefahrenprognose zu stellen und weder die Persönlichkeit des Betroffenen noch seine Lebensumstände müssten im Einzelnen untersucht werden. Insofern wären die in dem oben[875] dargestellten Beschluss des LG

---

[870] Vgl. BVerfGE 88, S. 203 (219); Sachs, in: ders., GG, Art. 20, Rn. 110.

[871] BVerfGE 1, S. 184 (197 f.). Ständige Rechtsprechung des BVerfG, vgl. ferner BVerfGE 22, S. 373 (378); BVerfGE 97, S. 117 (122).

[872] Sturm, in: Sachs, GG, Art. 100, Rn. 5.

[873] So der Titel eines vom Institut für Kriminalwissenschaften der Universität Frankfurt am Main 1995 herausgegebenen Sammelbandes.

[874] Vgl. die daran angelehnte Überschrift des Beitrages von Paeffgen, oben 1.c.aa.

[875] Vgl. 1.b.

Göttingen angestellten Erwägungen mit der Verfassung unvereinbar. Vor allem die in diesem Zusammenhang dahingehend angestellten Effizienzerwägungen, die sachgerechte Errichtung des Identifizierungs-Registers sei nicht leistbar, wenn eine derart sorgfältige Untersuchung des Einzelfalles angestellt werde[876], können nicht durchgreifen. Denn Grundrechte würden dann nur so weit gelten, wie dies die Rechtsprechung zuließe; soweit sie zu großen Aufwand verursachen, hätten sie zurückzutreten. Das aber wäre mit der Grundrechtsbindung der Rechtsprechung nach Art. 1 Abs. 3, 20 Abs. 3 GG unvereinbar. Demnach hat das gerichtliche Anordnungsverfahren den Vorgaben des Grundrechts auf informationelle Selbstbestimmung zu folgen.
Die einzelnen Vorgaben hat das BVerfG in seinem *Beschluss vom 15. März 2001* im Einzelnen dargelegt. Auf die entsprechenden Ausführungen[877] kann daher an dieser Stelle verwiesen werden. Hervorzuheben ist erneut, dass das Gericht seine Entscheidung jeweils den individuellen Umständen des Einzelfalles anzupassen hat, dies setzt wiederum voraus, dass alle relevanten Einzelheiten zunächst umfassend ermittelt werden. Ferner müssen die für und gegen den Betroffenen sprechenden Umstände gegeneinander abgewogen und die den Beschluss tragenden Gründe sorgfältig und nachvollziehbar dargelegt werden, damit jener erkennen kann, warum die Anordnung erfolgte, und damit gegebenenfalls das Rechtsmittelgericht prüfen kann, ob dem Beschluss eine vertretbare Abwägung des öffentlichen Speicherungsinteresse mit dem Grundrecht auf informationelle Selbstbestimmung zugrunde liegt.
Wenn an dieser Stelle die Rede von den Grundlagen der richterlichen Entscheidung ist, muss noch auf einen weiteren Umstand hingewiesen werden: Manche Gerichte neigten in der Vergangenheit dazu, den Betroffenen den Eingriff in ihr Grundrechte auf informationelle Selbstbestimmung mit dem Argument „schmackhaft" zu machen, dass die DNA-Registrierung für sie auch Vorteile bringe. Denn schließlich lasse sich mit deren Hilfe auch die Unschuld eines Verdächtigen beweisen, sodass im Falle einer nach § 81 g StPO/ § 2 DNA-IFG registrierungsfähigen Tat der Verdacht von Anfang an dadurch beseitigt werden könne, dass ein entsprechender Abgleich mit den am Tatort vorgefunden Spuren die Täterschaft ausschließe. Abgesehen davon, dass mit diesem Argument auch die Registrierung des DNA-Identifizierungsmusters aller in Deutschland lebenden Menschen begründet werden könnte – wobei man sich die Frage stellen kann, wie das noch mit der Vermutung der Rechtstreue des Bürgers, die z.B. *Weßlau* für ein Kennzeichen des Rechtsstaats gegenüber dem Polizeistaat hält[878] – hat das BVerfG nicht mehr als einen Satz benötigt, um diese Überlegung zu verwerfen[879]. Denn durch geschickte Um-Definition einer Maßnahme, durch ihre Verknüpfung mit vermeintlichen Vorteilen – auf die der Einzelne mitunter überhaupt keinen Wert legt – hätte es der Staat ansonsten in der Hand, seine Interessen durchzusetzen. Auch wenn es heute als gesicherte Erkenntnis gelten kann, dass die Grundrechte nicht nur auf Staatsabwehr gerichtet sind, würden sie bei einem solchen Eingriffs-Verständnis, falls man es konsequent praktizierte, ihren Charakter als liberales Abwehrrecht verlieren. Der Staat würde zum unbegrenzten Fürsorge-Staat, für den es ein Leichtes wäre, durch Sozialgesetzgebung im allerweitesten Sinne (z.B. durch Er-

---

[876] S. die Argumentation des LG Ulm/ Donau, dargestellt oben a.aa.
[877] Vgl. 1.a.
[878] Weßlau, Vorfeldermittlungen S. 337.
[879] Vgl. oben 1.a.

hebung des präventiven Ent- (statt: Be-) lastungsbeweises) alle Bereiche des gesellschaftlichen Lebens zu reglementieren und auszuforschen.
Somit lässt sich als Erkenntnis festhalten: Auch eine staatliche Maßnahme, die im Einzelfall für den Betroffenen auch positive Folgen haben kann, die aber nur ein bloßer Nebeneffekt sind, verliert dadurch nicht ihren Eingriffs-Charakter und bleibt rechtfertigungsbedürftig.
Macht man sich also Gedanken darüber, welche Anforderungen an die Entscheidung des Ermittlungsrichters zu stellen sind, darf aber ein rein praktisches Problem nicht übersehen werden, auf das *Kamann* schon 1999 noch vor dem Hintergrund der alten Fassung des § 2 DNA-IFG aufmerksam gemacht hat[880]: Im Rahmen der Geschäftsverteilung bei den Amtsgerichten würden die Anordnungen zur Entnahme und Analyse einer DNA-Probe genauso behandelt wie andere Tätigkeiten des Ermittlungsrichters (Entziehung der Fahrerlaubnis, Anordnung von Durchsuchungen usw.). Während diese aber in aller Regel dadurch gekennzeichnet seien, dass sie sich ohne allzu großen Zeit- und Arbeitsaufwand erledigen ließen, bedürfe eine sorgfältig vorbereitete Entscheidung nach § 2 DNA-IFG eigentlich einer weitaus umfangreicheren Einarbeitung in den Einzelfall. Dennoch würden letztere Verfahren aber wie die übrigen Tätigkeiten des Ermittlungsrichters unter dem sog. „Gs"-Register geführt, sodass sie bei der Berechnung der Richterpensen unberücksichtigt blieben. Die Konsequenz wäre, dass der mit hunderten solcher Vorgänge befasste Richter die DNA-Verfahren nicht anders bearbeiten könne als die klassischen Fälle. Zwangsläufige Folge werde dadurch die formularmäßige Erledigung dieser Verfahren, und zwar auch dann, wenn der Ermittlungsrichter sich der Tragweite seiner Entscheidung für die Grundrechte des Betroffenen durchaus bewusst sei. In aller Regel würden die Beschlüsse die Antragsbegründung der Staatsanwaltschaften widerspiegeln, weil zum Studium der sehr umfangreichen Akten die Zeit fehle. Diese Entwicklung würde noch dadurch verstärkt, dass zahlreiche Ermittlungsrichter überhaupt keine Erfahrung mit einer Täterpopulation aufwiesen, wie sie in den nun zu entscheidenden Fällen betroffen sei – informelle Anreize zur Bagatellisierung des DNA-Verfahrens würden damit an Einfluss gewinnen[881]. Damit jedoch programmiere die staatsanwaltschaftliche Faktenselektion die Entscheidung – zumal die Staatsanwaltschaften in der Praxis immer mehr dazu übergingen, sog. „DNA-Sonderhefte" statt der meist umfangreichen Sach- und Vollstreckungsakten an die Richter zu übersenden. Darin enthalten sei neben dem Antrag nach § 81 g StPO/ § 2 DNA-IFG regelmäßig nur das zugrunde liegende Strafurteil und allenfalls eine Vollstreckungsübersicht enthalten – eine auch nur annähernd erschöpfende Persönlichkeitswürdigung sei anhand dieses Materials von vornherein nahezu ausgeschlossen[882].
Nimmt man diese Einwände ernst, liegt es auf der Hand, dass man die Fehler in den DNA-Verfahren nicht nur bei den Ermittlungsrichtern suchen kann. Für eine effektive, verfahrensmäßige Absicherung des Grundrechts des Betroffenen auf informationelle Selbstbestimmung wäre es also erforderlich, dass auch vonseiten der (Landes-) Jus-

---

[880] Kamann, StV 1999, S. 10 f.
[881] Wie Recht Kamann mit dieser Einschätzung hatte, beweisen die oben dargestellten Beschlüsse, in denen immer wieder auf den „geringen Eingriff" in die körperliche Unversehrtheit des Betroffenen hingewiesen wird, ohne dass die Gerichte ein Gespür auch für die Grundrechtsrelevanz der Datenspeicherung gezeigt hätten. Vgl. dazu auch oben im Text.
[882] Kamann, StV 1999, S. 10 (10).

tizverwaltung ein Umfeld geschaffen würde, in dem eine angemessene Überprüfung des Einzelfalles faktisch überhaupt ermöglicht wird. Dazu wäre es zum einen erforderlich, dass den zuständigen Ermittlungsrichtern ausreichend Zeit eingeräumt würde, um solche Verfahren vorzubereiten, insbesondere auch, um sich den Betroffenen persönlich ansehen und mit ihm sprechen zu können. Denn nur so wird sich der Richter ein Bild von der Persönlichkeit machen können, und nur so wird man ausschließen können, dass anhand des Aktenmaterials eine vorgefertigte Meinung nur ab- und damit fortgeschrieben wird. Erforderlich wäre es, dass bereits bei den Staatsanwaltschaften eine bessere Vor-Selektion der DNA-Fälle stattfindet; eine an ihren eigentlichen Aufgaben als Justizbehörde orientierte Staatsanwaltschaft hätte eine Vielzahl der oben[883] berichteten Fälle dem Ermittlungsrichter gar nicht zur Entscheidung vorlegen dürfen. Denn einer der Objektivität verpflichteten Behörde hätte hier regelmäßig klar sein müssen, dass von vielen der dort Betroffenen eine ernst zu nehmende Wiederholungsgefahr nicht mehr ausgeht. M.a.W.: Schon auf der Ebene der Staatsanwaltschaften wäre es erforderlich, zahlreiche Fälle herauszufiltern und dem Richter erst gar nicht zur Entscheidung vorzulegen. Ferner sind die Staatsanwaltschaften in Anbetracht des Grundrechts auf informationelle Selbstbestimmung gehalten, die Sachentscheidung des Richters in der Weise vorzubereiten bzw. das Material aufzubereiten, dass es bei letzterem gerade nicht zu einer verkürzten Sicht der Dinge kommt. Vor diesem Hintergrund scheint die Praxis, dem Richter nur ein sog. „DNA-Heft" vorzulegen, nicht dazu geeignet, eine umfassende Sachaufklärung zu gewährleisten. Alles in allem entspricht die praktische Handhabung der Neigung der Politik und des Gesetzgebers, der Justiz immer neue Aufgaben zuzuweisen, die im Interesse einer Wahrung des Rechtsfriedens unabdingbar scheinen (es in der Regel sogar tatsächlich sein mögen), ohne dafür auch die personellen und sächlichen Mittel bereit zu stellen, die eine sachgerechte Entscheidung erst ermöglichen würden.

Schließlich ist noch auf ein Problem einzugehen, dass im Zusammenhang mit der Diskussion um die DNA-Analyse zu Beginn eine große Rolle spielte[884], nämlich die Frage nach dem Umfang der gewinnbaren Erkenntnisse und der Vorsorge vor dem Missbrauch der Analyse-Technik. Betroffen sind insofern zwei Aspekte des Grundrechts auf informationelle Selbstbestimmung: Zum einen geht es um die Verhinderung der Kenntnisnahme weitergehender Analysen[885] durch den Betroffenen selbst, wenn dieser es nicht will (Recht auf Nichtwissen) – insofern in der Tat um eine „neue Dimension" des Grundrechts, daneben ist und bleibt die klassische Dimension betroffen, nämlich die Verhinderung der Kenntnisnahme derartiger Informationen durch Dritte. In Anbetracht dessen ist der Gesetzgeber in § 81 g Abs. 2 StPO einen pragmatischen Weg gegangen und hat die vorstellbaren weitergehenden Analysen schlichtweg verboten. Alle Untersuchungen des Materials, die nicht auf die bloße Identitätsfeststellung gerichtet sind, sind unzulässig[886]. Auch insofern scheint der Gedanke erwägenswert, ob man nicht eine verfahrensmäßige Absicherung dieses Verbots dadurch erreichen könnte, dass Verstöße dagegen sanktioniert werden, etwa mittels eines Straf- oder Ordnungswidrigkeitentatbestandes[887], zumal ein solcher über § 823 Abs. 2 BGB

---

[883] Vgl. 1.a.und b.
[884] Vgl. z.B. Wellbrock, a.a.O., S. 217 ff.
[885] Z. B. in Bezug auf Erbkrankheiten.
[886] Rogall, in: SK-StPO, § 81 g, Rn. 26 ff.; Senge, NJW 1999, S. 253 (255).
[887] Zu diesem Gedanken vgl. (in anderem Kontext) bereits oben.

auch die Geltendmachung von Schadensersatzansprüchen verletzter Personen erleichtern könnte.

c. Der Anlass für eine Entscheidung über die DNA-Analyse – Die Tat von erheblicher Bedeutung

Voraussetzung für die Entnahme, Analyse und Speicherung eines DNA-Identifizierungsmusters ist gem. § 81 g StPO (damit auch gem. § 2 DNA-IFG), dass der Betroffene „eine Straftat von erheblicher Bedeutung" begangen hat, und dass Grund zu der Annahme besteht, dass künftig wegen einer solchen Tat erneut ein Ermittlungsverfahren gegen ihn zu führen sein wird. Fraglich ist jedoch, was unter einer solchen Tat zu verstehen ist. Die h.A. versteht darunter Delikte, „die mindestens dem mittleren Kriminalitätsbereich" zuzurechnen sind. Maßgeblich sei dabei das konkrete Tatunrecht, wie es sich nach der Verdachtslage bei Anordnung der Tat darstelle[888] *Rogall* hebt dabei hervor, im Rahmen einer Einzelfallbetrachtung sei „naturgemäß" auch der Verhältnismäßigkeits-Grundsatz zu berücksichtigen[889].

In der Literatur ist jedoch mehrfach angemerkt worden, dass der Begriff der „Straftat von erheblicher Bedeutung" „im Kern relativ unbestimmt" bleibt [890]. Dennoch hält ihn die überwiegende Meinung, die auch vom BVerfG geteilt wird[891], mithilfe der vom Gesetzgeber in die Norm aufgenommenen Regelbeispiele für hinreichend konkretisierbar[892]. Es sind allerdings auch Stimmen laut geworden, denen zufolge dieser Begriff als Voraussetzung für strafprozessuale Ermittlungs-Eingriffe verfassungswidrig ist:

So gelangt *Lindemann* im Anschluss an den Versuch, den Begriff anhand unterschiedlicher Rechtsgebiete näher zu konkretisieren, zu dem „Befund eklatanter begrifflicher Unschärfe", der aus der Perspektive eines freiheitlich und rechtsstaatlich verfassten Strafprozessrechts alarmierend wirke[893]. Das Anknüpfen strafprozessualer Eingriffsinstrumentarien an das Bestehen des Verdachts einer „Straftat von erheblicher Bedeutung" werde den Anforderungen nicht gerecht, die das BVerfG im Volkszählungs-Urteil für Eingriffe in das Recht auf informationelle Selbstbestimmung aufgestellt habe, denn danach bedürfe es einer gesetzlichen Grundlage, aus der sich die Voraussetzungen und der Umfang der Beschränkungen für den Bürger klar ergäben und die damit dem rechtsstaatlichen Gebot der Normenklarheit entsprächen. Davon könne bei der hier infrage stehenden Voraussetzung aber nicht mehr die Rede sein, da die von polizeitaktischer Seite vorgetragenen Effektivitäts-Erwägungen angesichts der Schwere der Grundrechtseingriffe eine Rechtfertigung nicht herbeiführen könnten. Als Tatbestandsvoraussetzung sei der Begriff der „Straftat von erheblicher Bedeutung" daher auch in seiner durch Regelbeispiele konkretisierten Form verfassungswidrig[894]. Die Karriere dieses Begriffs lege Zeugnis ab für die bedrückende Konsequenz, mit der der Um- und Ausbau hin zu einem Präventions- und Sicherheitsstrafrecht vo-

---

[888] Vgl. Kleinknecht/ Meyer-Goßner, StPO, § 81 g, Rn. 5; Rogall, in: SK-StPO, § 81 g, Rn. 10; Senge, in: KK-StPO, § 81 g, Rn. 3; ders., NJW 1999, S. 253 (254) m.w.N.

[889] Rogall, a.a.O.

[890] Rogall, a.a.O.; vgl. des Weiteren: Bottke, Meyer-GS, S. 43; Hettinger, Entwicklungen, S. 68; Siebrecht, CR 1996, S. 547 f.; Wolter, StV 1989, S. 370.

[891] S. oben 1.a.

[892] Vg. nur Rogall, a.a.O.

[893] Lindemann, KJ 2000, S. 86 (95).

[894] Lindemann, a.a.O., S. 95 f.

rangetrieben werde[895].

Sieht man sich – diese Überlegungen im Hinterkopf – Stellungnahmen der Literatur an, scheinen sie *Lindemanns* Sichtweise zu bestätigen. So liest man in *Kube/ Schmitters* „Bemerkungen zu Grundlagen und Möglichkeiten" der DNA-Analyse-Datei im Anschluss an ihre Forderungen nach der Ausgestaltung einer derartigen Datei Folgendes: „Erst mit einer solchen gesetzlichen Ergänzung wird man die technischen Möglichkeiten der Vebrechensaufklärung und Verbrechensverhütung im notwendigen Umfang nutzen und oft unsägliches menschliches Leid und enormen sozialen Schaden nicht faktisch für die ‚Freiheit des Straftäters vor erfolgreicher Strafverfolgung' in Kauf nehmen. Oder sollten bei unserer heutigen Betroffenheitskultur die entsprechenden Vordenker das Nachdenken über die Vermeidung und Sanktionierung erheblicher Kriminalität sowie Entlastung Unschuldiger auch weiterhin allzu sehr vernachlässigen?[896]" Und wenn *Markwardt/ Brodersen* zu der Erkenntnis gelangen, nur in wenigen Fällen werde sich ausschließen lassen, dass eine molekulargenetische Analyse Erfolge bringen werde und sodann Erwägungen anstellen, wie der Täter einer Verleumdung mithilfe der DNA-Analyse überführt werden könnte[897], kann man sich in der Tat die Frage stellen, welche Taten denn noch solche ohne erhebliche Bedeutung sein können. Wenig erstaunlich ist daher, dass *Kube/ Schmitter* die Konkretisierung dieses Begriffes durch Regelbeispiele oder Straftaten-Kataloge von vornherein für entbehrlich halten[898]. Eine Durchsicht der erreichbaren Aufsatz- und Kommentarliteratur führt demnach nur dazu, dass man Erkenntnisse darüber gewinnt, was angefangen vom Exhibitionismus über Hausfriedensbruch bis zu Diebstahl in allen erdenklichen Varianten (noch) als Straftat von erheblicher Bedeutung beurteilt werden kann. Demgegenüber sucht man vergeblich Hinweise darauf, wann eine DNA-Analyse ausgeschlossen ist [899]. Von einem allzu großem Präzisierungsvermögen kann bei dem Begriff der „Straftat von erheblicher Bedeutung" offenbar nicht gesprochen werden. Daran wiederum besteht vonseiten der Sicherheitsbehörden – folgt man der Ansicht *Kube/ Schmitter* – auch kein gesteigertes Interesse. Denn durch eine präzisere Fassung der Eingriffsgrundlagen würde doch die Möglichkeit staatlicher Informationserhebung nicht unbeträchtlich eingeschränkt.

Es fragt sich aber, ob die Schlussfolgerung der Verfassungswidrigkeit des § 81 g StPO[900] die einzig logische Folge dieser Gedanken darstellt. Zutreffend ist, dass das BVerfG auf dem Standpunkt steht, der Bürger müsse bereits aus dem Gesetzestext entnehmen können, unter welchen Voraussetzungen die staatliche Informationserhebung und –verarbeitung zulässig ist[901], und dass die „Straftat von erheblicher Bedeutung" diesem Erfordernis sicher nicht genügt.

Ransiek hat im Zusammenhang mit Art. 103 Abs. 2 GG überzeugend nachgewiesen,

---

[895] Lindemann, ebenda.

[896] Kube/ Schmitter, Kriminalistik 1998, S. 415 (418).

[897] Markwardt/ Brodersen, NJW 2000, S. 692 (695).

[898] Kube/ Schmitter, Kriminalistik 1998, S. 415 (416 f.).

[899] Eine Ausnahme bildet Senge, NJW 1999, S. 254 (254), der einige Ausnahmen aufzählt, die in der Literatur wiederum auf Widerstand gestoßen sind.

[900] Wie auch aller anderer Befugnisnormen, die die Informationserhebung an das Vorliegen einer Straftat von erheblicher Bedeutung knüpfen, vgl. §§ 98a Abs. 1, 100 c Abs. 1 Nr. 1 b), 10 a Abs. 1, 163 e Abs. 1 StPO.

[901] BVerfGE 65, S. 1 (44); vgl. auch Riegel, Datenschutz, S. 8.

dass der Begriff der Normenklarheit jedoch überstrapaziert wird, wenn man ihm die Bedeutung beimisst, den Bürger zu befähigen, dem Gesetzestext Informationen darüber zu entnehmen, wie er sich verhalten soll, kann oder darf[902]: Denn kaum ein Bürger lese das StGB, kenne auch nur einen Paragraphen in seinem Wortlaut. Und selbst wenn er es läse, verstünde er dann überhaupt seinen Inhalt zutreffend, seine innere Systematik und seinen Bezug zu anderen Gesetzen? Mit Recht hält *Gusy* eine solche Sichtweise, geprägt vom Bild des Bürgers, der das Gesetz kenne und seine moralischen Vorstellungen daran ausrichte, für anachronistisch[903].
Diese unmittelbar auf das strafrechtliche Analogieverbot gerichteten Aussagen lassen sich auf den hier infrage stehenden Zusammenhang ohne weiteres übertragen, da dieses ohnehin nur eine besondere Ausprägung des allgemeinen rechtsstaatlichen Grundsatzes der Normenklarheit[904] darstellt[905], an den das BVerfG im Zusammenhang mit seinen Überlegungen zur Einschränkbarkeit des Grundrechts auf informationelle Selbstbestimmung anknüpft. Sinn und Zweck einer präzisen Fassung der tatbestandlichen Voraussetzung strafprozessualer Eingriffsnormen ist es also nicht, diese für den Bürger vorhersehbar zu machen. Es geht vielmehr darum, dem Gewaltenteilungsgrundsatz zum Durchbruch zu verhelfen. Der Gesetzgeber selbst soll präzise bestimmen, zu welchen Maßnahmen er die Zweite und Dritte Gewalt ermächtigen will. Er soll sich der aus seiner unmittelbaren demokratischen Legitimation folgenden Verantwortung nicht dadurch entziehen können, dass er durch blankettartige Normen den anderen Staatsgewalten Universalermächtigungen erteilt[906].
Zusammenfassend ist daher festzuhalten: Sinn und Zweck des strafprozessualen Bestimmtheitsbegriffes liegen darin, die Entscheidung über die Zulassung eines Grundrechtseingriffes und dessen Bedingungen dem Gesetzgeber vorzubehalten. Nur wenn eine Norm wie § 81 g SPO mit dem Begriff der „Straftat von erheblicher Bedeutung" eine Blanko-Ermächtigung für Gerichte und Strafverfolgungsbehörden darstellt, müsste man die von *Lindemann* bevorzugte Konsequenz tatsächlich ziehen und jenen für verfassungswidrig erklären.
Dies ist letzten Endes jedoch nicht erforderlich: Es ist bereits darauf hingewiesen worden, dass die Voraussetzung der „Straftat von erheblicher Bedeutung" von einer in Rechtsprechung und Literatur verbreiteten Auffassung als Ausprägung des Grundsatzes der Verhältnismäßigkeit interpretiert wird. Dieses Verständnis könnte den Weg zu einer angemessenen Lösung der Problematik aufzeigen und erscheint auch als der einzige von der Praxis handhabbare. Denn dass die Diskussion um die Frage, ob die Schwelle der Straftat von erheblicher Bedeutung nun beim Hausfriedensbruch, beim Exhibitionismus, beim Einbruchsdiebstahl, beim (einfachen) Raub oder bei der Vergewaltigung zu ziehen ist, lässt sich auch mithilfe der Regelbeispiele in § 81 g StPO a.E. kaum befriedigend lösen. Denn nicht zu Unrecht betont das BVerfG die bloße Indizwirkung von Regelbeispielen[907]: Auch eine schweren räuberischen Erpressung ist danach nicht immer als eine Straftat von erheblicher Bedeutung qualifizierbar, wenn sie in einer Extremsituation und unter so kaum wieder zu erwartenden Umstän-

[902] Ransiek, Gesetz und Lebenswirklichkeit, S. 13 ff., 19 ff.
[903] Gusy, JZ 1995, S. 782 (782).
[904] Zu diesem: Sachs, in: ders., GG, Art. 20, Rn. 129 m.w.N.
[905] Degenhart, ebenda, Art. 103, Rn. 67.
[906] Vgl. Ransiek, Gesetz und Lebenswirklichkeit, S.40 ff.
[907] S. oben 1.a.

den begangen wird. Ferner lässt sich den im Rahmen dieser Diskussion vertretenen Auffassungen nicht immer genau entnehmen, ob besonders gelagerte Rahmenbedingungen nun dazu führen sollen, dass die Tat ihren Erheblichkeits-Charakter verliert, oder ob lediglich die Wiederholungsgefahr abzulehnen ist.
Richtet man an dieser Stelle den Blick auf den Grundrechtseingriff, um den es hier geht, so folgt aus dem Betroffenensein des Grundrechts auf informationelle Selbstbestimmung zunächst nur, dass der Eingriff einem legitimen Zweck dienen muss und auch sonst den Anforderungen des Verhältnismäßigkeitsgrundsatzes genügt, dass Zweck und Mittel in einem angemessenen Verhältnis stehen müssen. Nur wenn die prozessuale Ermächtigungsnorm als solche gegen diese Bindungen des Verfassungsrechts verstieße, weil z.B. durch ihre Unbestimmtheit nahezu jeder Eingriff von ihr gedeckt wäre, dann wäre § 81 g StPO verfassungswidrig.
Dies ist hier aber nicht der Fall. Durch die verunglückte Formulierung der „Straftat von erheblicher Bedeutung" ging es dem Gesetzgeber nur darum, dem Verfassungsvorbehalt des Verhältnismäßigkeitsgrundsatzes Rechnung zu tragen. Dessen Inhalt lässt sich jedoch mithilfe der Grundrechtsdogmatik ohne Weiteres bestimmen, und dem entsprechend gelangen das BVerfG, aber auch einige anordnende Gerichte zu zutreffenden Ergebnissen.
Die misslungene Fassung einer Tatbestandsbeschränkung führt im Ergebnis also nicht zu ihrer Verfassungswidrigkeit, solange die materiellen Bindungen des Verfassungsrechts gewahrt sind. Dies ist bei § 81 g StPO aber der Fall. Damit erweist sich die Kontroverse um die Interpretation des Begriffes der Straftat von erheblicher Bedeutung schließlich als Scheingefecht, die wohl mehr Schaden anrichtet als sie Nutzen bringt: Man kann der Sache weder dadurch gerecht werden, dass man bei legitimen Sicherheitsinteressen des Staates und seiner Bürger sogleich das Ende der Rechtsstaatlichkeit in Deutschland heraufbeschwört, noch dass man kritische Stimmen als „Betroffenheitskultur" herabstuft und damit versucht, mancher in der Sache wichtigen Auseinandersetzung von vornherein den Boden zu entziehen.
Denn dass diese im Einzelfall sehr wohl geführt werden muss, beweist schon der Umstand, dass im Rahmen der strafprozessualen Diskussion nicht selten der Blick für Inhalt und Reichweite der Grundrechte, vor allem für die Konsequenzen des Verhältnismäßigkeits-Grundsatzes, verloren geht. Denn dieser ist nicht so inhaltsleer und beliebig, wie Kritiker dies oftmals darstellen[908]. Das beweisen auch die Überlegungen, die *Markwardt/ Brodersen* zu der Prognose-Klausel des § 81 g StPO angestellt haben[909]:
Wenn diese meinen, Untersuchungen seien grundsätzlich nur zulässig, wenn bei der künftig aufzuklärenden Straftat mit entsprechenden Tatortspuren zu rechnen sein wird bzw. diese nicht prinzipiell ausgeschlossen sind und einräumen, letzteres werde nur selten der Fall sein[910], deutet dies darauf hin, dass sie die Konsequenzen des Verhältnismäßigkeits-Grundsatzes in Anbetracht des Grundrechts auf informationelle Selbstbestimmung nicht erkannt haben. In seinen Kammerbeschlüssen zu § 81 g / § 2

[908] Exemplarisch die Kritik in dem Aufsatz Paeffgens, StV 1999, S. 625 (627): „Die bis zur Grenze des Kernbereichs des Rechts alles relativierende Verhältnismäßigkeit erlaubt grundsätzlich, fast jeden Eingriff zu legitimieren [...]."
[909] Vgl. bereits oben 1.c.cc.
[910] Markwardt/ Brodersen, NJW 2000, S. 692 (695).

DNA-IFG[911] hat das BVerfG erneut die Grundlinien des Volkszählungs-Urteils hervorgehoben: Eingriffe in das informationelle Selbstbestimmungsrecht seien nur im überwiegenden Interesse der Allgemeinheit und unter Berücksichtigung des Grundsatzes der Verhältnismäßigkeit zulässig. Die Einschränkung des Grundrechts dürfe dabei nicht weiter gehen, als dies zum Schutz öffentlicher Interessen unerlässlich sei. M.a.W.: Ein Eingriff ist nur dann rechtfertigungsfähig, wenn er einem das Interesse des Einzelnen überwiegenden Gemeinwohl-Belang dient. Bezogen auf die Analyse und Speicherung von DNA-Identifizierungsmustern bedeutet dies, dass sie sind nur dann verhältnismäßig ist, wenn das öffentliche Identifizierungsinteresse das private Interesse an der Nicht-Speicherung überwinden kann. Dass dies der Fall ist, wenn es um Taten geht, bei denen der Täter in aller Regel (also mit überwiegender Wahrscheinlichkeit) identifizierbare Spuren am Tatort hinterlassen wird, liegt auf der Hand. Ebenso ergibt sich aus dem Verhältnismäßigkeits-Grundsatz auch – was *Markwardt/ Brodersen* selbst hervorheben - , dass eine Registrierung dann nicht zulässig ist, wenn mit Sicherheit keine Spuren hinterlassen werden. Dasselbe muss aber gelten, wenn nur eine sehr geringe Wahrscheinlichkeit für das Hinterlassen einer Spur spricht[912], denn auch dann kann der Staat kein überwiegendes Registrierungsinteresse geltend machen: Die nur – theoretisch – denkbare Möglichkeit einer Überführung wiegt gegenüber dem Interesse nicht so schwer, dass es im öffentlichen Interesse *unerlässlich* ist. Es kann diesem dienlich sein, doch dies genügt im Rahmen der Zumutbarkeit bzw. Verhältnismäßigkeit i.e.S. nicht. Ließe man einen abweichenden Beurteilungsmaßstab zu, dann wäre schließlich jeder Grundrechts-Eingriff rechtfertigungsfähig, der auch nur einem irgendwie nachvollziehbaren sinnvollen Interesse dient. Ähnlich wie bei *Brodersens* Ausführungen zu §§ 474 ff. StPO[913] wird einmal mehr der Maßstab aus den Augen verloren, den das Grundrecht auf informationelle Selbstbestimmung für Informations-Eingriffe festlegt: Nicht die Nicht-Speicherung ist rechtfertigungsbedürftig, sondern die Speicherung, und im Zweifel ist sie unzulässig. All das belegt, dass der Verhältnismäßigkeits-Grundsatz, dem viele Strafrechtler wie *Paeffgen* kritisch gegenüberstehen, sehr wohl für eine Begrenzung des Straf- bzw. Strafverfahrensrechts genutzt werden kann. Dass er zum Teil verkannt oder nicht richtig angewendet wird, ist keine Besonderheit dieses Grundsatzes, sondern das Schicksal jeder Rechtsnorm: Gegen fehlerhafte Beurteilungen existiert kein absoluter Schutz.

d. Anforderungen an die Prognose-Entscheidung

Die folgenden Ausführungen sollen nicht nochmals im Einzelnen die Kriterien aufzählen, die der Richter bei der Anordnung der DNA-Analyse in Betracht zu ziehen hat. Insofern ist den Ausführungen des BVerfG[914] nichts hinzuzufügen. Auf die Bedeutung einer sorgfältigen Untersuchung des Einzelfalles unter besonderer Berücksichtigung aller von der „Durchschnitts-Tat" abweichenden Umstände ist zudem bereits oben[915] hingewiesen worden. Vielmehr soll die Gelegenheit genutzt werden, der Frage nach-

[911] S. oben 1.a.
[912] Nichts anderes bedeutet es, wenn – wie Markwardt/ Brodersen es ausdrücken – das Auffinden einer Spur nicht sicher ausgeschlossen werden kann.
[913] Vgl. dazu bereits oben III.2.d.
[914] Oben 1.a.
[915] Oben b.

zugehen, wie diese Prognose-Entscheidung noch weiter verbessert werden kann. Einen interessanten Ansatzpunkt hat *Kamann* aufgezeigt, der vorschlägt, die Strafvollstreckungskammern mit der Entscheidung nach § 2 DNA-IFG/ § 81 g StPO zu betrauen[916]. Zwar hat der Gesetzgeber – was spätestens seit der Neufassung des § 2 DNA-IFG nicht mehr zweifelhaft sein kann – diese Aufgabe den Ermittlungsrichtern zugewiesen; dennoch sprechen gute Gründe dafür, diese Entscheidung nochmals zu revidieren: Auf die hohe Belastung der Ermittlungsrichter ist bereits hingewiesen worden, vor allem auf den Umstand, dass darunter die Qualität der Beschlüsse zwangsläufig zu leiden hat. Nimmt man vor diesem Hintergrund die vom BVerfG aufgestellten Anforderungen an die Prognose-Entscheidung ernst, die der verfahrensrechtlichen Absicherung des Grundrechts auf informationelle Selbstbestimmung dienen sollen, liegt es nahe, nach Auswegen zu suchen, die diesen Erfordernissen besser Rechnung tragen können. Insbesondere die Tatsache, dass die Strafvollstreckungskammern über umfassende Erfahrungen bei der Beurteilung und Prognostizierung der weiteren Entwicklung von (ehemaligen) Straftätern verfügen, lässt es naheliegend erscheinen, ihnen aufgrund ihrer besonderen Sachkompetenz diese Entscheidung anzuvertrauen. Dagegen spricht – worauf *Kamann* aufmerksam macht – auch nicht das vom OLG Zweibrücken eingewandte Argument, es handele sich bei dem Verfahren der DNA-Identitätsfeststellung nicht um Maßnahmen der Strafvollstreckung[917]. Denn es ist nichts Ungewöhnliches, einem Spruchkörper Aufgaben zuzuweisen, die nicht in seinem eigentlichen Aufgabenbereich liegen, die er aber aufgrund eigener Sachkunde gut bewältigen kann. So ist zu Recht darauf verwiesen worden, dass die den Strafvollstreckungskammern zugewiesene Entscheidung nach § 68 f StGB ebenfalls nicht unmittelbar das (eigentliche) Strafvollstreckungsverfahren betrifft.
Auch der BGH hebt ausdrücklich hervor, für die Entscheidung nach § 2 DNA-IFG bedürfe es strafrichterlicher Erfahrung[918]. In diesem Sinne könnte man präziser formulieren: Es bedarf strafvollstreckungsrechtlicher Erfahrung. Denn wenn die Strafvollstreckungskammer eine Entscheidung nach § 57 StGB trifft, wird sie sich regelmäßig in einer Lage befinden, die mit derjenigen des Richters, der über die DNA-Analyse nach § 2 DNA-IFG zu entscheiden hat, vergleichbar ist. In beiden Fällen gilt es zu beurteilen, ob die verhängte Strafe den Betroffenen dazu veranlasst hat, sein Leben zu ändern, sodass künftig ein straffreies Leben von ihm zu erwarten ist, oder ob weiterhin die Gefahr besteht, dass er straffällig wird[919]. Beide Entscheidungen (sowohl diejenige nach § 2 DNA-IFG einerseits und nach § 57 StGB andererseits) unterscheiden sich von derjenigen des Ausgangsgerichts, dass sie bereits mit einbeziehen, wie die verhängte Sanktion auf den Täter gewirkt hat. Ferner hat sich die Strafvollstreckungskammer bei der Prognose-Entscheidung nach § 57 StGB an ähnlichen Kriterien zu orientieren[920], wie sie auch derjenigen nach § 2 DNA-IFG/ § 81 g StPO zugrunde liegen. Das Gericht muss auch dort eine sorgfältige Sachaufklärung – regelmäßig durch Hinzuziehung eines Sachverständigen – erbringen und dann aufgrund der konkreten Umstände des Einzelfalles eine selbstständige Bewertung treffen, wobei es nicht an die Stellungnahmen z.B. der Justiz-Vollzugsanstalt gebunden ist. Für die Entschei-

---

916 Kamann, StV 1999, S. 10 f.
917 OLG Zweibrücken StV 1999, S. 9 (9).
918 BGH StV 1999, S. 302 (302).
919 Vgl. zu der Entscheidung nach § 57 StGB m.w.N. Tröndle/ Fischer, StGB, § 57, Rn. 12 ff.
920 Zu ihnen z.B. BVerfG StV 1999, S. 548 (549); Tröndle/ Fischer, a.a.O.

dungskompetenz der Strafvollstreckungskammern spricht daher auch die Verfahrensökonomie, denn in den schwer wiegenden Fällen liegen dort die entsprechenden Vollzugsakten bereits vor, u.U. war die Kammer mit dem Betroffenen bereits in Haftsachen befasst und kann sich aufgrund dessen viel besser ein Bild von Person und Persönlichkeit des Täters bilden als dies bei den Ermittlungsrichtern möglich ist.
Im Übrigen ist in diesem Zusammenhang noch auf ein Argument einzugehen, das in der Diskussion um die Anordnung nach § 2 DNA-IFG und ihr Verhältnis zur Strafaussetzung zur Bewährung immer wieder eine wichtige Rolle gespielt hat, nämlich den unterschiedlichen Prognose-Maßstab: Während bei Entscheidungen nach §§ 56, 57 StGB ausreiche, dass eine „wirklich naheliegende Chance" für die Legalbewährung besteht[921], bzw. dass eine durch Tatsachen begründete Wahrscheinlichkeit straffreier Führung gegeben ist[922], sei bei § 81 g StPO/ § 2 DNA-IFG ausreichend, dass Anhaltspunkte dafür bestünden, der Betroffene werde künftig erneut strafrechtlich in Erscheinung treten[923]. Es soll hier nicht bestritten werden dass insofern Unterschiede bestehen. Beide Entscheidungen können aber – worauf auch das BVerfG hinweist – nicht völlig losgelöst voneinander betrachtet werden. Es ist nur konsequent, dass das BVerfG bei einer von der positiven Sozialprognose des verurteilenden Gerichts bzw. der Strafvollstreckungskammer abweichenden Entscheidung des Ermittlungsrichters verlangt, dass dieser in seinem Beschluss die dafür aus seiner Sicht bestehenden Gründe im Einzelnen darlegt. Auch sollte der Unterschied nicht überschätzt werden. Es ist bereits darauf hingewiesen worden[924], dass angesichts des hier betroffenen Grundrechts auf informationelle Selbstbestimmung nicht jede beliebige Wahrscheinlichkeit einer *möglichen Überführung* des Täters die Analyse und Speicherung seines DNA-Identifizierungsmusters rechtfertigt. Eine beliebige Wahrscheinlichkeit *erneuter Tatbegehung* kann dies ebenfalls nicht; auch dafür muss es deutliche Anhaltspunkte geben. Und angesichts dessen liegen die Prognose-Entscheidungen nach §§ 56, 57 StGB und § 81 g StPO/ § 2 DNA-IFG gar nicht so weit auseinander: Wenn überwiegende Anhaltspunkte für eine erneute Tatbegehung sprechen, wird auch die Strafaussetzung zur Bewährung kaum in Betracht kommen. Umgekehrt kann bei einer sehr hohen Wahrscheinlichkeit, dass sich der Täter künftig straffrei führen wird, weder die Strafaussetzung zur Bewährung versagt, noch die DNA-Analyse und – Speicherung verfügt werden. Den dazwischen liegenden Bereich sollte man in seiner Bedeutung nicht in dem Maße überschätzen, wie dies bis dato in Rechtsprechung und Literatur der Fall ist. Und so verfehlt scheint die von *Senge* vertretene Auffassung, man könne die Prognose-Entscheidung an den Kriterien der §§ 63, 64, 66 StGB ausrichten[925] nach alledem nicht. Daraus folgt zweierlei:
Zunächst weicht der Maßstab der Prognose-Entscheidung, den die Strafvollstreckungskammer einer Entscheidung nach § 57 StGB zugrunde zu legen hat, von demjenigen, der bei § 2 DNA-IFG/ § 81 g StPO ausschlaggebend ist, kaum ab. Von daher bliebe die Strafvollstreckungskammer, wiese man ihr die Entscheidungskompetenz in letzteren Fällen zu, in vertrautem „Fahrwasser". Schließlich könnte es so gelingen, eine Harmonisierung der Entscheidungen über die Strafaussetzung zur Bewährung

---

921 M.w.N. Tröndle/ Fischer, StGB, § 57, Rn. 14.
922 Vgl. m.w.n. Tröndle/ Fischer, a.a.O., § 56, Rn. 5.
923 S. nur Markwardt/ Brodersen, NJW 2000, S. 692 (694). Vgl. im Übrigen oben 1.c.cc.
924 Oben c.
925 Senge, in: KK-StPO, § 81 g, Rn. 5; ders., NJW 1999, S. 253 (255).

einerseits und die DNA-Analyse andererseits zu schaffen. Angesichts der Belastung der Betroffenen durch die Registrierung ihres DNA-Identifizierungsmusters, die sich für sie nicht selten als „Zeichen eines allerletzten sozialen Abstiegs[926]" darstellt, wäre es ihnen kaum zu vermitteln, wenn zunächst die Aussetzung ihres Strafrestes zur Bewährung verfügt, ihnen aber ein Tag später bestätigt wird, dass sie für die Allgemeinheit derart gefährlich sind, dass es einer Registrierung ihres DNA-Identifizierungsmusters bedarf.

e. Umwidmung der gespeicherten Daten: § 3 S. 4 DNA-IFG

Bedenklich scheint insbesondere § 3 S. 4 DNA-IFG. Nicht zu Unrecht ist diese Bestimmung von *Paeffgen* erheblich kritisiert worden[927].Auch *Ohler* äußert Bedenken[928] gegen §§ 2, 3 DNA-IFG, die er als „Pufferzone" zwischen der StPO und den Polizeigesetzen interpretiert: Denn die Daten-Verwendungsregel des § 81 g StPO („zum Zwecke der Identitätsfeststellung in zukünftigen Strafverfahren") habe mit derjenigen des § 3 DNA-IFG letztlich nichts mehr gemeinsam: Denn danach dürften die beim BKA gespeicherten Analysedaten nicht nur für Zwecke der Strafverfolgung, sondern auch für die allgemeine Gefahrenabwehr und die internationale Rechtshilfe, mithin für polizeiliche Aufgaben, genutzt werden. Man lege einen bissigen Hofhund an eine Kette, die nicht angepflockt ist. Und in der Tat muss § 3 S. 4 DNA-IFG wohl als die am wenigsten gelungene Regelung des Gesamt-Gesetzes bezeichnet werden, und es ist zweifelhaft, ob sie der verfassungsgerichtlichen Überprüfung am Maßstab des Rechts auf informationelle Selbstbestimmung standhält.

Zunächst stellt sich die Frage, inwieweit sie mit dem vom BVerfG immer wieder betonten Zweckbindungsgrundsatz vereinbar ist[929]. Danach ist eine Datenhortung und –verwendung zu nahezu beliebigen Zwecken mit dem Grundrecht auf informationelle Selbstbestimmung von vornherein unvereinbar, weil sonst die Verhältnismäßigkeitsprüfung ihren Maßstab verliert. Es lässt sich überhaupt nicht mehr vorherbestimmen, welche öffentlichen Interessen mit dem privaten Interesse an der Nicht-Registrierung in Beziehung zu setzen sind. Damit sind Verwendungsänderungen von Daten zwar keineswegs von vornherein ausgeschlossen; der Gesetzgeber ist aber gehalten, die Einzelheiten der Zweckänderung präzise festzulegen. Davon kann bei § 3 S. 4 DNA-IFG keine Rede sein. Das Gesetz verweist pauschal auf den uferlosen Bereich der staatlichen Gefahrenabwehr; darunter lässt sich beinahe jede polizeiliche Tätigkeit fassen, und nicht einmal der Anschein einer Einschränkung unter dem Gesichtspunkt der Verhältnismäßigkeit wird erweckt (z.B. durch die Beschränkung auf die Abwehr „erheblicher Gefahren" wie in § 8 Abs. 6 S. 1 BKAG). Dasselbe gilt für den Begriff der internationalen Rechtshilfe, auch dieser ist derart unbestimmt, dass damit auch keine Präzisierung erfolgt, wofür im Einzelnen eine Verwendung der DNA-Identifizierungsmuster zugelassen werden soll[930].

Aber auch inhaltlich ist zweifelhaft, ob eine Verwendung des Analysematerials zur allgemeinen Gefahrenabwehr zulässig sein kann. Schutzgut des Gefahrenabwehrrechts im Allgemeinen ist der gesamte Bereich der öffentlichen Sicherheit und – in

---

926 Kamann, StV 1999, S. 10 (10).
927 Vgl. oben 1.c.aa.
928 Ohler, StV 2000, S. 326 (326).
929 Dazu bereits oben II.3.b.bb.
930 Zur Problematik der „internationalen Rechtshilfe" vgl. bereits oben C.II.2.c.cc.(4).Ändern!

manchen Landes- und Bundesgesetzen[931] - auch der öffentlichen Ordnung. Darunter ist der gesamte polizeirechtlich relevante Bereich zu verstehen, vom Schutz des Staates und seiner Einrichtungen[932] über die Verteidigung privater Rechtsgüter wie Leib oder Leben[933] bis hin zur Sicherung der Summe der ungeschriebenen Normen, die als unentbehrlich für ein geordnetes menschlichen Zusammenleben anzusehen sind[934]. Dass auf eine Verwendung des DNA-Identifizierungsmusters auch im Gefahrenabwehrrecht nicht grundsätzlich verzichtet werden kann, soll nicht bestritten werden; es wäre unverständlich, wenn darauf nicht zurückgegriffen werden könnte, wenn es um die Verhinderung von Straftaten gegen Leib, Leben oder sexuelle Selbstbestimmung ginge. Demgegenüber erscheint es jedoch mehr als zweifelhaft, DNA-Identifizierungsmuster zu verwenden, um den „konfessionellen Frieden" zwischen der protestantischen und der römisch-katholischen Bevölkerung zu wahren, „Dirnenwohnheime" zu schließen, „Peep-Shows" zu unterbinden oder das „allgemeine patriotische Empfinden" zu schützen[935]. Auch wenn dies in der Praxis kaum vorkommen wird, verdeutlichen diese Beispiele die uferlose Weite polizeilicher Handlungsmöglichkeiten, die die Umwidmungsregelung nach § 3 S. 4 DNA-IFG eröffnet. Eine tatbestandliche Beschränkung, dass die Verwendung der DNA-Identifizierungsmuster etwa der „Abwendung erheblicher/ dringender Gefahren für die öffentliche Sicherheit" vorbehalten bleiben muss, erscheint angesichts der Grundrechtsrelevanz dieser Maßnahme unerlässlich.

Dasselbe gilt für den pauschalen Verweis auf die „internationale Rechtshilfe". Bereits oben[936] ist im Zusammenhang mit § 57 BZRG darauf hingewiesen worden, dass derartige Pauschal-Verweisungen dem aktuellen Stand des Datenschutzrechts nicht mehr genügen. Insbesondere wäre – genau wie im Recht des Zentralregisters – erforderlich, die einzelnen verfahrensrechtlichen Schritte zu regeln, unter denen eine Auskunftserteilung zulässig ist. Der Gesetzgeber wäre gehalten gewesen, Missbrauchsmöglichkeiten zu unterbinden. Es ist bemerkenswert, dass dies in § 81 g StPO recht deutlich geschehen ist, bei § 3 S. 4 DNA-IFG hingegen jede Regelung fehlt. Dies wäre im Übrigen gesetzestechnisch leicht durch einen Verweis auf § 17 BDSG zu bewältigen gewesen. Inwieweit § 14 i.V.m. § 27 S. 1 Nr. 1 BKAG hier ausreichenden Schutz gewährleisten kann, erscheint demnach durchaus fragwürdig.

Mit Recht kritisiert *Rogall*[937] daher die „nebulösen" Bemerkungen des Gesetzgebers, die Begriffe „Gefahrenabwehr" und „internationale Rechtshilfe" seien in weitem Sinne zu verstehen[938]. Bereits daran wird deutlich, dass der Gesetzgeber kein Bewusstsein dafür hatte, dass es sich hier um grundrechtlich sehr sensible Datenverarbeitungsregelungen handelt, wobei die Bindungen des Verfassungsrechts nicht dadurch unterlaufen werden können, dass pauschal eine weite Auslegung gefordert wird – insoweit gilt für den Gesetzgeber nichts anderes als für die Gerichte bei der Einzelfall-

---

[931] Nachw. bei Gusy, Polizeirecht, Rn. 98.

[932] Dazu Martens, in: Drews/ Wacke/ Vogel/ Martens, Gefahrenabwehr, § 15 2 a) (S. 233 f.).

[933] Martens, a.a.O., § 15 2 b) (S. 235 f.).

[934] Martens, a.a.O., § 16 (S. 245 ff.).

[935] Beispiele nach Martens, in: Drews/ Wacke/ Vogel/ Martens, Gefahrenabwehr, § 16, 3 (S. 251 ff. m.w.N.).

[936] Vgl. II.3.b.ee.(4).

[937] Rogall, in: SK-StPO, Anhang zu § 81 g, Rn. 36.

[938] BT-Drs. 13/ 11116, S. 8.

Entscheidung nach § 2 DNA-IFG und § 81 g StPO.

f. Speicherung nach dem BKAG

Die Speicherung der aufgrund der § 81 g StPO/ § 2 DNA-IFG gewonnenen DNA-Identifizierungsmuster erfolgt gem. § 3 S. 1 und 2 DNA-IFG nach den Bestimmungen des BKAG. Man kann diesen Normen somit nur entnehmen, unter welchen Voraussetzungen die Daten erhoben werden dürfen; sie besagen aber nichts darüber, unter welchen Bedingungen und nach welchen Bestimmungen sie registriert und verwendet werden dürfen. Insofern bildet der soeben erörterte § 3 S. 4 DNA-IFG eine Ausnahme, die die allgemeinen Bestimmungen des BKAG ergänzt bzw. einschränkt[939].

Die Datensätze werden gem. § 8 Abs. 6 BKAG, der insofern zutreffend als „Datenverwendungsnorm" bezeichnet wird[940], in die erkennungsdienstlichen Dateien beim BKA aufgenommen. Damit gelten für sie sämtliche Regelungen des BKAG, namentlich die Bestimmungen über Datenschutzkontrolle, Schadensersatz, Auskunftserteilung, Berichtigung und Löschung[941]. Insofern kann an dieser Stelle auf die entsprechenden Ausführungen zu den einzelnen Bestimmungen des BKAG verwiesen werden[942]; die mit der Registrierung der DNA-Identifizierungsmuster verbundenen Problemlagen unterscheiden sich hier nicht von denjenigen bei sonstigen Daten.

Auf eine Besonderheit ist allerdings in diesem Zusammenhang noch einzugehen: Das BVerfG hat hinsichtlich der Entscheidungen nach § 2 DNA-IFG[943] mehrfach darauf hingewiesen, es müsse auch der Lebensweg des Betroffenen seit der Begehung der letzten Straftat in die Entscheidung mit einbezogen werden. Vor diesem Hintergrund hat es Bedenken dagegen angemeldet, die auch von einzelnen Instanzgerichten geteilt werden, auch dann noch eine DNA-Analyse vorzunehmen, wenn seit einer durchaus schwer wiegenden Tat ein längerer Zeitraum verstrichen ist, währenddessen der ehemalige Straftäter keine neuen Taten begangen und seinen Lebenswandel grundlegend geändert hat. Diese Überlegung muss für § 81 g StPO entsprechend gelten: Da eine Entscheidung hier aber in aller Regel in unmittelbarem Zusammenhang mit der Verurteilung des Täters steht, kann eine entsprechende Berücksichtigung des weiteren Lebensweges an dieser Stelle (naturgemäß) nicht erfolgen. Daher wird es wesentlich schneller zu einer Anordnung nach § 81 g StPO kommen als dies bei § 2 DNA-IFG möglich wäre. Wenn nun aber das DNA-Identifizierungsmuster unmittelbar vor der Verurteilung nach § 3 S. 1 und 2 DNA-IFG i.V.m. § 8 Abs. 6 BKAG gespeichert und verarbeitet worden ist, läuft der Betroffene Gefahr, gegenüber denjenigen Tätern benachteiligt zu werden, die von einer Maßnahme nach § 2 DNA-IFG betroffen sind: Haben sich letztere nach der Tat einwandfrei geführt, darf eine Speicherung ihres Identifizierungsmusters regelmäßig nicht mehr erfolgen. Demgegenüber bietet dasselbe Nachtatverhalten demjenigen, dessen Daten sogleich nach § 81 g StPO festgestellt wurden, keinen vergleichbaren Vorteil: Auch wenn er sich nunmehr an die Rechtsordnung hält – seine Daten sind beim BKA bereits gespeichert.

Angesichts dessen ist die schon oben[944] beanstandete Datenverwaltung nach dem

---

939 Rogall, in: SK-StPO, Anhang zu § 81 g, Rn. 36.
940 Ahlf, in: Ahlf/ Daub/ Lersch/ Störzer, BKAG, § 8, Rn. 14.
941 Ahlf, a.a.O.
942 S. oben IV.2.
943 Dazu oben 1.a.
944 Vgl. IV.2.

BKAG, die langen Speicherfristen und die bloße *Möglichkeit* der Datenlöschung nach Ablauf bestimmter Aussonderungs-Prüffristen umso fragwürdiger. Vielmehr bestünde zumindest bei der Registrierung der DNA-Identifizierungsmuster Anlass, von Amts wegen bereits nach wesentlich kürzeren als der in § 32 Abs. 3 S. 2 BKAG festgelegten Zehnjahresfrist die Aussonderung des Materials zu prüfen. Es liegt insofern nahe, im Rahmen der Errichtungsanordnung nach § 34 Abs. 1 Satz 1 Nr. 8 BKAG zumindest für diese Fälle die Fristen deutlich abzukürzen. Aus verfahrensrechtlicher Perspektive erscheint es zudem geboten, den Betroffenen von Amts wegen darüber zu unterrichten, ob die Speicherung noch fortdauern soll, sodass dieser ggf. Gelegenheit hätte, dagegen um Rechtsschutz nachzusuchen. Angesichts der oben[945] dargelegten besonderen Kompetenzen der Strafvollstreckungskammer für eine derartige Entscheidung läge es durchaus nahe, ebenfalls diese damit zu betrauen.

g. Ergänzende Anmerkung: Das Identitäts-Feststellungsverfahren angesichts des Rechts auf Resozialisierung

Die Problematik des Identitäts-Feststellungsverfahrens aufgrund der DNA-Analyse des Betroffenen ist bisher ausschließlich unter dem Gesichtspunkt des Rechts auf informationelle Selbstbestimmung beurteilt worden. Dies rechtfertigt sich aus der Überlegung, dass hier sicher der Schwerpunkt der Problematik angesiedelt ist; darüber hinaus haben sonstige verfassungsrechtliche Probleme bisher weder in der Rechtsprechung, noch in der literarischen Diskussion gesteigerte Aufmerksamkeit erfahren. Dennoch finden sich auch aus der Perspektive des Grundrechts auf Resozialisierung einige erwähnenswerte Kritikpunkte:

Gem. § 10 Abs. 2 und 3 BKAG darf das BKA personenbezogene Daten unter dort näher dargelegten Umständen auch an andere als Polizeibehörden und an Privatpersonen übermitteln. Zwar wird auch hier – wie in § 33 Abs. 5 BGSG[946] – ein gewisser Schutz des Resozialisierungsstatus dadurch erreicht, dass das BKAG die Beachtung der §§ 41, 51 f, 61 und 63 BZRG vorschreibt; allerdings ist darauf hinzuweisen, dass die Übermittlung von DNA-Identifizierungsmustern bzw. des Umstandes, dass ein solches überhaupt beim BKA gespeichert ist, mit spezifischen Risiken für den Betroffenen verbunden ist, die geeignet sind, Vorurteilen Raum zu geben: Mit der DNA-Analyse wird eine spezifische Gruppe von Straftätern in Verbindung gebracht. *Kamann* weist in diesem Zusammenhang darauf hin, manche der von der DNA-Analyse betroffenen Täter willigten darin nur deshalb ein, um „Abstand zu den Ronny Riekens zu demonstrieren[947].“ Gerade die – jedenfalls in der Allgemeinheit vermutete – Verbindung von DNA-Analyse und Sexualtaten ist angesichts dessen in besonderem Maße geeignet, die Täter weiter an den Rand der Gesellschaft zu rücken und ihre Integrationsbemühungen zu untergraben. Es liegt daher nahe, jedenfalls an Privatpersonen und andere als Polizei- und Justizbehörden keine Auskünfte aus bzw. über die DNA-Datei zu erteilen. Dies vor allem auch deshalb, weil mit der Entscheidung nach § 81 g StPO/ § 2 DNA-IFG eine Negativ-Prognose über die weitere Entwicklung des Betroffenen verbunden ist. Bei einer solchen Vorbelastung ist es doppelt schwer, eine Wiedereingliederung in die Gesellschaft zu schaffen: Wer wird schon eine Per-

---

[945] Vgl. d.

[946] Vgl. dazu oben IV.2.

[947] Kamann, StV 1999, S. 10 (10).

son beschäftigen, der ein Gericht attestiert, bei ihr bestehe die latente Gefahr der Wiederholung einer Straftat von erheblicher Bedeutung? Damit verbunden ist – und das betrifft so etwas wie die „innere Resozialisierung" – noch ein anderer Umstand: Es ist mehrfach darauf hingewiesen worden, dass viele von der Entscheidung nach § 81 g StPO/ § 2 DNA-IFG Betroffene ihre Aufnahme in die DNA-Datei als letzten Abstieg empfinden. Indem ihnen – in der bisherigen Praxis sozusagen formularmäßig – attestiert wird, eine latente Bedrohung für den Rechtsfrieden darzustellen, werden sich die allermeisten kaum ermutigt fühlen, ihr Leben in die eigenen Hände zu nehmen. Auch vor diesem Hintergrund erscheint eine Verbesserung des Anordnungsverfahrens – insbesondere die Anhörung der Betroffenen – geboten, um diesen die Bedeutung der Entnahme-Anordnung zu verdeutlichen und gegebenenfalls auch Verständnis dafür zu wecken[948]. Auf diese Weise könnte es gelingen, die Auswirkungen des Verfahrens auf den Integrationsstatus so gering zu halten, wie dies verfassungsrechtlich geboten ist.

---

[948] So auch Kamann, StV 1999, S. 10 (10).

D. Zusammenfassung

Nach der vorangegangenen kritischen Durchmusterung der Straf(verfahrens-) registrierungsformen auf ihre Vereinbarkeit mit den grundrechtlich gewährleisteten Rechten auf Resozialisierung und auf informationelle Selbstbestimmung verbleiben tatsächlich nur wenige Normen, denen eine uneingeschränkte Vereinbarkeit mit den verfassungsrechtlichen Vorgaben bescheinigt werden kann.
Vor allem wurde der vom BVerfG betonten Erkenntnis von der Notwendigkeit einer Grundrechtssicherung durch Verfahren, in den untersuchten Bestimmungen nicht ausreichend Rechnung getragen: Es ist nur selten gelungen, die gesetzlichen Eingriffsgrundlagen in verfahrensrechtlicher Hinsicht so auszugestalten, dass die Intensität des jeweiligen Grundrechtseingriffs auf dem geringst möglichen Niveau verbleibt, mit dem Ziel, die gegenläufigen Interessen des Betroffenen und der Allgemeinheit in einen angemessenen Ausgleich zu bringen.
Bedenken ergeben sich insbesondere mit Blick auf den im Zusammenhang mit dem Grundrecht auf informationelle Selbstbestimmung betonten *Grundsatz der Normenklarheit*, der bei grundrechtsrelevantem Staatshandeln eindeutig gefasste gesetzliche Ermächtigungsgrundlagen verlangt. Schon im BZRG, aber gerade auch in den noch jüngeren Regelungen des BKAG, des BGSG und der §§ 474 ff. StPO findet sich eine Vielzahl pauschalisierender, kaum auf die Belange des Einzelfalls zugeschnittener Leerformeln, die von den Sicherheitsbehörden nahezu beliebig ausgefüllt werden können. Zu nennen wären an dieser Stelle Begriffe wie „berechtigtes Interesse", „Erforderlichkeit", „Straftat von erheblicher Bedeutung", „unabwendbare Beweisnot" usw. Der Gesetzgeber flüchtet sich in eine Unzahl *unpräzise gefasster Generalklauseln*, die kaum noch justiziabel erscheinen. Ein effektiver Rechtsschutz gegen entsprechende Grundrechtseingriffe ist damit nicht gewährleistet. Bei der Registrierung nach §§ 474 ff. StPO wird dieser Umstand noch dadurch verschärft, dass der Beschuldigte keine Gelegenheit erhält zu erfahren, ob und was im Einzelnen über ihn gespeichert worden ist.
Auch die *Unübersichtlichkeit der Registergesetze* trägt nicht dazu bei, den grundrechtlichen Gewährleistungen eine angemessene Bedeutung zu verschaffen. Bereits dem BZRG wurde angelastet, dass es sich durch eine Vielzahl verschiedener Registrierungsformen und Ausnahmeregelungen selbst von dem schwerpunktmäßig damit Befassten nicht mehr sicher handhaben ließ. Denn dies führte in der Praxis zu zahllosen Fehlauskünften und sodann zu einer unrichtigen (Weiter-) Behandlung einmal eingeholter Registerauskünfte. In den neueren Gesetzen verschärft sich diese Problematik noch weiter. Hinzuweisen ist an dieser Stelle auf die zum Teil sehr komplizierte Verweisungstechnik zwischen § 81 g StPO bzw. dem DNA-IFG, BKAG und BGSG. Von den vom BVerfG im Volkszählungsurteil hervorgehobenen Grundsatz, der Einzelne müsse nachvollziehen können, wer was wann und bei welcher Gelegenheit über ihn wisse, bleibt insofern nicht mehr viel: Die durch die Vielzahl der Detailregelungen verursachte „überregelte Regelungslosigkeit" verhindert von vornherein eine derartige Erkenntnis.
Des Weiteren kommt erschwerend hinzu, dass – einzelnen Verweisungen zum Trotz – eine *übergreifende Konzeption für die verschiedenen Strafregistrierungsformen nicht zu erkennen* ist. Die fehlende Abstimmung der Einzelregelungen innerhalb der Gesetze und zwischen den Gesetzen führt dazu, dass die im Einzelfall durchaus vor-

handenen Schutzbestimmungen zugunsten des Betroffenen wiederum unterlaufen werden können – so beispielsweise, wenn Strafen, die nach dem BZRG längst getilgt wären, nach Maßgabe der §§ 474 ff. StPO weiterhin verwendet werden können, wenn das Verfahren eingestellt worden ist. Insofern hätte es einer eindeutigen Bestimmung bedurft, um eine dem Sinn des § 51 BZRG entsprechende Regelung zu erreichen.
Mit Blick auf das Recht auf informationelle Selbstbestimmung erscheint das von dem Gesetzgeber unterstützte Bestreben der Sicherheitsbehörden, zu einer möglichst breit angelegten Sammlung und Vorratshaltung von Daten in den Straf (verfahrens-) registern zu gelangen, äußerst fragwürdig: Es wurde – nicht zuletzt auch mithilfe des Instituts sog. Errichtungsanordnungen – ein Instrument geschaffen, mit dessen Hilfe es ohne weiteres möglich ist, einmal gewonnene Daten zu gegenwärtig noch gar nicht bekannten Zwecken zu speichern, nur weil man nicht ausschließen kann, sie zu einem späteren Zeitpunkt noch einmal gebrauchen zu können – so z.B. auch die fortgesetzte Speicherung solcher Verfahren, bei denen die Unschuld des Täters erwiesen ist (§ 482 II 2 StPO).
Dieser Aspekt verschärft sich noch mit Blick auf § 81 g StPO und § 3 S. 4 DNA-IFG. Denn insofern ist eine beliebige Umwidmung der einmal gewonnenen Daten möglich. Die vermeintliche Absicherung des Verfahrens durch die vorgeschaltete richterliche Anordnung verliert ihren Wert schon aufgrund des Umstandes, dass entsprechende Anträge von der Staatsanwaltschaft – ggf. auch durch von vornherein aufbereitete, m.a.W. vorselektierte, Informationen – vorbereitet und von den Richtern in einem weitgehend formularmäßigen Verfahren abgesegnet werden.
Beide eigentlich zum Schutz des Betroffenen im Verfahren getroffenen Regelungen – antizipierter Rechtsschutz durch den Richter und sodann Zweckbindung der gewonnenen Daten – laufen insofern von vornherein leer.
Problematisch erscheint auch der vom Gesetzgeber gewählte Ausgleich zwischen dem Informationsinteresse der Allgemeinheit und dem Recht des ehemals Straffälligen auf Resozialisierung. Dabei ist zwar anzuerkennen, dass das BZRG im Ansatz dem Resozialisierungsgedanken in angemessener Weise Rechnung trägt. Denn es erscheint wenig sinnvoll, die Institution des Führungszeugnisses generell infrage zu stellen, da kaum angenommen werden kann, dass der Rechtsverkehr angesichts dessen bereit wäre, auf Information über etwaiger Vorstrafen zu verzichten. Vielmehr wäre zu befürchten, dass dieses Informationsbedürfnis durch private Anbieter erfüllt würde, denen an der Berücksichtigung der Belange des Betroffenen nicht viel liegen dürfte.
Dennoch erscheinen auch die bestehenden Regelungen mit Blick auf das Resozialisierungsgrundrecht durchaus verbesserungsbedürftig. Wenn man sich insofern die Frage stellt, wie viel an Information für die Allgemeinheit nötig und wie viel Resozialisierung für den Einzelnen möglich ist, liegt es nahe, beispielsweise *Bewährungsstrafen gar nicht oder nur noch in beschränktem Umfange in das Führungszeugnis aufzunehmen*, wie dies etwa in Frankreich seit langem üblich ist. Denn wenn der Richter dem auf Bewährung Verurteilten eine positive Sozialprognose stellt, ist nicht ersichtlich, warum der Rechtsverkehr ein Interesse an der Vorstrafe haben sollte.
Im Übrigen liegt es nahe – und an dieser Stelle kommt auch bei dem Grundrecht auf Resozialisierung der verfahrensrechtlichen Komponente erhebliche Bedeutung zu –, *die Entscheidung über das „Ob“ der Aufnahme einer Verurteilung bzw. ihrer Tilgung* nicht abstrakten gesetzlichen Kriterien oder der Registerbehörde anzuvertrauen, son-

dern sie *dem Richter – bzw. bei der Tilgung der Strafvollstreckungskammer – zu überlassen.* Solche Entscheidungen erscheinen auch nicht von vornherein zu unbestimmt oder gar willkürlich, da die Möglichkeit bestünde, dem zur Entscheidung berufenen Richter z. B. einen Kriterien-Katalog nach Art des § 46 StGB zur Verfügung zu stellen. Schließlich ist zu betonen, dass eine sorgfältigere Regelung der Auskünfte aus den Strafverfahrensregistern dafür Sorge tragen müsste, dass nicht durch unbedachte Auskünfte über anhängige oder sogar eingestellte Strafverfahren der Resozialisierung schon im Vorfeld des eigentlichen Strafprozesses und ggf. des Strafurteils der Boden entzogen wird. Auch hier erscheint einer *Harmonisierung der Bestimmungen über Auskünfte aus den Strafverfahrensregistern mit § 51 BZRG* dringend erforderlich.
Mit dem Lebach-Urteil von 1973 und dem Volkszählungsurteil von 1983 hatte der Grundrechtsschutz des – im weitesten Sinne – von einem Strafverfahren Betroffenen vor fast 20 Jahren einen Standard erreicht, dem die einfachgesetzlichen Regelungen weder damals noch heute Rechnung trugen. Im Gegenteil: Obwohl die in diesen Entscheidungen vom BVerfG herausgearbeiteten Rechtsgrundsätze heute zum allgemeinen Stand der Verfassungsdogmatik gehören, wurde der Schutz des Betroffenen in den neueren Gesetzen (BKAG, BGSG, insbesondere aber auch im DNA-IFG) tendenziell vermindert. Zwar versucht man, formal durch ausufernde Einzelregelungen den dort formulierten Standards zu entsprechen; in der Sache wurden die Handlungsspielräume der Sicherheitsbehörden jedoch nicht beschränkt, partiell sogar noch ausgeweitet. Der Inhalt der Gesetze ist selbst für darauf spezialisierte Juristen kaum mehr klar zu bestimmen, und man kann sich des Eindrucks nicht erwehren, dass die im Kern unüberschaubare Überregulierung auch nicht ohne Absicht geschaffen wurde. In der Sache bringen solche Regelungen, die keiner durchschaut, deren Befolgung somit kaum zu kontrollieren ist, keinen Gewinn.
Nahezu alles, was man früher ohne gesetzliche Ermächtigung tat, darf heute auf gesetzlicher Grundlage getan werden. Dies muss zwar generell keinen Rückschritt an Rechtsstaatlichkeit bedeuten – ein Fortschritt ist darin aber auch nicht zu erkennen.

Anhang

Gesetzestexte (Auszug):

I. BGSG

§ 12 (Verfolgung von Straftaten)

(1) Der Bundesgrenzschutz nimmt die polizeilichen Aufgaben auf dem Gebiet der Strafverfolgung (§§ 161, 163 der Strafprozessordnung) wahr, soweit der Verdacht eines Vergehens (§ 12 Abs. 2 des Strafgesetzbuches) besteht, das

1. gegen die Sicherheit der Grenze oder die Durchführung seiner Aufgaben nach § 2 gerichtet ist,
2. nach den Vorschriften des Passgesetzes, des Ausländergesetzes oder des Asylverfahrensgesetzes zu verfolgen ist, soweit es durch den Grenzübertritt oder in unmittelbarem Zusammenhang mit diesem begangen wurde,
3. einen Grenzübertritt mittels Täuschung, Drohung, Gewalt oder auf sonst rechtswidrige Weise ermöglichen soll, soweit es bei der Kontrolle des grenzüberschreitenden Verkehrs festgestellt wird,
4. ...
5. auf dem Gebiet der Bahnanlagen der Eisenbahnen des Bundes begangen wurde ...
6. dem deutschen Strafrecht unterliegt und Strafverfolgungsmaßnahmen auf See außerhalb des deutschen Küstenmeeres im Rahmen des § 6 erforderlich macht,

darüber hinaus, soweit der Verdacht eines Verbrechens nach Nummer 2 oder nach § 315 Abs. 3 Nr. 1 des Strafgesetzbuches besteht sowie in Fällen der Nummer 6. ...

(2) - (5)...

§ 29 BGSG (Speicherung, Veränderung und Nutzung personenbezogener Daten)

(1)...
(2) Der Bundesgrenzschutz kann, soweit gesetzlich nichts anderes bestimmt ist, personenbezogene Daten, die er bei Wahrnehmung der polizeilichen Aufgaben auf dem Gebiet der Strafverfolgung über eine einer Straftat verdächtige Person erlangt hat, in Dateien speichern, verändern und nutzen, soweit dies zur Abwehr von Gefahren im Rahmen der dem Bundesgrenzschutz obliegenden Aufgaben oder für Zwecke künftiger Strafverfahren wegen Straftaten im Sinne des § 12 Abs. 1 erforderlich ist.
Nach Maßgabe des Satzes 1 kann der Bundesgrenzschutz

1. die Personendaten und, soweit erforderlich, andere zur Identifizierung geeignete Merkmale,
2. die kriminalaktenführende Dienststelle des Bundesgrenzschutzes und die Kriminalaktennummer,

3. die Tatzeiten und Tatorte und
4. die Tatvorwürfe durch Angaben der gesetzlichen Vorschriften und nähere Bezeichnung der Straftaten

in Dateien speichern, verändern und nutzen. Weitere personenbezogene Daten kann der Bundesgrenzschutz nach Satz 1 nur speichern, verändern und nutzen, soweit dies erforderlich ist,

1. zur Eigensicherung von Beamten oder zum Schutz des Betroffenen oder
2. weil wegen der Art oder Ausführung der Tat, der Persönlichkeit des Betroffenen oder sonstiger Erkenntnisse Grund zu der Annahme besteht, dass weitere Strafverfahren gegen ihn wegen Strafteten im Sinne des § 12 Abs. 1 zu führen sind.

Wird der Beschuldigte rechtskräftig freigesprochen, die Eröffnung des Hauptverfahrens gegen ihn unanfechtbar abgelehnt oder das Verfahren nicht nur vorläufig eingestellt, ist die Speicherung, Veränderung und Nutzung unzulässig, wenn sich aus den Gründen der Entscheidung ergibt, dass er die Tat nicht oder nicht rechtswidrig begangen hat.

(3) - (6)...

§ 32 (Übermittlung personenbezogener Daten)

(1)Der Bundesgrenzschutz kann Behörden des Polizeivollzugsdienstes und, wenn sie Aufgaben nach § 2 Abs. 2 oder Aufgaben auf dem Gebiet der Strafverfolgung wahrnehmen, Behörden der Zollverwaltung personenbezogene Daten übermitteln, soweit dies zur Erfüllung polizeilicher Aufgaben erforderlich ist. Dies gilt auch für die Übermittlung personenbezogener Daten zwischen den Behörden des Bundesgrenzschutzes.

(2) Der Bundesgrenzschutz kann personenbezogene Daten an andere öffentliche Stellen übermitteln, soweit dies erforderlich ist zur

1. Erfüllung einer ihm obliegenden Aufgabe,
2. Abwehr von Gefahren,
3. Abwehr einer schwerwiegenden Beeinträchtigung der Rechte Einzelner,
4. Verfolgung von Straftaten oder Ordnungswidrigkeiten, zur Strafvollstreckung und zum Strafvollzug oder
5. Erledigung besonderer Ersuchen nach § 17 Abs. 2 des Bundesverfassungsschutzgesetzes.

(3)...

(4) Der Bundesgrenzschutz kann personenbezogene Daten an nicht- öffentliche Stellen übermitteln, soweit dies unerlässlich ist zur

1. Erfüllung einer ihm obliegenden Aufgabe oder
2. Abwehr einer schwerwiegenden Beeinträchtigung der Rechte Einzelner.

(5)...

§ 33 (Ergänzende Regelungen für die Übermittlung)

(1)...
(2)...
(3) Die Übermittlung unterbleibt, wenn für den Bundesgrenzschutz erkennbar ist, dass unter Berücksichtigung der Art der Daten und ihrer Erhebung die schutzwürdigen Interessen des Betroffenen das Allgemeininteresse an der Übermittlung überwiegen. In den § 32 Abs. 3 bezeichneten Fällen unterbleibt die Übermittlung ferner, wenn durch sie schutzwürdige Interessen des Betroffenen beeinträchtigt würden, insbesondere, weil im Empfängerland ein angemessenere Datenschutzstandard nicht gewährleistet ist. ...
(4)...
(5) In den Fällen des § 32 Abs. 2 bis 4 darf die Übermittlung von Daten, die § 41 oder § 61 des Bundeszentralregistergesetzes unterfallen, nicht zu einer Erweiterung des Kreises der dort bezeichneten Stellen führen. Die Verwertungsverbote nach den § 51, 52 und 63 des Bundeszentralregistergesetzes sind zu beachten.

§ 35 (Berichtigung, Löschung und Sperrung personenbezogener Daten)

(1)...
(2) Der Bundesgrenzschutz hat in Dateien gespeicherte personenbezogene Daten zu löschen, wenn

1. die Speicherung der Daten unzulässig ist oder
2. bei der nach bestimmten Fristen vorzunehmenden Überprüfung oder aus Anlass einer Einzelfallbearbeitung festgestellt wird, dass die Kenntnis der Daten zur Erfüllung der dem Bundesgrenzschutz obliegenden Aufgaben nicht mehr erforderlich ist.

(3) Die in Absatz 2 Nr. 2 bezeichneten Fristen sind in der Errichtungsanordnung (§ 36) festzulegen. Sie dürfen bei Erwachsenen zehn Jahre, bei Jugendlichen fünf Jahre und bei Kindern zwei Jahre nicht überschreiten, wobei nach Zweck der Speicherung sowie Art und Schwere des Sachverhalts zu unterscheiden ist. ...
(4)...
(5) Stellt der Bundesgrenzschutz einen Löschungsgrund gemäß Abs. 2 bei personenbezogenen Daten in Akten fest, hat er die Daten durch Anbringen eines entsprechenden Vermerks zu sperren. Die Akte ist zu vernichten, wenn sie insgesamt zur Erfüllung der Aufgaben des Bundesgrenzschutzes nicht mehr erforderlich ist.
(6) Die Löschung und Vernichtung unterbleiben, wenn

1. Grund zu der Annahme besteht, dass anderenfalls schutzwürdige Interessen des Betroffenen beeinträchtigt würden,
2. die Daten für laufende Forschungsarbeiten benötigt werden oder
3. eine Löschung wegen der besonderen Art der Speicherung oder eine Vernichtung der Akte nicht oder nur mit unverhältnismäßigem Aufwand möglich ist.

(7) Gesperrte Daten dürfen nur für den Zweck verwendet werden, für den sie gesperrt worden sind oder soweit dies zur Behebung einer bestehenden Beweisnot oder Abwehr einer erheblichen Gefahr unerlässlich ist.
(8)...
(9)...

II. BKAG

§ 2 (Zentralstelle)

(1) Das Bundeskriminalamt unterstützt als Zentralstelle für das polizeiliche Auskunfts- und Nachrichtenwesen und für die Kriminalpolizei die Polizeien des Bundes und der Länder bei der Verhütung und Verfolgung von Straftaten mit länderübergreifender, internationaler oder sonst erheblicher Bedeutung.

(2) Das Bundeskriminalamt hat zur Wahrnehmung dieser Aufgabe
1. alle hierfür erforderlichen Informationen zu sammeln und auszuwerten,
2. die Strafverfolgungsbehörden des Bundes und der Länder unverzüglich über die sie betreffenden Informationen und die in Erfahrung gebrachten Zusammenhänge von Straftaten zu unterrichten.

(3) Das Bundeskriminalamt unterhält als Zentralstelle ein polizeiliches Informationssystem nach Maßgabe dieses Gesetzes.

(4) Das Bundeskriminalamt unterhält als Zentralstelle zur Unterstützung der Polizeien des Bundes und der Länder bei der Verhütung und Verfolgung von Straftaten und der Gefahrenabwehr zentrale Einrichtungen und Sammlungen, insbesondere

1. zentrale erkennungsdienstliche Einrichtungen und Sammlungen sowie
2. zentrale Einrichtungen für die Fahndung nach Personen und Sachen.

(5) Das Bundeskriminalamt kann die Länder auf Ersuchen bei deren Datenverarbeitung unterstützen. Die Verarbeitung und Nutzung der Daten erfolgt nach den Weisungen der Länder und gemäß deren Vorschriften über die Datenverarbeitung im Auftrag.

(6) – (7)...

§ 8 (Dateien der Zentralstelle)

(1) Das Bundeskriminalamt kann zur Erfüllung seiner Aufgaben nach § 2 Abs.1 bis 3

1. die Personendaten von Beschuldigten und, soweit erforderlich, andere zur Identifizierung geeignete Merkmale,
2. die kriminalaktenführende Polizeidienststelle und die Kriminalaktennummer,
3. die Tatzeiten und Tatorte und
4. die Tatvorwürfe durch Angabe der gesetzlichen Vorschriften und die nähere Bezeichnung der Straftaten

in Dateien speichern, verändern und nutzen.

(2) Weitere personenbezogene Daten von Beschuldigten und personenbezogene Daten von Personen, die einer Straftat verdächtig sind, kann das Bundeskriminalamt nur speichern, verändern und nutzen, soweit dies erforderlich ist, weil wegen der Art oder Ausführung der Tat, der Persönlichkeit des Betroffenen oder sonstiger Erkenntnisse, Grund zu der Annahme besteht, dass Strafverfahren gegen den Beschuldigten oder Tatverdächtigen zu führen sind.

(3) Wird der Beschuldigte rechtskräftig freigesprochen, die Eröffnung des Hauptverfahrens gegen ihn unanfechtbar abgelehnt oder das Verfahren nicht n ur vorläufig eingestellt, so ist die Speicherung, Veränderung und Nutzung unzulässig, wenn sich aus den Gründen der Entscheidung ergibt, dass der Betroffene die Tat nicht oder nicht rechtswidrig begangen hat.

(4) ...

(5) Personenbezogene Daten sonstiger Personen kann das Bundeskriminalamt in Dateien speichern, verändern und nutzen, soweit dies erforderlich ist, weil bestimmte Tatsachen die Annahme rechtfertigen, dass die Betroffenen Straftaten von erheblicher Bedeutung begehen werden.

(6) Das Bundeskriminalamt kann zur Erfüllung seiner Aufgaben nach § 2 Abs. 4 personenbezogene Daten, die bei der Durchführung erkennungsdienstlicher Maßnahmen erhoben worden sind, in Dateien speichern, verändern und nutzen, wenn eine andere Rechtsvorschrift dies erlaubt oder dies erforderlich ist,

1. weil der Beschuldigte und Personen, die einer Straftat verdächtig sind, wegen der Art oder Ausführung der Tat, der Persönlichkeit des Betroffenen oder sonstiger Erkenntnisse Grund zu der Annahme besteht, dass gegen ihn Strafverfahren zu führen sind, oder
2. zur Abwehr erheblicher Gefahren.

Absatz 3 gilt entsprechend.

§ 20 (Datenspeicherung für Zwecke künftiger Strafverfahren)

Unter den Voraussetzungen des § 8 kann das Bundeskriminalamt personenbezogene Daten, die es bei der Wahrnehmung seiner Aufgaben auf dem Gebiet der Strafverfolgung erlangt hat, für Zwecke künftiger Strafverfahren in Dateien speichern, verändern und nutzen.

§ 32 (Berichtigung, Löschung und Sperrung personenbezogener Daten in Dateien)

(1) Das Bundeskriminalamt hat die in Dateien gespeicherten personenbezogenen Daten zu berichtigen, wenn sie unrichtig sind.

(2) Das Bundeskriminalamt hat die in Dateien gespeicherten personenbezogenen Daten zu löschen, wenn ihre Speicherung unzulässig ist oder ihre Kenntnis für die Aufgabenerfüllung nicht mehr erforderlich ist. An die Stelle einer Löschung tritt eine Sperrung, wenn

1. Grund zu der Annahme besteht, dass durch die Löschung schutzwürdige Interessen einer betroffenen Person beeinträchtigt würden,
2. die Daten für laufende Forschungsarbeiten benötigt werden oder

3. eine Löschung wegen der besonderen Art der Speicherung nicht oder nur mit unverhältnismäßigem Aufwand möglich ist.

Gesperrte Daten dürfen nur für den Zweck übermittelt und genutzt werden, für den die Löschung unterblieben ist; sie dürfen auch übermittelt und genutzt werden, soweit dies zur Behebung einer bestehenden Beweisnot unerlässlich ist oder der Betroffene einwilligt.

(3) Das Bundeskriminalamt prüft bei der Einzelfallbearbeitung und nach festgesetzten Fristen, ob gespeicherte personenbezogene Daten zu berichtigen oder zu löschen sind. Die nach § 34 Abs. 1 Satz 1 Nr. 8 festzulegenden Aussonderungsprüffristen dürfen bei Erwachsenen zehn Jahre, bei Jugendlichen fünf Jahre und bei Kindern zwei Jahre nicht überschreiten, wobei nach Zweck der Speicherung sowie Art und Schwere des Sachverhalts zu unterscheiden ist.

(4)-(9) ...

§ 33 (Berichtigung, Sperrung und Vernichtung personenbezogener Daten in Akten)

(1) ...
(2) Das Bundeskriminalamt hat personenbezogene Daten in Akten zu sperren, wenn
1. die Speicherung der Daten unzulässig ist oder
2. aus Anlass einer Einzelfallbearbeitung festgestellt wird, dass die Kenntnis der Daten zur Erfüllung der Dem Bundeskriminalamt obliegenden Aufgaben nicht mehr erforderlich ist oder eine Löschungsverpflichtung nach § 32 Abs. 3 bis 5 besteht.

Die Akte ist zu vernichten, wenn sie insgesamt zur Erfüllung der aufgaben des Bundeskriminalamtes nicht mehr erforderlich ist.

(3) Die Vernichtung unterbleibt, wenn
1. Grund zu der Annahme besteht, dass andernfalls schutzwürdige Interessen der betroffenen Person beeinträchtigt würden, oder
2. die Daten für laufende Forschungsarbeiten benötigt werden.

In diesen Fällen sind die Daten zu sperren und die Unterlagen mit einem entsprechendem Sperrvermerk zu versehen.

(4) Gesperrte Daten dürfen nur für den Zweck verwendet werden, für den sie gesperrt worden sind oder soweit dies zur Behebung einer bestehenden Beweisnot oder zur Abwehr einer erheblichen Gefahr unerlässlich ist.

(5) - (6)...

III. DNA-IFG

§ 2 (Regelung bezüglich Verurteilter)

(1) Maßnahmen, die nach § 81 g der Strafprozessordnung zulässig sind, dürfen auch durchgeführt werden, wenn der Betroffene wegen einer der in § 81 g Abs. 1 der Strafprozessordnung

genannten Straftaten rechtskräftig verurteilt oder nur wegen erwiesener oder nicht auszuschließender Schuldunfähigkeit, auf Geisteskrankheit beruhender Verhandlungsunfähigkeit oder fehlender oder nicht ausschließbar fehlender Verantwortlichkeit (§ 3 des Jugendgerichtsgesetzes) nicht verurteilt worden ist und die entsprechende Eintragung im Bundeszentralregister oder Erziehungsregister noch nicht getilgt ist.

(2) - (3) ...

§ 2 a (Antragsbefugnis zur Feststellung der Verurteilten gemäß § 2)

(1) Die Staatsanwaltschaften dürfen für Zwecke des § 2 bis zum 30. Juni 2001 um Auskünfte über die in § 2 c genannten Eintragungen im Zentralregister und im Erziehungsregister ersuchen, ohne dass es dabei der Angabe der Personendaten des Betroffenen bedarf.

(2) Das Bundeskriminalamt darf zum Zweck des Abgleichs mit der Haftdatei nach § 2 e um Auskünfte in dem in Absatz 1 bestimmten Umfang ersuchen.

§ 2 c (Umfang der Auskunft)

Die Ersuchen nach § 2 a und die Übermittlung nach § 2 b dürfen sich nur auf Eintragungen beziehen, welche die in der Anlage aufgeführten Straftatbestände betreffen.

Anlage zu § 2 c

1. Bildung terroristischer Vereinigungen (§ 129 a StGB)
2. sexueller Missbrauch von Schutzbefohlenen (§ 174 StGB)
3. sexueller Missbrauch von Gefangenen, behördlich Verwahrten oder Kranken und Hilfsbedürftigen in Einrichtungen (§ 174 a StGB)
4. sexueller Missbrauch unter Ausnutzung einer Amtsstellung (§ 174 b StGB)
5. sexueller Missbrauch unter Ausnutzung eines Beratungs-, Behandlungs- oder Betreuungsverhältnisses (§ 174 c StGB)
6. sexueller Missbrauch von Kindern (§ 176 StGB)
7. schwerer sexueller Missbrauch von Kindern (§ 176 a StGB)
8. sexueller Missbrauch von Kindern mit Todesfolge (§ 176 b StGB)
9. sexuelle Nötigung, Vergewaltigung (§ 177 StGB)
10. sexuelle Nötigung und Vergewaltigung mit Todesfolge (§ 178 StGB)
11. sexueller Missbrauch widerstandsunfähiger Personen (§ 179 StGB)
12. Förderung sexueller Handlungen Minderjähriger (§ 180 StGB)
13. Menschenhandel (§ 180 b StGB)
14. schwerer Menschenhandel (§ 181 StGB)
15. sexueller Missbrauch von Jugendlichen (§ 182 StGB)
16. Herstellung und Verbreitung kinderpornographischer Schriften (§ 184 Abs. 4 StGB)
17. Mord (§ 211 StGB)
18. Totschlag (§ 212 StGB)
19. gefährliche Körperverletzung (§ 224 StGB)
20. Misshandlung von Schutzbefohlenen (§ 225 StGB)
21. schwere Körperverletzung (§ 226 StGB)

22. Körperverletzung mit Todesfolge (§ 227 StGB)
23. Menschenraub (§ 234 StGB)
24. Verschleppung (§ 234 a StGB)
25. Entziehung Minderjähriger (§ 235 StGB)
26. Freiheitsberaubung (§ 239 StGB)
27. erpresserischer Menschenraub (§ 239 a StGB)
28. Geiselnahme (§ 239 b StGB)
29. besonders schwerer Fall des Diebstahls (§ 243 StGB)
30. Diebstahl mit Waffen; Bandendiebstahl; Wohnungseinbruchdiebstahl (§ 244 StGB)
31. schwerer Bandendiebstahl (§ 244 a StGB)
32. Raub (§ 249 StGB)
33. schwerer Raub (§ 250 StGB)
34. Raub mit Todesfolge (§ 251 StGB)
35. räuberischer Diebstahl (§ 252 StGB)
36. Erpressung (§ 253 StGB)
37. räuberische Erpressung (§ 255 StGB)
38. Brandstiftung (§§ 306 bis 306 c StGB)
39. räuberischer Angriff auf Kraftfahrer (§ 316 a StGB)
40. Vollrausch (§ 323 a StGB)
41. Körperverletzung im Amt (§ 340 StGB)

§ 3 (Verwendungsregel)

Die Speicherung der gemäß § 2 dieses Gesetzes gewonnenen DNA – Identifizierungsmuster beim Bundeskriminalamt ist zulässig. Die gemäß § 81 g der Strafprozessordnung oder gemäß § 2 dieses Gesetzes gewonnenen DNA- Identifizierungsmuster können nach dem Bundeskriminalamtsgesetz verarbeitet und genutzt werden. Das gleiche gilt unter den in § 81 g Abs. 1 der Strafprozessordnung genannten Voraussetzungen für die gemäß § 81 e der Strafprozessordnung gewonnenen DNA- Identifizierungsmuster eines Beschuldigten; im Fall eines unbekannten Beschuldigten genügt der Verdacht einer Straftat gemäß § 81 g Abs. 1 der Strafprozessordnung. Auskünfte dürfen nur für Zuwecke eines Strafverfahrens, der Gefahrenabwehr und der internationalen Rechtshilfe hierfür erteilt werden.

IV. NW PolG (Polizeigesetz des Landes Nordrhein-Westfalen)

§ 14 (Erkennungsdienstliche Maßnahmen)

(1) Die Polizei kann erkennungsdienstliche Maßnahmen vornehmen, wenn

1. eine nach § 12 zulässige Identitätsfeststellung auf andere Weise nicht oder nur unter erheblichen Schwierigkeiten möglich ist,

2. das zur vorbeugenden Bekämpfung von Straftaten erforderlich ist, weil der Betroffene verdächtig ist, eine Tat begangen zu haben, die mit Strafe bedroht ist und wegen der Art und Ausführung der Tat die Gefahr einer Wiederholung besteht.

(2) - (4)...

§ 22 (Allgemeine Regeln über die Dauer der Datenspeicherung)

Die Dauer der Speicherung ist auf das erforderliche Maß zu beschränken. Für automatisierte Dateien sind Termine festzulegen, zu denen spätestens überprüft werden muss, ob die suchfähige Speicherung von Daten weiterhin erforderlich ist (Prüftermine).....

§ 23 (Zweckbindung bei der Datenspeicherung, Datenveränderung)

(1) Die Speicherung, Veränderung und Nutzung darf nur zu dem Zweck erfolgen, zu dem die Daten erlangt worden sind.....
(2)...

§ 24 (Speicherung, Veränderung und Nutzung von Daten)

(1) Die Polizei kann rechtmäßig erlangte personenbezogene Daten in Akten oder Dateien speichern, verändern und nutzen, soweit dies zur Erfüllung ihrer Aufgaben, zu einer zeitlich befristeten Dokumentation oder zur Vorgangsverwaltung erforderlich ist.

(2) Dabei kann die Polizei auch die im Rahmen der Verfolgung von Straftaten gewonnenen personenbezogenen Daten zum Zwecke der Gefahrenabwehr (§ 1 Abs. 1) speichern, verändern und nutzen. Eine suchfähige Speicherung dieser Daten in Dateien und Akten ist nur über Personen zulässig, gegen die ein strafrechtliches Ermittlungsverfahren eingeleitet worden ist. Die nach § 22 festzulegenden Prüfungstermine dürfen für Daten nach Satz 1 bei Erwachsenen zehn Jahre und bei Jugendlichen fünf Jahre nicht überschreiten.
....
(3) - (6)...

V. NGefAG (Niedersächsisches Gefahrenabwehrgesetz)

§ 39 Speicherung, Veränderung und Nutzung personenbezogener Daten

(1) - (2)...

(3) Die Polizei kann personenbezogene Daten, die sie im Rahmen der Verfolgung von Straftaten (§ 2 Nr. 9) über eine tatverdächtige Person und im Zusammenhang damit über Dritte rechtmäßig erhoben oder rechtmäßig erlangt hat, speichern, verändern und nutzen, wenn dies wegen der Art, Ausführung oder Schwere der Tat sowie der Persönlichkeit der tatverdächtigen Person erforderlich ist, um für die Verfolgung von vergleichbaren künftigen Straftaten dieser Person vorzusorgen oder solche Straftaten zu verhüten. ...
Der Ausgang eines strafprozessrechtlichen Verfahrens ist zusammen mit den Daten nach Satz 1 zu speichern.

Abkürzungsverzeichnis

a.A.	andere(r) Ansicht
a.a.O.	am angegebenen Ort
a.F.	alte Fassung
AöR	Archiv des öffentlichen Rechts
AG	Amtsgericht
Anm.	Anmerkung
Art.	Artikel
Aufl.	Auflage
BDSG	Bundesdatenschutzgesetz
BGBl.	Bundesgesetzblatt
BGH	Bundesgerichtshof
BGHSt	Entscheidungen des BGH in Strafsachen
BGS	Bundesgrenzschutz
BGSG	Bundesgrenzschutzgesetz
BKA	Bundeskriminalamt
BKAG	Bundeskriminalamtsgesetz
BT-Drs.	Bundestagsdrucksache
BVerfG	Bundesverfassungsgericht
BVerfGE	Entscheidungen des Bundesverfassungsgerichts
BZR	Bundeszentralregister
BZRG	Bundeszentralregistergesetz
CR	Computerrecht
ders.	derselbe
Diss.	Dissertation
DNA-IFG	DNA-Identitätsfeststellungsgesetz
DÖV	Die öffentliche Verwaltung
DRiZ	Deutsche Richterzeitung
DSG NW	Datenschutzgesetz Nordrhein-Westfalen
DuD	Datenschutz und Datensicherheit
DVBl	Deutsches Verwaltungsblatt
Einl.	Einleitung
EDV	Elektronische Datenverarbeitung
EurRHÜbK	Europäisches Rechtshilfeübereinkommen
Fn.	Fußnote
FS	Festschrift
GA	Goltdammer`s Archiv
GBA	Generalbundesanwalt
GG	Grundgesetz
GVG	Gerichtsverfassungsgesetz
h.A.	herrschende Ansicht
Hrsg.	Herausgeber
HS	Halbsatz
IRG	Internationales Rechtshilfegesetz
JA	Juristische Arbeitsblätter
JGG	Jugendgerichtsgesetz
JR	Juristische Rundschau
Jura	Juristische Ausbildung
JuS	Juristische Schulung
JZ	Juristenzeitung
KG	Kammergericht
KrimJ	Kriminologisches Journal

KritV	Kritische Vierteljahrsschrift f. Gesetzgebung und Rechtswissenschaft
LG	Landgericht
m.a.W.	mit anderen Worten
MDR	Monatsschrift für Deutsches Recht
MRK	Menschenrechtskonventionen
MSchrKrim	Monatsschrift für Kriminologie
n.F.	neue Fassung
NGefaG	Niedersächsisches Gefahrenabwehrgesetz
NWPolG	Polizeigesetz des Landes Nordrhein-Westfalen
NJW	Neue Juristische Wochenschrift
NStZ	Neue Zeitschrift für Strafrecht
OLG	Oberlandesgericht
RDV	Recht der Datenverarbeitung
RG	Reichsgericht
Rn.	Randnummer
S.	Seite
StGB	Strafgesetzbuch
StPO	Strafprozessordnung
StV	Strafverteidiger
StVÄG	Strafverfahrensänderungsgesetz
StVollzG	Strafvollzugsgesetz
usw.	und so weiter
VG	Verwaltungsgericht
vgl.	vergleiche
VerwArch	Verwaltungsarchiv
ZRP	Zeitschrift für Rechtspolitik
ZStW	Zeitschrift für die gesamte Strafrechtswissenschaft

BIELEFELDER RECHTSSTUDIEN

Schriftenreihe für Gesetzgebungswissenschaft, Rechtstatsachenforschung und Rechtspolitik
Herausgegeben von Prof. Dr. Otto Backes, Prof. Dr. Stephan Barton,
Prof. Dr. Gerhard Otte, Prof. Dr. Martin Stock

Band 1 Ingrid Künzler: Macht der Technik – Ohnmacht des Rechts? Regelungsbedarf und Regelungsmöglichkeiten im Bereich Gentechnologie. 1989.

Band 2 Andreas Kondziela: Opferrechte im Jugendstrafverfahren. Legitimation und Grenzen aus theoretischer und empirischer Sicht. 1991.

Band 3 Dorothea Rzepka: Polizei und Diversion. Das Bielefelder Modell der Informationsvermittlung. 1993.

Band 4 Silvia Voß: Staatsanwaltschaftliche Entscheidung – Beeinflussung durch systematische Informationserweiterung? Die Umsetzung des Bielefelder Modellversuchs durch die Staatsanwaltschaft. 1993.

Band 5 Helmut Janssen: Die Praxis der Geldstrafenvollstreckung. Eine empirische Studie zur Implementation kriminalpolitischer Programme. 1994.

Band 6 Peter A. Peters: Das deutsche Insiderstrafrecht unter Berücksichtigung strafrechtlicher Konsequenzen für Kreditinstitute und prozessualer Durchsetzung. 1997.

Band 7 Olivia Lührmann: Tötungsrecht zur Eigentumsverteidigung? Eine Untersuchung des Notwehrrechts unter verfassungsrechtlichen, menschenrechtlichen und rechtsvergleichenden Gesichtspunkten. 1999.

Band 8 Marion Rosenke: Die rechtlichen Probleme im Zusammenhang mit der weiblichen Genitalverstümmelung. 2000.

Band 9 Dagmar Spona: Laienbeteiligung im Strafverfahren. Eine rechtssoziologische Untersuchung zur Funktion der Laienbeteiligung im Strafprozess. 2000.

Band 10 Stefan Vogelsang: Die Bedeutung erfolgreicher Verfahrensrügen für das nachfolgende tatrichterliche Urteil. Eine rechtstatsächliche Untersuchung der Aufhebungsentscheidungen des Bundesgerichtshofs in Strafsachen der Jahre 1992 und 1993 sowie der entsprechenden tatrichterlichen Urteile. 2001.

Band 11 Georg Zimmermann: Staatliches Abhören. 2001.

Band 12 Thomas Schwarz: Die eigene Sachentscheidung des BGH in Strafsachen (§ 354 Abs. 1 StPO). Eine normativ-empirische Studie. 2002.

Band 13 Pamela Siebrasse: Strafregistrierung und Grundgesetz. Zur Verfassungsmäßigkeit der Straf(verfahrens)registrierung in BZRG, StPO, BKAG und BGSG. 2002.

FSC
www.fsc.org
MIX
Papier | Fördert
gute Waldnutzung
FSC® C083411

Kolibri 360 GmbH
Ferdinand-Jühlke-Straße 7
99095 Erfurt, Deutschland
produktsicherheit@kolibri360.de

Druck:
CPI Druckdienstleistungen GmbH
im Auftrag der
Kolibri 360 GmbH
Ferdinand-Jühlke-Str. 7
99095 Erfurt